디지털시대의
미디어와 사회

나남
nanam

나남신서 1895

디지털시대의
미디어와 사회

2017년 1월 5일 발행
2023년 7월 25일 3쇄

지은이 김영석 외
발행자 趙相浩
발행처 (주)나남
주소 10881 경기도 파주시 회동길 193
전화 031-955-4601(代)
FAX 031-955-4555
등록 제1-71호(1979.5.12)
홈페이지 http://www.nanam.net
전자우편 post@nanam.net

ISBN 978-89-300-8895-4
ISBN 978-89-300-8001-9(세트)

책값은 뒤표지에 있습니다.

나남신서 1895

디지털 시대의 미디어와 사회

김영석 외

나남
nanam

Media and Society in the Digital Age

by

Kim, Young-Seok
and Associates

nanam

머리말

디지털을 논하지 않고서는 그 무엇도 설명할 수 없는 미디어 환경이 되었다. 디지털은 아날로그 방식으로 이루어지던 정보와 지식의 생산, 유통, 소비 등의 모든 단계를 바꾼다. 정보를 생산하는 방식이나 기술, 기기도 대부분 바뀌었다. 정보를 전달하거나 유통하는 수단도 더 이상 물리적 거리에 의존하지 않게 되었다.

이제 아날로그 미디어는 라디오와 일부 케이블TV 또는 책이나 잡지, 신문 등을 제외하면 그 수나 종류도 흔하지 않다. 이들 아날로그 미디어가 생산하는 정보와 콘텐츠도 대부분 온라인이나 디지털플랫폼을 통해 이용 가능한 만큼 디지털미디어의 아날로그 미디어 대체는 매우 빠른 속도로 달려간다.

디지털미디어 시대의 특징은 다음과 같이 5개의 큰 변화로 요약된다.

첫째, 콘텐츠의 통합이다.

맥루한이 말했던 "미디어는 메시지다"라는 기술기반 콘텐츠 생산 및 소비 방식이 급격히 변하는 것이다. 텔레비전 콘텐츠는 텔레비전만을 위한 콘텐츠를 의미하거나 또는 케이블TV 콘텐츠는 케이블TV만을 위한 콘텐츠 개념이 아닌 것이다. 어떠한 콘텐츠도 다양한 플랫폼에서 유통 가능한 콘텐츠로 변화한다. 아날로그 시대에는 인쇄매체, 전파매체, 통신매체 등이 서로 다른 콘텐츠를 생산하여

유통시켰으나 이제 콘텐츠의 통합으로 더 이상 그런 구분이 필요 없게 되었다.

또한 콘텐츠 통합은 물리적 콘텐츠와 온라인 콘텐츠의 결합을 재촉하기도 한다. 서점 가판대 잡지나 만화도 이제는 웹진이나 웹툰을 통해 새롭게 콘텐츠 소비가 이루어지는 방향으로 진화한다. 인터넷 포털을 통해 제공되는 웹툰 이용자나 그 영향력은 아날로그 만화보다 더 크다. 국내뿐만 아니라 해외에서도 국내 웹툰 만화의 연재를 기다리는 일이 낯설지 않은 광경이 된 것이다. 기존에는 물리적 실체로 존재했던 미디어와 콘텐츠가 이제는 비트로 사이버공간에서 창작되고 유통되고 소비되는 시대가 되었다.

둘째, 전송수단의 통합이다.

그동안 미디어는 다양한 정보와 뉴스, 콘텐츠를 단일 방식의 전송수단에 의존해 이용자에게 전달했다. 그러나 디지털시대의 미디어 환경은 통신이나 방송, 종이나 책 등 다양한 지식 및 정보 전달 수단의 통합을 야기한다. 정보생산자가 굳이 하나의 전송수단에 의존해 자신의 저작물을 이용자에게 배포하기보다는 인터넷을 포함하는 유무선 통신이나 방송 주파수를 다양하게 활용할 수 있게 된 것이다. 방송이나 통신 주파수는 모두가 같은 방송영상 콘텐츠나 데이터, 정보 등을 유통시키는 수단이 되었다. 따라서 디지털 케이블TV나 IPTV는 모든 기능이 유사한 동일 서비스인 것이다. 이름만 다를 뿐 기존의 분리되었던 다양한 전송수단이 유사한 서비스 또는 하나의 단일 서비스로 통합되는 추세가 나타난다. 이는 지식이나 정보의 전송이 특정 전송수단이 아니라 다양한 방식으로 세분화됨을 의미한다.

셋째, 디스플레이 또는 스크린의 통합이다.

초고속 인터넷 서비스의 발전은 사물인터넷과 같이 모든 사물을 연결할 수 있는 기반을 마련해주었다. 게다가 소셜 네트워크 서비스 역시 인터넷 서비스를 통해 인간을 연결하는 서비스로 진화한다. 모든 것이 연결되고 매개되는 커뮤니케이션 환경에서 정보 및 콘텐츠에 접근하는 디스플레이나 스크린 역시 다양한 방식으로 결합되고 통합되는 추세가 나타난다.

N스크린이라는 서비스가 대표적이다. N스크린 서비스는 서로 다른 스크린, 다시 말해 PC 모니터와 TV 스크린, 스마트폰 화면 등을 인터넷으로 통합해 이용자가 원하는 시간과 공간에서 콘텐츠와 정보 등에 자유롭게 접근할 수 있는 서비스를 나타낸다. 이용자가 특정 공간이나 시간에 제한받지 않고 자유롭게 여러 가지 스크린을 통해 같은 서비스를 이용할 수 있게 된 것이다.

넷째, 전통적 의미의 피동적 수용자 개념에서 적극적 이용자 개념으로의 변화이다.

기존의 수동적인 미디어 콘텐츠 수용자가 아니라 적극적으로 정보를 찾고 조합하고 이용하고 연결하며 전달하는 새로운 소비 주체, 다시 말해 스마트 이용자가 된 것이다. 그동안 메시지를 수동적으로 받고 이에 반응하던 전통적인 커뮤니케이션 이용자가 이제는 메시지를 생산하는 한편 스스로 취사선택하고 재조합하는 주체로 나서게 된 것이다.

스마트 이용자들의 변화는 미래의 미디어 환경이 더 큰 폭으로 바뀔 수 있음을 함축한다. 이들은 광고를 무조건적으로 소비하는 조건으로 콘텐츠를 일방적으로 제공받는 주체가 아니다. 오히려 이들은 자신이 비용을 지불하며 자신에게 최적화된 콘텐츠와 미디어만을 적극적으로 선택하는 주체적 이용자이다. 이들은 미디어와 콘텐츠를 중복적으로 이용하기도 하며 또는 다수 서비스를 동시에 이용하기도 한다. 게다가 자신의 미디어 콘텐츠 이용 경험을 소셜 네트워크 서비스를 통해 다른 가상 이웃과 공유하기도 한다.

다섯째, 시장의 통합이다.

기술의 발전은 여러 가지 서비스나 상품의 변화 그리고 이용자의 변화를 추동했다. 특히, 이용자의 선호도와 행태의 변화는 시장의 변화로까지 연계된다. 시장의 통합은 수직적, 수평적 차원에서 동시에 진행된다.

수평적 시장통합은 그동안 별개의 시장으로 간주되었던 방송이나 통신, 신문 시장의 결합을 나타낸다. 유선전화를 포함해 이동전화, 초고속 인터넷 및 TV 서비스를 결합해 판매하는 방송통신 결합시장이 대표적이다. 신문사들의 종편 채널 인수를 통한 신문방송 결합 역시 최근의 수평적 미디어 시장의 통합 추세 중 하나이다. 이와 같이 서로 다른 영역에 포함되었던 미디어 서비스는 벽을 허물고 다양한 방식으로 결합되고 통합되는 방식으로 진화한다.

수직적 시장 통합은 플랫폼과 콘텐츠의 결합을 의미한다. 그동안 대부분의 플랫폼은 콘텐츠를 내부적으로 생산하기보다는 기존 콘텐츠를 유통시키면서 유통 가치를 생산하는 데 집중했다. 그러나 수많은 플랫폼이 생겨나고, 특히 인터넷 기반으로 동영상 콘텐츠 유통이 자유로워지면서 플랫폼의 경쟁력을 확보하기 위한 핵심 콘텐츠 선점은 매우 중요한 전략 중의 하나가 되었다.

지상파 방송사는 플랫폼이나 콘텐츠를 수직 결합하지만 지상파 방송의 직접 수신 비율이 매우 낮아 실질적으로는 콘텐츠 사업자로 간주하는 것이 더 현실적이다. 반면, 케이블TV를 포함해 IPTV, 위성방송, 인터넷 기반의 OTT서비스, 모바일 서비스 등은 서로 같은 콘텐츠를 유통시키면서 가격전략으로 경쟁한다. 그러나 가격을 인하하는 것은 한계가 있기 때문에 다른 플랫폼이 갖지 못한 핵심 콘텐츠를 동시에 소유하여 차별화하는 전략이 융합시장에서는 가장 중요한 전략 중 하나로 평가된다. 가령 CJ 그룹은 CJ E&M이라는 콘텐츠 기업과 CJ 헬로비전이라는 케이블TV MSO 그리고 티빙이라는 OTT 플랫폼 기업을 수직적으로 결합한다. 이들은 이용자가 선호하는 장르 콘텐츠를 기획 단계에서부터 제작,

유통 단계에 이르기까지 하나로 통제하면서 최대수익을 확보하기 위한 효율성을 갖는다. 이와 같이 디지털 융합시장에서는 플랫폼과 콘텐츠 수직 기업이 점차 시장점유율을 확대할 가능성이 적지 않다.

이와 같은 맥락에서 "디지털시대의 미디어와 사회"라는 이 책은 최근의 디지털미디어와 콘텐츠 환경에서 기존 패러다임의 변화 방향에 대해 대강이나마 윤곽을 그려보고자 했다. 아날로그에서 디지털 사회로의 중간 지점에서 앞과 뒤를 동시에 살펴보고자 한 것이다. 우리 공동저자는 마치 진화론적 시각에서 개별 미디어와 콘텐츠의 시작과 성장을 포함해 디지털 기술의 변화에 따른 대응과 미래 그리고 이에 따른 사회문화적 쟁점을 포괄적으로 살펴보고자 했다.

이 책은 크게 3부 16장으로 구성되었다. 책은 미디어의 기술적 진화와 미디어 콘텐츠 산업에서의 변화 그리고 디지털미디어를 다루는 이론 및 법제도 등을 살펴보고자 한다. 다시 말해, 미디어가 기술적 변화에 따라 사회와 산업, 시장에 영향을 미치는 과정을 포함해 이에 따른 이론적 논의와 제도적 변화 등을 입체적으로 기술하고자 했다.

1부인 "디지털 기술과 미디어 진화"는 디지털 기술 도입에 따라 시계열적으로 핵심 미디어의 변화를 검토했다. 신문을 포함해 방송, 인터넷, 소셜미디어 등의 출발점과 현재 및 미래의 변화 과정을 기술적 변화에 따라 설명했다. 1부에 포함된 5개의 장은 다음과 같다.

1장은 "디지털 기술과 사회"라는 제목이다. 1장은 기술의 발전에 따라 사회가 어떻게 변동하고 반응하는가를 역사적으로 검토했다. 특히, 디지털 기술이 사회 내 대부분의 미디어 환경을 디지털 방식으로 전환함에 따라 나타나는 제도와 구조의 변동이 무엇인가를 살펴보고자 했다.

2장은 "종이신문과 인터넷 저널리즘"을 다룬다. 종이신문으로부터 시작한 신문 미디어의 역사가 인터넷 저널리즘으로 변화하는 과정을 살펴본다. 종이신문이 가졌던 여론형성의 역할이나 기능이 인터넷을 통해 중첩되고 대체되는 최근의 현황을 검토했다. 이를 통해 신문이라는 미디어의 기술적 변화가 갖는 함의와 전망을 살펴보았다.

3장은 "방송"으로 방송미디어의 출발점과 진화방향을 다룬다. 전파를 활용해 정보와 콘텐츠를 넓게 유통시킨 방송미디어가 최근의 디지털 전환에 따라 변화하는 방향을 탐색하고자 했다.

4장은 "인터넷 미디어"로 인터넷이 군사적 목적에서 출발해 사회, 경제, 문화를 포괄하는 지배적 미디어로 성장하게 된 과정을 살펴보고자 했다. 게다가 IP 기반으로 기존의 케이블TV와 위성방송, IPTV, 통신미디어 등이 진화하면서 인터넷 미디어가 핵심적 미디어가 된 배경이나 맥락 등을 설명한다.

5장은 "소셜미디어"로 소셜미디어가 네트워크 기반의 관계를 바탕으로 사회구조를 어떻게 변화시키는가를 살펴보았다. 개인화된 미디어 간의 결합을 통해 새로운 미디어 기능을 담당하게 된 소셜미디어의 특성을 구체적으로 탐색했다.

2부인 "디지털미디어 콘텐츠·산업"에서는 디지털시대의 콘텐츠와 비즈니스에 어떠한 변화가 있는가를 7개의 장을 통해 살펴보았다. 영화에서부터 음악, 게임 엔터테인먼트, 다채널 유료방송, 스마트미디어 등 각각의 콘텐츠 및 플랫폼 영역에서 대표되는 미디어의 특성을 탐색했다. 이와 함께 광고와 PR, 글로벌 미디어 등에 대한 주제를 통해 디지털미디어의 영역확장 및 비즈니스 모델의 변화를 이해하고자 했다. 2부에 포함된 7개의 장은 다음과 같다.

6장 “영화”에서는 영화라는 매력적인 대중문화 콘텐츠가 글로벌 영역에서 보편적인 엔터테인먼트 장르로의 진화과정을 살펴보았다. 한편으로는 디지털 기술 도입에 따라 영화산업을 구성하는 생산, 유통, 소비의 단계에서 나타나는 변화를 검토할 수 있었다.

7장 “음악”에서는 영화와 마찬가지로 음악이라는 글로벌 콘텐츠의 다양한 특성을 기술했다. 특히, 디지털로 소비되는 음악 콘텐츠의 소비 과정이 보편화되면서 이에 따른 산업적 변화를 살펴보았다.

8장 “게임 엔터테인먼트”는 긍정과 부정적 평가가 혼재하는 게임 콘텐츠의 특성 및 기술적 발전에 따른 변화를 다양하게 설명했다. 게임의 사회적 영향력과 함께 게임산업의 기본적 특성도 함께 살펴보았다. 한편으로는 즐거움을 목적으로 만들어지고 제공되던 게임 콘텐츠가 VR이나 AR 등의 새로운 기술과 접합되면서 나타나는 새로운 차원을 이해하도록 했다.

9장 “다채널 유료방송”은 유료로 운영되는 방송 서비스, 다시 말해 케이블TV를 포함해 위성방송, IPTV 등의 서비스 특성을 기술하고자 했다. 특히, 이들 유료방송 서비스가 디지털시대를 맞이해 다양한 방송통신 융합 서비스로 결합되고 진화하는 특성을 살펴보았다.

10장 “스마트미디어”는 최근 OTT 서비스를 중심으로 설명했다. 기존의 전통적 미디어를 대체하는 스마트미디어의 핵심개념에서부터 스마트미디어 서비스 현황 및 전략, 이로 인한 미디어 이용의 변화와 전망 등을 살펴보았다.

11장 “광고와 PR”은 미디어 기업의 수익 모델인 광고를 시계열적 변화에 따라 설명하고 동시에 PR을 통해 미디어와의 관계 등을 기본 개념을 중심으로 검토했다. 광고와 PR의 미래에 대해서는 통합 커뮤니케이션 측면에서 다양한 기회와 쟁점을 언급했다.

12장 "글로벌 미디어"는 자국 시장에서 생산된 미디어 생산품을 해외시장으로 넓히는 과정에서 글로벌 미디어 기업으로 진화했던 기업들을 소개했다. 이들이 왜 해외시장을 개척하게 된 것인지, 비즈니스 영역과 경쟁 구조는 어떠한가를 살펴보았다. 한편, 테크놀로지 변화와 같이 진화하는 글로벌 미디어 기업들의 진화 방향도 함께 검토했다.

3부인 "디지털미디어 시대의 이론과 정책"에서는 4개의 장을 통해 이론, 법제, 정책, 리터러시 등을 살펴보았다. 디지털시대에 미디어 환경의 변화는 산업의 변화로 연계되고 산업의 변화는 지식 체계와 규제, 이용자의 변화를 야기한다. 이와 같은 맥락에서 이 책은 디지털미디어 시대에 기존 미디어 이론이나 법제, 정책 등은 어떻게 변화되는지, 이용자의 리터러시를 어떻게 활용할 것인가를 포괄적으로 논의했다. 3부에 포함된 4개의 장은 다음과 같다.

13장 "미디어 이론"은 미디어 현실의 변화에 따른 미디어 개념의 확장과 분화를 논의하고 미디어 이론은 어떻게 변화할지 검토했다. 이를 위해 먼저 전통적 미디어 개념을 정리해 제시한 후, 미디어의 확장과 분화에 따른 미디어 개념의 확장과 분화를 논의했다. 또한 전통적인 대중매체 사회의 미디어 이용과 효과를 설명했던 이론이 스마트미디어 사회에서 어떻게 발전할 수 있는지 그리고 '공중 형성' 기능을 인터넷 시대에 어떻게 이해해야 할지 포괄적으로 살펴보았다.

14장 "미디어 법제"는 미디어 발전과 이에 따른 법체계의 대응 역사를 시계열적으로 설명했다. 정부규제와 사전검열금지의 원칙을 포함해 〈명예훼손법〉의 발전, 〈프라이버시법〉의 발전, 방송의 자유와 공정성 심의, 인터넷의 등장과 ISP 책임론 등을 살펴보았다.

15장 "미디어 정책"은 미디어와 연계된 다양한 문제나 쟁점을 해결하기 위한 정부의 행동방침을 살펴보았다. 특히, 방송과 관련된 국내 미디어 정책으로 규제정책과 진흥정책을 포함해 미디어 정책 패러다임의 변화와 전망을 포괄적으로 검토했다. 궁극적으로는 미디어 정책이 미디어를 이용하는 누구에게나 영향을 미치는 만큼 정책방향이나 결정과정은 합리적이고 공론화된 방식으로 이루어지는 것이 필요하다는 점을 강조했다.

16장 "미디어 리터러시"는 미디어 기술의 발전에 따른 리터러시 개념을 살펴보았다. 리터러시라는 개념은 '글을 읽을 수 있는가'를 문자 해독력과 같은 개념으로 사용되었다. 이후 산업사회가 등장하고 학교의 공교육 시스템이 확대되면서 단순한 언어적 능력을 넘어 컴퓨터 등 정보기기를 다루는 능력으로 확대되었다. 또한 다양한 커뮤니케이션 수단을 통해 지식을 습득하고 문화적 생활을 영유하는 능력으로 확대되었다. 16장은 이와 같이 미디어 환경 변화에 따른 리터러시 개념의 변화를 역동적으로 검토한다.

이 책의 총괄적 기획은 연세대 김영석 교수가 담당했다. 김영석 교수는 디지털시대의 미디어와 커뮤니케이션이 사회에 미치는 영향을 다각적으로 살펴보기 위해 책의 기본체계를 구성했다. 기획이 마무리된 이후에는 각 장별로 책임 저자를 선정하였으며 이후 총괄기획자와 모든 저자가 토론 등을 통해 저서 제작과정에 공동으로 참여했다. 구체적인 장별 저자는 다음과 같다.

1부 "디지털 기술과 미디어 진화"에 포함된 5개 장은 6명의 교수가 맡았다. 1장 "미디어 기술과 사회"는 국민대 김도연 교수, 2장 "종이신문과 인터넷 저널리즘"은 숙명여대 양승찬 교수와 건국대 황용석 교수, 3장 "방송"은 경북대 조성호 교수, 4장 "인터넷 미디어"는 성균관대 권상희 교수, 5장 "소셜미디어"는 서강대 나은영 교수가 책임집필했다.

2부 "디지털미디어 콘텐츠·산업"도 6명의 교수가 집필했다. 6장 "영화"는 한양대 전범수 교수, 7장 "음악"은 광운대 문상현 교수, 8장 "게임 엔터테인먼트"는 경기대 송종길 교수, 9장 "다채널 유료방송"은 계명대 이상식 교수, 10장 "스마트미디어"는 연세대 이상우 교수, 11장 "광고와 PR"은 동국대 김관규 교수, 12장 "글로벌 미디어"는 한양대 전범수 교수가 책임집필했다.

3부 "디지털미디어 시대의 이론과 정책"은 4명의 교수가 집필했다. 13장 "미디어 이론"은 서울대 이준웅 교수, 14장 "미디어 법제"는 한국외대 문재완 교수, 15장 "미디어 정책"은 경기대 송종길 교수, 16장 "미디어 리터러시"는 건국대 황용석 교수가 책임집필했다.

적지 않은 시간 동안 이 책이 완성되기까지 많은 도움을 주신 분들이 있다. 특히, 책의 기획에서부터 제작의 모든 과정에 이르기까지 나남출판사의 방순영 이사님과 조상호 대표님은 큰 도움을 주셨다. 이분들은 언론학에 대한 애정과 후학을 위한 좋은 책 만들기라는 책 출간목적에 동감해주시고 적극적으로 책 출간 기회를 주신 분들이다. 다시 한 번 감사를 드린다. 또한 책을 만들기까지 학문적 논의의 장을 마련해 주신 KT 관계자분들께도 깊은 감사를 드린다.

《디지털시대의 미디어와 사회》라는 책이 아날로그 미디어로부터 디지털미디어로 대체되는 지금의 변화시점을 잘 소개한 책으로 읽혔으면 한다. 기술의 혁신이나 발전으로 과거의 모습은 많이 바뀌어가지만 그럼에도 기존 미디어가 사회에 도입된 의미와 역할은 크게 바뀌지 않은 것 같다. 이 책을 통해 독자 여러분이 미디어의 과거와 현재 그리고 미래 모습을 입체적으로 살펴볼 수 있는 기회가 되길 기원한다.

2016년 11월

대표저자 김영석

디지털시대의
미디어와 사회

차 례

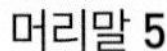

01

미디어 기술과 사회

02

종이신문과 인터넷 저널리즘

03

방 송

3부 디지털미디어 시대의 이론과 정책

13 미디어 이론

14 미디어 법제

15 미디어 정책

16 미디어 리터러시

1
부

디지털 기술과 미디어 진화

미디어 기술과 사회 01

미디어의 의미

미디어는 한자어로 매체(媒體)라고도 하는데 분명 외래어이지만 일상생활에서 널리 사용되는 용어이다. 그렇다면 미디어의 의미는 구체적으로 무엇이며 어떤 것을 지칭하는가. 이에 답하고자 먼저 미디어의 사전적 의미와 커뮤니케이션 과정에서 미디어의 역할을 알아보고 미디어라는 용어를 통해 표현하는 광범위한 의미를 살펴본다. 이를 통해 미디어 속에 담긴 기술적 요소도 엿보도록 한다.

1. 미디어의 개념적 의미

1) 사전적 의미

국립국어원이 발행한 《표준국어대사전》에서는 미디어를 "어떤 작용을 한쪽에서 다른 쪽으로 전달하는 역할을 하는 것"이라 정의한다. 미디어의 기능과 역할을 충실하게 설명하는 데 초점을 맞춘 정의이지만 이 말이 어디에서 왔는지부터 구체적으로 어떤 대상을 가리키는가라는 미디어의 광범위한 의미까지 담아내지 못한 아쉬움이 있다.

그렇다면 미디어란 말의 어원은 무엇인가. 미디어는 영어 단어 미디엄(*medium*)의 복수형으로 영영사전에서는 "서로 떨어진 양쪽을 이어주는 것", "전달해주는 것" 그리고 "신문, 방송과 같은 커뮤니케이션(소통)의 수단"이라고 정의했다. 이 책에서 사용하는 미디어의 의미는 소통의 수단으로서의 신문, 방송 그리고 이후 개발된 인터넷, 스마트폰 등 여러 뉴미디어를 통칭하는 집합적 개념이다.

최근 통계에 따르면 요즈음 우리는 하루에 6시간 42분가량을 신문, TV, 컴퓨터, 전화 등의 미디어를 사용하면서 보낸다. 신문이나 컴퓨터의 이용시간은 조금씩 줄어드는 반면, TV나 스마트폰을 통한 전화 이용시간은 점차 증가하는 모습을 보인다(정보통신정책연구원, 2015).

2) S-M-C-R-E 모델과 미디어

커뮤니케이션을 독립된 학문분야로 일군 학자들은 커뮤니케이션 과정을 이루는 요소를 통해 이를 분석적으로 설명하고자 했다. 그 결과 여러 커뮤니케이션 모형이 제시되었는데 이들은 대개 공통적으로 5가지의 요소를 포함한다. 즉, 커뮤니케이션은 이를 처음 시작하는 송신자(S: *source*, *sender*)가 자신이 전달하고자 하는 메시지(M: *message*)를 특정한 미디어 혹은 통로(C: *channel*)를 통해 수신자(R: *receiver*)에게 전달해 특정한 효과(E: *effect*)를 거두는 과정이라고 했다.

여기에 덧붙여 일부 모형에서는 수신자로부터의 반응을 송신자가 되받는 피드백(*feedback*)과 메시지 전달과정의 물리적·심리적 장애에 해당하는 잡음(*noise*)까지를 중요한 요소로 본 경우도 있다. 수신자가 한 사람일 수도 있지만 여러 사람 혹은 불특정 다수일 수도 있다. 효과는 본래부터 송신자가 의도한 효과와 함께 의도하지 않았거나 예상치 못했던 경우도 있다. 커뮤니케이션의 방향도 일방향인 경우와 양방향인 경우가 혼재한다. 그럼에도 불구하고 우리가 생각할 수 있는 거의 모든 커뮤니케이션은 위의 5가지 요소를 가진다.

언론학에서는 이를 S-M-C-R-E 모델이라 부른다. 어떤 사람은 모델에서 더 나아가 우리의 사고 체제를 지배하는 패러다임에 빗대어 S-M-C-R-E 패러다임이라고까지 부르기도 한다. 이 가운데 C(채널)에 해당할 수 있는 미디어는 커뮤니케이션 과정의 중심을 이룬다. 미디어가 없이는 커뮤니케이션이 아예 이루어지지 않거나 많은 제약을 받기 때문이다.

특히, 커뮤니케이션 과정에서의 미디어의 중심성은 매스 커뮤니케이션에서 두드러진다. 매스 커뮤니케이션에서는 미디어가 사실상 전문화된 조직으로서 송신자를 겸하고 미디어 특유의 기술적 특징을 가지며 메시지도 미디어 조직이 생산하기 때문이다. 매스 커뮤니케이션 이후에 출연한 여러 미디어에서는 미디어 조직의 측면은 약화되었지만 미디어의 기술적 성격은 강화되면서 미디어의 중심성 자체는 유지된다고 할 수 있다.

2. 비유를 통해 본 미디어의 의미

커뮤니케이션에 참여하는 사람들 사이에는 시간적, 공간적 간격이 존재할 수 있다. 이러한 간격을 뛰어넘어 메시지를 전달하기 위해서는 무엇인가가 개입되어 간격을 메워주거나 이어주어야 한다. 구체적으로는 메시지를 담을 그릇과 그릇을 운반할 운반체, 그리고 운반체가 지나갈 길이 필요하다. 차배근(1986)은 S-M-C-R-E 모델에서의 채널은 미디어에 해당한다고 설명하면서, 만약 메시지를 화물에 비유한다면 미디어는 화물 운반과정에 개입하는 화물을 싣는 배와 배가 움직일 수 있도록 하는 물 그리고 배가 다니는 운송 수로를 모두 포괄한다고 했다. 이런 비유를 바탕으로 미디어의 의미나 구성을 크게 3가지로 설명할 수 있다. 첫째는 메시지를 담는 그릇이나 용기로서의 미디어이며, 두 번째는 메시지를 운반하는 미디어이고, 마지막 세 번째는 메시지의 유통통로로서의 미디어이다(차배근, 1986).

1) 그릇 혹은 용기로서의 미디어

미디어는 메시지를 담는 그릇의 의미를 가진다. 여기에 해당되는 미디어로는 신문, 잡지, 책, 영화, 방송 프로그램, CD, DVD 등이 포함된다. 이 그릇 안에는 텍스트, 소리, 영상 등의 형식으로 된 메시지가 담기게 된다. 우리 생활에서 사용하는 그릇이나 용기가 무엇이냐에 따라 그릇에 담길 내용물의 성질이 좌우된다. 물 잔에는 물을, 소쿠리에는 덩어리가 큰 고구마나 감자를, 옴폭 파인 그릇에는 국이나 밥을, 판판한 접시에는 생선요리나 과일을 담는다. 마찬가지로 미디어가 무엇이냐에 따라 담길 내용으로서의 메시지의 형식이나 사용되는 기호의 종류도 결정된다.

그릇으로서의 미디어가 무엇인가에 따라서 담긴 메시지는 시간적·공간적 한계를 가질 수도 있고 이를 뛰어넘기도 한다. 인쇄된 신문이나 잡지는 인쇄된 상태로 상당기간 보존되어 어느 정도 시간적 제약을 벗어난다고 볼 수 있다. 즉, 보존성 혹은 지속성을 가진다. 반면 운반체나 유통통로가 확보되지 못하면 공간적으로는 제약을 받는다. 최근 종이신문이 전자화되어 국경을 뛰어넘어 어느 곳에서도 인쇄되고 유통됨으로써 시간적·공간적 한계를 함께 뛰어넘을 수 있었다. 미디어 기술발전의 수혜를 입은 것이다.

라디오와 TV 같은 전자미디어는 전파라는 운반체와 함께 사용되어 과거 인쇄 미디어가 가졌던 공간적 한계를 뛰어넘는다. 보내는 메시지를 불특정 다수의 수신자가 거의 동시에 받아볼 수 있어서 신속성이 뛰어나기도 하다. 반면 전자미디어는 일단 프로그램을 방송으로 보낸 후에는 공중에 흩어질 뿐 보존되지는 않아서 시간적 한계를 가진다. 즉, 보존성은 떨어진다. 그런데 최근에는 디지털 방송 시스템이 구축되어 일단 방송된 프로그램을 서버에 보관하고 원하는 시청자에게 주문형으로 제공하는 경우가 늘어났다. 이로써 과거와 같은 방송의 시간적 한계를 일부라도 극복했다.

2) 메시지 운반체로서의 미디어

미디어는 메시지를 운반하는 운반체로서의 의미도 가진다. 화물을 한 장소에서 다른 장소로 운반할 때 화물을 실을 배와 함께 배가 떠서 갈 수 있는 물이 필요하듯, 메시지의 운반체로서의 미디어는 메시지를 만들어 목적한 대상에게 보내는 과정에서 개입하는 물리적 신호이다. 가까운 거리에서 두 사람이 이야기를 주고받는 경우 신문이나 방송과 같은 메시지 용기로서의 미디어가 필요하지 않다. 그러나 엄밀히 따지면 한 사람의 입에서 나온 소리가 다른 사람의 귀를 통해 청각기관을 자극하기까지 음파라는 물리적 신호로 변환되어 운반된다. 이때 음파가 메시지 운반체로서의 미디어에 해당된다.

마찬가지로 TV프로그램이 방송국의 송출탑에서 중계기를 거쳐 우리 가정의 TV까지로 오는 과정에는 전파라는 물리적 신호가 메시지 운반체 역할을 한다. 이처럼 음파, 전파, 광파 같은 물리적 신호가 메시지를 운반해 우리의 감각기관을 자극함으로써 커뮤니케이션이 이루어진다.

그런데 이런 물리적 신호는 앞서 소개한 그릇으로서의 미디어와 서로 뗄 수 없는 관계를 가져서 엄밀히 구분하기 어려운 경우가 많다. 우리는 미디어를 사용하면서 특별히 메시지 운반체로서의 미디어를 의식하거나 고려하지 않고 메시지에 따라 이를 담기에 적합한 그릇을 선택한다. 그러면 운반체는 저절로 따라오는 경우가 많다. 메시지 운반체로서의 물리적 신호에 대해서는 언론학이나 커뮤니케이션 분야에서 연구하기보다는 통신공학, 물리학, 정보이론 같은 이공계통에서 더 직접적인 연구대상으로 삼는다. 다만, 디지털 기술이 미디어에 적용되며 물리적 신호를 더 효율적으로 정확하게 전환시키는 데 도움을 주고 전송능력을 높이고 소음을 줄여주어 전반적인 메시지 운반체로서의 미디어의 능력을 향상시켰다는 점을 기억해야 한다.

3) 메시지 유통통로로서의 미디어

S-M-C-R-E 모델에서는 미디어를 채널이라는 단어로 표현했는데 채널은 화물이든 메시지든 출발점에서 도착점까지에 이르는 통로를 의미한다. 미디어는 메시지가 운반되는 경로 혹은 통로로서의 의미도 가진다. 최근 상호작용적 미디어가 출연하기 전까지 커뮤니케이션은 크게 기계적인 미디어의 개입이나 중재가 없는 인간 커뮤니케이션 채널 혹은 대인(*interpersonal*) 채널과 대중매체로 대표되는 미디어 채널로 구분되었다.

대인 채널과 미디어 채널은 메시지의 흐름, 커뮤니케이션이 이루어지는 상황, 피드백이 가능한 정도, 메시지의 도달범위와 속도, 기대되는 커뮤니케이션 효과의 정도 등 여러 면에서 구별된다. 이러한 두 유통통로의 차이를 중심으로 초기 커뮤니케이션 연구에서 '커뮤니케이션의 2단계 가설'과 '여론지도자'의 개념이 소개되기도 했다.

전형적인 메시지 유통통로로서의 미디어는 방송미디어의 경우 사용하는 네트

〈그림 1-1〉 S-M-C-R-E 모델

who	says what	in which channel	to whom	with what effect

워크가 지상파, 케이블 혹은 위성이냐에 따라 지상파방송, 케이블TV, 위성방송으로 구분된다. 메시지를 담는 그릇과 메시지 운반체로서의 신호는 동일하더라도 유통통로가 지상에서의 할당된 주파수에 의한 전파인지, 줄로 연결된 케이블인지 혹은 하늘에 뜬 위성의 중계기를 이용한 위성파인지에 따라 미디어가 달라진다. 전송경로의 기술적 특성에 따라서 각 미디어에 대해 허가를 내주는 방식이나 규제기관이 사업자를 규제하는 방식에도 차이가 난다.

3. 커뮤니케이션과 미디어 기술

1) 미디어 진화와 커뮤니케이션 능력의 향상

커뮤니케이션의 진화과정을 살펴보면 커뮤니케이션 기술이 발달하면서 미디어의 종류도 다양하게 되고 그 능력도 점차 커진 것을 발견하게 된다. 사회적 동물인 인간이 자신의 생각과 감정을 다른 사람에게 전달하고자 하는 커뮤니케이션 욕구를 가졌다고 할 때, 미디어 기술이 발달하고 능력이 향상되고 종류가 다양해지며 그 욕구를 충족시킬 수 있는 가능성도 높아졌다.

처음에는 비언어적 수단에만 의존하다가, 말을 시작으로 문자가 발명되고 이를 종이에 담을 수 있는 인쇄미디어가 개발되었다. 이어서 더 먼 지역까지 더 많은 사람에게 동시에 전달할 수 있는 전자미디어가 발명되었다. 이후 상호작용적 기능과 무한 복제가 가능한 디지털미디어로까지 미디어의 진화가 이어졌다. 최근에는 컴퓨터의 기능이 미디어 곳곳에 포함되어 사용자의 커뮤니케이션 능력을 획기적으로 향상시키고 미디어 이용에 따른 효능감과 만족감을 증가시킨다.

처음에는 미디어의 개입이 없는 대인 커뮤니케이션에만 머물던 인간이 미디어를 사용하면서 점차 커뮤니케이션의 범위와 능력이 증진되었다. 언어나 문자에서 시작해 우편을 거쳐 전화나 전파에 이르기까지 미디어를 사용하면서 커뮤니케이션은 공간과 시간을 넘어 우리 삶의 범위를 넓히며 생활의 중심이 되었다. 이때 사용하는 미디어는 커뮤니케이션을 가능하게 하는 기술적 하부구조에 해당한다. 비록 초기의 미디어는 오늘의 관점에서 보면 기술면에서 대단한 수준이 아닐 수 있지만 애초부터 미디어는 당시의 첨단기술을 활용해 커뮤니케이션의 수준을 확장하는 수단으로 이용되었다.

미디어의 기술적 요소는 커뮤니케이션의 과정에서의 부호화(*encoding*)와 해독(*decoding*)과도 관련이 있다. 인간의 생각이 표현된 메시지는 말이나 글로 표현된 후 이를 물리적 공간과 시간을 넘어 송신하기 위해 부호화 과정을 거친다. 디지털미디어 기술이 발달하면서 부호화의 과정은 한층 효율화되어 오류나 지체가 대폭 줄었다. 이는 수신자가 부호화를 해제하는 과정인 해독과정에서도 거의 그대로 적용되었다. 이렇듯 미디어는 본질적으로 기술적 요소를 담았다.

오늘날의 미디어에서는 기술적 요소를 더욱 쉽게 확인할 수 있다. 전자미디어 시대를 맞이해 개별 미디어는 인간이 사용하기 위해 서로 다른 단말기가 존재했다. 라디오는 라디오 수신기를 통해서, TV는 TV수상기를 통해서 그리고 인터넷은 데스크탑 PC(*personal computer*: 개인용 컴퓨터)나 스마트폰을 통해 수신하고 이용한다. 결국 특정 미디어를 사용하는 것은 특정한 기술적 뒷받침 속에서 미디어가 운영되기 때문에 가능하다. 미디어의 융합에 따라 여러 기능을 갖춘 단말기가 개발되고 PC나 스마트폰에서 거의 모든 미디어가 구현되기도 하지만 이 또한 기술의 뒷받침으로 이루어진다. 디지털 기술을 포함해 다양한 정보통신기술이 미디어의 진화에 역할을 했고 앞으로도 이런 모습은 이어질 것이다.

미디어 기술의 진화

1. 미디어 기술에 따른 시대구분

1) 문자미디어 시대의 미디어 원형

기술로서의 미디어의 원형은 기원전 3500년경 고대 메소포타미아 문명을 일군 수메르인이 점토판에 문자를 새겼던 유적에서 처음 발견할 수 있다. 그 이전부터 언어가 사용되었으리라 추정하지만 이를 직접 확인할 수 있는 역사적 근거는 남지 않았다. 반면 점토판에 새겨진 문자는 시간이 흘러도 보존되기 때문에 이들이 문자를 사용했다는 것을 대략적 연대와 함께 알 수 있어서 인류의 문자미디어 시대가 매우 일찍 시작되었음을 확인할 수 있다.

이후 중국 송나라에서 활자가 발명되고 고려에서 세계 최초로 금속활자를 이용한 인쇄가 이루어졌다. 아쉬운 점은 송나라 혹은 고려에서의 인쇄술 도입과 서적의 출판에도 불구하고 글을 해독할 수 있는 미디어 이용자가 매우 제한되었던 당시의 사회상으로 말미암아 혁신적인 미디어 기술이 사회에 큰 영향을 주지는 못했다. 결국 앞선 미디어 기술의 개발에도 불구하고 이를 통한 사회적 변화로까지 이끌지는 못했다. 미디어의 진화단계로 보더라도 본격적인 인쇄미디어

출처: 위키미디어커먼즈(https://goo.gl/GxYSr4).

〈그림 1-2〉
수메르인의 점토판

시대로 나아가지 못했다.

2) 인쇄미디어 시대의 도래와 사회변화

고려의 인쇄술 발명보다 2백 년 뒤늦은 15세기 중반에 독일의 구텐베르크가 납과 주석의 합금으로 활자를 주조해 활판인쇄에 성공한다. 그는 자신의 기술로 인쇄공장을 세워 성서를 비롯한 인쇄물을 생산했고 이후 그의 인쇄술이 유럽 전역으로 보급되며 유럽의 종교개혁과 과학혁명을 촉발하는 계기가 되었다. 그러나 오늘날 대표적 인쇄미디어인 대중신문이 출현한 것은 구텐베르크 인쇄술 발명 이후 4백 년 가까이 지난 1833년 미국의 페니프레스 〈선〉(*The Sun*)이 발행되면서이다.

3) 과학의 발달과 전자미디어 시대

근대과학의 발전에 힘입어 19세기 이후에는 다양한 미디어 기술이 발명되기 시작했다. 모르스가 발명한 전신(*telegraph*)은 미국 볼티모어와 워싱턴 간에 최초의 메시지를 보내게 되는데, 이후 뉴스통신사와 신문사 등의 원거리 뉴스 송신 방식과 기사작성 방법에 영향을 주었다.

뉴스통신사는 국내외 주요 도시에 기자를 파견해 전신을 통해 뉴스와 정보를 보내게 했고 뉴스 소매상인 각 도시의 신문사에 이를 제공하는 비즈니스 모델을 확립했다. 당시의 자주 끊기던 전신 시스템을 감안해 뉴스통신사는 기사의 첫 부분에 육하원칙(5W1H)을 중심으로 한 주요 정보를 담고 이후 중요도에 따라서 문장을 차례로 구성해 덧붙이는 역피라미드 방식의 기사작성법을 정착시켰다. 이후 19세기에 전화와 영화 기술이 개발되어 상용화되었고 20세기 들어서는 라디오와 TV 기술이 개발되어 실험을 거쳐 널리 보급되면서 방송의 시대를 만들었다.

모르스의 전신 발명 이후 TV방송이 시작되기까지를 전자미디어 시대로 구분한다. 〈표 1-1〉은 역사상 주요 미디어 기술의 진화과정과 미디어 시대구분을 정리한 것이다.

4) 컴퓨터의 발명과 융합미디어 시대의 전개

1946년 미국 펜실베이니아대학에서 최초의 컴퓨터 ENIAC이 발명되었을 때, 그 육중한 기계가 이후 인류에 미칠 영향을 짐작하는 사람은 그리 많지 않았다. 그러나 이후 다양한 정보통신기술이 개발되어 컴퓨터와 함께 쓰이면서 미디어의 지형은 이전과는 비교되지 않게 변화했다. 트랜지스터, 반도체 기술이 컴퓨터와 미디어의 소형화를 가져오고 디지털 기술을 기반으로 컴퓨터와 미디어가 융합되면서 우리 주변에는 일일이 수를 헤아리기 어려울 정도로 많은 미디어와 미디어 서비스가 존재하게 되었다.

〈표 1-1〉 미디어 기술의 진화와 미디어 시대구분

연도	미디어 진화	미디어 시대구분
기원전 3500	수메르인의 문자사용 흔적	문자미디어 시대
1041	중국 송나라의 필승, 서적 인쇄 위해 활자 발명	
1234	고려, 세계 최초의 금속활자로 《상정고금예문》 인쇄	
1456	독일, 《구텐베르크 성경》 인쇄	인쇄미디어 시대
1833	미국, 페니프레스인 〈선〉 발행	
1844	미국, 모르스가 미국 볼티모어-워싱턴 간 최초의 전신 메시지 송신	전자미디어 시대
1876	미국, 알렉산더 그레이엄 벨이 전화 발명. 비슷한 시기 영국에서 그레이도 전화 발명	
1894	미국, 영국, 프랑스 등에서 영화 발명	
1895	마르코니가 라디오 기술 발명	
1912	디 포리스트가 진공관 발명	
1920	미국 피츠버그에서 최초의 정규라디오방송 KDKA 출범	
1933	미국, RCA가 TV 실험	
1941	미국, 최초의 상업TV방송 시작	
1946	미국, 최초의 컴퓨터 ENIAC 펜실베이니아대학에서 발명	융합미디어 시대
1947	미국, 벨연구소에서 트랜지스터 발명	
1957	소련, 인류 최초의 위성 스푸트니크 발사	
1971	미국, 인텔에서 반도체에 CPU를 심은 마이크로프로세서 발명	
1975	광섬유가 데이터 송출에 사용됨. PC가 발명됨	
1983	미국, 일반인 대상 이동전화 서비스 시작	
1991	월드와이드웹 서비스 시작	
1996	미국, 영국 지상파디지털TV 방송 시작	
2004	SNS서비스 페이스북 서비스 시작	

출처: 로저스(Rogers, 1986), 크롤리와 헤이어(Crowley & Heyer, 1991), 스트라우바 외(Straubhaar et al., 2016) 등을 종합해 작성.

아날로그 방식으로 시작되어 이미 보편적 미디어로 정착된 TV방송은 우리나라에서 2001년 이후 디지털 방송을 시작하면서 품질과 기능을 향상시켰다. 지상파방송을 비롯해 케이블, 위성, IPTV 등 다양한 전송수단을 통해 방송하며 데이터방송, 주문형 비디오 등도 함께 제공한다. PC는 인터넷망과 연결되어 업무와 오락뿐 아니라 다양한 커뮤니케이션 용도로 이용된다. 무선 네트워크가 발달하면서 노트북 컴퓨터, 태블릿, 스마트폰이 장소를 불문하고 업무와 본래의 기능은 물론이고 SNS를 비롯한 다양한 용도로 활용된다. 1980년대부터 언급되기 시작한 융합미디어(*convergent media*) 시대가 이제 본격적으로 전개되고 있다.

2. 정보사회와 미디어 기술

1) 정보사회의 도래

정보사회는 미래를 예측하는 개념으로 처음 소개되었지만 이제는 우리가 살아가는 사회를 가리키는 개념이 되었다. 정보사회는 정보가 생산활동의 주요 자원이자 요소가 되는 사회이다. 노동인구 가운데 정보생산과 관련된 분야에 종사하는 인력의 구성비도 가장 높다. 정보사회의 특징은 사람들이 사용하는 미디어 중 컴퓨터와 정보통신기술에 기초한 상호작용적 융합미디어의 비중이 가장 높다는 것이다.

2) 짧아진 미디어 기술의 개발주기

정보사회에서는 교육, 연구개발, 커뮤니케이션 미디어, 정보기기 및 정보서비스 같은 정보산업의 비중이 높다. 정보산업을 중심으로 새로운 미디어 기술이 끊임없이 개발되고 소개되어 이전 사회인 산업사회와 비교할 때 새로운 기술의 개발주기가 매우 빨라지는 것이 특징이다. 자연스럽게 미디어 기술 사이에 치열한 경쟁양상을 보이기도 한다.

새로운 미디어 기술이 개발되고 상품화되어 정착하기 위해서는 여러 조건이 충족되어야 한다. 새로운 미디어가 이미 존재하는 기존 미디어와 구별되는 편리함이나 효용을 제공해야 함은 물론이고 가격을 비롯해 미디어 이용자가 거부감 없이 사용할 수 있는 조건을 충족해야 한다. 충분한 수의 잠재적 사용자도 꼭 필요하고 정부의 정책이나 규제도 넘어서야 할 장벽 중 하나이다. 특히, 방송 이후의 미디어 중에는 정부의 규제대상인 경우가 많다. 이런 이유로 새로운 미디어가 시장에서 미처 자리를 잡지 못하고 사라지는 경우도 적지 않은 실정이다.

우리나라에서도 통신미디어인 시티폰과 PCS 그리고 융합형 미디어로 주목받았던 위성DMB(*digital multimedia broadcasting*) 등 도입에 실패했던 미디어의 사례가 있다. 시티폰은 송신만 되고 수신이 되지 않는 기술적 한계 때문에, 이후 도입된 PCS는 기존 이동통신 서비스와의 과당경쟁과 서비스 품질의 한계 때문에, 위성DMB는 지상파 채널을 확보하는 데 실패한 점과 이후 도입된 스마트폰 때문에 실패한 것으로 평가된다. 이런 사례를 통해 새로운 미디어가 미디어 경쟁 속에서 이용자(*user*)의 주목과 채택을 거쳐 안정적으로 도입되기까지는 적지 않은 어려움이 있음을 확인할 수 있다.

3. "뉴미디어"의 상대성

1980년대 이후 컴퓨터와 정보통신기술이 미디어에 적용되며 미디어의 발전 속도가 빨라지고 새로운 미디어의 출연이 이어지자 이들을 "뉴미디어"라는 용어로 통칭하는 경우가 많았다. 그런데 이때 뉴미디어는 특정 시점에서는 어느 미디어를 가리키지만 시간이 흐르면 해당 미디어는 이미 더는 새롭다고 말할 수 없고 더욱 새로운 미디어가 출현하게 된다. 이렇듯 과거의 뉴미디어가 현재의 뉴미디어가 아닌 것이다. 그런 점에서 새롭다는 의미의 "뉴(*new*)미디어"는 어디까지나 상대적 의미를 가진다.

1980년대 중반 뉴미디어 개념을 처음으로 정리했던 로저스(1986)는 당시의 뉴미디어가 이전의 미디어와 달리 상호작용적이고 탈대중화되어 비동시적(*asynchronicity*)으로 이용할 수 있는 특징을 가진다고 했다. 이는 대중에게 같은 서비스를 일방향적으로 동시에 제공하는 대중매체와 달리 뉴미디어가 더 유연하고 다양한 기능을 제공한다는 의미였다. 이후 뉴미디어라는 용어는 멀티미디어, 디지털미디어 등의 용어와 함께 사용되면서 경우에 따라서는 비슷한 의미로, 때로는 조금 다른 뜻으로 사용되기도 했다. 최근에는 미디어 융합이 크게 진전되면서 인터넷에 연결되고 컴퓨터의 기능이 탑재된 미디어를 스마트미디어라고 부르기도 한다.

미디어 기술의 트렌드와 미래

미디어의 발전은 지금도 진행 중이다. 새로이 등장하는 미디어는 당연히 지금까지의 미디어보다 기술적으로 더 우월한 여러 특징을 가진다. 그러나 매우 다양한 미디어 기술이 개발되고 적용되기 때문에 모든 미디어가 같은 기술을 바탕으로 하는 것은 아니다. 기술 간 경쟁의 양상도 나타난다. 이런 다양한 미디어 기술의 발전 속에서 발견되는 주요 트렌드는 무엇인지 살펴보자. 그리고 이러한 발전의 연장선에서 미래에는 어떤 미디어 기술이 활용될까도 전망해 보자.

1. 디지털화

1) 디지털의 장점

미디어의 디지털화를 언급하지 않고 20세기 후반 이후의 미디어의 발전과 진화를 설명할 수는 없다. 그만큼 디지털 기술은 미디어 발전의 핵심적 요소로 자리한다. 미디어에 디지털 기술이 광범위하게 사용되면서 미디어의 성능과 서비스 품질은 대폭 향상되었다. 또한 디지털미디어의 보급이 확대되고 디지털미디어 활용능력을 갖춘 시민이 대두되면서 이들이 미디어의 생비자(*prosumer*)로 재탄생했다.

디지털 기술은 아날로그 기술과 비교할 때 몇 가지 구별되는 특징을 가진다. 디지털 기술을 적용하면 정보의 압축·저장·처리·전송에서 효율성이 대폭 향상된다. 디지털 기술을 적용한 반도체는 저장 및 처리 속도가 갈수록 향상된다. 디지털 압축기술의 발달로 데이터가 오류 없이 저장되고 더 효율적으로 전송된다. 디지털로 처리된 데이터는 복제가 쉬울 뿐 아니라 복제가 거듭되어도 데이터의 손실이 없다.

더 나아가 디지털 기술은 컴퓨터 기술과 함께 사용되어 데이터 처리와 콘텐츠 제작의 효율을 대폭 향상시켰다. 과거 방송사에서 콘텐츠를 제작할 때 엔지니어와 프로듀서가 복잡한 장비를 사용해 콘텐츠의 처리와 편집 등의 작업을 진행했다. 그러던 것이 디지털 환경에서는 서버와 연결된 편집용 컴퓨터에서 한 사람이 이를 처리할 수도 있다. 디지털 방송 시스템으로 방송사의 제작효율이 현격하게 향상되었고 인터넷 공간에서의 개인방송이 탄생하는 토대가 되기도 했다.

디지털로 제작된 콘텐츠는 다른 미디어에도 그대로 혹은 비교적 간단한 변환을 거쳐서 그대로 사용할 수 있다. 즉, 디지털 기술로 이종 미디어 사이의 호환성도 대폭 향상되었다.

2) 디지털화의 의미

과거 아날로그 미디어 환경에서는 빛, 소리, 문자 등 메시지가 가진 고유의 물리적 속성을 충실히 재현하는 것에 중점을 두었다. 반면에 디지털화된 미디어 환경은 정보 간, 미디어 간 물리적 경계가 없는 디지털미디어 시스템으로 전환함을 의미한다. 결국 디지털화를 통해 미디어 간 경계가 없이 다양한 미디어를 넘나들면서 콘텐츠가 효율적으로 제작되고 끊임없이 이용되는 환경을 맞이했다. 여기에 더해 편리하고 효율적인 디지털 기술의 도움으로 과거에는 미디어의 이용자나 소비자로만 머물렀던 시민이 이제는 다양한 미디어 콘텐츠를 직접 생산하고 유통시키는 생비자의 역할을 한다.

2. 융합

1) 융합의 의미

융합(*convergence*)은 지난 수십 년간 미디어계를 지배했던 화두(話頭)였다. 융합 개념은 1978년에 당시 미국 MIT(매사추세츠공과대학)의 미디어랩 설립자였던 네그로폰테 교수가 국제전자제품박람

디지털 vs. 아날로그

아날로그는 디지털의 모태로 자연 그대로의 물질로 이루어지며 물질의 최소단위는 원자이다. 반면 디지털은 이를 0과 1의 이진법 논리를 통해 바꾼 과정이자 결과이다. 시간의 흐름을 나타내는 시계로 비유하자면, 시침과 분침의 바늘이 돌아가는 모습으로 표현한 것이 아날로그시계이고 숫자판을 통해 계수적으로 표현한 것이 디지털시계이다. 네그로폰테는 디지털 혁명을 "아톰에서 비트로 이동하는 변화"라고 표현했다(Negroponte, 1996).

회(CES)에서 발표하면서 처음 소개되었다. 그는 당시 거의 겹치는 부분이 없이 독립적으로 운영되던 방송영상산업과 인쇄출판산업, 컴퓨터산업 등이 향후에는 디지털 기술의 발달로 융합될 것이라 예측했다. 그의 예측은 이후 선진국을 시작으로 미디어계에 그대로 실현되었으며 산업계의 지형과 정부 정책도 이에 따라 변화된다.

융합은 별개로 존재하던 것의 경계선이 흐려지고 서로 뒤섞이는 현상을 의미한다. 융합이 진전되면 기존의 경계는 점차 그 의미를 잃는다. 융합을 가져온 배경은 물론 디지털을 대표로 하는 기술의 발달이다. 그런 면에서 융합은 기술이 추동했다(*technology push*)고 할 수 있다. 그러나 미디어의 규제가 상대적으로 엄격한 점을 고려할 때 정부의 적절한 규제정책의 변화도 융합의 진전에 큰 영향을 준다.

2) 융합의 양상

미디어에서 융합은 다양한 양상으로 나타난다. 우선 디지털로 제작된 콘텐츠가 미디어를 넘나들면서 서비스되는 콘텐츠 융합을 볼 수 있다. 네트워크에서도 기술의 발달과 전송용량의 확장으로 과거의 통신 네트워크에서 방송과 같은 서비스가 가능해졌다. 유무선 네트워크가 연결되어 함께 사용되고 방송 네트워크를 통신용으로 사용하기도 하는 등 과거의 네트워크 용도 구분이 의미를 잃는다. 서비스에서도 방송과 통신의 속성을 모두 가진 서비스가 출현하기도 하고 여러 서비스를 함께 제공하고 이를 가능하게 하는 단말기가 개발되어 기기(*device*)의 융합이 발생하기도 했다.

융합이 크게 진전되면서 네그로폰테의 예측처럼 미디어 산업계의 지형에도 큰 변화가 진행되었다. 국내외를 막론하고 주요 미디어기업은 콘텐츠, 미디어,

〈그림 1-3〉 네그로폰테가 소개했던 융합 개념

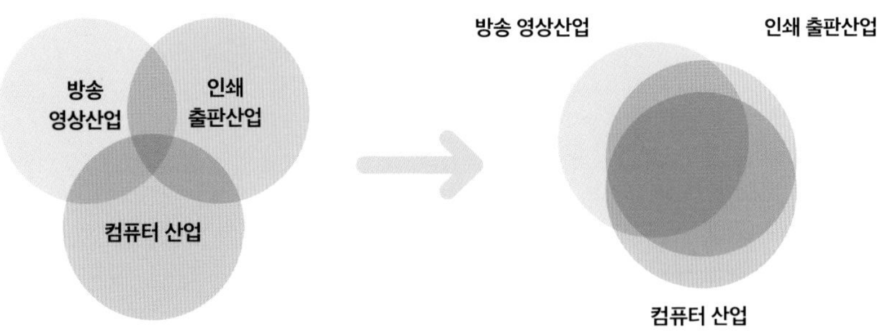

커뮤니케이션의 여러 영역에서 비즈니스를 진행한다. 때로는 여러 영역에 걸친 비즈니스를 통합적으로 운영하는 경우도 있고 이를 위한 인수·합병을 진행하기도 한다. 융합을 통해 미디어기업 간 경쟁이 점차 치열해지고 공정한 경쟁과 미디어 사용자의 보호를 위해 규제기관의 역할이 더욱 중요하게 되었다.

3. 미디어의 스마트화

1) 스마트미디어의 양상

최근의 첨단의 미디어를 스마트미디어라 부르기도 한다. 스마트미디어는 인터넷이 연결되고 컴퓨터칩이 내장되어 하나의 단말기로 여러 미디어 기능을 함께 사용할 수 있는 것을 의미한다. 우리나라가 세계 최고의 보급률을 가진 스마트폰의 경우 한 단말기에 전화는 물론이고 컴퓨터, 인터넷, TV, 라디오, 책, 게임기뿐 아니라 카메라, 녹음기, 사전, 메모장 등 온갖 미디어 기능을 담았다. 스마트TV의 경우에도 매우 고품질의 TV기능은 물론이고 컴퓨터, 인터넷, 게임기, 책, 노래방 등 다양한 기능이 있다. 기존의 여러 미디어를 하나로 결합해 기능을 확장한 지능형의 미디어인 셈이다. 스마트폰이나 스마트TV는 기기제조사가 처음 이름을 붙여서 스마트미디어의 대명사같이 되었지만 이들만이 스마트미디어일 이유는 없다.

2) 스마트화의 방향

미디어의 스마트화는 미디어에 컴퓨터의 기능이 추가되어 미디어의 기능과 용도가 확장되고 미디어 이용이 더욱 편리해진다는 것을 의미한다. 미디어 단말기에 컴퓨터칩이 내장되고 미디어가 인터넷에 연결된 컴퓨터를 통해 더욱 고도의 기능과 폭넓은 데이터에 접근하기도 한다. 더 기능이 많아지고 편리해지고 똑똑해진 스마트미디어는 융합의 결정판에 해당하며 비단 스마트폰, 스마트TV 뿐 아니라 태블릿과 노트북 그리고 이외의 새로운 미디어를 통해 앞으로도 기능을 추가하며 미디어의 트렌드로 계속 발전할 것이다.

미디어의 스마트화는 컴퓨터의 사용을 통한 미디어 단말기의 고기능화와 이용 편리에만 머물지 않는다. 최근 널리 주목받는 OTT(*over the top*) 서비스를 제공하는 넷플릭스(Netflix)는 OTT서비스를 스마트화한 것으로 높은 성과를 거두

〈그림 1-4〉
미디어 단말기의 고기능화

출처: 픽사베이(https://goo.gl/H0AoUm).

며 명성을 높였다. 넷플릭스는 서비스 가입자의 이용 데이터를 축적한 후 빅데이터를 분석해 각 가입자별로 가장 선호할 만한 기존 콘텐츠를 추천하고 오리지널 콘텐츠를 제작하는 등 미디어 서비스의 스마트화에 앞장서고 있다. 이 사례는 여타 서비스 제공자에게도 큰 시사점을 제공한다.

4. 모바일화

1) 소형화 · 경량화 · 모바일화

전자미디어의 첫 번째 발명품인 라디오도 처음에는 가정 내 제일 눈에 띄는 곳에 모셔두는 가구에 해당할 정도로 덩치가 컸지만 트랜지스터의 발명으로 휴대미디어로 새로이 태어났다. TV는 처음부터 거실이나 안방에 모셔두는 묵직한 가구였다. 이후 휴대용 TV가 개발되어 소개되었지만 당시의 생활양식이 이를 받아들이기에 적합하지 않아서인지 그다지 큰 반응을 불러일으키지 못했다. 그러던 것이 노트북과 스마트폰이 널리 보급되면서 미디어의 모바일화가 진전되었다.

미디어의 모바일화를 가능하게 한 것은 물론 정보통신기술의 발달로 미디어가 소형화·경량화되었기 때문이다. 끊임없는 반도체의 집적화와 소재기술 발달로 불과 1.5~2kg 무게의 노트북이나 약 650g의 태블릿, 120g 미만의 스마트폰으로 온갖 기능을 사용할 수 있게 되었다.

OTT(*over the top*)서비스
인터넷을 통해서 보는 TV서비스를 의미한다. 본래 TV수상기 위에 인터넷과 연결된 셋톱박스를 올려놓고 이용한다고 해서 OTT라 불렀다. 요즈음은 셋톱박스 없이 TV뿐 아니라 PC, 스마트폰, 태블릿, 노트북 등 여러 단말기로 보는 인터넷 기반의 동영상 서비스를 가리킨다. 국내에는 푹, 티빙 등이 있고 해외에는 넷플릭스가 대표적이다.

2) 생활양식의 뒷받침

기술적으로 소형화, 경량화가 미디어의 모바일화의 바탕이 되었지만 미디어 이용자가 휴대미디어를 적극적으로 사용해 미디어의 모바일화를 이룬 것은 생활양식의 변화와 무선 네트워크의 고도화가 갖추어진 이후이다. 여가생활이 다양화되고 가정 밖에서 생활하는 시간이 늘어나면서 미디어의 모바일화를 뒷받침할 수 있는 생활양식이 갖추어졌다. 여기에 무선 네트워크의 발달로 어디서건 인터넷에 연결할 수 있는 토대가 갖추어진다.

공공장소를 비롯해 대중교통을 이용하면서 스마트폰, 노트북, 태블릿 등 모바일미디어를 사용하는 모습을 흔히 볼 수 있다. 모바일미디어는 이동 중뿐만 아니라 가정 바깥의 공간 어디에서건 사용할 수 있게 되었다. 향후의 기술발달과 생활양식 변화 추세를 고려할 때 앞으로도 모바일미디어의 사용은 더욱 늘어날 것으로 보인다. 또한 모바일미디어의 사용이 늘면 현재 진행 중인 미디어 이용자의 탈가내화(*de-domestication*)가 더욱 가속화될 것이다.

출처: 픽사베이(https://goo.gl/6PJ7j1).

〈그림 1-5〉
모바일 기능을 더한 시계

5. 전통미디어의 혁신과 뉴미디어 기술활용

1) 신문의 뉴미디어 기술활용

새로운 기술을 활용한 뉴미디어가 계속 소개되면서 신문, TV, 라디오 등 전통미디어는 점차 미디어 사용자의 관심 밖으로 밀려날 위기를 맞이하게 되었다. 이에 대한 자구책으로 전통미디어는 뉴미디어의 기술을 미디어 운용과 서비스에 적극 활용해 미디어의 모습을 변화시키고 서비스를 업그레이드하려 노력한다. 신문의 경우, 활자 하나하나를 식자공이 뽑아서 조판을 하던 제작공정을 효율화하기 위해 1980년대 초에 컴퓨터 식자 시스템(*computerized typesetting system*·CTS)을 도입했다. 1990년대 월드와이드웹(*world wide web*·WWW, 이하, 웹)이 등장하면서 대부분의 신문사는 종이신문의 내용을 웹(*web*)으로도 제공하는 인터넷신문을 발행한다. 처음에는 단순히 종이신문의 보조적 기능이었던 인터넷신문이 최근에는 모바일신문과 함께 종이신문의 디지털 버전으로써 신문산업의 새로운 수입원으로 중요성이 부각된다. 〈뉴욕타임스〉(*The New York Times*) 등 혁신을 추구하는 대표적 신문사들은 온라인과 모바일 독자를 중심으로 신문의 독자층을 유지·증가시킬 전략을 추진하는 중이다. 이와 함께 디지털 독자에 부응하는 뉴스생산을 위해 기존의 뉴스룸과 차별화된 디지털 뉴스룸을 완비하고자 변화를 추구한다. 전통 신문의 서비스 내용도, 이를 위한 운영체제(*operating system*·OS)도 변화를 모색하려는 것이다.

2) 방송의 뉴미디어 기술활용

전자미디어의 만형으로 출발한 라디오, TV 등 방송도 인터넷과 디지털로 무장한 뉴미디어의 봇물 속에서 과거의 영화를 뒤로한 채 위기를 맞이했다. 라디오는 이미 TV의 등장 이후 존재 자체가 흔들릴 수 있는 난관에 봉착했지만 제작 과정에 디지털 기술을 도입해 최소 인원으로 제작과 운영이 가능한 체제를 갖추고 지역사회에 기반을 둔 '스몰미디어' 전략을 통해 이를 극복했다. 뉴미디어 시대에는 라디오의 제작에 인터넷 기술을 적극 채택해 라디오 이용자와 실시간으로 소통하며 방송을 진행하고 제작 스튜디오를 인터넷으로 공개해 '보이는 라디오'도 시도하는 등 전통적 제작, 서비스를 혁신하려 한다. 또한 스마트폰에 라디오 청취 및 참여가 가능한 앱을 개발해 보급하는 등 뉴미디어 기술을 적극 도입하며 라디오의 변신을 주도한다.

TV방송도 뉴미디어 기술을 활용하려는 움직임에 예외일 수 없다. 아날로그방송으로 시작한 TV방송은 제작, 편집, 처리, 송출 등에 디지털 방식을 두루 도입해 디지털 방송을 제공함으로써 화질·음질을 향상시키고 채널용량을 확대했다. 우리나라에서는 지상파DMB 시스템을 개발해 TV방송의 모바일화를 선도하기도 했다. 또한 데이터방송 같은 다양한 방송 서비스를 부가했고 인터넷망을 활용한 주문형 서비스와 모바일 앱을 통한 모바일 서비스를 추가하는 등 방송 서비스의 품질과 종류를 다양화하려 한다. 최근에는 UHDTV방송을 추진하면서 TV방송 품질의 또 다른 혁신을 기대하게 한다.

6. 미래의 미디어 기술

1) 인공지능 기술의 활용

2016년 3월에 서울에서는 구글(Google)의 딥마인드사가 개발한 인공지능(*artificial intelligence*·AI)인 알파고가 세계적 바둑기사 이세돌 9단에 연이어 승리를 거두는 일이 있었다. 인공지능 기술은 이전에도 인터넷 검색엔진 같은 용도

〈그림 1-6〉

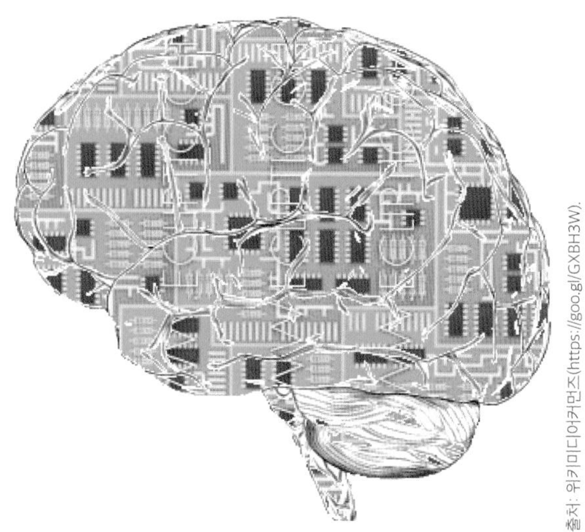

출처: 위키미디어커먼즈(https://goo.gl/GXBH3W).

로 광범위하게 사용되었지만 인간의 뇌를 모방한 신경망 네트워크에 딥러닝 알고리즘을 적용한 알파고는 놀라운 바둑실력을 보여 관심을 끌었다. 인간이 또 다른 인간을 상대하기보다 미디어와 직접 커뮤니케이션하는 경우가 많아지는 요즈음 인공지능은 인간과 미디어 간 상호작용에 널리 이용될 것으로 보인다. 즉, 수많은 데이터를 분석하고 스스로 학습하는 머신러닝 방식의 인공지능 기술은 비단 바둑뿐 아니라 게임, 번역, 영상분석, 음성인식, 범죄 프로파일링 등 다양한 용도의 인간-미디어(컴퓨터) 커뮤니케이션에 활용될 것이다.

2) 사물인터넷 기술의 활용

사물인터넷(*internet of things*·IoT)은 인터넷을 통해 사물과 사물, 사물과 인간이 서로 연결되어 정보를 공유하는 것이다. 유무선 네트워크를 통해 연결된 사물과 인간은 센서를 통해 수집한 정보를 주고받으며 업무를 처리하고 커뮤니케이션하게 된다. 이미 초기 형태의 사물인터넷을 활용한 사례는 흔히 볼 수 있다.

밴드 형식의 센서를 통해 운동경과를 체크하거나 신체에 부착해 심박동을 측정하고 데이터를 전공하는 헬스케어 제품, 여러 가전제품이 서로 연결되고 스마트폰 등을 통해 원격으로 통합관리되는 스마트홈 시스템, 구글의 구글글라스 등은 대표적 예이다. 사물인터넷의 기술발전과 활용이 더 진전되면 인간과 사물 간의 커뮤니케이션뿐 아니라 인간의 관여가 최소화된 사물과 사물 간의 정보유통이 더욱 늘어날 것이다.

3) 가상현실 기술의 활용

가상현실(*virtual reality*·VR) 기술은 미디어 이용자가 컴퓨터를 이용한 사이버공간에서 시각, 촉각, 청각 등 오감을 통해 마치 실제현실을 느끼는 것 같은 경험을 하는 것을 말한다. 가상현실 기술은 미디어 이용자가 비록 사이버공간에서 혹은 원거리에서 경험할지라도 마치 실제로 경험하는 듯한 효능감을 제공한다. 예를 들어, 가상현실을 구현하는 기기로 개발된 머리에 쓰는 디스플레이(*head mounted display*)는 기기 이용자가 고개를 돌릴 때마다 그 각도에 맞는 시야 화면을 제공한다. 가상현실 기술은 이미 게임, 원격교육, 원격진료, 스포츠중계 등에 활용되고 있다.

최근에는 스마트폰에 가상현실 카메라가 장착되어 누구나 쉽게 가상현실 방식으로 사진이나 동영상을 찍고 화면에서 각도를 조절해 360도 전후좌우 방향으로 촬영된 콘텐츠를 살필 수 있다. 가상현실은 방송 콘텐츠 제작에도 활용되어 시청자가 헤드셋을 쓰고 360도 파노라마 촬영된 여행지나 정글을 체험하는 가상현실 다큐멘터리가 제작되기도 했다. 가상현실 기술은 향후 미디어 사용자의 효능감을 높여주는 기술로 활용범위가 넓어질 것이다.

미디어 기술의 사회적 쟁점

1. 미디어 기술과 사회의 영향 관계

1) 기술결정론

숨 가쁘게 진행된 미디어 기술의 발전은 사회에 어떤 영향을 주었나? 기술과 사회의 관계는 오랜 사회적 논쟁의 대상이었다. 기술이 사회를 변화시킨다는 측에서는 기술이 독립적이고 선행적인 사회변동의 중심이라고 주장한다. 이러한 견해를 기술결정론(*technological determinism*)이라 한다. 미디어 기술과 사회의 관계에 대해서도 같은 설명이 가능하다.

미디어 연구에서의 대표적 기술결정론자로 꼽히는 맥루언(McLuhan, 1964)은 미디어 기술의 혁신이 인류 문명사와 사회적 변화에 커다란 영향을 미쳤다고 주장했다. 특히, 《미디어의 이해》에서 "미디어는 메시지다"라는 은유를 통해 본인의 기술결정론을 설명했다. 미디어를 단순히 메시지의 전달자가 아닌 인간 감각과 능력을 확장하는 도구로 규정하면서 어떤 미디어를 사용하는가에 따라 인간의 인식과 세계관이 바뀐다고 했다. 또한 인터넷이나 인공위성이 개발되기 훨씬 전에 '지구촌'(*global village*)이라는 개념을 통해 미디어 발전에 따라 세계 어디서나 신속히 정보를 전달하고 서로의 경험을 공유하는 시대가 도래할 것임을 예견하기도 했다.

미디어 기술 자체가 이를 이용하는 사람과 그들의 행동에 영향을 준다고 맥루언보다 더 분명하게 주장한 이가 바로 공학자인 네그로폰테이다. 그는 자신의 책 《디지털이다》에서 디지털 기술의 특성이 미디어 이용과 미디어를 통한 영향까지도 좌우한다고 설명했다(Negroponte, 1995). 즉, 디지털 기술이 가진 유연

함과 효율성은 미디어의 기능에 혁신적 변화를 가져오고 인간의 삶에도 다방면에 질적 변화를 초래한다고 했다. 그는 우리 삶 곳곳에 미치게 될 적지 않은 변화를 언급하며 디지털 세상의 어두운 면에 대한 경각심도 제기했다. 궁극적으로는 디지털 기술이 제공하는 탈중심화, 세계화, 조화력, 분권화의 특징이 인간사회를 보다 긍정적으로 변화시키는 원동력이 될 것으로 보았다.

2) 사회결정론과 절충적 설명

기술결정론은 명쾌한 논리에도 불구하고 적지 않은 반론을 불러오기도 했다. 이들은 기술결정론이 가진 선형적 논리를 비판하며 광범위한 사회적 조건이 인간과 상호작용하면서 미디어 기술의 발전을 가져왔다고 설명한다. 이를 일반적으로 사회결정론이라 부른다. 예를 들어, 영국의 문화연구자 레이몬드 윌리엄스는 TV의 발명을 설명하면서 이는 산업구조의 선행적 변화와 이어지는 사회적 변화가 커뮤니케이션과 미디어에서도 새로운 수요와 가능성을 창출한 결과라고 했다(Williams, 1974). 이 설명은 인간과 사회의 관계 속에서 미디어 기술의 발전을 설명한다는 점에서 기술결정론의 한계를 벗어났다고 할 수 있다. 다만 이 주장 역시 미디어 기술이 가진 선도적인 사회적 영향력의 측면을 충분히 반영하지 못한 면에서 한쪽으로 치우친 시각이라는 지적이 있다.

최근에는 기술과 사회의 상호작용을 강조하면서 기술결정론과 사회결정론을 균형 있게 절충하는 설명을 시도한다. 미디어 기술과 사회의 영향 관계에 대한 절충적 이론은 미디어 기술과 사회 그리고 커뮤니케이션 면에서의 필요가 서로 상호작용하면서 미디어 기술의 발전을 이끌고 사회적 변화를 가져온다고 설명한다(윤석민, 2007). 이러한 상호작용적 관계는 특정 고리에서 끊기기보다는 연속해 이어지면서 미디어 기술의 발전과 사회의 변화가 이어진다고 할 수 있다.

2. 미디어 기술의 사회적 수용

1) 미디어 기술의 전파

미디어 기술이 일단 개발된 후 어떻게 사회에 수용되어 퍼지는가 하는 문제는 미디어 이용자, 미디어 제조사, 미디어 서비스 제공자 그리고 정책결정자 모두에게 관심의 대상이다. 미디어 기술이 이전의 기술과 구별되는 기술적, 기능적 특징을 가진다면 이를 하나의 '혁신'이라 부를 수 있다. 로저스는 혁신의 사회적 전파의 과정을 혁신전파(*diffusion of innovation*) 이론으로 설명했다. 이 이론에 의하면 미디어 기술이 혁신으로 받아들여지고 사회적으로 수용되기 위해서는 이전 기술보다 우월한 상대적 이점을 가지고, 기존 여건하에서 사용하기 적합하며, 잠재적 이용자가 쉽게 이용할 수 있을 정도로 덜 복잡하고, 최종적으로 미디어 기술을 채택하기 전에 시험적으로 사용할 기회가 많을 뿐 아니라, 해당 미디어 기술을 사용하는 것이 남의 눈에도 쉽게 관찰될수록 유리하다고 했다(Rogers, 2003).

결국 새로운 미디어 기술을 개발하고 상품화할 때는 5가지 속성을 잘 활용해야 성공적으로 이용자 개인과 사회적 차원에서 수용될 수 있다. 혁신이 사회 내에서 전파되는 과정을 그래프로 그리면 〈그림 1-7〉과 같다. 즉, 처음에는 채택자가 서서히 늘다가 어느 시점에서 급격하게 증가하고 대다수가 채택한 시점에서는 다시 증가율이 낮아지는 S자 모습을 보인다. 새로운 미디어 기술이 사회적으로 확산되는 과정에는 개인이 가진 여러 속성에 따라 채택시기가 각기 다를 수 있다. 새로운 미디어 기술을 누구보다도 먼저 채택하는 ①혁신자부터, 대다수의 사람보다 먼저 채택하는 ②조기 채택자, 사회구성원의 반수 정도가 채택할 즈음까지 이를 채택하는 ③조기 다수자, 남들보다 좀 늦게 채택하는 ④후기 다

〈그림 1-7〉 로저스의 혁신의 전파 곡선

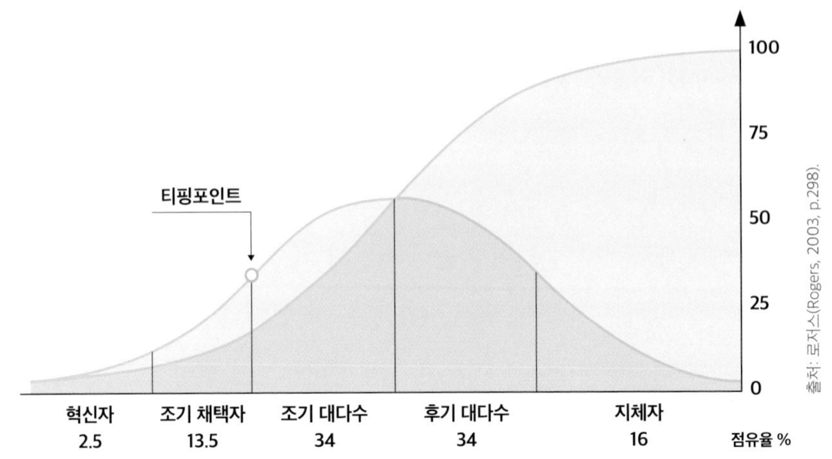

수자, 남들이 거의 다 채택한 이후에도 채택을 망설이는 ⑤지체자 등 5개의 집단으로 구분된다.

채택시기를 좌우하는 가장 중요한 요소를 개혁성이라 부른다. 개혁성은 새로운 것에 대한 호기심과 불확실성을 감수하는 모험심이 강한 정도를 말한다. 일반적으로 혁신자와 조기 채택자일수록 개혁성이 강하다. 또한 새로운 미디어 기술을 먼저 사용하는 사람일수록 교육수준이 높고 사용하는 미디어가 다양하다. 채택시기가 늦을수록 채택을 결정하는 과정에는 미디어로부터 얻은 정보의 영향보다 주변의 신뢰하는 지인의 영향을 많이 받는다.

한 사회에서 새로운 미디어 기술을 원활하게 전파하기 위해서는 특정 시점에 해당 기술을 급격하게 채택하는 결정적 다수(*critical mass*)의 존재가 필요하다. 조기 채택자와 조기 대다수 집단을 연결해주는 결정적 다수는 비교적 짧은 시간에 서로에게 영향을 미쳐 해당 미디어 기술을 채택함으로써 사회 전체적으로 채택률을 끌어올리는 역할을 하며 〈그림 1-7〉에서 티핑포인트로 표기된 시점에 발생하게 된다. 그러나 미디어 기술은 단순히 채택하는 것 자체보다는 미디어 기술이 제공하는 여러 기능을 사용하는 것이 더 중요하다. 한편 미디어 기술의 채택시기와 활용능력에 계층이나 집단 사이에 큰 격차가 생겨나면 이것이 또 다른 격차와 불평등을 낳아서 사회의 건전한 통합을 그르칠 수 있으므로 이에 대해 유의해야 한다.

2) 미디어의 변형

미디어 기술은 공학자에 의해 발명되고 개발되지만 최종적으로 상품화되어 서비스되기까지 소비자 전문가, 마케팅 전문가 등 여러 전문가의 조언을 받아 미디어 이용자가 쉽고 편리하게 이용할 수 있도록 완성된다. 일단 미디어 이용자에게 제공된 미디어 기술도 모습이나 기능이 고정된 상태로 멈추기보다는 미디어 이용자의 필요와 관련기술의 발전 그리고 경쟁 미디어와의 관계 속에서 변형된다. 기술 자체뿐 아니라 미디어 기술의 이용과정에서 이용자의 선택과 활용에 따라 미디어의 모습과 기능에 변형을 거듭하면서 생존하게 된다. 이미 우리가 사용하는 신문, 라디오, TV 등의 미디어 기술이 오랜 기간 동안 이런 과정을 거쳐 살아남은 미디어 기술이다.

피들러는 이처럼 미디어 기술이 진화와 확장의 형식을 빌려 점진적으로 변형을 거듭하며 미디어 생태계 속에서 적응해가는 미디어 변형의 원리를 미디어모포시스(*mediamorphosis*)라고 표현했다(Fidler, 1997). 미디어 변형에 성공하지 못한 미디어 기술은 시장에서 퇴출되는 운명을 맞는다.

1) 미디어 기술과 정부의 역할

19세기 말에 라디오를 시작으로 전자미디어 기술이 발명되어 사회에 소개되면서 정부는 기술특허를 부여하고 표준을 제정해 국내뿐 아니라 국제적으로도 미디어 기술이 호환되게 하며 사업자 면허를 부여하는 등 미디어 기술의 사회적 수용에 매우 적극적 역할을 했다. 우리나라의 경우 오랜 기간 정부가 앞장서서 경제발전을 추진했듯이 새로운 미디어 기술을 도입하는 데도 정부가 먼저 이를 검토하고 계획을 수립해 발표하면 민간이 이에 따라 사업에 참여하는 순서를 밟았다. 라디오, TV는 물론이고 케이블TV, 위성방송 등은 모두 이런 과정을 거쳤다.

그런데 언젠가부터 새로운 미디어 기술의 도입을 위해 민간이 앞서 나아가는 모습이 보이기 시작했다. 2000년대 초에 도입된 위성DMB를 비롯해 이후 시작된 IPTV, OTT 같은 융합미디어는 이전과 달리 민간이 새로운 미디어 기술에 대한 노하우를 확보하고 정부에 해당 미디어 기술을 도입하기 위한 제도의 정비와 정책수립을 요청해 정부가 화답한 경우이다. 그 과정에서 때로는 정부의 대응이 민간의 기대보다 늦어져서 시간을 지체하기도 했다. 정부보다 민간이 새로운 미디어 기술 도입에 더 적극적으로 앞장서는 양상은 앞으로도 이어질 가능성이 높다. 이미 앞선 선진국에서는 이런 모습이 일반적이다.

2) 새로운 정부 역할과 정책 이슈

미디어 기술을 도입하는 데 민간이 더 앞서 나간다고 이 과정에 정부의 역할이 없어지는 것은 물론 아니다. 다만 정부가 과거와 같은 선도자이기보다는 미디어 기술 도입과정에 한발 물러서서 그 타당성을 면밀히 검토하고 서비스 제공에 제도적 애로사항을 해결하며 여러 사업자 사이에 이해관계의 충돌이 발생할 경우 소비자의 이익이 극대화되는 차원에서 공정하게 중재하는 애로해결자이자 중재자가 되는 것이 변화된 정부의 역할이다.

이뿐 아니라 미디어 기술의 급속한 발전과 디지털화·스마트화·모바일화 추세 속에서 정부가 적절히 대처해야 할 새로이 부각되는 규제 이슈도 생겨난다. 특히, 미디어 기술의 이용과정에서 발생하는 개인정보의 보호에 대한 정부의 역할이 커진다. 예를 들어, 유료 서비스의 결제과정에서 개인정보의 유출 가능성이나 위치정보가 수많은 모바일 서비스에서 수시로 노출되는 데 대한 보안 이슈는 정보사회의 중요한 규제 이슈로 부각된다. 과도한 규제로 새로운 기술의 활용과 확산에 제약을 받아도 곤란하겠지만 부실한 대응으로 이용자의 안전이 위협받는 일은 일어나지 않도록 정부는 세계 시장에서의 대응수준을 고려한 적합한 규제를 마련해야 한다.

토의

01. TV 미디어를 미디어의 의미에 대한 3가지 비유를 활용해 논의하라.

02. 뉴미디어의 의미를 설명하고 가장 앞선 뉴미디어는 어떤 것이 있는지 예를 들어 논의하라.

03. 미디어 융합의 개념을 처음에 누가, 언제, 어디서 소개했는지 그리고 우리 주변의 대표적 융합미디어에는 어떤 것이 있는지 논의하라.

04. 미디어 기술의 사회적 영향에 관한 기술결정론의 논리는 무엇이고 그에 대한 대안으로 제기된 이론과 논리는 무엇인지 논의하라.

종이신문과 인터넷 저널리즘 02

신문의 특성

1. 신문의 개념정의와 특징

현실에서 우리가 잘 아는 신문의 물리적 특징을 글과 사진, 그래픽으로 구성된 내용물이 가벼운 종이에 매일 혹은 매주 인쇄되어 싼 가격에 구입해 들고 다닐 수 있는 종이다발로 구성되었다고 묘사한다(Pavlik & McIntosh, 2014). 종이신문은 면별로 특정한 분야의 정보를 전달하는 섹션으로 구분되어 정치, 경제, 문화, 스포츠 등 영역별로 나뉘거나 전국, 지역, 국제 등 지리적 구분으로 지면을 나눈다. 1면은 가장 중요한 뉴스가 배치되고 칼럼과 사설이 실리는 의견란을 따로 꾸며 사실을 전달하는 지면과 구분한다.

인쇄매체의 일반적 특징으로 같은 내용을 대량으로 생산할 수 있는 복제성과 내용을 저장하는 기록성, 사적이지 않고 내용을 공개하는 공시성을 들 수 있다. 일반적인 출판물과 신문의 현상을 구분하는 차이점은 독자와 인쇄업자(발행인)와 정보제공자 사이에 지속적 관계가 확립되었다는 점이다(Smith, 1983). 이러한 지속적 관계는 신문이 갖는 발행의 규칙성과 주기성과 연결되었다. 또한 신문은 기본적으로 불특정 다수의 독자를 대상으로 이들에게 전달할 내용의 다양성을 추구하는 특징이 있다.

신문은 주기성에 따라 일간(조간/석간)과 주간신문으로, 도달범위나 뉴스 관심대상 범위에 따라 전국신문, 지역신문으로 구분된다. 다루는 내용범주에 따라서는 종합지나 경제지, 스포츠신문과 같은 전문지로 분류되며 새로운 미디어 기술의 발전에 따라 전통적 종이신문과 인터넷신문으로 구분된다.

미국의 신문을 사례로 볼 경우, 신문을 제작하는 비용의 약 65%가 인쇄작업과 배포에 들고 나머지 35%가 기자봉급을 포함한 뉴스를 실재로 생산해 내는 데 든다고 한다(Pavlik & McIntosh, 2014). 전통적 인쇄신문은 윤전기, 인쇄종이, 잉크, 배달트럭, 구독자 관리 등 뉴스 자체를 만들어내는 작업 외의 신문 생산과 배포에 드는 비용이 신문발행 전체의 약 3분의 2를 차지하는 구조이다. 이러한 비용구조는 새롭게 등장하는 디지털미디어 시대에 신문산업이 적응하는 데 매우 큰 장애물로 남는다.

2. 저널리즘

오늘날 미디어의 저널리즘 활동이 무엇인지에 대해 우리가 가진 생각은 많은 부분 신문의 역사 속에서 발견할 수 있다. 신문은 상업적 이해, 정치권력과의 관계 속에서 발전했고 한 사회에 자유로운 언론을 가져오기 위한 노력 속에서 자리 잡았다. 신문발행인과 편집자, 기자는 정부의 검열과 상업주의의 폐해에 저항해 싸웠고 오늘날에도 이러한 전통이 계속된다. 유럽과 미국의 경우 정치적 정당신문(*partisan press*)에서 독립적 언론의 형태로 변화하는 과정에서 상업주의가 만연한 선정적 황색저널리즘(*yellow journalism*), 진보적 시대에 문제를 폭로하는 저널리즘 등을 거쳐 언론의 윤리와 사회적 책임을 강조하는 저널리즘으로의 이행단계를 발견할 수 있다.

신문산업의 발전에 기여한 미국의 허스트와 퓰리처는 신문기자를 전문직업으로 만드는 데 기여했다. 퓰리처는 신문보도의 사회적 책임을 기초로 저널리즘 영역을 탄생시켰다. 오늘날 익숙한 형식인 기사의 말미에 기자의 실명을 제시하는 바이라인(*byline*)은 허스트의 신문에서 발견할 수 있는데 이는 기사에 책임을 지는 방식을 채택하면서 등장하게 되었다. 정치적 의견을 주로 제시했던 정당신문의 경우 정치인과 문필가가 지면의 내용을 채웠던 것과 비교해 볼 때 독립적 직업으로서의 기자직업이 신문의 산업화 과정에서 등장했으며, 특히 허스트는 직업적 안정성을 위해 충분한 보수를 지급하는 데 기여했다(Straubharr, LaRose, & Davenport, 2014).

저널리즘
전통적 의미에서 볼 때 저널리즘의 개념은 뉴스조직을 중심으로 진행되는 뉴스생산 과정의 결과물을 지칭하는 것으로 정의되었다. 하지만 디지털미디어 환경 속에서 저널리즘은 더 이상 뉴스조직의 독점물이 아닌 것으로 변화하게 되었다. 뉴스를 만드는 어떤 행위도 저널리즘으로 볼 수 있다는 확대된 해석이 널리 수용된다.

신문이 전문직으로서 자리 잡으면서 뉴스를 생산하는 조직의 기능이 분화하고 20세기 중반에는 언론현상을 연구하고 언론인을 육성하는 학제가 미국 대학에 체계적으로 등장하기 시작했다. 이와 같은 신문 영역 전문직주의(*professionalism*)의 배경 속에서 오늘날 학계에서 전통적 의미로 상정하는 저널리즘 개념이 정립되었다. 맥네어(McNair, 1998)는 전통적 의미의 저널리즘을 "뉴스조직을 중심으로 진행되는 뉴스생산 과정의 결과물"(p.62)이라고 정의한다. 이런 정의는 전문직주의에 따른 사회적 기관으로서의 언론을 전제로 하는 것으로 뉴스의 생산을 언론이 독점한 시기까지는 보편적으로 활용되었다고 할 수 있다.

하지만 변화한 디지털 환경은 저널리즘의 정의에도 영향을 미친다. 21세기 들어 새로운 미디어 환경 속에서 일반 시민이 뉴스를 만들어내는 경우가 빈번해진다. 저널리즘은 이러한 변화 속에서 더는 뉴스조직의 독점물이 아닌 것이다. 하버드대학의 "디지털미디어 시대의 뉴스와 정보"(2008) 프로젝트에 참여한 연구자들은 '뉴스를 만드는 어떤 행위도 저널리즘'이라고 보았다. 또한 뉴스를 만드는 사람이 꼭 언론인이 아닐 수도 있다는 점을 지적한다.

3. 신문의 기능

일반적인 인쇄미디어는 문화를 전수하고 아이디어와 지식을 전파하며 오락을 제공하는 기능을 수행한다. 신문이 등장하면서 이와 같은 기능에 더불어 특별히 환경감시 기능과 상관조정 기능이 강조되기 시작했다.

환경감시 기능이란 우리 사회 주변 및 권력에 대해 감시하는 언론의 주된 저널리즘 기능으로 사회적 과정, 이슈, 사건 등에 대한 정보를 제공하는 것이다. 상관조정 기능은 이슈와 사건의 의미에 대해 해석을 제공함으로써 사회와 문화 안에서 사람들이 그들의 역할을 이해하도록 도와주는 것이라 할 수 있다. 오락의 기능은 많은 부분 다른 미디어에 의해 수행된다. 하지만 신문이 시대의 주요 미디어였던 20세기 초반까지는 연재만화, 연재소설 등이 오락의 기능을 제공했다.

4. 뉴스의 개념과 뉴스가치

신문은 우리에게 뉴스라는 콘텐츠를 제공한다. 상식적 수준에서 뉴스는 우리가 이전에 몰랐던 새로운 정보라고 말할 수 있다. 19세기 대중신문이 등장하기 시작하면서 신문 제작자는 대다수 공동체 구성원의 관심사로 아직까지 주목받지 못했던 것이면 무엇이든 뉴스가 된다고 보았다. 뉴스는 사람들에게 화젯거리를 만들어주는 것으로 여겨졌다(이민웅, 2003). 20세기 들어 신문이 황금기를 맞이하기 시작하면서 신문발행인 역시 뉴스가 무엇인지에 대해 정리한다. 신문의 대중화에 기여한 미국의 퓰리처는 뉴스를 "얘깃거리가 될 성싶은 새롭고, 특별하고, 극적이고, 낭만적이고, 짜릿하고, 독특하고, 흥미롭고, 기묘하고, 익살스럽고, 이상한 것이면서도 품격 있는 취향을 훼손하지 않고, 일반인의 풍속을 저속하게 하지 않는, 그리고 무엇보다도 기사의 진실성이나 신문의 신뢰도 및 견실한 청렴성을 훼손시키지 않는 것"으로 보았다(이민웅, 2003, 35쪽).

학문의 대상으로 뉴스가 분석되기 시작하면서 연구자들은 뉴스를 구성요소를 중심으로 정의한다. 사회학자이자 커뮤니케이션 연구자인 셔드슨은 "뉴스는 공적으로 중요하게 여겨지는 사안에 대한 정보와 논평이다"(Schudson, 2003, p.11)라고 정의한다. 즉, 뉴스는 주식가격과 같은 '정보'와 이러한 정보 또는 관찰이 전달되는 기자의 '보도' 그리고 주제에 대한 다양한 논평 또는 숙의를 포함하는 '분석'으로 구성된다.

무엇이 뉴스가 되는지는 신문사 편집국의 정보의 취사선택 과정인 게이트키핑을 거친다. 보도하는 기사는 뉴스로서 독자, 수용자에게 전달된다. 이렇게 게이트키핑을 통과한 뉴스를 볼 때 전반적으로 시점, 범위, 인간적 흥미차원의 요소에서 공통점이 있는데 이를 뉴스선택에서 언론인의 뉴스가치(*news value*)라고 한다. 이러한 뉴스가치는 뉴스에 내재된 속성으로 파악해 볼 수도 있다. 먼저 시점상으로는 시의성(*timeliness*)이라는 속성이 있다. 뉴스가 대상으로 하는 발생시점이 얼마나 최근의 일인지, 얼마나 최근의 현실에 적합성이 있는지가 중요하다. 범위의 차원에서는 영향력(*impact*)과 근접성(*proximity*)의 속성이 담겼다. 뉴스는 어떤 사건이 사람들에게 미치는 영향력의 범위, 직접성 등에 따라 결정된다.

또한 지리적으로 얼마나 가까운지에 따라 근접성과 밀접성에 따라 뉴스인지 아닌지 선택된다. 이러한 근접성은 단지 지리적 차원에 그치지 않고 정치적, 경제적, 문화적, 심리적 가까움의 정도에 따라 뉴스선택에 작동한다. 예를 들어, 미국은 지리적으로는 우리나라와 멀리 떨어졌지만 정치적, 경제적, 군사적 차원에서 밀접하기 때문에 국내 언론에 미국의 대통령선거도 중요한 뉴스거리가 된다. 심리적 근접성은 해외에서 발생하는 자연재해나 사고에서 우리 국민의 피해상황을 찾아 뉴스로 만드는 사례에서 발견할 수 있다.

인간적 흥미(*human interests*)의 경우 다양한 속성이 개입된다. 뉴스로 채택되는 아이템, 이야기에서는 균형보다는 갈등과 변화, 정적인 것보다는 행동을, 세상에 흔히 일어나지 않는 비정상적이고 진기한 것, 일반인보다는 저명한 공인에 대한 것을 다루는데 모두 인간적 흥미를 자극하는 요소이다.

신문의 진화

1. 인쇄기술의 발전과 신문의 등장

신문의 등장은 15세기 유럽사회에 활판인쇄술의 등장과 밀접한 관련이 있다. 구텐베르크의 금속활자 활판인쇄술은 손으로 필사하던 시대와 비교해 빠른 속도로 많은 양의 복제물을 생산해낼 수 있는 기술적 토대를 마련한 것이었다.

종이에 인쇄한 신문이 등장하기 이전에 새 소식을 전달하는 데는 다양한 방식이 이용되었다. 동네 한복판에서 사람들이 운집한 가운데 소식을 큰 소리로 전달하던 방식이 있었고 이후 뉴스레터 양식이 활용되기도 했다. 종이에 인쇄되기 이전에는 새 소식을 석판에 조각하거나 필사해 전달했다. 기원전 59년 로마의 줄리어스 시저 시대에 시작된 '악타 디우르나'(Acta Diurna, Journal of Daily Events)는 2백 년간 로마 원로원, 상인의 정보, 날씨, 자연재해 등에 대한 소식을 공표했다(Straubharr, LaRose, & Davenport, 2014).

16~17세기 사이 유럽사회에서는 소식을 전달하는 다양한 방식으로 구성된 신문 전단계의 발간물이 등장하기 시작했다. 17세기에 들어서며 1609년 독일에서 정기적으로 발행되는 초기신문 형태의 뉴스 팸플릿인 '아비사 렐라치온 오더 차이퉁'(Avisa Relation Oder Zeitung)이 인쇄술을 활용해 처음 등장했다. 이탈리아에서는 '가제타'(Gazzetta)라는 상인의 소식지가, 독일과 벨기에에서는 뉴스레터가, 네덜란드에서는 오늘날 '현재의 뉴스'라는 의미의 '코란토'(Corantos)가 발행되었다. 이처럼 소식을 전하는 초기신문의 형태는 유럽의 사회 커뮤니케이션 시스템의 기반 아래 가능했다. 중세부터 필사소식을 전달했던 유럽사회에는 우편시스템과 도로망이 발전했다. 배포망의 확보는 정기적 신문

출처: 구제프(gurdjieff, 1933).

〈그림 2-1〉

이 등장할 수 있는 매우 중요한 조건이었다.

2. 신문의 성격 변화: 정치적 요인, 상업적 수요

18세기 초, 1702년 영국 런던에서는 최초의 일간신문으로 여기는 〈데일리 쿠란트〉(*Daily Courant*) 발간되었다. 미국에서는 1704년 정기성을 띤 신문으로 〈보스턴 뉴스레터〉(*Boston News Letter*)가 등장했다(Pavlik & McIntosh, 2014; Straubharr, LaRose, & Davenport, 2014). 18세기 정기적 신문은 정치적 의견을 표현하기 위해 등장했다. 특히, 미국의 독립 이전 영국의 식민지에서 발행되는 신문의 허가와 검열에 대한 문제에 도전하면서 정치적 역할을 하는 정당신문의 등장이 많았다. 편집의 독립성과 권위에 대한 비평문제와 관련한 중요한 역사적 사건은 1733년의 젱어(John Peter Zenger)의 소송이다. 흔히 '젱어 사건'으로 불리는 법률소송에서 담당 변호사인 해밀턴(Andrew Hamilton)은 인쇄물의 진실 그 자체가 명예훼손이 아니라는 근거가 된다고 주장하면서 뉴욕 영국총독에 대한 중상비방 소송에서 승소한다. 이 사건을 계기로 명예훼손 소송에 대한 언론의 방어논리로 '진실'이 자리하게 되었다. 18세기 미국에서 등장한 정당신문은 특정한 사상, 목적, 이해관계를 갖는 개인과 집단에 의해 발행되며 미국의 독립과 혁명의 기초를 제공했다.

한편 동시대에 미국과 유럽 사이에서 활발한 교역을 하던 상인이 제작한 신문도 유통되며 신문의 발전에 기여했다. 보스턴 등 항구도시를 중심으로 발행된 〈보스턴 데일리 애드버타이저〉(*Boston Daily Advertiser*)와 같은 신문은 선박의 출도착 정보, 선적 화물, 날씨 등 상업 활동에 도움이 되는 정보를 담아 전달했다.

3. 대중신문의 등장

정당신문과 상인발행 신문은 미국의 경우 18세기 당시의 엘리트 계층과 무역과 상업에 종사하는 기업인 중심으로 활용되었다. 신문이 대중적 성격을 띠게 된 것은 19세기 들어서인데 이러한 변화는 인쇄술의 진화, 신문산업의 새로운 마케팅, 산업화와 도시화, 교육수준의 증가 등이 관련되었다.

유럽에서는 1811년 독일에서 처음 증기기관을 이용한 인쇄술이 발명된 이래 1830년대 들어 수동인쇄기에서 증기기관을 이용한 인쇄기술이 본격적으로 활용되면서 인쇄물을 대량으로 복제할 수 있게 되었다(Pavlik & McIntosh, 2014). 이러한 대규모 복제인쇄 방식의 출현은 근대신문의 태동에 영향을 미쳤다. 이전까지 수동인쇄기는 1시간에 단면을 2백 장에서 6백 장 정도 인쇄할 수 있어 발행부수에 제약이 있었다. 반면 새롭게 등장한 증기기관을 이용한 인쇄기는 양면을 한 시간에 4천 장까지 인쇄해 신문의 대량생산을 가능하게 했다.

이러한 기술적 토대를 통해 신문발행인의 새로운 수익창출 전략이 대중신문 출현을 가져왔다. 미국의 경우, 19세기 신문의 가격은 1부당 약 6센트로 당시

THE SUN.

NEW YORK, MONDAY, FEBRUARY 17, 1834.

PUBLISHED DAILY.

〈그림 2-2〉
〈선〉

출처: NMAH(2013).

일일 수당이 85센트였던 노동자 계급에게는 큰 지출이었다(Pavlik & McIntosh, 2014). 1833년 미국 뉴욕에서 데이(Benjamin Day)는 〈선〉이라는 신문을 발행했다. 이 신문은 전통적인 가구구독 방식 대신에 '뉴스보이'로 불렸던 소년이 일간신문을 거리에서 단돈 1센트(*penny*)에 파는 방식을 취했다. 신문에는 많은 사람의 흥미를 자극할 선정적 이야기가 가득했는데 이러한 1센트 신문(*penny press*)은 구독료 대신 광고수입으로 수익원을 마련하는 방식을 채택하며 신문의 새로운 수익구조를 선보였다. 대규모 복제인쇄 방식을 토대로 새로운 이윤추구 방식을 도입한 1센트 신문은 수많은 대중을 대상으로 유포되었다는 측면에서 대중매체로서의 신문의 위상에 획기적 변화를 가져왔다. 그동안 일부 정치, 경제 엘리트만이 독점한 뉴스를 구텐베르크의 인쇄술이 등장한 이후 4세기가 지난 후에서야 드디어 일반대중도 이용하게 된 것이다.

대중신문이 자리하게 된 데에는 광고를 필요로 하는 다양한 산업이 성장한 산업화와 함께 도시로 인구가 몰리면서 도시화의 사회문제가 증가한 사회적 배경도 관련이 있다. 사람들이 공통으로 관심을 가질 사회문제가 증가하면서 취재거리도 증가해 신문이 다룰 뉴스도 많아졌다. 문자를 이해해야만 접할 수 있는 신문매체의 특성상 교육은 중요한 선행요인이었는데 20세기 문맹퇴치를 위한 교육투자의 증가 역시 신문산업의 활성화에 역할을 했다. 미국의 경우 라디오가 등장하기 이전 1880년에서 1930년대까지를 신문의 황금기였다고 할 수 있다.

4. 황색저널리즘과 책임 있는 저널리즘

신문의 황금기에 신문은 산업적으로 성장했으나 신문의 질적 수준은 수많은 신문이 경쟁하는 가운데 많은 문제를 야기했다. 특히, 19세기 말 미국 뉴욕의 두 경쟁 신문이었던 〈뉴욕 월드〉(*New York World*)와 〈뉴욕 모닝 저널〉(*New York Morning Journal*)의 대결은 황색저널리즘이라는 새로운 용어를 만들어내기도 했다. 신문의 전문직화와 산업화에 기여한 두 발행인인 퓰리처(〈뉴욕 월드〉)와 허스트(〈뉴욕 모닝 저널〉)는 독자 잡기 경쟁을 하면서 정통 저널리즘보다는 독자 관심을 끄는 것에 초점을 맞추었다. 퓰리처 신문의 카툰인 〈옐로 키드〉(*Yellow kid*)의 제작진을 허스트가 빼앗아 가면서 뉴욕에는 두 신문에서 〈옐로 키드〉가 발행되는 사태가 발생했고 이런 경쟁 속의 문제를 담은 저널리즘을 황색저널리즘이라고 지칭하게 된 것이다.

황색저널리즘은 최대수익을 위해 구독자 수를 늘리고 광고를 확대시키려는 다양한 시도를 포함한다. 독자 수를 늘리기 위해서 선정적 사진과 이야기를 강조한다거나 커다란 헤드라인을 사용하는 것, 관심 끌 인물에 대한 집중적 보도, 인간적 흥미를 자극할 뉴스거리를 담는 것 등이 황색저널리즘의 특징이다. 이런 황색저널리즘 신문은 때로 거짓기사나 조작된 인터뷰 등을 실어 물의를 일으키기도 했다(Straubharr, LaRose, & Davenport, 2014).

독자확보를 위한 신문사 간의 경쟁은 사회감시를 통한 뉴스를 전달하고 다양한 의견을 제시하는 본연의 언론과는 동떨어졌다. 20세기로 들어서면서 책임 있는 저널리즘(*responsible journalism*)의 확립필요성이 대두되었다. 사실과 의견을 분리한 객관주의 전통이 〈뉴욕타임스〉에 의해 마련되기 시작했으며 사회문제에 대한 진지한 뉴스를 다루는 〈시카고트리뷴〉(*Chicago Tribune*) 등의 신문이 출현했다.

5. 신문과 민주주의 과정

1) 표현의 자유와 다양한 견해의 제공

미국의 저널리즘 교육자는 미국 헌법에서 보호하는 유일한 직업적 영역이 저널리즘이라고 말한다. 저널리즘 영역은 이 세상과 우리 공동체에 무슨 일이 일어나는지에 대해 보도하는 '자유'에 대한 것이라는 점을 강조한다. 표현의 자유와 언론의 자유를 보호하려는 미국 수정헌법 1조의 정신이 저널리즘의 활동에 반영되었다.

유럽사회에 신문이 등장한 초기에 언론의 자유는 존재하지 않았다. 출판을 허가받은 발행인만이 참여할 수 있었고 이들이 제작한 출판물은 사전에 검열을 받고 나서 배포가 가능했다. 사전검열제는 1800년대 초반까지 지속되었고 영국의 경우 1800년도 후반 폐지되었다. 신문의 역사에서 중요한 부분은 발행인이 다양한 의견을 자유롭게 인쇄할 수 있는 권리를 얻기 위해 지속적으로 투쟁했다는 점이다.

신문은 등장 초기부터 기존 권력에 대한 반대의 입장 속에서 저항하는 것을 스스로의 역할로 상정한 부분이 있었다. 자유롭게 출판하기 위한 신문발행인의 투쟁은 '자유 민주주의와 시민권리를 위한 투쟁'이라는 틀 안에서 강조되었다(McQuial, 2005). 신문발행인의 노력은 권력에 대한 감시라는 중요한 신문의 역할과 연결되어 민주주의 정치제도를 확립하는 데 기여했다. 또한 자유 국가에서 다양한 의견을 제공하는 사회 다양성의 반영이 대의제 정치, 대중사회에서 신문의 역할로 자리매김했다. 미국의 독립 과정과 근대 시민혁명의 과정을 거치면서 신문은 국민의 알 권리를 대변하고 표현의 자유를 보장받게 된 것이다.

2) 사회책임

사회를 감시하고 사회문제를 해설해주면서 시민의 다양한 견해를 전달하는 것이 민주주의 과정에서 신문에게 기대하는 역할이다. 그러나 이러한 역할은 신문의 영향력 확대과정에서 제대로 수행되지 않는 문제가 발생했다. 특히, 진실과 가장 좋은 아이디어가 자유로운 시장경쟁 속에 살아남을 것이라는 '사상의 자유시장'(*marketplace of ideas*) 개념이 17세기 유럽사회에서 등장해 자유로운 언론과 다양한 의견과의 관계를 설정하면서 신문은 시장속의 기업으로 자리하는 것이 자연스러운 것이 되었다.

하지만 기업으로서의 신문은 민주주의의 구현을 위한 사회에서 부여된 역할을 수행하는 것과 동시에 이윤을 얻어 운영해야 하는 과정에서 문제가 발생했다. 상업적 이해관계 속에 발생하는 선정성과 폭로 등은 상업주의의 폐해로 지적되었고 이를 보완하려는 시도가 사회책임의 틀 안에서 등장했다.

1896년 〈뉴욕타임스〉를 인수한 오크스(Adolph Ochs)는 선정성으로 가득 찬 신문을 변화시키며 20세기 가장 훌륭한 신문의 하나로 〈뉴욕타임스〉를 만들었다. 오크스는 불편부당성과 독립성을 강조하며 오늘날 객관성이라고 부르는 개념을 정착시켰다. 또한 광고와 기사를 엄격히 분리해 상업적 이해관계가 기사에 주는 영향을 차단했다(Straubharr, LaRose, & Davenport, 2014). 이와 같은 노력은 책임 있는 저널리즘을 구현하는 시발점이 되었다고 할 수 있다.

독립적 위치에서 권력을 감시하고 시민의 목소리를 대변하며 시민에게 유용한 정보를 제공하는 전문직으로서의 언론인의 역할은 '언론의 사회책임 모델'(*social responsibility model*)이라고 정리된다. 이러한 모델에서는 언론인이 취재와 보도 과정에서 윤리적 측면을 스스로 모니터할 것을 강조한다. 전문직으로서의 윤리강령의 제정, 옴부즈맨 등 스스로의 작업을 비판적으로 평가하면서 신문은 민주주의 과정에서 정당하고 적절한 책임을 수행하도록 자율적 사회책무 장치를 마련해 운영한다.

신문산업의 위기, 종이신문의 쇠퇴

뉴스를 전달하는 다양한 새로운 매체가 등장하면서 신문사는 이들과 경쟁해야 하는 미디어 환경변화가 신문산업의 위기를 가져온 중요한 이유이다. 1930~1940년대 라디오, 1950~1960년대 TV, 21세기 들어 인터넷이 사회의 정보를 제공하는 중추 미디어로 자리하게 된 가운데 신문은 독자의 감소로 어려움을 겪는 것이 현재상황이다. 전 세계적으로 볼 때 약 2/3를 광고수익에 의존하는 신문산업은 새로운 경쟁 미디어의 등장 속에 광고를 확보하는 데도 어려움이 있다.

감당하기 어려운 생산비용도 종이신문의 쇠퇴를 가져왔다. 인쇄비용, 수송비용, 구독자 관리, 지역 지국 관리 등 뉴스취재와 직접적으로 관련되지 않은 생산

〈그림 2-3〉
달라지는 뉴스의 소비방식

과 배급에 소요되는 비(非)제작비용의 증가가 구독료, 광고수입의 증가보다 훨씬 크다는 것이다. 비제작비용을 줄일 수 있는 온라인뉴스 제공자와 경쟁해야 하는 힘든 상황을 맞는다.

인터넷과 모바일 환경에서 신세대 젊은 층에게 신문구독을 기대하는 것이 쉽지 않음도 현실이다. 미국의 경우 거대 신문기업이 신문을 합병하면서 다양성이 감소하는 것에 대한 우려가 높아진다. 지역신문이 쇠퇴하고 문을 닫는 신문사가 많아지면서 지역사회의 민주주의에 기여할 신문의 역할이 줄어든다. 대중을 상대로 하는 신문이 선정적이고 하찮고 무책임한 기사를 실으면서 신뢰가 하락하는 것도 신문산업에게는 위기이다.

신문의 신뢰위기 속에 사라지는 독자를 잡기 위한 새로운 저널리즘의 시도가 디지털 커뮤니케이션 기술, 인터넷 미디어 환경에서 대두된다. 시민저널리즘(*citizen journalism*) 같이 일반인이 모바일, 소셜미디어, 전통미디어를 통해 뉴스와 정보를 수집하고 공유하는 양식이 새로운 인터넷뉴스 환경에서 시도된다. 하지만 전반적으로 신문사는 여전히 디지털시대의 커뮤니케이션 방식을 수용하고 이에 적응하는 데 고전하는 것이 현재상황이다.

인터넷과 신문의 새로운 진화

1. 웹의 등장과 인터넷신문

인터넷의 등장은 미디어 영역에서 구텐베르크의 활판인쇄기 발명에 버금가는 혁명적 변화를 가져왔다. 웹은 인터넷이 대중매체 기능을 수행하도록 하는 중요한 기술적 진화를 가져왔다. 특히, 신문과 같은 정보전달 매체에 최적화된 웹이 1993년에 상용화되면서 언론의 생산, 소비, 유통이 웹을 중심으로 급격하게 재편되었다. 미국에서 1993년 〈시카고트리뷴〉이 웹을 이용한 첫 뉴스 서비스를 시작한 이후, 한국에서는 〈중앙일보〉가 1995년 3월 2일 우리나라 최초의 인터넷신문인 〈조인스닷컴〉을 서비스한 것이 시작이다. 〈조선일보〉가 1995년에 국내 최초로 인터넷 서비스를 다루는 독립된 자회사인 (주)디지틀조선일보를 설립하면서 뉴스 서비스와 산업적 차원에서 본격적인 인터넷신문의 시대가 시작되었다.

인터넷은 뉴스의 생산과 소비 등 거의 모든 언론영역에 걸쳐 광범위하게 영향을 미쳤다. 인터넷이 신문과 언론환경을 어떻게 변화시킬 것인가는 1990년대 중반부터 매우 중요한 학문적 관심으로 자리 잡았다. 파블릭(Pavlik, 2000)은 기술적 변화가 저널리즘 환경에 미치는 영향으로 4가지로 들면서 ①언론인의 작업방식, ②뉴스 콘텐츠의 변화, ③뉴스룸 조직 및 구조, ④언론사, 언론인, 수용자 간의 관계에 광범위한 변화가 일어났다고 기술했다.

언제 어디서나 소비되는 뉴스, 글로벌 정보에 대한 자유로운 접근, 순간적으로 전개되는 뉴스보도, 상호작용성(*interactivity*), 멀티미디어 콘텐츠 그리고 뉴스 전달과 소비의 극단적 개인화 등은 인터넷이 만들어냈다(Pavlik, 2000).

채피와 메츠거(Chaffee & Metzger, 2001)는 뉴스 이용자가 여러 종류의 디지털 기기를 이용하고 다양한 형식의 플랫폼(*platform*)을 통해 접근하게 될 것이라고 말하면서, 뉴스의 생산과 소비가 보다 개인화되고, 탈중심화되며, 쌍방향적 소통이 가능해진다. 또한 뉴스와 정보의 생산과 배포에 이용자의 통제력이 높아지며, 모바일기기의 보급에 의해 뉴스에 대한 접근이 편리해지고, 정보이용의 이동성이 강화되었다.

2. 인터넷과 신문의 새로운 개념화

'인터넷신문'이라는 용어는 '온라인저널리즘', '사이버저널리즘', '디지털저널리즘' 그리고 '인터넷뉴스' 등의 용어와 혼재되어 통용된다. 이들 용어가 지칭하는 대상이 명확하게 정의되지는 않지만 대체로 인터넷과 같은 가상의 정보공간을 통해 뉴스로 대표되는 의견이나 정보를 교환, 분배, 전달하는 행위를 의미한다.

이들 용어는 인터넷을 통한 취재, 인터넷상에 나타나는 새로운 형태의 뉴스 서비스 그리고 더 나아가서는 뉴스그룹 서비스나 게시판, 공공문제를 다루는 토론방 등 인터넷상에서 일어나는 다양한 커뮤니케이션 현상을 지칭하는 데 모두 사용한다.

인터넷신문은 인터넷이라는 기술환경, 시장환경 그리고 수용자환경 등과 밀접하게 연관되어 상호작용하기 때문에 이 새로운 영역은 아직까지 역동적으로 변화하는 실정이다. 마치 생태계가 형성되는 초기단계에서 종(種)의 분류가 어

온라인저널리즘
디지털 기술환경에서 구현되는 전자저널리즘 양식의 하나로 웹을 매개로 한 뉴스서비스가 대표적 사례이다. 비디오 텍스트로부터 출발한 전자뉴스 서비스는 웹의 등장으로 본격화되었고 웹2.0 기술을 기반으로 확장되었다. 온라인저널리즘은 인터넷상의 사회적 소통을 포함하는 거시적 관점과 뉴스라는 상품을 생산하는 전문직 노동과정 및 결과물로 바라보는 미시적 관점으로 나눈다. 일반적으로 후자의 관점에서 인터넷 또는 온라인을 통해 뉴스를 생산 또는 매개하는 조직 또는 기업 및 그것의 활동결과로 정의한다.

려운 것처럼 지금 시점에서 인터넷언론을 명확하게 정의하고 그에 대한 사회적 합의를 도출하기가 쉽지 않다.

먼저, 인터넷언론 개념에서 '인터넷'은 TCP/IP라는 프로토콜에 기반을 둔 물리적 네트워크이자 동시에 이를 기반으로 둔 정보공간을 의미한다. 인터넷언론을 흔히 온라인저널리즘이라고도 하는데 이때 '온라인'이라는 용어는 인터넷보다 더 광범한 용어이다. 온라인은 디지털 정보에 대한 접근, 검색 그리고 배포를 가리킬 때 느슨하게 사용하는 일반적 용어(*generic term*)이다. 따라서 온라인은 디지털 네트워크의 물리적 특성이나 통신 프로토콜의 특성과는 무관하게 네트워크 자체에 접속하고 이를 기반으로 운영되는 것을 의미한다. 최근에는 온라인미디어를 대표하는 것이 바로 웹이므로 통상적으로 온라인과 웹 또는 인터넷이라는 용어를 구분 없이 사용한다.

다음으로 언론 또는 저널리즘이라는 용어는 같은 의미로 사용하기도 하지만 경우에 따라서는 다르게 사용하기도 한다. 한국어로 '언론'이라는 용어는 journalism을 번역한 경우와 press를 번역한 경우가 있다.

어원상으로 저널리즘은 신문, 잡지 등의 정기간행물을 발행하는 직업활동을 의미하지만 방송과 같은 전자매체가 등장하면서 방송을 포함하게 되었다. 협의의 개념으로는 광고나 오락적 활동을 제외한 시사문제에 대한 논평이나 해설 등을 지칭하기도 한다.

프레스를 번역한 언론의 개념은 신문사 또는 신문제작과 관련된 활동을 포함한다. 일반적으로는 이 두 개념을 모두 포함하는 차원에서 폭넓게 언론의 개념을 사용한다. 워드(Ward, 2002)는 언론(*journalism*)을 언론인에 의해 수행되는 하나의 과정으로 정의하면서 그 핵심과정을 4가지로 정의한다. 첫째, 뉴스의 독자나 수용자가 관심을 가질 만한 정보를 확인하고 발견하는 행위, 둘째, 기사작성에 필요한 소재를 수집하는 행위, 셋째, 수집된 정보 가운데 선택(*select*)하는 행위, 넷째, 효과적 방법으로 정보를 제시하는 행위가 그것이다. 따라서 인터넷언론은 1차적으로 전자적 또는 디지털 정보네트워크를 기반으로 둔 저널리즘 활동, 즉 뉴스의 생산과 배포와 관련된 활동이라고 정의할 수 있을 것이다.

그러나 이 같은 개념정의는 현재 통용되는 인터넷언론의 한 측면에 불과하다. 실제로 인터넷언론이라는 개념은 인터넷을 통한 취재, 인터넷상에 나타나는 새로운 형태의 뉴스 서비스 그리고 더 나아가서는 뉴스그룹 서비스나 게시판, 공공문제를 다루는 토론방 등과 같이 정보공간에서 일어나는 교환행위까지 포괄하는 우산적 개념(*umbrella concept*)으로 사용한다. 그렇기에 아직까지 공통적이고 명료한 개념정의는 찾기 힘들다.

온라인저널리즘(*online journalism*)은 디지털 기술환경에서 구현되는 전자저널리즘 양식의 하나로서 웹을 매개로 한 뉴스 서비스가 대표적이다. 기술적으로 볼 때, 비디오텍스트로부터 출발한 전자뉴스 서비스는 웹의 등장으로 본격화되었고 최근에는 웹2.0기술을 기반으로 기술적으로 보다 확장된다.

온라인저널리즘의 정의는 인터넷상에서 나타나는 사회적 소통을 포함하는 거시적 관점과 뉴스라는 상품을 생산하는 전문직 노동과정 및 결과물로 바라보는 미시적 관점으로 나누어진다. 이 용어는 일반적으로 후자의 관점에서 다루어지며 '인터넷 또는 온라인을 통해 뉴스를 생산 또는 매개하는 조직 또는 기업' 및 그것의 활동결과라고 정의할 수 있다.

3. 인터넷신문에 대한 제도화

인터넷신문을 제도적으로 규제하기 위해 2005년 제정되고 2015년에 개정된 〈신문 등의 자유와 기능보장에 관한 법률〉(이하, 〈신문법〉) 제2조에서는 '인터넷신문'을 "컴퓨터 등 정보처리능력을 가진 장치와 통신망을 이용해 정치 · 경제 · 사회 · 문화 · 시사 등에 관한 보도 · 논평 · 여론 및 정보 등을 전파하기 위해 간행하는 전자간행물로서 독자적 기사 생산과 지속적인 발행 등 대통령령이 정하는 기준을 충족하는 것을 말한다"로 정의한다. 또한 그 시행령 3조에서는 인터넷신문의 요건을 ①독자적인 기사생산을 위한 요건(취재인력 3명 이상을 포함해 취재 및 편집인력 5명 이상을 상시 고용), ②자체제작(주간 게재기사 건수의 100분의 30 이상을 자체 생산한 기사로 게재), ③주기성과 정기성(주간 단위로 새로운 기사를 게재) 등 3가지로 적시함으로써 인터넷상의 많은 정보제공자와 언론사를 구분했다. 즉, 현행 〈신문법〉은 기사의 생산과 편집을 주기적으로 할 수 있는 언론인의 집합체이자 조직으로서 인터넷신문을 정의한다.

이와 더불어 포털과 같은 인터넷상의 뉴스매개자의 기능이 커지면서 〈신문법〉은 '인터넷뉴스 서비스 사업자'개념도 도입해서 제2조2항에서 "인터넷뉴스 서비스"를 정의내렸다. 여기서는 "신문, 인터넷신문, 〈뉴스통신진흥에 관한 법률〉에 따른 뉴스통신, 〈방송법〉에 따른 〈방송 및 잡지 등 정기간행물의 진흥에 관한 법률〉에 따른 잡지 등의 기사를 인터넷을 통해 계속적으로 제공하거나 매개하는 전자간행물을 말한다. 다만, 제2호의 〈인터넷신문 및 인터넷 멀티미디어 방송 사업법〉 제2조 제1호에 따른 "인터넷 멀티미디어 방송, 그 밖에 대통령령으로 정하는 것을 제외한다"고 정의했다. 인터넷신문과 인터넷뉴스 서비스사업자라는 용어는 뉴스생산과 유통을 구분하기 위한 개념으로 언론성 및 언론사를 개인이 아닌 조직과 직업사회학적 관점에서 정의한 것을 알 수 있다.

4. 과잉경쟁의 부작용

2005년 1월 27일에 제정된 〈신문법〉에 의해 언론으로서 법적 지위를 획득하게 된 인터넷신문은 현재까지 괄목할 만한 성장속도를 보였다. 그러나 인터넷신문은 그 수적 증가에 비해 보도영역별, 보도지역범위별로 세분화되지 않아 내용적 다양성을 확보하지 못했다는 비판을 받기도 한다. 또한 상당수 인터넷신문사는 경영과 편집이 분리되지 않음으로 경영자로서 발행인의 편집 영향력이 크게 작용하며 취재기자의 교육훈련 체계미비로 전문직으로서 기대수준을 충족시키기 어려운 상황에 놓였다. 독립형 인터넷신문의 경우, 소수의 기자가 과도한 기사를 양산함으로써 차별화된 기사를 기대하기 힘들며 베끼기 기사가 종종 등장하기도 한다. 더욱이 인터넷신문은 치열한 경쟁구조 속에 뚜렷한 수익모델이 없다보니 광고의존도가 더욱 심해질 수밖에 없다. 그 결과 네이버(Naver)와 같은 인터넷포털의 트래픽이 중요함으로써 콘텐츠의 선정성 경쟁이 발생한다.

이처럼 인터넷신문이 양적으로는 팽창했지만 수익모델의 부재, 체계적인 기자교육 시스템 미비, 열악한 취재환경 등으로 콘텐츠의 품질이 저하된다. 무분별한 베껴 쓰기와 어뷰징 등으로 여론의 다양성과 기사의 높은 질을 기대하기 어렵고 광고의존도가 심화됨에 따라 조회 수를 높이기 위해 선정적 기사를 작성하며 기사의 제목과 내용이 일치하지 않는 경우도 빈번하게 발생한다.

1. 취재생산 방식의 변화

기자의 인터넷 채택은 전통적인 뉴스의 수집·가공·처리 과정에도 변화를 불러일으킨다. 이는 인터넷이 하나의 매체로 기능하는 것뿐만 아니라 뉴스의 취재과정을 효율화시키는 도구로도 이용됨을 말한다. 인터넷 활용에 따른 구체적 취재과정의 변화를 독자 및 정보원과의 상호작용, 데이터베이스 활용, 여론탐지 그리고 기사 소재발굴 등의 4가지 측면으로 나누어 살펴본다.

첫째는 독자와의 상호작용이다. 전자우편과 같은 인터넷 서비스를 매개로 한 독자와 기자 간의 상호작용은 신문사가 내보낸 정보에 대해 독자가 보다 신속하고 간편한 방식으로 자신의 느낌이나 의견을 제시할 수도 있고 기사에 대한 보다 구체적인 설명이나 해명 등을 요구할 수 있는 차원으로 발전했다. 또한, 독자로부터의 즉각적이고 직접적 피드백이 가능해짐으로써 기자는 기사작성 시 독자로부터의 규범적 영향을 더 많이 받기도 한다.

둘째는 정보원과의 상호작용이다. 이 상호작용의 경우 대표적 방식은 기자가 전자우편을 통해 정보원으로부터 보도자료나 온라인에 공표된 정보를 이용하는 것이다. 최근에는 정보원의 소셜 네트워크 서비스(Social Network Service·SNS)를 적극적으로 활용한다. 기존에는 주로 면대면 접촉이나 전화, 팩스 등을 통해 기자와 취재원 간 정보교환이 이루어졌으나 이제는 전자우편이 하나의 유력한 커뮤니케이션 수단으로 부상한다. 그러나 인터넷을 통한 정보 소스의 신뢰도 문제가 오늘날 언론인이 처한 가장 큰 딜레마 가운데 하나라고 지적한 바 있다.

또한 인터넷 활용은 기자로 하여금 다이내믹한 공중여론의 탐색을 쉽게 한다.

일반적으로 여론은 기자 개인의 제한된 경험이나 여론주도층의 견해에 의존하거나 여론조사와 같은 양적 수치로 주로 표현되었다. 하지만 온라인상의 여론은 행동적이고 관심 있는 공중에 의해 형성될 뿐만 아니라 보다 손쉽고 생동감 있게 확인될 수 있다는 점에서 기사작성 시 중요한 소스로 작용한다.

셋째는 기자가 보다 다양한 데이터베이스에 접근하고 이를 이용할 수 있게 되었다. 출입처를 근거로 한 취재패턴이 인터넷상의 사이버공간을 적극 수용하는 방식으로 바뀐다. 전통적으로 기자는 주어진 한정된 시간동안 비교적 넓은 영역을 커버해야 하기 때문에 정보가 밀집되어 뉴스 발생가능성이 높은 공공기관 등의 정보에 주로 의존했다. 하지만 인터넷의 채택은 기자를 물리적 취재구역에 한정시킬 필요성을 감소시킨다.

넷째, 뉴스생산의 핵심기지인 편집국 내의 각기 다른 부서원이 팀을 이루어 취재를 담당하는 시스템이 확대된다. 손쉬운 예로, 전통적 신문사 조직에는 별도의 조사부가 있어 주로 신문기사를 비롯한 문서정보를 정리·보존하고 일선기자의 기사작성에 요구되는 자료를 제공하는 일종의 지원기능을 담당했다. 하지만 웹을 경유한 데이터베이스를 이용하기 시작하면서부터 모든 기자는 정보를 직접 검색할 수 있게 되었다. 기존 조사부에서 수행했던 업무의 상당부분이 일선기자에게 이관되기 시작한 것이다.

그에 따라 데이터베이스를 적극적으로 취재에 활용하면서 탐사보도(*investigative reporting*)의 영역이 확대된다. 정부기관 등이 보유한 공적 정보 혹은 기록을 누구나 손쉽게 접근·이용할 수 있는 데이터베이스 형태로 구축하지 않았더라면 놓치기 쉬운 현안이 이제는 팀 단위로 구성된 기자들에 의해 포착되어 기사화된다.

이러한 보도방식은 1990년대 초반부터 'CAR'(*computer-assisted reporting*)이라

고 명명되면서 하나의 독자적 저널리즘 양식으로 자리 잡기 시작했다. 구체적으로 탐사보도 시에 효과적인 데이터베이스 활용방식은 검색(*search*), 분류(*sorting*) 그리고 교차확인(*cross-indexing*) 등이다. 가령, 방대한 정보로 구축된 데이터베이스를 통해 과거에는 긴 시간이 소요되거나 때로는 확인하기도 불가능했던 특정 인물의 신원, 기록, 행보 등이 즉각적으로 확인될 수 있다. 그리고 획득된 방대한 양의 정보를 그 비중이나 특정한 목적에 따라 분류하는 작업이 손쉬워진다. 또한, 특정한 사실 정보가 어떤 일련의 맥락 속에서 유의미한가를 드러내는 데 데이터베이스는 핵심적 역할을 수행할 수 있기도 하다.

2. 뉴스룸 조직과 기자의 역할변화

온라인 시장의 규모가 커지고 이종(異種)매체 간 인수와 합병현상이 늘어나면서 다매체를 만족시키는 통합뉴스룸이 언론사의 중요한 과제로 대두되었다. 여러 매체를 고려한 통합된 다매체 뉴스룸은 적은 비용으로 다수의 매체를 동시에 만족시켜 경제적 효율성을 높일 수 있다. 또한 뉴스룸의 정보를 공유하고 업무의 효율성을 높이는 지식경영의 효과를 얻을 수 있기 때문이다. 통합뉴스룸의 구조나 수준은 개별 언론사가 처한 경영구조에 따라 차이가 있다.

한국에서는 그동안 온라인과 오프라인(신문 또는 방송) 간 뉴스룸의 통합이 우선적 과제였는데 최근 신문사의 방송진출이 허용되어 종합편성채널에서는 신문-방송-온라인을 포괄하는 통합뉴스룸 구축이 중요한 과제로 부상한다. 일찍이 매체 간 교차소유가 허용된 미국에서는 온라인, 방송 그리고 신문을 모두 포괄하는 다매체 작업환경의 통합형 뉴스룸이 등장하며 다양한 뉴스룸 모델이 등장했다.

통합뉴스룸(*integrated newsroom*)은 온라인뉴스의 급속한 시장확대와 언론사의 이종매체 경영이 늘어나면서 하나의 뉴스룸이 복수의 다양한 매체에 필요한 뉴스를 생산하고 공급해야 하는 필요성 때문에 생겨난 뉴스룸의 새로운 조직구조를 의미한다. 인터넷과 같은 디지털 기술은 뉴스유통을 다각화시키면서 뉴스시장을 단일매체 시장으로 융합시킨다. 매체 간 경계가 불명확해지며 매체 간 뉴스의 교차이용이 활성화되었다. 개별 매체기업은 복수매체에 뉴스를 유통시키기 위해 다매체 작업환경을 구현해야 할 필요성이 높아졌다.

통합뉴스룸이 기자에게 다양한 매체를 충족시키는 언론활동을 요구하고 뉴스룸을 조직적으로 통합하는 등 기술적이고 경제적 효용성이 기자의 상호경쟁을 촉발시킨다는 점에서는 일부 긍정적 평가를 받지만 기사품질에 어떻게 기여했는가는 명확하지 않다. 뉴스룸의 통합이 오히려 저널리즘을 훼손한다는 글레이저(Glaser, 2004)의 주장은 설득력이 있다. 기자가 하루에 생산할 수 있는 기사가 제한되지만 통합뉴스룸은 이전보다 더 많은 양의 기사를 소화하도록 만든다. 특히, 통합뉴스룸이 비용을 줄이기 위한 목적에서 추진되는 경우가 많아 추가적 인력투입 없이 기존의 인력을 재할당하는 방식으로 융합미디어 환경에 대응토록 한다. 따라서 과도한 업무로 인해 부실기사가 양산될 수 있으며 심층적 뉴스를 소화할 시간적 여유가 허락되지 않는 경우가 많다.

실제로 통합뉴스룸 환경은 기자에게 컴퓨터뿐만 아니라 스틸사진, 비디오나 오디오 클립 등을 생산하고 가공하는 다양한 디지털 기기까지 작동하고 여러 미디어의 뉴스를 충족시키는 '배낭 저널리스트'(*backpack journalist*)와 다재다능한 능력을 요구한다. 더는 단일한 미디어만을 위해 뉴스를 만들어서는 안 되고 TV, 라디오, 신문, 온라인 등 여러 가지 미디어 플랫폼에 맞는 다른 양식의 뉴스를 생산할 수 있는 복합적 기능을 요구한다(Quinn, 2005; Singer, 2008). 이 같이 다재

다능한 기자상은 이상적으로 보이지만 저널리즘 노동의 특성을 고려할 때 바람직하다고 할 수만은 없다.

통합뉴스룸에서 이루어지는 작업이 기사의 품질을 높이고 공공사안을 더 깊이 있게 파고들기보다는 여러 출구에 맞는 소포꾸러미를 포장하는 것에 불과하다는 벨트램(Beltrame, 2001)의 비판적 평가와 서로 다른 미디어를 충족하기 위해 별도의 추가 취재 없이 단순히 뉴스를 재구성하는 수준의 다량생산 시스템이라는 스톤(Stone, 2002)의 주장은 뉴스룸의 통합이 생산성 증대에 기반을 두고 추진되는 한계를 보여주는 것이다. 실제로 클리넨버그(Klinenberg, 2005)의 분석에 따르면, 기자가 기사를 작성하는 시간은 줄어든 반면 인터넷이나 다른 미디어에 보낼 기사를 재가공하는 시간은 늘어난 것으로 나타났다. 기자 역시 높은 노동강도로 인해 연성기사와 같이 취재시간이 짧고 여러 미디어에서 소화될 수 있는 기사를 선호한다.

뉴스제작 시스템의 내적 효용성을 높이려는 시도는 경영성과를 위해 융합미디어 환경에서 피할 수 없는 것처럼 보이지만 저널리즘의 질 측면에서 바람직한 결과를 낳는다고 말하기는 힘들다. 통합뉴스룸은 적은 비용으로 다수의 매체를 동시에 만족시켜 경영적 효율성을 높이는 수단이며 이종매체 간의 정보를 공유하고 업무의 효율성을 높이는 지식경영 차원에서도 중요해졌다. 그러나 통합뉴스룸이 갖는 경제적 효과에 대한 기대에도 불구하고 '저널리즘의 질'이나 '조직의 효과적 운영' 측면에서 여전히 많은 과제를 안았다. 통합적이고 멀티미디어적 조직적 환경에서는 상이한 미디어 문화가 충돌하고 조직 간 편집권 통제의 문제가 발생될 수 있다. 통합뉴스룸 통합과정에서 기존 언론종사자의 우려도 동시에 존재한다.

3. 수용자와의 관계변화: 참여저널리즘

1) 참여저널리즘의 유형

디지털환경에서 수용자는 뉴스의 소비자가 아니라 생산자로서 참여할 수 있게 했다. 웹2.0 기술이 확산되면서 참여저널리즘의 다양한 양상이 나타났다. 이러한 변화의 흐름은 벤클러(Benkler, 2006)가 말한 '사회적 대화모델'과 맞닿았다. 이 모델은 사용자 제작 콘텐츠(*user created contents*·UCC)와 같은 이용자 기반의 콘텐츠를 통한 상호작용이 촉진될수록 보다 나은 사회정보가 양산되고 이를 통한 정보교류가 우리 사회를 합리적 의사결정 과정으로 이끈다는 웹2.0의 정신을 담았다(Morison, 2010). 소비자는 기존의 일방향적 '시장모델'에서는 상품을 사서 소비하는 수동적 존재였지만 '사회적 대화모델'에서는 정보생산자로 전환되며 동등한 권한을 갖는 일종의 '동등집단'으로서 간주된다.

셧슨(Schudson, 1999)은 미국 민주주의 과정에서 등장한 4가지 저널리즘 모델을 구분하면서 그 가운데 하나인 시민저널리즘 모델이 정보공급자이자 의제생산자로 머물렀던 전통적 저널리즘 모델의 실패의 반작용으로 등장한 것이라고 말했다.

장기적으로 볼 때, 참여저널리즘이 미래의 언론모델이라는 주장도 있다. 그 이유는 지속적인 TV뉴스 시청시간의 감소와 새로운 디지털세대의 등장, 전통매체의 광고시장 축소 등은 언론사가 과거처럼 많은 기자를 고용하기 힘들게 한다. 또한 프리랜서 기자나 수용자로부터 취재정보의 많은 것을 기대게 되며 뉴스의 제작까지도 이들 외부자원이 더 깊이 개입하게 할 것으로 예상되기 때문이다(Deuz, 2008).

참여저널리즘은 넓게는 공공/시민/공동체저널리즘(*public/civic/communi-*

tarian)을 포함하며 좁게는 시민/민중/오픈소스/크라우드/위키/협업저널리즘(*citizen/people/open-source/crowd/wiki/collaborative journalism*) 등으로 다양한 용어로 불렸다(Deuze, 2008; Outing, 2005). 이들 용어는 참여저널리즘이 구현되는 기술적 특성과 참여구조의 특성에 의해 구분된다. 이 가운데 시민저널리즘은 참여저널리즘과 같은 의미로 사용되는 가장 대표적인 용어로서 그 개념 안에 여러 형태의 저널리즘 모형을 포함한다. 이 글에서는 '시민저널리즘'이라는 용어 대신에 '참여저널리즘'을 사용하고자 한다.

참여저널리즘은 인터넷게시판, 블로그, 위키와 같은 온라인 협업도구, P2P 등 다양한 인터넷 서비스를 활용해서 이루어진다. 참여저널리즘은 언론사가 어떤 목적에서 어떻게 설계하는가에 따라 다양한 참여방식이 활용할 수 있다. 효과적 수행을 위해서는 사전에 참여의 플랫폼을 잘 설계하는 것이 필요하며 참여자의 특성에 맞는 다양한 활동을 촉진하는 것이 중요하다. 예를 들어, 의견게시, 블로그나 위키상의 글을 필터링하거나 편집하기, 사실 확인과 검증, 풀뿌리 보도, 주해 달기, 피어리뷰, 멀티미디어 콘텐츠 제작과 리포팅, 광고, 자료나 지식의 관리와 경영 등 여러 행태의 참여유형이 존재하므로 이를 효과적으로 이용하는 것이 필요하다(Bowman & Willis, 2003).

참여저널리즘은 다양한 참여자 간의 네트워킹 과정이자 그 결과물이라 할 수 있다. 전통적 저널리즘은 훈련된 기자를 투입하고 직업윤리와 전문기술을 가진 인적자원의 품질이 내용을 수준을 결정한다. 그러나 참여저널리즘은 누가 네트워킹했는가가 더 중요하다. 참여자의 속성과 참여자의 구조 그리고 참여에 동원되는 플랫폼의 특성이 함께 콘텐츠의 품질에 영향을 미친다(Deuze, 2008). 언론사는 뉴스룸과 외부자원을 연결 짓는 다양한 방식을 고안할 수 있다. 단순한 취재 아이디어에서부터 기사작성까지 기획특성에 맞추어 매우 가변적인 형식을

〈표 2-1〉 참여저널리즘이 일어나는 플랫폼별 특징

플랫폼	게시판	블로그	협업출판(위키)	P2P(메신저, SMS)
수정 과정	토론중재자의 토의규칙을 잘 설정하고 조정하는 것이 필요	댓글과 같은 수용자의 피드백이 중요하나 잘못된 정보에 대한 통제가 어려움	위키시스템 안에 작성자의 명성평가체계, 코멘트, 중재자 설정, 토론진행자 설정 등의 역할을 부여해 독립적 콘텐츠 거버넌스를 구성할 수 있음	-
강점	참여에 필요한 진입장벽이 낮음	쉽게 개설할 수 있고 비용이 저렴하며 글 작성과 동시에 온라인으로 출판되는 효과	오픈소스 툴을 이용해 저렴하고 위키를 통해 작업에 참여할 권한을 참여자의 능력 및 특성에 따라 다르게 부여할 수 있음	동시적 커뮤니케이션이 가능
단점	지나치게 개방적인 경우가 있고 참여자가 많은 경우 주제를 벗어나는 등 토론통제가 어려움	높은 수준의 노력이 요구되며 수용자의 이목을 끄는 것이 어려움	운영에 기술적 장벽이 높으며 참여자의 속성이나 환경에 따라 작업속도 등을 통제하는 데 가변성이 큼	참여자가 사용하는 시스템이 동일해야 작동

출처: 황용석 · 정동우 · 김대경(2012).

띤다. 기사작성에 참여하는 방식도 참여자의 개입정도나 뉴스룸의 정책에 따라 다르게 나타난다.

이와 관련해서 언론사 외부의 수용자가 참여하는 기사작성 방식을 융합의 수준에 따라 4가지로 구분해 설명할 수 있다(Nell et al, 2008). 첫째는 기자와 수용자(시민) 간의 상호관계성이다. 이 단계는 전통적 저널리즘과 일부의 시민이 뉴스와 정보를 만드는 데 협조하는 것으로 시민이 자신의 개인매체로 뉴스를 제보하는 것과 같은 느슨한 정보협조를 말한다. 두 번째는 보완적 시민 글쓰기이다. 이 단계는 전통저널리즘을 보완하기 위해 인터넷상에 수용자가 참여해서 심층적 토론을 벌이게 하고 뉴스보도를 제보하는 공간을 제공하는 것이다. 셋째는 수용자(시민) 글쓰기이다. 이 단계는 시민이 올리는 각종 정보나 글을 기자가 도와서 작성하는 것을 말한다. 마지막으로 경쟁적 시민논객은 전통저널리즘의 대안매체로 참여저널리즘이 기능하는 것을 말한다. 단순히 실험적 접근이 아니라 그 자체가 강력한 미디어 기능을 수행하는 것이다.

개별플랫폼의 특성은 참여방식의 구조와 밀접한 연관성을 갖는다. 위키를 기반으로 두는 참여저널리즘은 그 기술적 특성으로 인해 협업에 유리한 측면이 있다. 협업저널리즘이라는 용어가 내포하듯 기사를 공동으로 작업하는 방식을 말한다. 개인이 하나의 뉴스기사를 공동작업을 통해 완성시키는 형태를 말한다(Lih, 2004).

위키피디아(wikipedia.org)와 같은 위키(*wiki*) 기반의 협업플랫폼을 통해 구현되는 저널리즘으로 2004년 만들어진 〈위키뉴스〉(*Wikinews*)가 가장 대표적이다. 위키는 웹 브라우저에서 간단한 마크업 언어(*markup language*)를 이용해 공동문서를 작성할 수 있도록 하는 서비스로서 복수의 사용자가 함께 내용을 추가시킬 수 있다. 여럿이 함께 쓰는 하이퍼텍스트로 불리기도 한다. 주로 인터넷상에서 산발적으로 의견을 나눌 때 유용한 도구이다.

위키의 장점은 주제가 복잡하더라도 의견을 효과적으로 정리할 수 있다는 점이다. 복잡한 사건의 진행을 지속적으로 업데이트 시키면서 하나의 진행형 기사로 만들 수도 있다. 위키트레블(WikiTravel)과 같은 사이트는 특정 여행지에 살거나 오래 머물러본 사람에게 여행정보를 기술하고 공동편집해서 이로 축적된 전 세계 여행가이드를 제공한다(Gillmor, 2004, p.150). 개별 언론사가 방대한 여행지의 정보를 내부 인력을 동원해서 만든다면 상당한 비용이 요구될 것이다.

그러나 위키방식의 협업저널리즘은 뉴스룸 밖의 수용자의 자발성을 바탕으로 양질의 콘텐츠를 지속적으로 업데이트한다.

2) 참여저널리즘이 뉴스생산에 미친 영향

인터넷을 기반으로 둔 참여형 저널리즘이 뉴스생산 체계에 미친 영향은 다음과 같이 두 가지 차원으로 정리할 수 있다. 첫째는 기사와 같은 콘텐츠에 외부자원을 연결시키는 방식이다. UCC와 같은 이용자 저작물은 기존에 전문직 기자가 만든 콘텐츠에 새로운 내용이나 시각을 부가하는 것으로 제작과정에서 외부자원을 연결시키는 것을 의미한다. 이용자 피드백, 편집자와의 상호작용, 기사에 대한 평가 등이 그것이다. 또는 이용자에게 블로그 공간을 제공해서 새로운 콘텐츠를 생산하기도 하고 기자의 작업공간에서까지 시민이 참여하기도 했다.

둘째, 폐쇄적 뉴스제작 체계를 개방시켜 균형을 찾는 것이다. 기자노동은 패쇄적인 직업적 활동이었지만 테두리를 개방시키는 효과를 가져왔다. 브런스(Bruns, 2005)는 기자가 뉴스를 공표하는 게이트키핑이라는 개념에서 시민으로부터 제공된 정보를 포함해서 다양한 정보소스를 소개하는 게이트 워칭(*gatewatching*)으로 부르는 것이 더 적합하다고 이야기했다.

셋째, 뉴스제작의 오픈소스 시스템은 게이트키핑에 대한 새로운 평가를 요구한다. 전통적 대중매체의 환경 아래에서는 객관적으로 존재하는 실재에 대한 취재와 보도의 과정에서 뉴스미디어의 선택적 정보수집과 보도 등 일련의 과정은 불가피해 보였다. 즉, 제한된 뉴스지면과 시간 등 기술적 한계는 뉴스의 취재, 보도, 생산, 유통 등 일련의 저널리즘 과정에서 일어나는 게이트키핑 기능을 야기했고 나아가 매일 중요한 사회적 이슈를 선정하는 의제설정 기능은 오랫동안 대중매체의 중요한 사회, 정치적 기능으로 자리매김했다.

그러나 이러한 기능은 대중매체에게 독점적 지위와 역할 부여 그리고 수용자의 요구를 제대로 반영하지 못하고 신뢰도가 하락하는 등 문제점을 양산하기도 했다. 그러나 참여형 저널리즘 모델은 뉴스미디어의 기능과 역할에 대한 재인식을 요구한다. 기자가 정보의 독점적 공급자로서 차지하던 높은 지위에서 내려와 뉴스소비자와의 상호작용을 통한 오픈소스 뉴스환경을 구축할 것을 요구하는 것이다. 이것은 곧 참여적이고 협업적인 융합 뉴스저널리즘 환경을 의미하는 것이다.

새로운 인터넷 플랫폼의 등장과 신문시장의 구조적 변동

1. 포털뉴스와 뉴스유통의 변화

1) 포털뉴스의 영향력 증대

인터넷이나 모바일을 통한 뉴스의 이용이 늘어나면서 뉴스제공자인 언론사가 아닌 포털과 같은 디지털 정보매개자(*digital intermediaries*)를 통한 뉴스의 소비가 더 많이 이루어졌다. 디지털 정보매개자에 대한 기존매체의 의존도는 점차 커졌다. 디지털 정보매개자로서 포털뉴스는 뉴스를 포함하는 시사정보의 유통과 소비에 큰 영향을 미친다.

네트워크의 허브인 포털의 뉴스 서비스는 승자독식(勝者獨食) 현상을 가져와 뉴스소비의 집중을 불러오고 이것은 포털을 중심으로 한 미디어 간 그리고 미디어와 이용자 간 갈등을 양산했다. 반면, 포털뉴스는 브랜드 인지도가 높은 전통적 언론사의 이용 집중도를 낮추고 신생 언론사의 콘텐츠가 더욱 다양하게 유통되는 데 기여하는 측면이 있다. 이른바 롱테일적 효과이다. 언론사 뉴스를 교차이용하는 데 필요한 거래비용이 최소화되기 때문에 이용자는 선호를 기반으로 보다 다양한 매체를 접할 기회가 높아지기 때문이다(황용석·정동우·김대경, 2012).

2) 포털뉴스를 둘러싼 논쟁과 제도화

이처럼 디지털 정보매개자 중 소셜미디어의 영향력이 대단히 큰 미국이나 유럽 국가와는 달리 한국에서는 뉴스의 유통에 뉴스집적자(*news aggregator*)의 역할을 하는 인터넷포털의 영향력이 매우 크다. 뉴스유통 시장의 변화로 인해 디지털 정보매개자로서 포털뉴스를 둘러싼 다양한 논쟁이 10년 넘게 이어졌다. 그 논쟁에 대해 황용석(2005)은 뉴스시장의 구조적 변동이 언론성 이슈, 즉 포털이 언론인지 아닌지를 논하는 편집권 논쟁으로 번지고 이들에 대한 제도적 규제논

〈그림 2-4〉
디지털 기기의 발전

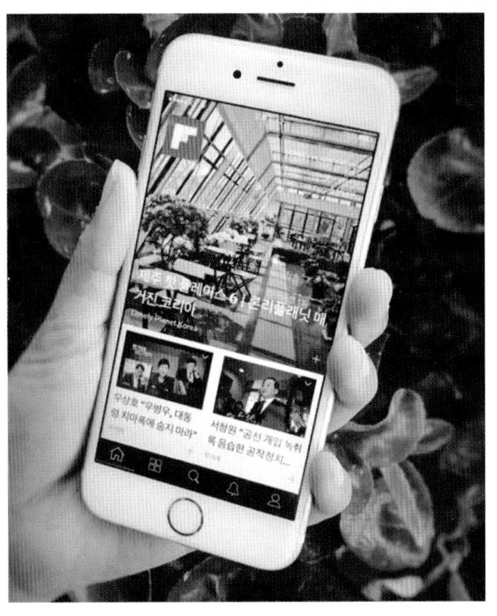

의로 담론이 확대되었다고 평가했다.

포털뉴스에 대해서는 대립된 시각이 존재한다. 먼저, 미디어 기능에 대해서는 순기능으로 포털뉴스는 이용자에게 뉴스의 다양한 선택권을 부여해 뉴스 이용 시간을 증가시켜 뉴스를 인터넷으로 가장 많이 소비하는 콘텐츠로 만들었고, 기존 매체시장에서는 거의 불가능할 소규모 인터넷신문의 매체시장 진출기회를 제공했고, 서비스하는 블로그나 커뮤니티에 올라온 콘텐츠를 프론트페이지에 배치해 이용자의 제작 콘텐츠 확산에 기여함으로써 참여하고 즉각적으로 반응할 수 있는 새로운 저널리즘 현상을 불러왔고, 독자의 요구에 신속히 대응하는 방식으로 뉴스를 제공할 수 있어 뉴스이용의 만족감을 끌어올렸다는 점을 들었다.

반면, 소비가 포털에 집중되면서 전통언론의 영향력이 급격하게 감소했다. 이는 개별 신문사가 갖는 고유한 뉴스가치가 사라지고 단순한 하나의 콘텐츠로 소비되었다. 동시에 세상을 이해하는 창이라 할 수 있는 뉴스가 모자이크화되면서 편중된 뉴스이용이 초래하는 지식의 불균형과 같은 부정적 효과를 낳았다는 비판을 받는다. 이런 시비는 포털뉴스의 뉴스편집 정책에 대한 비판과 연결되었다.

신문사 등 언론사와 포털 간의 시장갈등은 사회여론 환경에 포털이 미치는 영향력 논쟁으로 확대되었다. 포털이 일련의 편집행위를 수행하고 이것은 특정 의제를 확산시키는 역할을 하기 때문이다. 포털은 단순하게 뉴스만 소비하는 수동적 공간이 아니라 뉴스소비와 정보검색 등이 결합되는 복합적 이용을 가능하게 한다. 그로 인해 포털뉴스는 새로운 여론확산 메커니즘을 만들어낸다.

포털뉴스의 영향력은 의제설정 효과를 중심으로 논의되었다. 단순매개 행위를 수행하는 포털의 편집기능만을 놓고 의제설정 이론을 그대로 적용하는 데에는 개념적으로 더 깊이 있는 논의가 필요하다. 그러나 포털이 의제확산의 중요한 출발점인 것은 부인할 수 없다. 특히, 언론의 일방향적 의제설정 기능 외에도 포털뉴스에서는 이용자의 능동적 참여가 강조되어 역(逆)의제설정 기능까지 주장된다. 예를 들어, 주목받는 뉴스소스원이 검색어 순위 1위에 오르거나 그의 개인블로그가 인기를 얻는가 하면, 활발한 댓글문화로 뉴스제공자가 제공하지 않는 새로운 사회여론이 광범위하게 확산된다. 이는 언론과 뉴스소스원인 정치권 모두에게 통제할 수 없는 여론환경을 경험하게 했다.

또한 연성화된 소재나 속보 등을 통한 경쟁구도를 만들어 저널리즘 영역에 대한 신뢰도를 추락시키고, 전문성 정도가 떨어지는 질 낮은 정보의 과잉공급이 발생하며, 나아가서는 뉴스소비 방식을 근본적으로 변화시킬 수 있는 모자이크 민주주의의 위험에 빠뜨릴 수 있으며, 포털 자신을 스스로 단순한 유통자 또는 유통통로로 규정하는 것은 책임을 회피하고 뉴스다양성을 해칠 위험이 크다고 보았다.

이러한 포털뉴스를 둘러싼 찬반논쟁은 매체법이 발달된 한국의 특성상 결과적으로 규제논의로 이어졌다. 다시 말하자면 뉴스의 다양성 혹은 여론의 다양성을 보장하기 위해서는 디지털 뉴스중개자를 통한 뉴스의 유통에 어느 정도 개입해야 하는가가 중요한 사회적 화두로 등장했다.

포털은 법률상 '인터넷뉴스 서비스사업자'로 분류되어 일정한 규제를 받는다. 〈신문 등의 진흥에 관한 법률〉은 '인터넷신문'과 '인터넷뉴스 서비스사업자'를 구분한다. 〈신문 등의 진흥에 관한 법률〉상 '인터넷신문'이란 컴퓨터 등 정보처리능력을 가진 장치와 통신망을 이용해 정치·경제·사회·문화 등에 관한 보도·논평 및 여론·정보 등을 전파하기 위해 간행하는 전자간행물로서 독자적 기사 생산과 지속적 발행 등의 요건을 충족하는 것을 말하고 "인터넷뉴스 서비스"란 신문, 인터넷신문, 뉴스통신, 방송, 잡지 등의 기사를 인터넷을 통해 '계속적으로 제공하거나 매개'하는 전자간행물로 정의되었다.

자체 취재인력과 자체 생산기사가 없는 포털은 '인터넷신문'에 해당하지는 않으나 '인터넷뉴스 서비스사업자'에 해당된다. 인터넷뉴스 서비스사업자는 〈신문 등의 진흥에 관한 법률〉 제10조에서 기사배열의 기본방침이 독자의 이익에 충실하도록 노력해야 하며 그 기본방침과 기사배열의 책임자를 대통령령으로 정하는 바에 따라 공개할 의무, 독자적으로 생산하지 아니한 기사의 제목·내용 등을 수정하려는 경우 해당 기사를 공급한 자의 동의를 받을 의무, 제공 또는 매개하는 기사와 독자가 생산한 의견 등을 혼동되지 아니하도록 대통령령으로 정하는 바에 따라 구분해 표시할 의무, 제공 또는 매개하는 기사의 제목·내용 등의 변경이 발생해 이를 재전송받은 경우 인터넷뉴스 서비스사업자의 인터넷홈페이지에 재전송받은 기사로 즉시 대체할 의무 등을 부담하므로 포털이 뉴스 서비스를 제공함에는 본조의 규제를 받는다. 즉, '인터넷신문' 등은 생산자로서 언론의 범주로 규율하고 '배포자', '매개자' 역할을 하는 '인터넷뉴스 서비스'를 이로부터 분리해 별도로 규제한다고 볼 수 있다.

2. 웹2.0과 소셜미디어 기반의 새로운 뉴스

1) 관계지향적 개인연결망의 등장

무선인터넷의 이용확대와 스마트폰과 같은 모바일기기의 보급은 소셜미디어에 대한 이용증가를 불러왔다. 시간과 공간에 제약 없이 정보와 사람에 연결할 수 있게 하는 이동형 인터넷환경은 모바일기기를 가장 중요한 정보접속 매체로 만들었다. 전화연락망과 같이 개인 간 연결을 지향하는 모바일기기의 속성은 다양한 소셜미디어와 결합이 폭발적인 이용증가를 가져왔다.

소셜미디어는 온라인 이용자 간의 사회적 관계나 네트워크를 반영하고 구축하는 데 초점을 맞추는 온라인 서비스, 플랫폼 또는 사이트를 의미한다. 소셜미디어는 각각의 이용자를 표상하는 정보(흔히 프로파일 또는 신상정보라고 부른다)를 기반으로 이용자의 사회적 링크를 활성화시킨다. 대부분의 SNS는 웹 기반으로 작동되며 이메일이나 메신저와 같이 인터넷을 통해 이용자 간 상호작용을 촉진시키는 기능을 담는다. 이 서비스는 ①개인이 특정 시스템 안에서 공개 또는 반공개적 프로필을 구성할 수 있게 하고, ②다른 사람의 프로필 리스트를 볼 수 있으며, ③이용자가 시스템 안에서 다양한 연결 리스트를 보고 방문하는 시스템이다.

SNS가 다른 서비스와 구별되는 차이점은 개인이 모르는 사람과 만날 수 있게 하는 데 있는 것이 아니라, 이용자가 자신의 사회적 관계망을 드러내고 명시하는 데 있다. 즉, 네트워크 속의 노드(*node*)로서 개인의 정보(개인의 프로필 및 개인의 관계망 정보 등)를 드러내는 일련의 자아노출(*self-disclosure*)을 통함으로써 새로운 관계가 형성되고 촉진되는 것이다. 이는 종종 우발적이고 잠재적인 관계(*latent ties*) 간의 연결을 만들어낸다(Haythornthwaite, 2005).

뉴슨과 패턴(Newson & Patten, 2008)은 블로그나 네트워킹 사이트, 위키, 팟캐스팅과 비디오캐스팅, 가상세계, 소셜 북마킹 등 온라인상에서 정보를 매개로 참여가 가능한 도구와 프로그램을 지칭했으며 사프코와 브레이크(Safko & Brake, 2009)는 소셜미디어를 웹 기반의 대화형 미디어로서 이용자가 정보와 지식, 의견을 공유할 수 있게 해주는 미디어로 개념화한다.

현재까지 소셜미디어라는 개념은 명확하지는 않다. 그러나 이 개념은 웹2.0 시대의 특징, 즉 이용자가 적극적으로 참여해 정보와 지식을 생산, 공유, 소비하는 인터넷 환경을 가장 잘 대변해주는 개념이다.

2) 소셜미디어가 언론에 미친 영향

SNS의 독특한 구조는 언론보도의 확산속도와 폭에 크게 영향을 미친다. 미국의 대표적 블로그뉴스인 〈허핑턴포스트〉(*Huffington Post*)는 소셜미디어를 활용해서 성공한 온라인저널리즘 가운데 하나이다. 이 성공에는 독특한 소셜미디어 전략이 주효했다고 평가된다. 〈허핑턴포스트〉는 사람들이 기사를 읽을 뿐만 아니라 사이트에 머무르면서 기사에 대해 다른 독자와 이야기하는 경향이 증가하는 점을 파악하고 독자가 뉴스사이트에 더 적극적으로 관여할 수 있도록 하는 소셜뉴스 전략을 펼쳤다. 이러한 전략은 설립자인 허핑턴(Arianna Huffington)이 밝힌 "자기표현은 새로운 오락이다. 사람들은 정보를 소비할 뿐만 아니라, 자신도 정보활동에 참여하고 싶어 한다. 이러한 충동을 이해하는 것이 저널리즘의 미래와 연결된다"는 표현과 맞닿았다.

소셜미디어는 언론의 취재환경에도 많은 영향을 미친다. 특히, 취재행태에 영향을 미치는 시간과 공간의 관점에서 볼 때 취재행동에 많은 변화가 일어난다. 시간적 측면에서 보면, 뉴스의 데드라인이 사라지면서 노동시간의 증가를 불러온다. 또한 뉴스의 속도경쟁이 보다 가속화되었다. 공간적인 면에서는 정기적으로 뉴스를 공급하던 출입처의 기능성이 낮아졌다. 특히, 엠바고(*embargo*)는 트위터(Twitter)로 인해 사실상 사라졌다. SNS로 인해 엠바고가 무의미해진 사례가 다수 있다.

길모어(Gillmor, 2005)는 SNS와 같은 새로운 기술이 언론사가 오랫동안 가져왔던 저널리즘 가치에도 영향을 미친다고 했다. 그는 객관성이라는 개념과 작별을 고하고 수용자의 반응을 통한 정확성의 검증, 수용자와의 대화와 토론의 강조를 통한 공정성 확보의 노력, 다양한 정보의 완전한 제시, 이슈의 발전을 투명하게 보여주려는 노력 등이 상대적으로 새로운 가치를 향해 진화해야 한다고 말했다.

3) 소셜 큐레이션의 등장

소셜 큐레이션(*social curation*)은 소셜미디어를 의미하는 '소셜'과 미술관이나 박물관의 큐레이터에서 파생된 개념으로 온라인상의 정보를 발굴해 재가공하는 의미를 지닌 '큐레이션'(*curation*)의 합성어이다. 이는 이용자가 자신이 좋아하는 콘텐츠를 스스로 편집해서 정보를 제공받고 또한 소셜미디어상의 관계구조를 이용해서 추출된 데이터로부터 이용자에게 맞춤형으로 정보를 추천받는 서비스를 말한다.

먼저, 큐레이션뉴스는 자체적으로 기사를 제작하기보다는 이미 만들어진 다양한 정보를 새롭게 꾸미고 구성한 뉴스를 통칭한다. 일반적으로 전문적 기자 또는 편집자가 있어서 이들이 온라인의 여러 정보소스를 확인하고 이를 바탕으로 편집, 가공 등을 통해 뉴스 서비스를 제공한다. 큐레이션뉴스는 인터넷뉴스 서비스사업자와 유사하다. 경우에 따라서는 1차 정보를 수집하기 때문에 인터넷신문으로 기능하는 경우도 있다. 〈허핑턴포스트코리아〉의 경우, 부분적인 자체 취재와 저작권 계약을 맺은 언론사로부터 뉴스를 공급받아 제공한다. 〈허핑턴포스트코리아〉는 현재 인터넷신문으로 등록되었다.

그러나 소셜 큐레이션은 그 성격이 조금 다르다. 뉴스의 중요한 유통수단이지만 소셜미디어로만 분류되고 부가통신사업자로서의 책임을 진다. 물론, 소셜 큐레이션이 언론법 체계에 들어와야 할 필요성이 시급한 것은 아니다. 국내에서는 언론과 비언론법 체계가 콘텐츠 게시자 및 피해자 모두에게 상이한 권한과 절차를 제시하기 때문에 이에 대한 장기적 고민은 필요해 보인다.

소셜 큐레이션에선 한두 명의 큐레이터 대신 대중이 콘텐츠를 선택하고 전시한다. 일종의 집단지성이 깔렸다. 이 용어는 소셜미디어인 페이스북(Facebook), 트위터 등에 이어 핀터레스트(www.pinterest.com)와 같이 소셜 큐레이션을 표방하는 서비스가 급격히 성장하면서 나타난 개념이다. 개념적으로 소셜 큐레이션은 이용자 개인이 갖는 관심사와 일치하는 소셜미디어상의 다수의 사용자가 가공 정리한 정보나 지식 중 좋은 평가를 받은 것을 이용자가 선택하거나 서비스로부터 추천받아 사용한다. 뿐만 아니라 이용자는 인터넷상에서 자신이 좋아하는 정보를 가공해 다른 사람과 공유할 수도 있다. 소셜 큐레이션은 대표적 소셜미디어인 페이스북과 트위터의 성공비결이기도 하다(김익현, 2012).

그런 점에서 소셜 큐레이션은 알고리즘(*algorithm*)에 의해 이용자의 선택이 촉진되는 구조를 띤다. 알고리즘이란 프로그램 명령어 집합으로서 외부에 노출된 것이 아니라 숨겨진 논리체계이다. 컴퓨터나 디지털미디어의 과업수행에 필요한 명령어의 집합이다. 우리가 많이 쓰는 검색엔진은 알고리즘의 결정체이다. 예를 들어, 검색엔진에서 제공하는 연관검색어는 개인화검색 서비스의 하나로 이용자의 관심을 보다 빠르게 반영해서 데이터 분석을 통해 검색행동에 맞춤형으로 서비스하는 추천형 서비스이다.

관계정보는 보통 트위터나 페이스북, 구글플러스처럼 다수 이용자가 사용하는 계정을 사용해 트위터, 페이스북, 플리커, 유튜브(Youtube), 구글 검색, RSS 피드 등에서 글을 가져와 자신만의 스토리를 구성할 수 있게 해준다. 사람들과의 관계정보, 관계를 맺은 사람의 선호 및 콘텐츠 이용정보가 맞춤형 뉴스편집에 중요한 자원으로 활용된다. 소셜 큐레이션 방식으로 정보나 지식을 유통하는 대표적 서비스 사이트로는 국외에서는 소셜 경험을 공유하는 '스토리파이'(www.storify.com), 놀라운 물품 정보를 공유하는 '더팬시'(www.thefancy.com), 전문정보 공유사이트인 '스쿱잇'(www.scoop.it) 등이 있다. 국내에서는 핀터레스트와 유사한 '인터레스트미'(www.interest.me), 무료음악 큐레이션 서비스인 '뮤직톡'(musictalk.co.kr), 큐레이션 커머스 사이트인 '블링클'(blincle.

〈그림 2-5〉
소셜 큐레이션 '플립보드'

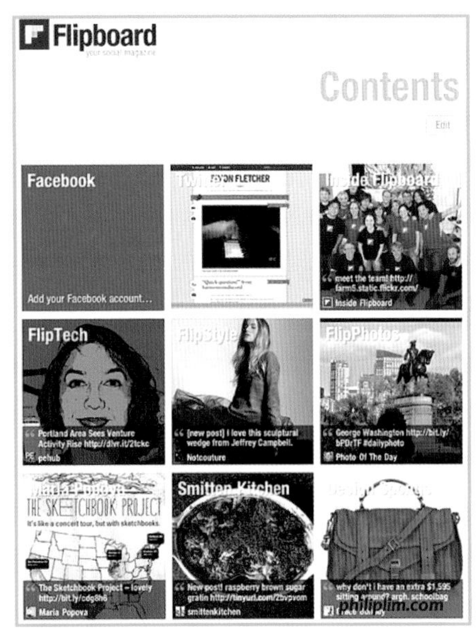

출처: https://flipboard.com/

com) 등이 있다.

뉴스정보에 더욱 특화된 소셜 큐레이션도 있다. '플립보드'(Flipboard), 구글 플레이 '뉴스스탠드'(News Stand), '스토리파이'(storify.com)가 대표적이다. 국내에서는 카카오가 카카오토픽(KakaoTopic) 서비스를 시작했다.

이처럼 소셜 큐레이션은 편집의 권한이 기자나 언론사에게 있는 것이 아니라 이용자에게 있다는 점, 이용자의 취향이 뉴스유통에 가장 큰 변수가 된다는 점 등에서 전통적 언론모델과 큰 차이가 난다. 또한 소셜 큐레이션 서비스는 포털 뉴스와는 다르게 인위적인 기사편집을 하지 않는다는 점에서 차별점이 있다. 정보공유 기능이 있어서 이용자가 다른 이용자에게 뉴스를 공급하는 기능도 한다.

따라서 특정 기사로부터 권리침해가 일어났을 경우, 그 매개자에게 뉴스의 확산책임을 물을 수 있느냐의 문제가 제기될 수 있다. 소셜 큐레이션이 비인간행위자로서 소프트웨어가 능동적 역할을 수행하는 점에서 이로부터 자유스러울

수는 없다는 반론도 가능하다.

3. 소프트웨어 알고리즘과 저널리즘

1) 소프트웨어에 의한 기사작성

비인간행위자로서 소프트웨어의 역할은 기사작성으로까지 이어진다. 최근 〈로스앤젤레스타임스〉(*Los Angeles Times*), 로이터 등은 속보기사의 일부를 로봇으로 대체해 비용절감과 속보처리에 효과를 본다. 영국 〈가디언〉(*The Guardian*)과 〈더 뉴스페이퍼클럽〉(*The Newspaper Club*)도 2013년 11월부터 주간 무가지를 로봇 알고리즘으로 작성하고 편집하는 프로젝트를 시작했다. 〈길지만 좋은 읽을거리〉(*The Long Good Read*)라는 이름의 주간지는 가디언 뉴스사이트에서 길이가 긴 기사를 댓글·SNS 공유 등의 기준에 따라 선별한 후 자동 편집해 24쪽의 타블로이드 판형으로 인쇄한 종이신문이다. 사람의 편집을 거치지 않은 최초의 종이신문이다.

〈가디언〉이 사용한 기술의 출발점은 '스탯 몽키'(Stats Monkey: 통계를 자동으로 처리하는 원숭이)라는 알고리즘이다. 이 알고리즘은 2009년 4월 미국 노스웨스턴대학 저널리즘학과와 컴퓨터공학과 학생 4명이 수업과제로 개발한 것으로 온라인뉴스의 소비가 늘어가는 가운데 뉴스가 마감시간 없이 24시간 발생하는 것에 대응하기 위해서였다. 이들은 '내러티브 사이언스'(Narrative Science)라는 뉴스 벤처를 창업했다. 그 후 2012년 40만 개의 스포츠 기사, 2013년 150만 개의 스포츠 기사를 생산하고 2014년 들어 로봇 기사 생산영역을 금융시장 기사로 확대했다. 이 회사의 대표인 해먼드(Kristian Hammond)는 내러티브 사이언스가 앞으로 상품뉴스와 같은 보다 복잡하고 궁극적으로 상세한 길이의 기사까지 처리할 수 있을 것이라고 말했다(Ellis,2014).

로봇이 데이터를 이용해서 작성한 기사는 실제 기자가 쓴 것과 구별하기 힘들 정도라는 평가가 많다. 내러티브 사이언스, 오토메이티드 인사이트(Automated Insights), 이지옵(Yseop) 등 로봇저널리즘 기술력을 갖춘 회사가 속속 등장하면서 언론사가 비용절감 차원에서 이 시스템을 확대해서 도입할 것이라는 예측도 나온다(강정수, 2014). 특히, 〈로스앤젤레스타임스〉는 2014년 3월 지진이 발생했을 때, 기사작성용 로봇을 통해 신속하게 속보로 처리했다.

기사작성에 로봇의 활용은 몇 가지 단계로 나눌 수 있다. 컬럼비아대학 토우센터는 로봇저널리즘의 알고리즘을 분석하면서 그 과정을 5단계로 나누어 설명한다. ①데이터를 수집하고 분석하는 단계, ②통계지표 등을 비교해서 데이터에서 뉴스거리를 찾는 단계, ③기사의 관점을 잡는 단계로 주제를 확정하는 과정, ④기사를 배열하는 단계, ⑤마지막으로는 자연어로 기사를 제작하는 단계이다(Benton, 2014).

이 밖에도 검색포털인 야후의 '섬리'(Summly)와 '뉴스다이제스트'(News Digest)도 큐레이팅 뉴스로서 로봇이 기사를 자동으로 요약해 이용자에게 제공한다.

국내에서 처음으로 로봇 기자를 도입한 언론사는 〈파이낸셜 뉴스〉이다. 현재는 주식과 관련 자료를 기반으로 간단한 뉴스를 생산하지만 앞으로는 개인형 맞춤형 서비스로의 진화를 준비한다. 알파고가 어마한 양의 기보를 통해 학습했듯 기사를 쓰는 로봇도 이전의 기사를 통해 어휘나 표현 등을 학습해 개인에게 맞는 적절한 기사를 제공할 수 있을 것이다.

2) 소프트웨어 알고리즘과 보도책임

언론은 언론인이라는 직업인과 언론사라는 조직을 통해 그 정체성을 인정받았다. 언론에 대한 사회적 책임 역시 영향력자로서 언론인과 언론사에 두어졌다. 그러나 사람과 소프트웨어가 기능적으로 결합되는 혼종(混種)적 상황이 점점 많이 나타나면서 저널리즘 또는 언론의 개념을 새롭게 정의 내리게 한다. 소프트웨어인 알고리즘은 비록 인간행위자는 아니지만 인간의 행동에 영향을 미치는 능동적 매개기술이다. 소셜미디어에서 소셜 알고리즘은 단순한 연결이 아니라 강력한 추천효과를 가지며 알고리즘의 결과가 새로운 알고리즘을 형성시키기도 한다.

이 같은 추천형 개인화 서비스를 위해서는 다양한 알고리즘이 적용된다. 예를 들어, 웹 문서의 메타데이터를 분석해서 검색결과를 범주화해 제공하는 '시멘틱 웹 검색', 이용자의 개인정보가 담긴 프로파일 데이터를 이용해 이용자의 패턴이나 관심 주제를 판단한 후 검색효율을 증대시켜주는 서비스인 '이용자 정보에 기반을 둔 개인화 검색', 이용자가 웹에서 보는 문서의 특징을 추출해서 관심분야를 추정하고 이를 바탕으로 검색어를 추천해 검색범위를 확장시키는 '웹페이지를 이용한 개인화 검색' 그리고 검색어를 자동적으로 확장시켜주는 '쿼리확장 방식' 등이 있다. 우리가 사용하는 인터넷상의 많은 정보서비스는 촘촘한 알고리즘으로 설계되었다.

소셜미디어에서는 사람들 간의 관계정보와 그들의 취향정보가 알고리즘의 핵심이 된다. 소프트웨어에 의해 정보와 사람이 연결되는 서비스로서 알고리즘과 같은 소프트웨어가 수동적 방식이 아니라 능동적 방식으로 이들의 관계를 연결시킨다. '소셜'을 기반으로 둔 알고리즘은 개별이용자가 맺는 관계데이터를 기반으로 두며 개인의 관계가 이미 다양한 선호정보를 포함하기 때문에 개인화 서비스인 큐레이팅에 적합한 도구이다. 즉, 이용자 한 사람이 선호할 정보는 그가 맺은 친구의 관심과 유사할 확률이 높음을 의미한다.

행위자 네트워크이론 관점에서 페이스북의 알고리즘을 연구한 오세욱과 이재현(2013)은 페이스북이라는 비인간행위자와 인간행위자를 매개하는 것은 알고리즘이며 이러한 알고리즘은 인간행위자만큼 중요한 역할을 수행한다고 보았다. 또한 인간과 비인간인 소프트웨어가 혼종적으로 엮이는 새로운 사회적 관계망이 만들어진다고 보았다. 인간과 비인간이 결합된 뉴스의 생산과 소비망 그리고 소프트웨어 역할을 어떻게 볼 것인가는 앞으로 남은 과제이다.

토의

01. 인쇄기술과 인터넷과 같은 디지털 기술이 언론보도에 미친 영향은 무엇인가.
02. 인터넷신문은 뉴스이용을 폭발적으로 증대시켰지만 과잉경쟁으로 많은 부작용을 낳았다. 그 사례는 무엇인가.
03. 디지털 정보매개자로서 포털뉴스는 기존의 신문과 어떤 차별성이 있는가.
04. 저널리즘은 웹2.0 기술을 어떻게 수용해서 활용하는가.

방송 03

방송의 이해

방송이란 무엇인가? 우리는 일반적으로 TV를 연상한다. 이따금 아프리카TV, 인터넷방송도 생각난다. 장르로는 드라마, 오락, 예능, 스포츠, 뉴스가 있고 PD, 연예인, 광고, 사람 사는 이야기도 떠오른다. 방송은 우리에게 재미나 즐거움을 제공하고 공감을 통해 감동과 행복감을 주기도 한다. 또한 현실을 벗어나 또 다른 세상으로 들어가게 하는 마법을 부리며 삶의 활력소이자 영감을 불러일으키기도 하며 사회를 알게 하는 창구이기도 하다.

"방송은 나에게 어떤 존재인가?"라는 질문에 교양과목을 듣는 학생들의 답변이다. '자주 보지는 않지만 가끔씩 생각나는 존재'이며 '없어도 불편함은 없지만 없어서는 안 될 존재'로 기억한다. 또한 '어릴 때는 가까운 친구였으나 지금은 자연스럽게 사이가 멀어진 어색한 친구 같은 존재'이며 동시에 '우상과 같기도 하고 현실과의 괴리감을 느끼게 하는 존재'이기도 하다. '불필요한 정보를 얻게 해서 귀찮기도 하고 버겁기도 하지만 이따금 즐거움과 힐링을 제공'하고 '현실에서 고단하고 지쳤을 때 잠시 벗어나 활력을 불어넣는 삶의 쉼터 같은 존재'로도 기억한다. 그 외에도 이야기 거리를 제공하고 삶의 조력자이기도 하고 내가 누구인지 알게 해주기도 하지만 헤어나오기 어려운 중독성을 지녔다.

이처럼 방송은 우리 삶의 많은 부분에 영향을 미친다. 비록 고령층을 제외하고 TV 시청시간이 줄긴 하지만 방송은 여전히 오랜 시간 우리 생활에서 떼어놓을 수 없는 한 부분을 차지한다. 일반적으로 방송하면 라디오보다 TV의 비중이 매우 크게 느껴진다. 따라서 이 장에서는 TV방송에 초점을 두고 방송의 개념과 역사적 진화에 따른 방송의 변화과정과 한국방송의 현황을 살펴본다. 이후 방송제작 과정과 편성 특성을 짚어보고 방송의 사회문화적 영향 및 디지털시대의 방송의 진화에 대해 설명한다.

방송은 라디오(1920년대)에서 출발해 TV로 진화했고 한국의 경우 흑백TV(1960년대)에서 출발해 컬러TV(1980년대), 디지털HDTV(2000년대), UHDTV(2017년 예정)로 진화한다. 또한 아바타와 같은 입체영상을 가정에서 볼 수 있는 3DTV의 대중화도 지켜볼 일이다. 최근에는 확산되는 1인 미디어 방송도 지속적인 변화과정을 겪는다.

1. 방송의 역사

방송은 기술적으로 6단계를 거쳐 성장했다. 개인 전화방송에서 대중을 대상으로 하는 라디오 방송으로, 다시 동영상을 전달하는 TV방송으로 진화한다. 지상파를 근간으로 하는 소수의 TV방송은 유선을 이용해 다채널방송 체제로 전환되고 다시 위성을 이용해 보다 광범위한 지역에 직접 신호를 전달하는 방송으로 발전한다. 최근에는 초고속 인터넷망을 사용해 실질적인 양방향 커뮤니케이션은 물론 다양한 맞춤형 방송으로 진화한다.

첫째, 최초의 방송인 라디오는 개인매체인 전화에서 출발했다. 1881년부터 시작된 전화방송(*telephone broadcasting*)은 개인을 대상으로 유료로 오페라나 극장 공연을 생방송으로 제공하기 시작했다. 이후 전화방송은 1890년대 유럽의 여러 도시에서 뉴스와 오락 프로그램을 제공하는 유료 전화신문(*telephone newspaper*)으로 발전했고 이후 대중을 대상으로 다양한 프로그램을 방송하는 라디오라는 전자장치로 진화했다.

둘째, 1895년 이탈리아의 마르코니(Guglielmo Marconi)가 개발한 전파를 이용한 통신기술은 무선전화와 무선방송을 가능하게 했다. 최초의 라디오 방송은 1920년 미국에서 시작되었고 음성신호를 송신기를 통해 대기 중으로 전파(*radio wave*)를 내보내면 이용자가 수신기의 안테나를 통해 전달받는 방식이다. 초기 라디오 방송은 전파의 도달범위를 고려해 소지역별로 허가되었으나 뉴스, 생방송 및 드라마 제작비의 상승과 효율적 광고판매를 위해 각 지역별로 송신탑을 세워 네트워크 체제를 구축한다. 영국과 프랑스가 1922년, 독일이 1923년, 일본이 1925년에 방송을 시작했고 우리나라 경성방송국도 비교적 빠른 1927년에 개국했다

셋째, 1930년대 시작된 TV방송은 음성신호는 물론 영상신호를 전파로 전달하는 방식이다. 초기에는 흑백으로 시작했으나 1960년대 중반부터 미국을 비롯한 선진국에서 컬러 방송으로 전환했다. 한국의 TV방송은 1956년 민간인이 미국 수상기 제조사 RCA(Radio Corporation of America)와 합작해 수상기를 판매하기 위해 상업방송(HLKZ-TV)을 시작했다. 컬러 방송도 타 국가보다 늦은 1980년에 첫 방송을 시작했다. 그러나 이동수신이 가능한 지상파DMB는 2005년에 세계 최초로 출범해 현재 TV 14개 채널과 라디오 및 데이터 채널로 운영된다.

2010년에는 선진국 위주로 방송의 디지털 전환이 시작되었다. 미국이 2010

년 디지털 전환이 완료되었고 한국도 선진국과 비교해 늦지 않은 2012년 디지털 방송으로 전환했다. 디지털로 전환하면서 TV의 해상도도 획기적으로 높아진다. 표준화질(*standard definition*·SD)로 출발한 TV의 해상도는 화질이 두 배 좋은 고화질(*high definition*·HD)로 진화했고 현재는 HD보다 해상도가 4~16배 정도 더 뛰어난 초고화질(*ultra high definition*·UHD)로 발전했다. 이로 인해 극장에서 즐길 수 있는 선명한 대형화면이 가정에서도 가능해졌다. 또한 디지털 방송은 인터넷과 연계된 스마트TV로 진화한다. 즉, TV방송은 화질과 새로운 기능의 결합이라는 두 가지 측면에서 흑백, 컬러, 디지털, 고해상도 방송 순으로 발전했고 다양한 기능이 결합되며 스마트TV로 진화한다. 인터넷과 연결된 스마트TV는 넷플릭스, 훌루(Hulu), 크롬캐스트(Chromecast) 등을 통해 다양한 방송과 영화콘텐츠를 생방송 또는 VOD(*video on demand*) 형식으로 시청할 수 있다.

방송 저장매체의 발달도 간과할 수 없다. 초기 방송은 저장매체의 부재로 생방송으로 진행되었으나 1950년대 음성이나 영상 등을 녹화할 수 있는 전문가용으로 생산된 자기테이프(*magnetic tape*)와 VTR(*video tape recorder*)의 개발은 방송의 품질향상은 물론 편집과 타 방송사로의 전달을 가능하게 했다. 이후 1970년대에 가정에 보급된 아날로그방송 저장 테이프인 VHS(*video home system*)의 개발은 녹화는 물론 영화와 같은 홈비디오 산업의 발달계기가 되었다. 이후 VHS는 디지털 방식의 광디스크(*optical disc*·CD, 추후 DVD, USB 등으로 전환됨)로 대치되어 음악, 영상 등의 다양한 대용량 정보의 저장과 휴대를 가능하게 했다.

넷째, 방송기술의 진화과정에서 유선방송의 발전도 한 축을 차지한다. 유선방송은 1930년대 전후 라디오나 TV전파가 쉽게 도달되지 않는 가정에 동축케이블(*coaxial cable*)을 이용해 전달하면서 시작되었다. 1970년대 후반에는 위성전송방식을 이용해 프로그램을 전국에 송출할 수 있는 길이 열리면서 미국의 영화채

〈그림 3-1〉
TV방송의 진화를 앞당긴
기술변화

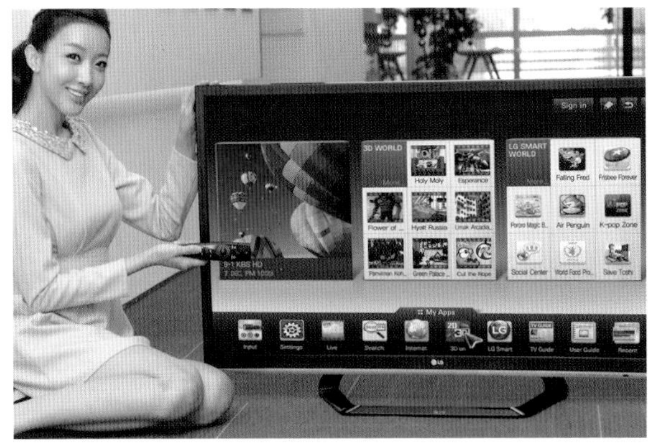

널인 HBO를 시작으로 실질적인 다채널 유선방송 시대에 돌입한다. 한국의 경우 1995년 종합유선방송이 출범하면서 본격적인 다채널 시대에 돌입했다.

다섯째, 위성방송의 기술발달로 가정에서 접시 안테나를 통해 방송신호를 수신하는 방식으로 1975년부터 시작되었다. 다채널방송이 가능하고 디지털 고화질 방송 또한 가능하다. 한국은 2002년 위성방송 스카이라이프(Skylife)가 서비스를 시작했다. 2005년에는 한국이 세계 최초로 이동형 멀티미디어 방송인 위성DMB를 출범했으나 재정악화로 2012년 방송을 중단했다.

여섯째, 초고속 인터넷망을 이용하는 서비스로 웹캐스팅(*web casting*)과 IPTV로 구분할 수 있다. 웹캐스팅은 스트리밍(*streaming*) 기술(인터넷상에서 음성이나 동영상 등을 끊이지 않고 실시간으로 재생하는 기술)을 이용해 실시간 또는 VOD형식으로 제공하는 방식이다. 일명 '인터넷방송'이라고 불린다. 웹캐스팅은 기존 방송사와 인터넷 전문방송사(네이버 TV캐스트, 다음 TV팟, 넷플릭스와 같은 OTT서비스)는 물론 1인 미디어 방송까지 포괄하는 개념이다. 웹캐스팅은 일반적인 방송보다 더 다양한 영역으로 활용(예, *e-learning*, 회의 중계나 결혼 중계 등)되기 때문에 엄밀하게 보면 인터넷방송보다는 확장된 개념이다.

IPTV(*internet protocol television*)는 기본적으로 고정형 TV를 통해 방송 및 콘텐츠를 초고속 인터넷으로 제공하는 서비스로, 인터넷과 TV를 융합시킨 유형이다. 일반적인 인터넷방송과 다른 점은 유료 가입자의 셋톱박스를 이용해 정형화된 편성 스케줄에 따라 초고속 채널 접근 및 고화질이 보장된다는 점이다. 다채널 생방송과 다양한 VOD는 물론 인터넷 검색, 홈쇼핑 등 인터넷에서 제공되는 서비스를 동시에 이용할 수 있다. 한국에서는 2008년 IPTV가 개국했다.

2. 방송의 개념

1920년대에 대중매체인 라디오(*radio*)가 등장하기 전까지 라디오는 무선 주파수를 이용해 일대일 커뮤니케이션에 활용되는 개인매체였다. 라디오가 다수의 사람을 대상으로 메시지를 전달하는 기능으로 활용되면서 방송이란 개념이 등장했다. 방송(*broadcast*)의 원래 개념은 농부가 씨앗을 들판에 널리(*broad*) 뿌린다(*cast*)는 의미였지만 라디오의 등장 이후 다양한 정보를 전파를 통해 대중에게 전달한다는 개념으로 전환되었다. 즉, 방송은 오디오나 비디오 등으로 구성된 다양한 콘텐츠를 지상파를 통해 대중에게 동시에 전달하는 것을 의미했다.

초기에 라디오의 경우 아날로그 신호를 먼 지역까지 보내기 위해 AM변조방식을 이용하였으나 음악 위주의 고음질방송을 내보내기 위해 FM변조방식을 이용하여 VHF 주파수 대역을 이용하였다. 텔레비전의 경우 VHF 대역과 UHF 대역을 통해 전달하였다. 이후 유선방송이 등장하고 1980년대에 위성방송이, 다음으로 통신망을 이용한 방송으로 확대되었다. 방송신호도 아날로그에서 디지털로 전환되었다. 방송은 전파의 유한성으로 인해 초기에 제한적으로 채널이 허가되었으나 전달수단이 유선, 위성 및 초고속 통신망으로 확대되면서 특정 전문조직뿐만 아니라 개인까지도 자유롭게 콘텐츠를 제작해 전달할 수 있는 환경으로 변화했다. 이런 의미에서 방송이란 정보와 오락 프로그램 등의 다양한 콘텐츠를 다양한 매체를 통해 일반대중에게 전달하는 확대된 개념으로 정의할 수 있다.

3. 방송 사업자의 구분

1) 전송망에 따른 사업자 구분

방송은 어떤 전송망을 사용하느냐에 따라 지상파방송, 케이블방송, 위성방송, 인터넷방송으로 구분할 수 있다. 지상파방송은 지상에 세운 안테나를 통해 전파를 송수신하기 때문에 지상파라고 불린다. 혹은 공중파라고도 불리는데 위성방송도 공중파의 일종이기 때문에 둘을 구분하기 위해 지상파라는 용어를 주로 사용한다. KBS, MBC, SBS, EBS 및 지역민영방송이 이에 해당된다. 현재 지상파 방송 사업자는 53개사이다.

또한 이동 중 시청을 목적으로 허가된 지상파DMB도 있다. 지상파DMB는 세계 최초로 한국이 2005년 12월 1일 VHF 채널을 이용해 본방송을 시작했다. 휴대용 기기를 통해 이동 중에 TV, 라디오, 데이터방송을 수신할 수 있는 목적으로 개발된 방송이다. 사업자는 총 19개사이다.

케이블방송은 유선을 통해 전파를 송출하는 방송으로 1995년 종합유선방송을 시작으로 도입되었다. 종합유선방송은 각 지역별 방송국인 종합유선방송 사업자(*system operator*·SO, 총 92개사), 프로그램을 공급하는 방송채널사용 사업자(*program provider*·PP, 총 181개 PP), 네트워크 유선망을 운영하는 전송망 사업자(*network operator*·NO, 2개사)로 구분된다.

1999년 〈종합유선방송법〉 개정 후 복수 종합유선방송 사업자(*multiple system*

operator·MSO), 복수 방송채널사용 사업자(*multiple program provider*·MPP) 및 MSO가 여러 개의 PP까지 소유한 복수 종합유선·방송채널사용 사업자(MSP: MSO+MPP) 등 다양한 형태의 미디어기업화가 이루어진다. 대표적인 MSO는 CJ헬로비전(23개 SO), 티브로드(23개 SO), 딜라이브(17개 SO), 현대HCN(9개 SO), CMB(10개 SO) 등이 있다. MPP는 대표적으로 CJ E&M이 tvN, Mnet, CGV, OCN 등을 포함한 23개 채널을 운영한다. 또한 CJ E&M은 대표적인 MSP이기도 하다. 또 다른 MSP는 티브로드가 운영하는 티캐스트(10개 채널), 딜라이브가 운영하는 CU미디어(6개 채널) 등이 있다. 종합유선방송 사업자는 아날로그방송 가입자를 디지털 방송 가입자로 전환시키는 중이다. 아날로그방송 가입자에게 제공되는 평균 채널 수는 75개이고 디지털 방송 가입자의 경우는 246개이다.

위성방송은 2002년 스카이라이프가 출범하면서 다채널 케이블방송과의 본격적인 경쟁에 돌입한다. 그러나 예상과 달리 가입자 증가가 정체되면서 2011년 IPTV 사업자인 KT가 인수해 운영한다. 스카이라이프는 해외위성 채널(21개), 음악 채널(31개), 데이터방송(45개) 등을 포함해 256개 채널을 운영한다. 위성DMB는 2005년 5월 1일 TU미디어가 위성의 극초단파 대역을 이용해 세계 최초로 이동형 멀티미디어 방송을 시작했다. 다채널 유료방송으로 가입자에게 수신료를 받아 운영했으나 2012년 8월 31일 누적된 적자로 방송이 종료되었다.

인터넷방송은 인터넷망을 이용한 다양한 방송이 있다. 그러나 초고속 인터넷망과 고정형 TV를 이용해 유료방송 서비스를 허가받은 방송은 IPTV이다. IPTV는 2008년 통신업체인 KT, SK 브로드밴드 및 LG U플러스를 포함 3개사에 허가되었다. KT는 현재 244개 채널을 운영 중이고 SK 브로드밴드는 172개 채널,

LG U플러스는 154개 채널을 운영한다.

2) 방송 플랫폼의 진화와 새로운 사업자

방송은 전송망뿐만 아니라 플랫폼에 따라 구분할 수 있다. 플랫폼이란 다양한 서비스와 콘텐츠가 제공되는 접점으로 많은 사용자가 오가며 원하는 것을 사용하고 거래하는 공간을 의미한다. 방송의 경우 방송을 제공하는 플랫폼은 지상파방송 플랫폼(단독 또는 연합해 운영), 다채널 서비스를 제공하는 케이블방송 플랫폼, 위성방송 플랫폼, IPTV 플랫폼 등으로 발전했다.

그러나 인터넷을 이용한 다양한 플랫폼이 새로운 경쟁자 및 콘텐츠 유통창구로 부각된다. 즉, OTT서비스를 이용해 다양한 플랫폼을 개발하고 진화시켜 새로운 이용자를 모은다. OTT란 기존 통신 및 방송사가 아닌 새로운 사업자가 인터넷망을 이용해 다양한 방송 콘텐츠나 영화 등을 제공하는 서비스로 세계적으로 넷플릭스와 아마존, 유튜브가 대표적이다. 넷플릭스의 경우 방송사나 영화사 등에서 제작한 콘텐츠만 활용하는 것이 아니라 자체 콘텐츠 생산을 통해 기존 미디어 시장의 판도를 흔든다. 국내의 대표적인 OTT서비스는 네이버 TV캐스트, 다음 TV팟, 곰TV, 티빙(tving), 푹, 아프리카TV 등이 있다.

3) 소구폭에 따른 방송구분

또한 방송은 소구폭에 따라 방송, 협송, 점송으로 구분할 수 있다(한진만, 2014). 방송(*broadcasting*)은 불특정 다수인 전 연령대를 대상으로 전 장르를 편성하는 방송으로 KBS, MBC, SBS, EBS는 물론 지역 지상파방송을 의미한다. 또한 JTBC, MBN, 채널A, 조선TV와 같은 종합편성채널도 이에 해당된다.

협송(*narrowcasting*)은 특정 장르에 국한해서 편성하거나 특정 연령층이나 성별을 타깃으로 편성하는 방송이다. 드라마, 영화, 스포츠, 오락, 음악, 어린이 채널 등을 예로 들 수 있다.

점송(*pointcasting*)은 협송보다 소구폭이 더 좁은 방송으로 특정 취향의 요구에 부합되는 편성을 한다. 이용자의 요구가 방송 서비스에 즉각 반영되도록 하는 일대일 방송도 이에 해당된다. 예를 들어, 대화창을 통해 실시간 요구가 즉각 반영되는 1인 미디어 방송이다. 경제 채널의 경우 부동산에 관심이 있을 경우 부동산과 관련된 정보만을 이용자에게 제공하거나(*push*) 이용자가 직접 제공받는(*pull*) 형식이다. 디지털 방송은 방송에서 협송, 다시 점송으로 바뀌면서 양방향 네트워크를 통해 개별수용자에게 일 대 일 대응 서비스로 진화한다.

한국의 방송현황

1. 방송제도의 변화

한국의 TV방송은 국민영 체제(1956~1973)에서 공민영 체제(1973~1987), 다채널 공민영기(1987~2000)를 거쳐 시장주도적 공민영 체제(2000년 이후)로 운영된다(한국언론학회, 2011).

우선 국민영 체제(1956~1973)의 서막을 연 한국의 TV방송은 1956년 민간 상업방송으로 출발했다. 이 당시 라디오는 KBS의 전신인 국영라디오 방송, 부산문화방송을 포함한 민간 상업 라디오방송과 특수방송인 기독교방송이 존재하던 시기였다. 1960년 4·19혁명 이후 들어선 군사정부는 1961년 정권홍보와 경제발전 수단으로 활용하기 위해 국영TV방송인 KBS를 개국시키고 재정난 극복을 위해 광고방송을 도입하고 시청료를 징수하기 시작한다. 이후 KBS는 1969년 광고방송을 폐지한다. 이 시기에는 국영TV방송(KBS)과 민간상업방송(TBC, MBC) 체제로 운영되었지만 MBC는 관영적 성격의 상업방송이었다.

공민영 체제(1973~1987)는 유신체제하의 방송체제(1973~1980)와 신군부의 방송체제(1980~1987)로 구분된다. 유신체제하에서 방송은 자체 사전심의하고 방송에 대한 통제가 강화된 시기였다. 이 당시 KBS는 한편으로는 정보의 홍보수단으로 기능하면서 상업방송과 치열한 시청률 경쟁을 벌였다. 1980년 집권한 신군부는 방송공영화라는 명분으로 언론통폐합을 통해 사실상 모든 방송을 국영방송화했다. 즉, 모든 TV방송을 KBS가 소유하는 국영적 공영방송으로 전환했다.

국영방송

국영방송은 국가가 경영하는 방송을 의미한다. 지상파 위주의 초기 방송체제에서 제한된 전파를 사용하는 방송이 국민에게 혜택이 골고루 가도록 도입했다. 하지만 국가의 간섭에서 자유롭지 않다. 일반적인 재원은 국가지원, 시청료이지만 일부는 광고수익으로 충당하기도 한다.

공영방송

공영방송은 정부가 출자한 공사를 통해 정부나 광고주의 영향에서 벗어나 독립적으로 운영하는 방송을 의미한다. 일반적으로 공정하고 품질 높은 프로그램을 제공하는 데 목표를 둔다. 재원은 주로 수신료이지만 세금이나 광고료로 충당하기도 한다.

다채널 공민영기(1987~2000)는 1987년 6·29민주화선언으로 군부권위주의 시대에서 민주화로 전환되는 시기이다. 1991년 SBS의 등장으로 공민영 시대의 서막을 올리고 이후 각 지역에 지역민방이 출범한다. 1995년에는 케이블TV가 시작되면서 다채널 시대에 돌입한다. 공공성 문제는 부차적 목표로 전락하면서 상업주의와 선정주의가 심화된다.

시장주도적 공민영 체제(2000년 이후)에서는 2002년 스카이라이프가 출범하고 2005년 위성DMB와 지상파DMB, 2008년에는 IPTV가 출범한다. 2011년에는 종합편성채널 4개가 허가되면서 실질적인 다채널 다플랫폼 시대에 돌입한다. 또한 최근에는 OTT서비스나 1인 미디어 방송과 같은 다양한 형식의 인터넷 방송이 출범하면서 무한경쟁 시대에 돌입했다.

2. 방송사 수익구조 현황

2014년 말 기준 한국 방송시장의 총 매출은 약 14조 7천억 원이고 3만5천여 명이 방송산업에 종사한다(미래창조과학부·방송통신위원회, 2015). 전체 매출액 중 지상파방송의 매출액은 점차 감소하고 유료방송의 경우 종합유선방송의 점유율은 감소하는 반면 IPTV의 점유율은 증가 추세이다.

총 방송매출 중 방송채널사용 사업자(PP)가 43%를 차지하고 지상파가 27%, 종합유선방송 16%, IPTV가 10% 순으로 나타난다. 지상파방송의 경우 총매출 약 4조 가운데 광고매출이 47.4%(2조 1,800억)를 차지하고 프로그램 판매가 16.8%, 공영방송 수신료가 15.8%, 협찬이 9.1%, 기타 방송사업이 4.7%, 유료방송 재송신료가 3.9% 순으로 나타난다.

지상파의 재원구조의 변화는 광고매출 위주에서 다양한 수익원 창출구조로 바뀐다. 주로 광고수입에 의존하던 지상파는 다채널 시대에 돌입하면서 최근 10년 이상 광고매출액이 거의 변동이 없거나 줄어드는 추세이다. 이로 인해 유료방송 재송신료나 VOD 요금을 올리는 등 다양한 수익원을 추구한다. 결국 지상파가 우위에 있는 콘텐츠를 적극적으로 활용해 수익을 보전한다.

종합유선방송(SO)은 총 매출액 약 2조 3,500억 중에서 유료방송 수신료가 45.4%를 차지하고 홈쇼핑송출 수수료가 32.5%, 단말기 임대(판매)가 15.2%, 광고 6% 순으로 나타난다. 특징적인 점은 홈쇼핑이 모바일로 옮겨가면서 매출액이 점차 줄어든다는 점이다.

방송채널사용 사업자(PP)의 경우 총 매출 약 6조 3천억 중 홈쇼핑 채널이 55.1%(약 3조 5천억 원)을 차지한다. 홈쇼핑을 제외한 일반 PP의 매출액은 약 2조 6천억 원으로 광고가 46.6%, SO에서 받는 채널수신료 수익이 27.2%, 협찬 11.3%, 기타 방송수입 8.5%, 프로그램 판매 4.7% 순으로 나타난다. 최근 광고수익은 정체상태에 있지만 수신료 수익과 프로그램 판매 수익 등은 증가 추세이다.

방송편성

1. 방송제작

일반적으로 방송사는 시청자를 확보하고 광고를 판매하기 위해 프로그램을 제작하거나 구매해 편성한다. 프로그램의 제작은 방송사가 직접 제작하는 자체제작과 외주제작으로 구분할 수 있다. 자체제작도 순수 자체제작과 외부와 공동으로 제작하는 공동제작으로 구분된다. 외주제작의 경우 방송사가 소유하거나 투자한 제작사에서 제작하는 특수관계자 외주제작과 순수 외주제작으로 구분할 수 있다. 그 외의 프로그램 수급은 구매를 통해 조달하는데 국내 프로그램 구매와 해외 프로그램 구매로 구분된다.

한국은 다채널 시대의 수요를 충당하고 영상산업의 발전 및 국제 경쟁력을 높이기 위해 독립제작사 육성방안을 마련했다. 지상파를 대상으로 1991년 의무외주제작 비율을 3%로 고시한 이후 2005년 이후에는 약 35%까지 확대되었다. 현재 방송통신위원회는 매년 지상파방송사가 전체 방송시간의 40% 이내에서 일정 비율을 외주제작하도록 고시한다(〈방송법〉 72조 및 시행령 58조). 이에 따라 최근 KBS1은 24%, KBS2는 40%, MBC와 SBS는 35%를 외주제작한다. 동시에 방송사가 특수관계자를 통한 외주제작 확대를 방지하기 위해 특수관계자의 외주제작 비율을 전체 외주프로그램의 21% 이내(전체 외주제작 프로그램의 약 7.35%)로 규정했다. 방송사는 시사, 보도 및 스포츠 프로그램은 주로 자체제작에 의존하고 그 외 드라마, 예능, 다큐 프로그램 등은 외주제작을 활발히 활용한다.

지상파와 PP의 프로그램 제작 및 구매비용은 2014년 말 기준 총 2조 4,900억 원으로 PP(1조 4,600억 원: 58.6%)가 지상파(1조 3백억 원: 41.4%)보다 많이 지출한다(미래창조과학부·방송통신위원회, 2015). 전체적인 프로그램 제작 및 구매 비용은 2011년부터 지상파와 PP의 비중이 역전되었다. 지상파의 경우는 2010년 이후 이 비용이 거의 일정한 수준을 유지하나 PP의 경우 2012년까지 늘어나다 최근에는 약간 줄어드는 추세이다. PP의 제작 및 구매 비용이 늘어난 주요 이유는 종합편성채널과 CJ 계열 PP의 제작비 증가가 주요 요인이다.

2. 방송편성

1) 편성의 개념과 기본 편성전략 소개

시청자는 특정 프로그램을 시청할 목적으로 TV를 켜기도 하지만 일반적으로 여유시간에 TV를 켜고 가장 거부감이 적은 프로그램을 선택하게 된다(LOP전략: *least objectionable programming*). 그러나 프로그램을 배치하고 마케팅하는 방송사 입장이 되면 단기적으로 특정 콘텐츠를 어떻게 제작하고 어느 시간대에 배치할 때 경쟁상품보다 우위를 확보할 것인지를 고민하게 된다. 장기적으로는 최대이익을 염두에 두어야 하기 때문에 콘텐츠 확보와 배치 및 유통을 고려한 철저한 분석과 고민이 필요하게 된다. 비록 리모컨의 사용, VOD, 이동매체를 포함한 다양한 시청방식으로 인해 편성의 효율성에 대한 비판이 제기되지만 여전히 주매체에서의 성과가 향후 다양한 이용이나 프로그램 판매에 영향을 주기 때문에 편성은 더 중요한 의미를 지니게 된다.

편성이란 좁은 의미에서 프로그램을 배열하는 작업으로 정의된다. 넓은 의미에서는 프로그램의 기획, 제작(구매), 배열, 프로모션, 방송, 평가 단계까지의 전 과정을 의미한다. 편성의 목적은 가용 가능한 프로그램을 이용해 단기적으로는 가능한 최대한의 목표 시청자를 확보, 유지하는 것이고 장기적으로는 채널 이미지를 높이는 데 있다.

프로그램 배열에 따른 편성의 기본 전략은 채널 내 편성전략과 채널 간 편성전략으로 구분된다. 채널 내 편성전략은 한 채널에서 프로그램을 시간대에 따라 시청자의 생활패턴을 고려한 시청습관을 형성하기 위해 어떻게 배치하느냐에 초점을 둔다. 채널 간 편성전략은 경쟁상대 방송사를 고려해 어떤 프로그램을 특정 시간대에 배치할 것인가에 초점을 둔다. 우선 채널 내 편성전략은 줄띠 편성(*stripping*), 장기판 편성(*checker boarding*), 구획 편성(*blocking*), 해머킹(*hammocking*), 텐트폴링(*tentpoling*), 마라톤 편성(*marathons*)이 있다.

줄띠 편성이란 1주일에 5일 이상 동일 시간대에 동일 프로그램을 배치하는 것이다. 장기판 편성이란 동일 시간대에 다른 유형의 프로그램을 격일 또는 주간단위로 배치하는 것이다. 구획 편성이란 특정 시청자를 대상으로 유사한 흐름을 지닌 프로그램을 한 구획을 지어 잇따라 편성하는 전략이다. 해머킹이란 시청률이 낮거나 신설 프로그램을 시청률이 높은 프로그램 사이에 배치하는 전략인 반면, 텐트폴링은 두 개의 인기 없는 프로그램사이에 강력한 프로그램을 배치해 시청률을 끌어올리는 전략이다. 마라톤 편성은 주로 일반 PP에서 사용하는 전략으로 마니아를 위해, 예를 들면 특정 드라마를 반나절 또는 하루종일 편성하는 전략이다.

채널 간 편성전략으로는 실력 편성(*power programming*), 보완 편성(*counter programming*), 함포사격용 편성(*blockbuster programming*), 스턴트 편성(*stunting*), 엇물리기 편성(*cross programming*) 등이 있다. 실력 편성이란 상대 방송사가 타깃으로 하는 시청자를 대상으로 동일 유형의 프로그램을 배치하는 전략이다. 보완 편성이란 상대 방송사와 전혀 다른 유형이나 다른 타깃을 겨냥한 프로그램을 배치하는 전략이다. 함포사격용 편성이란 90~120분 정도의 강력한 프로그램을 편성해서 상대 방송사의 프로그램을 무력화시키는 전략이다. 스턴트 편성이란 예기치 못한 특집이나 편성변경을 통해 상대 방송사의 균형을 깨는 전략이다. 엇물리기 편성이란 상대 방송사보다 시작시간을 빨리하거나 끝나는 시간을 길게 해서 상대 방송사의 프로그램을 지나치도록 하는 전략이다.

2) 한국 방송편성의 변화

1956년 초기의 TV 편성은 광고를 포함해 모든 프로그램이 생방송으로 진행되었다. 프로그램은 자체제작보다는 해외구매가 많았고 내용은 교육과 교양 위주였으며 뉴스도 통신사의 공급내용을 아나운서가 읽어주는 형식으로 진행되었다. 편성시간도 부정기적이었다.

1961년 KBS의 국영방송 초기 프로그램은 기존 라디오 프로그램, 일본 NHK TV, 미국 오락 프로그램을 모방해 편성했다. 편성내용은 오락 프로그램이 38.8%를 차지했고 외국 영화가 가장 많은 비중을 차지했다.

1964년 민간방송인 TBC 등장 이후 KBS는 공공성을 유지하기보다는 광고와 시청률을 의식해 오락 프로그램을 집중 편성했다. 당시 KBS의 오락 프로그램의 편성 비율은 46.8%인 반면 교양은 34.2%에 불과했다. 1969년 또 다른 민간 방송인 MBC가 개국하면서 방송사 간 편성경쟁은 본격화된다. KBS는 공공서비스 기능을 강화하기 위해 광고를 폐지했지만 1970년 방송 3사의 오락 프로그램 비중은 여전히 50%를 넘었다. 경쟁은 주시청시간대의 오락 프로그램 증가와 일일연속극 전쟁으로 대표된다. 이 당시 편성의 특성은 뉴스는 물론 대형 쇼와 드라마 등이 동일 시간대에 편성되는 등 실력 편성전략이 도입된다. 편성시간대도 체계화되어 시청자의 생활시간과 일치시키고 방송사별 특성을 반영한 편성을 하게 된다.

1973년에는 〈방송법〉 개정을 통해 교양방송 편성비율을 10% 올리도록 유도한다. 1980년 언론통폐합 이후 모든 방송이 공영방송으로 전환되면서 드라마의 지나친 경쟁에서 벗어나 대하드라마가 등장하고 쇼, 오락물 등의 대형화, 다큐멘터리 등이 편성된다. 특히, 컬러 TV의 도입으로 프로그램이 다양화되고 대형화되는 등 질적 향상이 이루어진다.

1991년 SBS가 개국하면서 시청률 경쟁은 새로운 국면에 접어든다. SBS 개국 이후 방송사는 시청률이 높을 것으로 예상되는 장르의 프로그램을 동일하게 배열하는 획일적이고 안정적인 편성전략을 취했다(박소라, 2003).

종합편성채널이 등장한 이후 JTBC는 가장 다양한 장르를 편성한다(정지영·유세경, 2015). JTBC는 예능 프로그램에서 젊은 층 대상의 차별화된 프로그램으로 tvN과 지상파 채널과의 경쟁구조를 만든다. 반면 MBN은 중장년층 대상의 집단토크쇼 포맷을 다양하게 활용해 새로운 편성을 시도한다. 반면 TV조선과 채널A는 뉴스 및 시사 프로그램 장르를 집중편성하며 치열하게 경쟁한다.

주요 채널의 편성현황을 비교하면 우선 지상파방송의 경우 각 방송사별 특성이 나타난다. KBS1의 경우 오락물을 줄이고 보도와 교양에 치중함으로써 공영방송의 편성 특성을 보여준다. 하지만 KBS2의 경우 MBC나 SBS와 유사하게 오락 프로그램을 45% 이상 편성해 상업방송의 편성특성을 보여준다. MBC도 공영방송이긴 하지만 상업방송인 SBS와 보도와 교양 비율에서 약간 차이가 날 뿐 별다른 차이가 없는 편성특성을 보여준다.

주요 PP의 경우 편성비율 특성은 나타나지 않지만 본방송 비율은 조선TV, 채널A, MBN, JTBC 순으로 나타난다. 종합편성채널의 본방송 비율이 높은 이유는 제작비가 적게 드는 시사보도 프로그램에 집중했기 때문이다. 오히려 제작비를 가장 많이 투자하는 JTBC의 경우 본방송 비율이 가장 낮게 나타난다. 그 예는 tvN에서 분명하게 나타난다. tvN의 경우 특정 종합편성채널보다 많은 제작비를 투자함에도 불구하고 본방송 비율은 매우 낮게 나타난다. 즉, 특정 프로그램을 선택해 집중투자하고 평균 6번 이상 순환편성을 한다는 것을 알 수 있다.

3. 방송유통

방송사는 프로그램 편성 후 추가수익을 창출하기 위해 프로그램을 유통한다. 유통수익을 창출하기 위해서는 일반적으로 프로그램의 성적표(시청률)가 중요하다. 비록 시청률이 낮더라도 VOD 등을 통해 높은 수익을 창출하는 경우도 있지만 대부분 본방송에서의 시청률이 유통수익과 비례한다. 유통은 국내 판매와 해외 판매로 구분할 수 있다. 판매유형도 PP에 판매되거나 유료방송의 VOD 및 다양한 온라인 창구를 통해 판매된다.

2014년 기준 지상파와 PP의 국내 총 프로그램 판매액수는 3,449억 원(지상파: 2,599억 원, PP: 849억 원)으로 지상파의 비중이 75%를 차지했다(미래창조과학부·방송통신위원회, 2015, 40~44쪽). 해외 판매액수는 DVD와 포맷판매를 제외하면 약 3천억 원(지상파: 약 2,550억 원, PP: 450억 원)으로 지상파의 비중이 87%로 여전히 높게 나타난다. 특히, 한류(韓流)의 영향으로 인해 지상파의 해외 수출액이 점차 늘어나는 상황이다.

지상파방송의 수출지역은 일본(32%), 홍콩(23%), 중국(20.4%), 대만(6.7%) 순으로 아시아의 비중이 96.3%를 차지한다. 장르별로는 드라마(73.6%), 교양(19.8%), 오락(5.3%) 순으로 나타난다. PP의 수출지역은 중국(31%), 일본(25.2%), 홍콩(8.9%), 미국(8.5%), 태국(7.7%) 순으로 아시아의 비중이 지상파보다 약간 적은 87.8%를 차지했다. 장르별로는 드라마(36%), 영화(27%), 애니메이션(18.4%) 등으로 지상파와 달리 드라마에 치중되지 않고 영화나 애니메이션 등도 포함되었다.

4. 방송평가

프로그램 방영 후 방송사는 각 프로그램에 대한 평가를 실시한다. 평가하는 방법은 시청률 자료를 활용한 양적 평가와 프로그램의 품질에 대한 질적 평가로 구분된다. 대표적인 질적 평가는 공적 기관인 방송통신위원회에서 조사하는 KI 지수로 지상파와 종합편성채널을 대상으로 시청자가 직접 시청한 프로그램에 대해 7가지 항목(흥미성, 다양성, 창의성, 신뢰성, 유익성, 공정성, 공익성)에 대해 평가하는 방식이다. 또한 각 방송사별로 별도의 품질조사를 실시한다. 그러나 조사가 1년에 한 번 정도 실시되고 결과도 프로그램 방영 후 늦게 산출되기 때문에 실제 방송사 편성에서는 잘 활용되지 않는다.

시청률 자료는 각 프로그램의 성과를 평가하고 방송사의 수익과 직결되는 양적 지표이다. 시청률 산출과정은 5단계를 거쳐 실시된다. 첫째, 기초조사이다.

조사대상 지역(예, 서울)이 정해지면 시청환경(TV수신환경과 인구통계적 요인 포함)을 조사하기 위해 기초조사를 대규모(조사패널 수의 약 10배)로 실시한다. 기초조사 자료와 통계청의 인구주택총조사 자료를 활용해 가구를 기준으로 대표성 있는 패널을 모집한다. 둘째, 패널이 선정되면 가구의 모든 TV 및 관련기기에 피플미터기를 설치한다. 셋째, 피플미터기를 통해 수집된 가구의 시청기록 자료는 매일 새벽 시청률조사회사가 자동으로 수집한다. 넷째, 수집된 자료는 검증을 거쳐 1분 단위의 시청률로 정렬된다. 정렬된 자료는 조사회사에서 밤새 정리한 프로그램과 광고시간을 일치시켜 정리한다. 다섯째, 조사회사는 정리된 자료를 방송사를 포함한 자료구매자에게 다음날 이른 아침에 제공한다. 자료구매자는 조사회사에서 제공한 분석 소프트웨어를 이용해 용도에 따라 프로그램과 광고의 시청률은 물론 다양한 분석을 실시한다.

현재 한국의 시청률조사는 세계에서 유일하게 동일지역을 대상으로 두 조사회사가 경쟁(닐스 코리아, TNmS)한다. 현재 시청률조사는 가구를 대상으로 고정형 TV의 시청행위만을 조사하기 때문에 다양한 시청행위가 기록되지 못하는 단점이 있다. 스마트폰 및 다양한 기기를 활용한 다양한 시청행위(인터넷 등)에 대한 실시간 및 지연시청 등에 대한 측정을 못한다. 따라서 고정형 TV 이외의 방식으로 시청하는 분산된 시청행위를 통합해서 제공해야 한다(*single source data*)는 요구가 거세진다. 각국에서 통합시청률 산출을 추진하지만 향후에도 시청행위가 더 다양하게 전개될 것으로 예상되기 때문에 자료이용자의 요구에 부응하기는 쉽지 않을 전망이다.

방송의 사회문화적 영향

1. 방송의 사회적 영향

한국인은 하루 평균 6시간 미디어를 이용한다(한국언론진흥재단, 2014). 다양한 미디어를 이용하지만 여전히 TV를 가장 많이 이용(177분: 49%)하고 인터넷(116분: 32.2%), 라디오(27분: 7.5%), 소셜미디어(25분: 7%), 종이신문(12분: 3.3%), 종이잡지 순이다. 비록 젊은 층의 TV 시청시간이 줄어들지만 여전히 VOD나 인터넷을 이용해 시청하는 등 TV의 이용시간은 1995년 이후 다소의 등락은 있었지만 여전히 일정한 수준을 유지한다. TV의 영향력도 여전히 다른 미디어보다 우위를 지킨다. 특히, 뉴스보도에 대한 신뢰도는 TV방송이 포털이나 라디오, 인쇄신문보다 여전히 높게 나타나 영상매체의 영향력을 실감할 수 있다(한국언론진흥재단, 2014).

방송은 대다수의 사람에게 또 사회에 지대한 영향을 미친다. 방송은 개개인에게 지속적으로 긍정적 또는 부정적 영향을 미친다. 앞서 소개한 학생들의 반응을 종합하면 다음과 같다. 우선 긍정적 영향은 혼자 있어도 외롭지 않게 해주고 스트레스를 해소해주기도 한다. 방송을 통해 간접체험을 할 수 있고 대리만족이나 다른 사람들의 반응을 알 수도 있다. 또한 내 주위의 세상이 어떻게 돌아가는지를 알게 해준다. 반면 방송에 치우치면서 가족 간의 대화시간이나 독서시간이 줄어들고 여가시간에 필요한 일을 하지 못하고 시간만 낭비해 후회하게도 한다. 방송에 대한 의존도가 높아지면서 정보를 얻기 위해 노력하지도 않고 다른 매체에 대한 접근 다양성을 저해하기도 한다. 때로는 상대적 비교로 스스로 위축되기도 하고 수동적이고 비판능력이 사라지기도 한다.

사회적으로는 노인을 비롯한 소외계층에게 친구가 되고 사회적 통합을 이루게 하는 긍정적 면이 있다. 또한 글로벌 의식을 고양시켜주고 공통의 이야깃거리를 제공하기도 한다. 반면 생각하는 것이나 옷 입는 것 등 사고의 획일화, 문화의 획일화를 조장하는 부작용도 있다. 상업성과 연결되면서 뉴스든 오락이든 점점 더 자극적인 내용으로 불안이나 불신을 조장해 공동체 의식을 저해하기도 한다.

디지털시대에 방송을 전달할 수 있는 수단의 확대와 미디어 종류의 확대로 보다 다양한 메시지가 증가한다. 사이버공간에서 대안적 메시지의 출현으로 정치사회적 참여와 민주주의의 투명성이 확대된다. 동시에 주류미디어나 권력층의 지배력도 확대된다. 특히, 방송채널의 확대는 의견다양성의 확대보다는 오히려 엔터테인먼트 채널의 증가가 더 두드러지게 나타난다(한국언론학회, 2011, 36쪽).

또한 채널의 운영주체가 영향력 있는 조직, 기존의 지배적 미디어에 집중되어 의견다양성이나 콘텐츠 다양성이 일부채널은 오히려 줄어들기도 하고 특정 채널은 제한적으로 확대되기도 한다(조은영 · 유세경, 2014; 조익환 · 이상우, 2012). 다양한 채널과 VOD 및 인터넷을 통한 다양한 방송의 영향으로 미디어 이용의 개인화 현상이 일어난다. 이로 인해 사회문화적 분절화와 파편화가 일어나고 다른 한편으로는 새로운 결속과 연대가 일어난다(한국언론학회, 2011, 37~38쪽).

2. 방송의 정치적 영향

인터넷이 등장하기 이전까지는 방송과 신문은 공중에게 정치적 영향을 미치는 주매체로 작용했다(한균태 외, 2014). 방송을 통해 이슈화된 대표적 사건은 2008년 MBC 〈PD수첩〉에서 촉발시킨 광우병 파동으로 미국의 시장개방 압력에 대한 이념적 충돌로 전개되었다. 방송을 포함해 신문 및 인터넷을 통해 부각된 이슈는 2002년 대통령 선거에서 부각된 이회창 후보 아들의 병역면제 의혹, 2010년 천안함 폭침에 대한 문제, 역사교과서 문제 등 크고 작은 이슈에 방송이 지속적으로 영향을 미친다.

대표적으로 방송은 특정 이슈를 부각시키고 보도량을 증가시켜 일반 공중도 그 이슈를 중요하게 생각하도록 영향을 미친다(의제설정: *agenda-setting*). 물론 의제설정이 부각되기 위해서는 방송뿐만 아니라 신문, 인터넷을 통한 다양한 상호작용이 필요하다. 동시에 특정 이슈가 부각된 후 방송과 신문이 사건의 본질과 원인, 책임을 진단하고 해결하는 데 어떤 시각 또는 틀(*frame*)을 제시하느냐에 따라 공중에게 영향을 미친다(*framing effect*: 프레이밍 효과).

때로는 방송이 여론형성에 영향을 주기도 한다. 일반적으로 수용자는 미디어에서 표명한 의견이 자신의 의견과 다름에도 불구하고 대다수의 의견으로 인식하는 경향이 있다. 스스로 주변사람에게 고립되지 않기 위해 자신의 의견을 주장하지 않고 침묵을 지키면서 미디어의 의견이 다수의 의견으로 수렴되게 하는 영향력을 행사한다(*spiral of silence theory*: 침묵의 나선 이론). 특히, 방송은 정치와 관련된 지식형성과 태도 및 행동에도 영향을 미친다. 특히, 선거과정에서 중요한 정책적 이슈를 부각하고 시민토론을 유도하는 등 바람직한 영향도 미치지만 선거과정에 대한 보도를 정책보다는 누가, 어떤 정당이 앞서는지에 대한 경마식 보도로 비판받기도 한다.

인터넷과 모바일기기의 등장으로 신문과 방송은 물론 대표적으로 웹사이트, 소셜미디어도 정치 관련 지식부터 실제 참여행동에 영향을 미친다. 방송과 신문의 신뢰도가 높으면 정치적 참여행동에도 긍정적 영향을 미치는 경향이 있다(김현정 · 원영아, 2015). 비록 방송의 신뢰도가 타 매체와 비교해 가장 높게 나타나지만 신뢰도가 점차 하락하면서 최근에는 타 매체에 비해 정치적 지식을 습득하고 참여를 유도하는 데 별다른 효과를 미치지 못한다는 연구결과도 나타난다(금희조·조재호, 2015).

3. 방송과 한류

방송이 미치는 영향, 특히 방송이 창출하는 대중문화의 영향은 이제 동남아를 넘어 다양한 국가로, 드라마에서 다양한 장르로 확대된다. 대중문화의 유행은 문화 콘텐츠 수출로 이어지고 관련 한국 상품의 유행과 방문객 증가로 이어지고 궁극적으로 국가 이미지를 제고하는 선순환 고리로 연결된다는 데 중요한 의미가 있다.

한류(韓流)의 변천과정은 1세대에서는 드라마가 영향을 미쳤다면, 2세대에서는 드라마, K-Pop 위주로 전개되었고, 3세대에서는 드라마와 K-Pop은 물론 오락, 영화, 게임, 다큐멘터리, 애니메이션 등으로 확대되었다. 한류 콘텐츠의 성공 원인은 품질, 대중성, 창의성, 재미, 몰입성, 현지화, 홍보전략 등의 복합적 요인의 상호작용에 기인한다. 한류가 아시아를 비롯해 전 세계적으로 확산되는 추세이지만 여전히 아시아, 특히 일본, 중국, 대만을 중심으로 콘텐츠가 수출되는 한계에 봉착했다.

모든 국가는 자국문화에 대한 자부심과 우월주의가 있기 때문에 타 문화의 자연스런 유입에 대해서도 어느 정도 관대한 편이다. 그러나 유입의 정도나 몰입의 정도가 심화되면 팬덤이나 유행이 발생하는 동시에 이를 우려하는 반감(자국의 하위문화에 대한 비판도 포함)이나 규제정책도 자연스럽게 발생된다. 이런 가운데 특정 정치적 갈등이나 부정적 사건이 발생할 경우 극심한 반감세력이 형성되기도 한다.

현재 일본은 우경화로 인한 반한(反韓)정서 증대와 엔저정책으로 콘텐츠가격의 상승, 콘텐츠의 질적 하락(식상함 포함)등으로 영향력이 위축되는 가운에 일본 콘텐츠 수출전략(현지화 전략 등)을 수립해 대응한다. 그러나 여전히 한류에 대한 열기는 잠재된 상태이다. 중국도 2006년 CCTV의 연간 한국 수입 드라마를 4편으로 제한한 이후 프라임 타임대 방영금지, 사전심의 등으로 지상파의 방영이 금지되다시피 했고 최근 프로그램 포맷 수입도 1년에 1개로 규제한다. 또한 중국 포털을 통한 〈별에서 온 그대〉 등의 열풍 이후 포털의 해외동영상도 사전심의 조항을 적용해 규제하는 한편 한국콘텐츠 산업에 진출하거나 지분을 인수하고 한국 PD, 배우, 작가 등 제작진의 중국 콘텐츠 제작참여로 제작 노하우를 빠르게 습득하는 중이다. 한류의 지속적 성장을 위해서는 다양한 대책이 필요한 시점이다.

디지털시대의 방송의 진화

1. 인구변화와 TV 시청시간

방송시청은 고정형 TV를 중심으로 발전되었다. 전송수단의 다양화로 새로운 유형의 유료방송이 등장한다. 또한 콘텐츠의 녹화 및 재생장치의 발달에도 불구하고 TV 시청방식은 여전히 고정형 TV를 중심으로 이루어졌다. 인터넷의 등장과 초고속 유무선 통신기술의 진화에 따라 최근에는 다양한 기기를 통한 시청방식의 변화가 일어난다. 그렇지만 여전히 고정형 TV를 대체할 수준은 아니다. 시청방식의 변화를 수용하고 기존의 시청습관의 변화를 비교할 수 있는 중요한 요인 중 하나는 연령이다. 향후의 전반적인 TV 시청방식의 변화 추세는 한국의 인구구성 비율의 변화와 연령대별 시청시간의 변화를 통해 추정할 수 있다.

우선 한국은 점진적으로 노령화 사회로 진입한다. TV 시청시간 및 시청방식 변화의 수용도 연령대와 밀접한 관련이 있다. 2010년 인구센서스에 기반을 둔 통계청의 인구추계 결과에 의하면 점진적으로 14세 미만의 유소년 인구는 줄어드는 반면 60세 이상의 고령인구는 급격하게 늘어날 것으로 예측된다. 고령인구는 2017년 유소년 인구를 추월하고 2030년에는 2배, 2060년에는 4배로 증가하게 된다.

TV 시청시간의 변화 추세를 비교하면 시청률조사가 실시된 1992년 이후 월드컵이 열린 2002년까지 10대 이하를 제외하고 모든 연령대의 시청시간이 늘어난다. 이후 2015년까지 50세 이상은 약간의 등락은 있지만 TV 시청시간에 별다른 변화를 보이지 않는다. 40대의 경우는 시청시간이 약간 줄어들 뿐이다. 30대와 10대의 경우는 2012년까지 급격히 줄어든 이후 최근에는 거의 일정 수준을 유지한다. 반면 20대는 최근까지도 지속적으로 줄어든다. 즉, 20대는 시청방식 변화에 여전히 민감하게 반응하지만 생활패턴이 일정한 10대와 30대 이상은 변화가 정착되는 상황이다. 전체 연령의 하루 평균 시청시간도 2002년 207분에서 2012년 185분으로 줄어든 이후 2015년까지 180분대 초반을 지속적으로 유지한다. 비록 시청방식의 변화가 여전히 발생하지만 전체적으로 고정형 TV를 이용하는 시간은 2012년 이후 거의 일정하게 유지된다.

2. 시청기기의 변화와 시청행태

방송을 이용할 수 있는 기기의 소유 변화와 함께 실제 시청행태도 다양하게 변한다. KISDI(2015) 조사에 의하면 TV를 이용할 수 있는 데스크톱 컴퓨터는 2011년 이후 점차 감소하나 노트북 컴퓨터나 스마트폰(2015년 기준 78.8%)을 포함한 휴대용 기기의 보유는 꾸준히 상승한다. 반면 가정용 비디오 재생기기(VCR, DVD 플레이어, DVR 등)는 점차 감소해 2015년 기준 10가구 중 1가구만 소유했다. 기기의 소유 변화는 미디어 이용행태의 변화를 의미하는데 전체적으로 인쇄매체와 컴퓨터의 이용시간은 줄어드는 반면 TV와 스마트폰을 포함한 이동형 기기의 이용시간은 소폭 늘어났다. 전체적인 매체 이용시간은 일일 평균 6시간 42분으로 2011년 대비 11분 증가했지만 하루에 이용하는 매체의 총량은 큰 변화가 없다고 볼 수 있다.

미국의 경우도 미디어 환경의 변화에도 불구하고 전체적인 미디어 이용시간

〈그림 3-2〉
일상이 된 휴대용 기기 사용

은 변함이 없다. 연령대가 낮을수록 고정형 TV의 이용비율이 점점 더 떨어지지만 60세 이상의 경우는 한국과 유사하게 거의 변화가 없다. 비록 젊은 연령층의 TV, 라디오, PC의 이용시간이 줄었지만 게임기와 같은 TV 연결장치와 스마트폰, 태블릿의 이용시간이 그만큼 늘어나 전체 이용시간은 거의 변함이 없는 것으로 보고된다(www.marketingcharts.com).

최근 조사(KISDI, 2015)에 따르면 TV가 없는 가구가 늘어나지만 여전히 가정의 고정형 TV 보유율은 95%로 나타난다. 또한 다양한 방식의 시청이 확산되기는 하지만 전체 TV 프로그램 시청 중 고정형 TV를 이용한 시청이 여전히 95% 내외를 차지한다. 나머지 5%는 스마트폰, PC/노트북 및 이동형 기기를 통해 이용한다. TV 방송시청 중 실시간 시청도 95% 내외이고 5%는 비실시간으로 이용하는 것으로 추정된다. 최근의 조사결과를 요약하면 젊은 층을 중심으로 고정형 TV를 통한 실시간 시청이 줄어들고 다양한 시청방식이 확산된다. 하지만 여전히 고정형 TV 중심의 실시간 시청패턴이 대폭 이동된 것은 아니고 서서히 정착단계에 접어드는 것으로 추정된다.

3. 방송의 진화

TV방송은 당장 2017년 UHD 방송전환을 목적으로 콘텐츠 제작방식의 변화를 비롯해 전송방식의 변화가 예정되었다. 시청자는 대부분 유료방송 서비스에 가입해 고정형 TV를 이용해 TV를 시청한다(방송통신위원회, 2015: 2014년 유료방송 가입가구비율은 중복가입가구 포함 99%). 또한 최근 늘어나는 VOD 서비스도 여전히 고정형 TV를 중심(약 92%)으로 이루어지고 유료방송 가입자중 VOD 서비스 이용률은 15.3%로 향후 확산될 가능성이 잠재되었다(KISDI, 2015; 신지형·하형석, 2014).

유료방송 서비스 이외에 다양한 OTT서비스의 진화도 주목할 부분이다. 전 세계적으로 사업영역을 확산하고 한국에도 서비스되는 넷플릭스를 비롯한 국내외의 다양한 OTT서비스의 변화도 지켜볼 일이다. 2015년 기준 OTT서비스 이용률은 14%로 이용하는 매체는 10명 중 7명이 스마트폰/태블릿으로 3명은 PC/노트북이다. 미디어 이용의 디지털화와 개인화가 확산되면서 스마트폰이 일상생활의 필수매체로 자리 잡으며 다양한 기기를 이용한 시청행태의 변화는 물론 최근 1인 미디어의 변화도 주목할 부분이다.

토의

01. 디지털 방송통신 융합에 따라 새로운 방송 사업자의, 등장으로 방송의 주축이었던 지상파방송의 수익구조는 어떻게 변화하는가?

02. 지상파방송사의 편성전략을 비교하고 각 종합편성채널 및 tvN의 편성과 어떤 차이점이 있는가?

03. 현재의 시청률조사 시스템의 한계에 대해 논의하고 통합시청률조사를 추진하는 데 어떤 문제점이 있는가?

04. 현재 진행되는 한류의 진행 과정과 영향은 무엇이며 지속가능성은 어떠한가?

05. 미디어 환경변화에 따라 UHD 방송과 다양한 OTT서비스가 어떻게 진행될 것인가?

인터넷 미디어 04

인터넷의 정의

미디어는 커뮤니케이션 도구이자 환경이다. 미디어는 소통하는 방법, 표현하는 방식 그리고 물건을 사고파는 방법에 영향을 미친다. 인터넷은 우리의 삶과 생활방법, 시공간 인식을 바꾸고 나아가 커뮤니케이션에서 메시지를 전송(*communication*)하고 표현(*expression*)하는 방식에 일대 혁신을 가져온 디지털 뉴미디어이다.

미디어를 '전송수단'으로서 출판인쇄, 라디오, TV 등으로 나누고 '표현수단'으로 잡지, 책, 신문, 라디오, 음악, 영화, TV, IPTV 등의 콘텐츠의 장르로 나눌 때, 인터넷은 가히 혁신적인 미디어이다. 즉, 인쇄매체의 등장에 따라 신문과 잡지가 등장했고 전파매체의 등장으로 영화, 라디오와 방송(지상파, CATV)으로 발전했다. 인터넷은 이 모든 전송수단과 표현수단을 융합했다. 시작은 디지털미디어인 인터넷의 등장이다. 새로운 형태의 미디어인 인터넷의 등장은 전송수단과 표현수단의 융합적 변화를 가져왔다.

출처: 픽사베이(https://goo.gl/ufRMLC).

〈그림 4-1〉

대중매체 시대는 출판인쇄(*publishing*)와 전파방송의 전송수단 영역구분이 명확했다. 그러나 인터넷, 네트워크의 등장은 이런 전송수단과 표현수단을 융합했을 뿐만 아니라, 새로운 방식의 커뮤니케이션과 미디어가 등장하게 된다. 인터넷은 신문, 잡지, 라디오, TV라는 다양한 표현수단 융합과 출판과 방송으로서 구분되었던 전송수단이 인터넷 미디어를 통해 융합되었고 기술, 미디어, 산업, 문화의 대체와 융합을 가속화한다. 나아가 동시, 비(非)동시 방식의 휴먼과 매스 커뮤니케이션 방식의 융합과 더불어 뉴 IT 미디어 산업의 등장과 미디어의 진화를 가져왔다. 하이퍼텍스트와 웹을 기반으로 둔 사이버공간(*cyberspace*)은 현실공간과의 융합으로 소통방식, 저널리즘 양식, 라이프 스타일, 새로운 방송양식의 등장과 발달을 가져왔다.

이 장은 대중매체 시대의 커뮤니케이션 이론과 연구 패러다임에 대한 근본적 변화와 더불어 수용자의 수용방식과 행동방식, 소비방식의 변화를 가져온 온라인미디어 등 미디어 연구의 근본적 변화를 가져온 인터넷의 과거와 현재를 정리했다.

인터넷 기술의 발달

1. 인터넷 개념과 역사

인터넷은 초기의 기술결정론과 이후의 사회결정론 그리고 사회구성주의(*social construction*) 패러다임에 따라 진화했다. 초기의 인터넷은 디지털 기술이 커뮤니케이션의 근본 패러다임을 만들었다. 인터넷은 이른바 네트워크와 네트워크가 모인 하나의 거대한 네트워크(Network of networks)이다. 이 네트워크 양식이 이전과는 다른 커뮤니케이션과 문화, 일상의 변화를 가져왔다.

초기 인터넷은 모스부호(*morse code*)를 기반으로 뒀으며 커뮤니케이션 기술의 뿌리는 1969년 9월에 미국에서 구축한 아르파넷(ARPAnet)에서 시작했다. 이 네트워크의 가장 큰 특징이라면, 한 시스템에서 다른 시스템으로 어떤 데이터를 전송하는 길이 미리 정해진 것이 아니라, 그때그때의 상황에 따라서 변한다는 것이다. 이는 미국 국방성이 바라던 것으로 이 네트워크의 처음 목적은 군사적인 것이었다. 냉전이 한창 고조되던 시기에 미국 국방성은 소련의 핵폭격이나 그에 준하는 공격을 가정하고 이 경우에도 작동하는 매우 신뢰성 있는 컴퓨터 네트워크가 필요했다. 즉, 중간에 있는 몇 개의 시스템이 폭격으로 부서지더라도 다른 시스템을 통해서 연결되기를 바랐던 것이다.

이를 만족시키기 위해서 고등방위연구계획국(Defense Advanced Research Project Agency · DARPA)을 중심으로 몇몇 대학에서 아르파넷이라는 네트워크를 구성하기로 한다. 이 네트워크는 기존 전송 네트워크와 다른 컴퓨터 네트워크였다. 즉, 상하 구조가 없는 완전한 분산형태로 경로가 복잡하고 다중화되어 어느 한 부분이 핵미사일로 결정적 피해를 받아 기능이 마비되더라도 남은 부분만으로 통신기능을 유지할 수 있는 구조였다. 이후 사회결정주의와 사회구성주의 패러다임으로 사회적 이용을 위한 연구목적의 미국 과학재단 네트워크(NSFnet)가 연결(1986)되었다. 이후 이용자의 욕망과 기술적 발달에 따라 일반 상업 목적의 네트워크가 연결(1990년 이후)되고 소셜미디어 그리고 사물인터넷 등의 모습을 갖춘 형태로 현재의 인터넷으로 발전했다.

2. 인터넷 기술의 특성

인터넷은 패킷 방식의 커뮤니케이션 양식이다. 패킷이란 정보를 적당한 크기로 분할해서 전송하는 형태이다. TCP/IP(Transmission Control Protocol/Internet Protocol)는 인터넷의 대표적인 프로토콜이다. 이 프로토콜의 특징은 크게 두 가지로, 하나는 패킷교환 방식을 사용한다는 것이고 다른 하나는 동적 경로 할당이라는 방법을 사용한다는 것이다. 패킷교환 방식은 자료를 패킷이라는 단위로 나누어 보내고 받는 측에서 이를 다시 조립해 원래의 자료로 복구하는 방식이다. 패킷교환 방식을 사용하는 이유는 패킷 일부가 사라지더라도 원문을 유지할 수 있기 때문이다.

1) 패킷교환 방식의 커뮤니케이션

인터넷의 어떠한 종류의 파일이라도 인터넷을 통해 한 장소에서 다른 장소로 보낼 때, TCP/IP의 TCP계층은 파일을 전송하기에 효율적인 크기로 자른다. 분할된 각 패킷에는 별도의 번호를 붙이고 목적지의 인터넷 주소가 포함되며 이 패킷은 인터넷의 서로 다른 경로를 통해 전송된다. 보낸 패킷이 모두 도착하면 TCP 계층의 수신부에서 패킷을 원래의 파일로 다시 재조립한다. 이처럼 패킷교환 방식은 인터넷과 같은 비연결형 네트워크에서 메시지를 전송처리하기 위한 효율적인 방법 중 하나이다.

회선교환(*circuit switching*)은 회로가 전환된 네트워크에서, 소스는 송신자에게 통로를 개설해 똑같은 통로를 따라서 모든 패킷을 연결한다. 회선교환은 목적지에서 명령을 받을 때까지 유지됨을 보장하도록 소리와 영상을 전달하는 데 사용한다.

패킷교환(*packet switching*)은 패킷이 교환된 네트워크에서, 개별 패킷은 수신자에게 전달되기 위해 네트워크에서 패킷단위와 개별 노드를 통해 전달되어야만 한다. 패킷은 수신자를 향해 어떤 통로를 통과하지만 같이 가지는 않는다. 1번 메시지의 2번 패킷은 1번 패킷보다 먼저 수신된다. 수신자는 모든 패킷이 도착할 때까지 기다린다. 그리고 올바른 명령 속에 패킷을 모은다. 즉, ①TCP가 데이터를 여러 개의 정보 묶음(*information packet*)으로 쪼갠다. ②쪼갠 정보 묶음이 IP를 따라 전달되는데 이때 정보 묶음은 서로 다른 경로를 통해서도 이동할 수 있다. ③TCP가 정보 묶음을 다시 짜 맞추며 훼손된 데이터의 재전송을 요구한다.

인터넷이 만든 사이버공간은 디지털이 기본이다. 디지털은 모든 정보를 비트(*bit, binary digit*의 약자이다)라는 가장 최소의 정보단위로 송수신한다. 비트는 어떤 상태의 조건이 있고 없음을 표시하는 2진수, 즉 1과 0의 2진 기호로 표현된다. 보통 1은 0보다 높은 전위를 표시한다. 예를 들면 전기신호가 흐를 경우를 1, 전기신호가 흐르지 않을 경우를 0으로 표기한다. 결국 인터넷이란 기존의 회선교환 방식이 아니라 패킷교환 방식을 채택한 컴퓨터 네트워크라고 말할 수 있으며 그 표준 전송방식이 TCP/IP 프로토콜이다.

3. 인터넷 기술에서 미디어로 진화

이른바 인터넷은 태동기의 군사, 정보목적에서 상업, 소셜미디어로 진화하면서 오늘날 인터넷이 가지는 가치관, 규범, 언어, 문화 등이 사이버 관련 제도와 조직을 구성하면서 진화했다. 1969~1971 군사적 목적, 1980~1989 학술적(정보) 목적과 전문인 목적, 1990~2002 상업적 목적, 2005~2007 사회적 목적인 소셜미디어로의 진화, 2010~2016 소셜미디어, 사물인터넷 시대로 진화했다. 즉, 인터넷 기술 중심에서 사회적 이용목적이 인터넷 발달에 중요한 진화 과정의 요인으로 작용했음을 보여주는 발달과정이다.

1) 인터넷 기술 탄생기

인터넷은 1969년 9월 구축한 아르파넷에서 미국의 4개 지역을 중심으로 네트워크로 스탠퍼드 연구소(Stanford Research Institute), 캘리포니아대학 샌타바버라 분교(University of California at Santa Barbara), UCLA, 유타대학(University of Utah)이 중심이었다. 패킷통신 기술을 채용한 아르파넷은 패킷통신의 기원인 동시에 전 지구촌을 하나로 묶는 인터넷의 근원이자 시초기도 하다.

아르파넷(ARPANet)은 1970년 들어 TCP/IP를 채용하며 본격적인 네트워크로 구성된다. 1983년 군사용 밀넷(MILNet)과 연구용 아르파넷(ARPANet)으로 분리발전하고 시간이 지나면서 1980년 유즈넷(USENET), 비트넷(BITNET), 1983년 미국과 유럽의 CSNet에 연결 이후 1986년 미국과학재단 아르파넷이 흡수하면서 군사용과 과학기술용, 이 두 가지가 서로 연결되어 오늘날의 인터넷으로 발전한다.

1980년대 들어와 아르파넷상의 모든 네트워크를 TCP/IP 프로토콜로 완전히 교체하고 미국 국립과학재단(National Science Foundation·NSF)이 정부와 대학연구기관의 연구를 목적으로 4대의 슈퍼컴퓨터 센터를 중심으로 미국 전역에 걸쳐 미국 과학재단 네트워크를 구축한다. 이 미국 과학재단 네트워크는 TCP/IP를 프로토콜로 채용하는데 이때부터 인터넷은 더욱 큰 네트워크로 본격적으로 성장하게 된다. 초창기 인터넷은 군사 목적이었고 이후 인터넷은 교육·연구를 목적으로 그리고 1990년대부터는 상업적 인터넷으로 진화한다.

2) 웹의 등장과 텍스트의 융합

1989년 프랑스 국경에서 가까운 스위스에 위치한 CERN(유럽원자핵공동연구소)에서 리(Tim Berners Lee)는 하이퍼텍스트를 제안한다. 하이퍼텍스트란 수많은 텍스트를 연결해 하나의 문서에서 이와 관련된 다른 문서로 자유롭게 이동할 수 있도록 만든 것이다. 즉, 모든 텍스트에 대한 텍스트, 상호작용적 텍스트이다. 전 세계가 네트워크로 연결된 상태에서 서로의 자료를 공개하고 공개된 자료를 하이퍼텍스트를 이용해 공유할 수 있는 세상이다. 이는 인터넷상의 URL의 우주에 하이퍼텍스트라는 교통수단을 제공한 것이다. 이때가 바로 텍스트 융합이 일어나기 시작한 시기이다.

리는 1990년 객체지향 언어 오브젝티브 C(Objective-C)와 인터페이스 빌더가 구성된 넥스트(NeXT) 컴퓨터를 손에 넣는다. 이 컴퓨터는 네트워크를 구성할 이

하이퍼텍스트

하이퍼텍스트를 구성하는 가장 기본적인 요소는 노드(*node*)와 링크(*link*)이다. 인터넷에서는 정보항목들 간의 링크를 통해 한 노드에서 다른 노드로 이동함으로써 정보의 네트워크를 탐색한다. 여기서 노드는 텍스트의 단위로 단어나 단락, 페이지에 해당한다. 이는 텍스트, 그래픽, 비디오 또는 다른 형태의 정보의 덩어리나 조각으로 이루어진다. 링크는 노드 간의 관계구조를 의미한다. 사용자는 선택한 노드로 이동하면서 하이퍼텍스트 정보공간을 항해(*navigation*)할 수 있다.

더넷과 뛰어난 프로그래밍 환경(IDE, 인터페이스빌더)을 갖췄다. 그는 넥스트의 소프트웨어 개발환경을 통해 세계 최초의 HTML 웹브라우저인 웹을 개발했다. 리는 WWW(*world wide web*) 소프트웨어와 함께 HTML, HTTP 등의 웹 기술을 무료로 공개함으로써 많은 사람이 인터넷을 향유할 수 있었다. PC, 태블릿, 스마트폰, 스마트TV 등 네트워크만 연결된다면 자유롭게 인터넷을 이용할 수 있게 된 것이다.

1990년대 중반이 되자 리의 의도대로라면 모두를 위한 기술이었던 웹은 철저히 자본의 논리로 움직이기 시작했다. 1990년대 중반의 인터넷은 공공성에 기반을 둔 보편의 논리보다 기업 간 힘의 논리로 움직였다. 이 자본주의 논리는 1990년대를 장악했던 '브라우저 전쟁'(플랫폼 경쟁의 서막)으로 이어졌다.

플랫폼(*platform*)

플랫폼이라는 용어는 여러 분야에서 쓰이는 용어로, IT 산업에서의 플랫폼은 기술적으로 또는 경제적으로 정의할 수 있다. 플랫폼이란 기술적으로는 응용체제, 미들웨어, 핵심 응용프로그램을 실행하는 하드웨어와 소프트웨어가 결합된 계층적 형태를 의미한다. 경제적으로는 플랫폼이 서로 다른 복수의 이용자 집단이 거래나 상호작용을 원활하게 할 수 있도록 제공된 물리적, 가상적 또는 제도적 환경을 의미한다고 볼 수 있는데 이러한 경제적 정의는, 특히 양면시장(*two-sided market*)의 성격을 갖는 시장에서 중개기관의 역할을 하는 경제주체의 중개수단을 가리킨다. 이러한 정의는 플랫폼의 개념을 '구성요소가 무엇인가'를 기술적 또는 경제적 관점에서 접근하는 방식이라는 점에서 공통점을 갖는다. 현재 세계 모바일 플랫폼 시장에서 많이 사용되는 OS는 애플의 iOS, 구글의 안드로이드, 마이크로소프트의 윈도우 모바일, 노키아의 심비안, 리서치인모션의 블랙베리 등이 있다.

3) 상업시대로의 발달

1990년대로 들어서면서 인터넷은 새로운 산업, 상업으로서의 주요 미디어로 발전한다. 브라우저에서 1990년대 IT업계는 MS의 등장으로 새로운 비즈니스 시대를 열었다. 퍼스트무버(*first mover*)라는 창조경제를 만든 MS의 독점시기이기도 했다. 플

〈그림 4-2〉
스티브 잡스와 빌 게이츠

출처: 위티미디어커먼즈(https://goo.gl/I8laeq, https://goo.gl/YSsUoQ).

랫폼 기술을 차용해 거대기업과 협업하는 MS(빌 게이츠)의 선택적 결정이 계속 성공했다. 그런데 새로운 플랫폼 사업자인 애플이 1991년 퀵타임을 바탕으로 인터넷과 모바일 플랫폼의 경쟁자로 등장한다. 애플은 Web TV를 바탕으로 미디어 진화를 이었다. 애플과 구글, 마이크로소프트는 인터넷을 상업적 미디어로 진화시킨다.

2000년대는 구글과 네이버로 대표되던 포털의 시대를 지나, 웹2.0 시대를 통과해 SNS와 모바일 시대로 진화한다. 페이스북은 2008년 5월 9일 웹사이트에서 페이스북 사용자가 편하게 접속할 수 있는 서비스로 페이스북 커넥트를 선보인다. 페이스북은 관련 API(*application programming interface*)를 공개해 웹사이트 인증이 필요한 경우 누구나 가져가서 사용할 수 있다. 페이스북은 실명이 인증된 13억에 가까운 사용자를 내세워 모바일과 웹에 빠르게 전파되었다.

2006년 도시(Jack Dorsey), 스톤(Biz Stone), 웨버(Florian Weber)는 2006년 3월 21일 SMS연동 웹기반 서비스 트위터(Twitter) 0.1버전을 만들고 이후 소셜미디어로 성장한다. 이처럼 인터넷은 초기 기술 중심의 네트워크를 출현시키고 기술적 혁신을 거듭하면서 정보와 뉴스미디어로 그리고 비즈니스 미디어를 거쳐 소셜미디어(SNS)와 사물인터넷 미디어로 발전한다.

4) 인터넷과 사회구성주의 발달

인터넷은 기술 중심의 네트워크에서 시작해 감각적 미디어 차원을 벗어나 이용자 중심의 미디어 시대를 열었다. 즉, 인터넷은 사용 주체에 따라 발달한 사회구성주의 미디어이다. 인터넷은 시대와 집단의 특정 가치관, 규범, 언어, 문화 등이 제도와 조직을 새로이 하는 미디어로 진화한다. 융합된 인터넷사회에서 이용자는 디지털 기술을 활용하는 한 사회의 구성원으로서 사회 이슈를 주도적으로 만들어내고 습득하기도 한다. 이는 기존 미디어 이론과는 다른 패러다임을 요구한다. 이는 인터넷이 만들어내는 '사이버공간'으로 새로운 '사회'로써 이론과 연구방법의 새로운 패러다임을 요구한다.

인터넷 미디어 발달의 기본 단계는 다음과 같다. 제1단계는 융합으로 기술 중심의 발달이다. 이 단계는 기술융합으로 새로운 커뮤니케이션 기술의 등장이다. 컴퓨터와 전화(텔레커뮤니케이션)를 융합한 인터넷 기술의 등장이 여기에 해당한다. 또한 전통 TV와 케이블을 결합한 케이블TV를 기술 결합(*bundling*)이라고도 한다. 이 단계에서는 기계적 상호작용성의 확장을 제공한다.

제2단계 융합에는 사회적 결정중심 발달이다. 새로운 기술이 등장하더라도 사회적으로 존재하는 다양한 전통 메시지를 부여하기에 이 단계는 새로운 기술이 요구된다. 예를 들면, 인터넷 또는 DVD가 기술로 존재했지만 일반적인 메시지를 부호화하기까지 상당한 시간이 필요했다. 즉, 부호화하기 위해 사회적으로 통용되는 소프트웨어가 필요했다. 이 단계를 통합(*integration*)이라 말하고 미디어적 상호작용성을 제공한다.

제3단계 융합은 기술과 사회가 동시에 영향을 미치는 사회구성주의적 융합이다. 새로운 기술에 전통적으로 다른 텍스트의 결합이 가능해지면서 진정한 멀티미디어가 실현된다. 3단계에서는 전통적으로 분리되었던 기술적으로 다른 미디어 장르와 사회적으로 구분된 산업이 융합한다. 이 단계를 융합이라 하고 사용자와 사용자의 상호작용성을 이룰 수 있다.

인터넷은 현재 SNS와 스마트폰이 결합된 소셜미디어와 사물인터넷의 등장으로 현실공간과 사이버공간의 융합으로 진입한다. 이는 인터넷 미디어의 매체변이(*mediamorphosis*)의 시작에 불과하다. 스마트 모바일로 대변되는 사이버공간은 이제 현실이다. 우리는 소셜미디어로 현실과 연결되어 활동하고, 이야기하고, 생활한다. 온라인 모바일 쇼핑, 은행업무(핀테크로 불리는 결제방식) 대중교통 이용카드까지 온라인, 사이버공간을 거치지 않는 업무는 거의 없을 정도이다. 이렇게 소셜과 디지털 디바이스로 일과 생활을 영위하면서 우리는 흔적(*data*)을 남기고 정보를 입력하고 처리하는데 이 과정에서 무수히 생성되는 것이 바로 비정형 데이터(*unstructured data*)이다. 이처럼 데이터는 새로운 것이 아니라 과거부터 존재했으며 데이터가 활용된 시기도 과거부터였다. 그럼에도 최근에 이슈가 되는 데이터 앞에 '빅'이라는 단어를 붙인 빅데이터(*big data*)가 새로운 트렌드로 주목받는다.

1. 상호작용: 쌍방향 커뮤니케이션

앞서 말했듯, 인터넷은 휴먼과 미디어적 차원에서 3단계의 양식의 변화를 주는 결정점이 존재한다. 첫 번째는 인터넷 등장과 진화이며, 두 번째는 웹2.0으로의 진화이며, 세 번째는 SNS와 스마트폰이 결합된 소셜미디어 시대의 등장이다. 이후 사물과 연결되어 사물인터넷으로의 진화가 진행 중이다. 1차적으로 디지털 기술인 인터넷과 기술로 인한 커뮤니케이션 양식에서 혁신적 변화를 가져왔다. 이는 이전의 대중매체 발달에서 상호작용이 가능한 커뮤케이션의 양식이라는 점에서 근본적 차이를 보여준다. 인터넷은 3가지 중요한 요소로 상호작용하는 미디어이다.

인터넷은 커뮤니케이션 방식에서 CMC(*computer mediated communication*)로 불리며 사회적 상호작용 미디어로 진화한다. 인터넷이 만들어낸 커뮤니케이션은 사회적 목적에 따라 블로그(Blog), 소셜 네트워크 서비스, 위키(Wiki), 사용자 제작 콘텐츠(UCC), 마이크로블로그(Micro-Blog)로 구분하며 일반적으로 사람과 사람 또는 사람과 정보를 연결하고 상호작용할 수 있는 서비스를 제공하는 웹 기반의 플랫폼을 소셜미디어의 범주에 포함시킬 수 있다.

이들은 사회적 상호작용방식에 따라 소셜 플랫폼(*social platform*) 형태로 진화한다. 그 소셜 네트워크의 사회적 소통목적은 '사회관계형' SNS로 불리고 1인 방송이나 소셜TV가 결합한 방송형 소셜미디어, 저널리즘 뉴스취재 전달 목적의 신문형 소셜미디어, 사회적 게임과 연계한 게임형 소셜미디어 등으로 나누어 사회적 주체를 형성하며 진화한다.

인터넷은 대중매체와는 다른 준(準)체험적 미디어로 진화하는 상호작용성 미디어이다. 이는 이른바 사용자 간, 미디어, 콘텐츠 간의 상호작용성을 바탕으로 한다. 이 상호작용성은 인터넷 미디어가 가진 특성이다. 인터넷으로 인해 가능한 상호작용성의 3가지 유형은 '개인 대 개인 상호작용'과 '개인 대 메시지 상호작용', '개인 대 매체 상호작용'으로 분류할 수 있다. 이러한 상호작용성은 '네트워크 커뮤니케이션'으로 불린다.

인터넷 미디어의 발달은 모든 미디어를 상호연결하고 상호연결된 커뮤니케이션은 사적(개인적) 커뮤니케이션, 조직 간 커뮤니케이션, 매스 커뮤니케이션을 가능하게 했다. 인터넷 커뮤니케이션의 특징은 기술의 발달에 따라 현재의 인터넷 능력과 콘텐츠 능력에 대응해 전 세계를 포괄하는 보편적이며 공공적인 미디어 네트워크로 진화한다.

인터넷은 미디어 형식의 다양성을 가능케 하는 동시성과 비동시성 커뮤니케이션을 가능하게 한다. 전통적 커뮤니케이션은 동시성을 요구했다. 예를 들면, 뉴스를 보기 위해서는 방송되는 시간에 뉴스를 시청해야 했으며 개인 사이의 대화나 전화를 위해 동시성 커뮤니케이션이 필요했다. 그러나 기존의 동시성 미디어는 비동시성 미디어로 수용자의 선택을 높이는 방향으로 발달했다. 예를 들면, 전화는 응답기로 비동시성을 향상했고 영화와 TV는 VCR또는 DVD미디어로 수용자의 비동시성 미디어 사용을 보완했다.

2. 네트워크 커뮤니케이션 양식으로 하이퍼텍스트성

이전의 미디어 양식과는 다른 인터넷 미디어의 특성은 텍스트 융합이 가능한 하이퍼텍스트성(*hypertextuality*)과 하이퍼미디어이다. 요즘 하이퍼텍스트의 경향은 하이퍼미디어(하이퍼텍스트+멀티미디어)로 나아간다. 기술적 측면에서 엄밀하게 말한다면 하이퍼텍스트와 하이퍼미디어는 같은 것이 아니다. 하이퍼미디어의 특성은 하이퍼텍스트와 멀티미디어가 연결되어 텍스트만이 아니라 이미지, 사운드, 동영상 등을 연결할 수 있다. 컴퓨터 기술의 발전으로 텍스트의 개념은 비언어적인 것을 포함해 멀티미디어적 요소를 가질 수 있다.

모든 커뮤니케이션 미디어를 상호연결한 인터넷 미디어의 발달로 소셜과 사물인터넷은 오늘날 모든 사람에게 연결되고 사물과도 소통하게 한다. 이런 새로운 네트워크의 쌍방향성 커뮤니케이션에서 송신자와 수신자는 동시에 정보를 받고 보낼 수 있는 새로운 커뮤니케이션 방식을 창출한다. 인터넷 네트워크는 지리적 거리와 관료적 족쇄로부터 개인을 해방시킬 수 있으며 전 세계 최상의 동료와 의사소통할 수 있도록 도움을 준다.

상호연결된 네트워크 세계에서 메시지 전달속도와 네트워크의 편리함은 대중매체 산업을 재정의하고 전통의 대중매체 운영방식과 새로운 IT기업의 등장을 가져왔다. 소셜과 사물인터넷인 디지털 네트워크(*digital network*)는 방송, 출판, 오락문화, 상거래 등 다양한 영역에 변화를 일으키고, 새로운 삶의 방식을 형성한다. 소셜과 사물인터넷으로 만드는 일상의 변화는 네트워크가 그 기본이다.

3. 동시성과 비동시성

세 번째 특성은 동시, 비동시 커뮤니케이션 양식의 등장과 확장이다. 전통적 커뮤니케이션은 모든 커뮤니케이션에서 동시성을 요구했지만 인터넷은 쌍방향적이고 비동시성이며 비선형적인 커뮤니케이션을 가능케 했다. SNS는 동시와 비동시 커뮤니케이션 형식을 제공하고 지속되거나 일시적으로 콘텐츠를 만든다. 인터넷이 발달하면서 인터넷을 통해 교환하는 메시지는 동시성과 비동시성 두 가지 방식을 통해 하나의 미디어로 커뮤니케이션하는 장점을 가졌다.

더 나아가 인터넷은 수용자 개개인끼리의 커뮤니케이션을 변화시킬 뿐만 아니라 수용자가 대중매체와 맺는 관계도 변화시키고 전통적 대중매체 콘텐츠를 원하는 시간에 이용하게 한다. 인터넷 기술은 시간제약이나 공간제약을 받는 동시성 커뮤니케이션을 비동시성 커뮤니케이션이 가능하도록 했다.

비(非)동시성(*asynchronicity*)의 의미는 송신자와 수신자 간의 이루어지는 메시지의 공유가 시간적 공유라는 조건 없이도 가능할 수 있느냐의 문제와 직결된다. 송신자와 수신자 간의 시간상의 공유 없이 메시지 공유가 가능하다는 비동시성 커뮤니케이션 상황이 형성된 것이다.

4. 사이버 커뮤니케이션 혁명

인터넷은 상호작용성과 하이퍼텍스트, 동시·비동시 커뮤니케이션의 융합으로 새로운 '사이버 커뮤니케이션'이라는 새로운 양식을 만들었다. 이는 인터넷과 모바일에 의해 구축된 사이버공간에서 이루어지는 새로운 유형의 커뮤니케이션 혁신을 말한다. 사이버 커뮤니케이션은 시간과 공간의 제약을 극복했으며 동영상 등 멀티미디어적 요소를 활용해 더욱 풍부한 미디어(*media reach*)를 가능하게 한다. 소셜미디어는 (생활, 일, 소비, 인간 사회관계 등) 사이버 커뮤니케이션을 통해 재구성되는 새로운 문화와 행위양식을 가져왔다. 전통적 커뮤니케이션 이론의 관점에서 봤을 때 인터넷에서는 일 대 일, 일 대 다, 다 대 다, 다 대 일 등의 커뮤니케이션이 모두 일어난다. 또한 대인적, 그룹, 조직, 매스 커뮤니케이션이 여러 곳에서 동시에 발생한다고 볼 수 있다.

1) 네트워크와 기술의 혁신

초기 인터넷은 기술적 커뮤니케이션 형태로 기술중심형으로 이메일(E-mail), FTP, 뉴스그룹(*newsgroup*)과 같이 학자나 전문인이 사용하는 등 소규모로 사용되었다. 그러나 1991년 CERN의 웹서비스가 개발되어 일반인도 쉽게 멀티미디어 정보를 제공하고 사용할 수 있게 되자 인터넷은 폭발적으로 성장했다. 지금은 전 세계 수많은 호스트 컴퓨터가 인터넷에 연결된 거대한 네트워크가 되었고 기술의 혁신은 전 세계적으로 33억 7천만 명(2016년 1월 기준) 이상이 사용하며 국내 사용자만도 2015년 4천만 명이 넘는다[한국인터넷진흥원(http://www.nic.or.kr) 참고]. 이는 중앙통제 방식이 아닌 사용자의 규약으로 모든 네트워크가 연결되기 때문에 개방적이고 민주적이며 정보의 흐름에서도 양방향성을 가진 네트워크적 특성 때문이라 할 수 있다.

즉, 인터넷은 컴퓨터와 네트워크 기술이 통합되는 미디어 서비스이다. 인터넷 미디어는 웹, FTP, 유즈넷, 이메일 등의 다양한 인터넷 서비스 간의 경계가 무의미해지는 기술융합미디어이다. 각각의 인터넷 기술의 서비스가 서로 통합하면서 발전되기 때문이다. 앞으로 각종 인터넷 서비스는 서로 통합하면서 하나의 프로그램만으로 다양한 서비스를 즐길 수 있도록 개선될 것이다.

1995년 이후 멀티미디어 동영상, 오디오 소스의 스트리밍 기술은 급속도로 발전했고 이는 인터넷 멀티미디어의 등장을 주도하기 시작했다. 동영상 솔루션은 리얼 네트워크의 리얼비디오(Realvideo)와 씽텍(Xingtech)의 스트림워크스(Streamworks), MS의 넷쇼(NetShow), 그 밖에 비디오라이브(VDOlive), 비보 액티브(VIVOactive) 등이 있다.

매스 커뮤니케이션에서는 송신자는 수신자보다 많은 자원, 명예, 전문성 및 권위를 가졌으며 기술융합이나 호환성이 각국마다 다를 뿐만 아니라 국가 표준이 다른 기술적 특성이 있다.

2) 텍스트 융합의 혁신

콘텐츠 융합으로 인한 커뮤니케이션 형태가 '웹1.0 시대'이다. 뉴스와 정보미디어 양식의 등장이다. 이후 학술적 연구목적의 아르파넷과 군사적 목적의 밀넷으로 분리발전(1983)하고 일반 상업적 목적의 네트워크가 연결(1990년 이후)되면서 현재의 인터넷으로 발전했다. 콘텐츠 유형에 따라 온라인뉴스, 온라인 콘텐츠로 진화한 것이다.

인터넷이라는 전송수단이 만들어낸 커뮤니케이션 양식의 핵심은 탈육화(*disembodyment*)이다. 그리고 하이퍼텍스트와 하이퍼미디어 양식으로의 진화이다. 이른바 '웹1.0'으로 대변되는 웹 개발과 포털 중심의 정보를 전달하는 포털업체가 등장한다. 야후(Yahoo), 구글, 네이버, 다음(Daum) 등은 이미 존재하는 콘텐츠를 전달하는 데 중점을 두고 사용자가 제작하고 유통하는 데는 관심을 두지 않았다.

3) 사회적 융합 혁신

이후에는 개방과 공유의 커뮤니케이션 양식으로 진화하는 이른바 '웹2.0 시대'이다. 참여, 공유, 공개의 소셜미디어 시대이다. 이 시기 인터넷 미디어는 모든 사회 영역의 융합을 불렀다. 인터넷은 모바일과 융합하면서 소셜미디어와 웹2.0 기술에 기반을 둔 사회적 커뮤니케이션으로 진화한다. '웹2.0'은 전통적인 UCC, 블로그, 카페 형태에서부터 순수 소셜 매체인 페이스북, 트위터 등 새로운 소셜미디어가 등장한다.

이 시기부터 인터넷은 기술적 융합(군사적, 학술적, 정보적, 상업적 융합), 미디어 융합(미디어와 커뮤니케이션), 생활의 융합(현실과 사이버공간의 융합) 등 사이버가 만들어낸 특정 체계화된 사회적 혁신으로 불린다. 젠킨스(Jenkins, 2006)는 미디어 융합이 단순한 기술적 과정이 아니라 문화적 융합 발전으로서, "멀티플 미디어 플랫폼을 넘나드는 콘텐츠의 흐름, 멀티미디어 산업 간의 협력 그리고 미디어 수용자의 옮겨 다니는 행동"과 관련된다고 말한다.

한편, 이러한 미디어 융합은 산업이나 소비 그리고 사회적 행위방식에 많은 변화를 가져왔다. 기존에 존재했던 미디어 관련체계, 예를 들어 소비자를 측정하는 방식, 미디어 콘텐츠를 통제하는 방식, 산업적 모델, 미디어 소유권, 미디어 미학, 지적 재산권, 제작자와 소비 간의 관계, 미디어 상품의 전 지구적 흐름, 소비 대중문화와 시민사회의 경계 등이 재구성되었다(Jenkins, 2004).

소셜미디어는 새로운 사회와 공간을 만들었다. 사이버공간은 무언가가 있는 혁신 공간으로 인터넷을 이용하는 사람들과 그들이 사용하는 다른 용도에 대한 것이다. CMC 학자인 더로(Thurow, 2004; 권상희, 2011 재인용)가 말한 사이버 사회는 인터넷에 의해 달성된 의사소통방식을 더 잘 표현한 용어로 모든 사회적 일상을 말한다. 인간, 사회, 사물과 상호작용으로 새롭게 생성된 사회이다. 이러한 이유로 기술 그 자체보다 사용자, 인간의 사용에 대해 더욱 관심을 기울이는 것이다.

5. 사이버공간과 일상공간의 융합

인터넷의 발전은 사이버공간과 현실공간의 융합으로, 특히 인간관계와 대인 커뮤니케이션에 미치는 영향도 크고 다양한 서비스를 제공하는 커뮤니케이션 혁신이다. 이른바 '인터넷 커뮤니티'로 불리는 소셜 네트워크, 정보, 아이디어, 개인적 메시지, 사진 그리고, 음성, 음반, 비디오, 영상을 공유하는 미디어로 진화하고 모바일과 융합하면서 모바일에 적합한 어플리케이션이 등장한다.

인터넷 미디어는 현실공간과 융합하면서 디바이스에서 고정미디어와 이동미디어의 융합으로, 인터넷과 모바일로 융합하게 된다. 이른바 모바일 컨버전스(*mobile convergence*)로 진화하며 모바일 휴대기기에 새로운 기능, 서비스, 미디어 등이 융합된다. 즉, 모바일 환경 하에서 제품 간, 기능 간 융합을 촉진시켜 소비자가 하나의 기기로 다양한 커뮤니케이션 공간을 융합한다.

모바일 컨버전스의 급부상은 '웹2.0 환경'이라 할 수 있다. 모바일 컨버전스는 진정한 의미에서 융합이나 복합이라기보다는 실제생활의 변화를 의미한다. 모바일과 인터넷의 융합과 진화는 다양한 버전으로 나타났다. 초기 '모바일 컨버전스 1.0'은 다양한 기능의 모듈과 칩이 탑재되어 휴대폰으로 사진을 찍고 음악을 듣고 은행결제를 할 수 있었지만 그것이 전부였다. 후기 '모바일 컨버전스 2.0'은 부가된 기능이 본격적으로 통합되어 새로운 서비스를 창출했다. 예를 들어, 이용자에게 위치정보서비스를 제공하는 것도, 모바일기기의 특징을 최대로 활용한 것도 모바일 컨버전스라 할 수 있다. 즉, 사이버와 현실의 융합이다.

1. 현실공간과 사이버공간의 융합

인터넷 미디어 특성에 모바일과 융합으로 시간과 공간의 융합, 전통매체와의 융합, 사회의 소통과 커뮤니티적 사회활동 융합을 통해 인터넷은 새로운 삶의 환경을 만들어낸다. 따라서 인터넷은 생활과 문화, 시간, 공간을 관통하는 융합적 미디어로 공진화를 통해 일상뿐만 아니라, 전통매체의 변화와 발전으로 여러 가지 형태를 띤 사회생태의 진화와 변화를 가져왔다.

피들러(Fidler, 1997)에 의하면 소셜과 융합 매체의 진화원리는 다음 6가지로 요약할 수 있다. 첫째, 공진화와 공존(*coevolution and coexistence*)으로서 새로운 형태의 미디어가 기존의 다른 미디어와 상호작용하면서 공존하고 공진화한다. 둘째, 변형(*metamorphosis*)으로서, 새로운 미디어는 기존의 미디어의 변형형태로부터 점진적으로 진화해간다. 셋째, 확장(*propagation*)으로서 새로운 형태의 미디어는 기존의 미디어 형태가 지닌 지배적 특성을 확장해나간다. 그 외에도 넷째, 생존(*survival*), 다섯째, 기회와 필요(*opportunity and need*), 여섯째, 채택의 지연(*delayed adoption*) 등의 진화원리가 있다. 이러한 진화는 여러 영역에 적용할 수 있다. 인터넷 미디어가 등장한 후 현실공간을 사는 우리는 사이버공간이라는 새로운 공간을 경험하게 되었다.

이니스는 새로운 커뮤니케이션 미디어는 공간과 시간의 개념을 강조하는 편향을 만든다고 했다(Innis, 1951). 그는 새로운 커뮤니케이션 미디어는 시공간을 초월해 지식을 전달하는 데 중요한 영향을 미치는데, 그러한 것이 문화에 미치는 영향을 파악하기 위해 그 특징의 연구를 강조했다. 그는 *The Bias of*

*Communication*에서 사회문화 변천의 요인이 커뮤니케이션 미디어에 있다고 전제했다(Innis,1951). 시간편향 미디어와 공간편향 미디어가 그것인데, 인터넷은 공간편향과 시간편향을 동시에 가졌다.

우선 인터넷이 변화시킨 생태환경으로는 인터넷과 사이버공간이라는 새로운 공간에서의 정치는 e-politics, 경제는 e-commerce, 문화는 e-culture로 진화하면서 미디어 내용에서는 '디지털 콘텐츠'라는 새로운 양식이 나타난다. 기술결정론을 강조하는 것은 아니지만 인터넷이 만들어낸 세상이 오늘날 사회화(*sociality*)의 핵심이라는 점을 무시할 수는 없다.

인터넷이 만들어가는 사회는 소유보다 접속의 시대로 패러다임이 변화하면서, 인간과 인간과의 상호작용을 넘어 이제 인터넷이 다양한 종류의 기기를 연결하고 서로 커뮤니케이션하면서 데이터를 공유하도록 하는 사물인터넷 시대로 진화하고 이러한 기기와 사람 사이에서 만들어 낸 데이터를 수집 분석하는 빅데이터 시대로 진화한다. 인터넷의 진화는 우리의 이전의 행동을 대체하거나 새로이 보완하는 형태로 진화한다.

2. 사이버사회의 온라인 규범과 문화

인터넷 미디어 사회에서 이용자는 사회의 구성원으로서 다양한 이슈를 주도적으로 만들어내고 습득하기도 한다. 인터넷은 사회와 일상생활에서 현장성과 신속성 등을 바탕으로 파급되어 사회적 영향력을 낳는다. 또한 파급된 이슈는 정부정책과 같은 구체적 형태로 변형되어 사회구성원 간의 끊임없는 논쟁과 토론의 대상이 되기도 한다. 그래서 인터넷이라는 미디어 용어 뒤에 '사이버'의 개념이 포함된 '사회'라는 표현이 붙여진 것이다.

그렇다면, 인터넷을 '사회'로 보는 관점과 인터넷을 단순한 '미디어'로 보는 관점 사이에 '이용자' 개념의 차이는 어디에 있는가? 단순히 인터넷을 미디어로 보았을 때, 이용자는 이를 단순한 도구로 본다. 미디어를 단순한 도구로 본다는 의미는 이용자가 자기통제를 할 수 있는 수준에서 미디어를 다룰 줄 안다는 뜻이기도 하다. 반면 인터넷사회에서 '이용자'는 미디어 도구 이용자와 인터넷사회의 구성원 역할을 동시에 해낸다. 여기서 후자의 인터넷사회 구성원은 인터넷이라는 물리적 공간을 구성하는 하나의 개체로 보아도 무방한 것이다. 즉, 인터넷사회를 구성하는 이용자는 사회구성원 역할을 수행해 인터넷이라는 개념 혹은 공간을 변형시키고 발전시킬 수 있는 기본 단위로서 그 역할이 증대된다.

감각미디어인 신문, 라디오, TV 등과 비교해 보면 인터넷은 사회 연결을 통한 상호작용에 초점이 맞춰졌다. 즉, 인터넷은 감각미디어가 아니라 상호작용적 수단으로 진화한다. 이는 '인간이 경험하는 공간과 시간의 변화'로 이어지는 사회적 미디어(*social network media*)이다.

인터넷을 전통매체와 같은 연장선 패러다임에서 보는 미디어 모델은 두 가지 차원이다. 첫째는 전통매체와 같은 형태로 보는 CAM(*computer as medium*) 모델이다. 이 모델은 인터넷, 즉 컴퓨터가 매개하는 커뮤니케이션으로 컴퓨터를 인간과 인간을 이어주는 매개체제인 미디어로 보는 시각이다. 즉, 인터넷은 기계 너머의 인간과 커뮤니케이션을 가능하게 해주는 매개모델이다.

두 번째는 CAS(*computer as source*) 모델로, 컴퓨터를 독립된 정보원으로 생각하거나 사회에서 문제를 해결해주는 에이전트(*agent*)로 보는 시각이다. 이는 인터넷이 만들어낸 사이버공간은 사회적 규칙에 기초해 컴퓨터에 반응하는, 컴퓨터를 하나의 사회구성원으로 보는 시각이다(Nass, Steuer, & Tauber, 1994). 이는 이후 인터넷이 인간과 컴퓨터가 상호작용하는 HCI(*human computer interaction*)

모델로 진화한다.

인터넷을 파생시킨 웹, 소셜미디어는 동시성, 역동성, 비선형성, 무정형성으로 공간과 시간 경계를 해체시키고 공간과 시간에 대한 사용자의 역할을 강화한다. 또한 시간 편향과 공간 편향의 구분을 모호하게 하고 시공간 특성이 동시에 존재하며 '현재 중심적 사고'가 중심이 된다.

인터넷이 만든 뉴미디어 산업

1. 미디어 소비의 변화

인터넷의 등장은 미디어 소비의 변화에서 나타난다. IT와 인터넷의 영향으로 미디어 빅뱅이 가속화되고 미디어 간 융합과 영역파괴 등 '미디어 변이, 합종연횡, 융합' 현상이 심화되고 올드미디어와 뉴미디어 간 충돌현상도 나타난다. 특히, 인터넷과 모바일은 영상과 뉴스 시대의 변화가 본격화되고 업계의 주도권 경쟁이 심화되면서 변화를 맞이했다.

1차적으로 인터넷과 전통매체 간의 충돌을 가져왔다. 나아가 최근 인터넷과 전통매체가 융합해 새로운 형태의 서비스가 나타났다. 융합 서비스의 대표적 예로 웹드라마와 소셜 플랫폼을 이용한 뉴스 서비스를 들 수 있다. 이러한 새로운 서비스가 등장하면서 전통매체와 새로운 미디어 간의 협력과 경쟁구도가 빠르게 재편된다.

인터넷은 전통미디어 시대의 수용자 측면과 산업적 측면에서 대체와 보완의 차원에서 변화를 가져왔다. 두 가지 미디어 중에서 한쪽이 다른 쪽을 어느 정도까지 서로를 대신할 수 있을 때 우리는 '대체성'이라고 하고 보완성은 두 가지 미디어의 사용이 정적(靜的) 상관관계에 있고 상호의존적이며 커뮤니케이션하기 위해 둘 다 필요한 경우이다. 미디어 산업에서 보완과 대체는 사회적으로 행위 양식의 변화에 중요한 변인 역할을 한다.

인터넷은 미디어 소비에서 대체, 출현, 상실, 유지라는 형태로 생태적 적용을 끌어낸다. 이러한 4가지 변화 중, 미래의 새로운 환경인 '인터넷 미디어'와 관련된 것은 '행동의 출현'과 '행동의 대체와 보완'으로 볼 수 있다.

2. 새롭게 등장하는 온라인뉴스 미디어 시장

인터넷 미디어가 만들어낸 변화의 중심에 선 분야 중 첫째가 뉴스, 저널리즘 분야이다. 언론사의 온라인 영역의 서비스는 국내외 다양한 형태의 온라인뉴스 제공방식의 등장이다. 언론사 닷컴, 포털, 온라인 형태의 뉴스제공사 등 새로운 형태의 저널리즘의 등장을 가져왔다. '온라인저널리즘'이란 사이버공간에서 혹은 사이버공간을 이용해 의견이나 뉴스를 생산, 전달, 소비하는 행위패러다임의 변화이다.

여기서는 인터넷뉴스 플랫폼의 진화에 중점을 두어 설명하고자 한다. 특히, 인터넷이 모바일과 융합하면서 신문의 미래는 스마트폰에 달렸다. 시시각각 변하는 세상사를 스마트폰·태블릿을 통해 실시간으로 전달하고 모바일에 적합한 텍스트와 동영상 확보 그리고 홍수처럼 쏟아지는 정보 가운데 '사실'이 무언지를 가려내는 게 현재 세계 언론산업이 직면한 과제이다. 이는 인터넷뉴스 플랫폼의 다변화로 SNS에 넘쳐나는 추측성 정보, 조작된 사진 등 새로운 온라인뉴스에 기인한다. 이제 저널리즘의 기본 잣대는 이러한 문제를 엄밀히 골라내고 독자에게 더욱 정확한 정보를 제공하는 저널리즘의 기본기가 새삼 강조되는 시기를 맞이한다.

이를 위해 인터넷뉴스 플랫폼에 대한 이해가 필요하다. 인터넷뉴스 플랫폼은 전통미디어가 시간과 공간을 무너뜨릴 수 없었던 미디어영역을 확장했을 뿐만 아니라 뉴스의 생산과 전달속도를 빠른 속도로 전 세계에 확장시켰다. 즉, 뉴스의 영역을 확대할 뿐만 아니라 새로운 차원의 뉴스산업을 가능하게 했다.

SNS와 신문산업과 저널리스트의 행위 그리고 뉴스 수용자의 참여와 공유방식이라는 새로운 저널리즘 결과를 가져왔다. 리트윗, 뷰어태리어트(Viewertariat), 네트워크 저널리즘 활동 등을 통해 저널리스트와 이용자 사이에 소통의 증대가 나타났다.

2015년 이후 모바일 등 '이동형 인터넷'의 하루 평균 뉴스소비 이용시간은 2013년 14.3분에서 2014년 16.7분으로 늘어난 반면, PC 등 '고정형 인터넷'은 16분에서 13.5분으로 줄었다. 모바일을 통한 뉴스소비가 PC를 앞지른 것이다.

〈그림 4-3〉
인터넷뉴스 플랫폼의 예

출처: 정치넷(http://www.jungchi.net/menuhtml/ns/ns.php).

나아가 〈뉴욕타임스〉의 혁신보고서 분석에 의하면 풀 미디어(*pull media*: 홈페이지나 뉴스의 메인페이지를 의미)가 푸시 미디어(*push media*: 독자를 직접 찾아가는 미디어)에 밀린다는 것이다. 카카오톡이 채널을 통해 뉴스 서비스를 시작했다. 이는 일정한 시간에 뉴스를 보는 사람보다 수시로 뉴스를 보는 사람이 늘어나면서 독자가 정보를 찾아가기보다 찾아온 정보를 보게 된다는 이야기이다.

3. 새로운 뉴스 플랫폼의 등장

인터넷이 확산되면서 신문사 스스로도 콘텐츠 및 비즈니스 모델 측면에서 자체적으로 혁신적인 뉴스 플랫폼을 시도했다. 그러나 이러한 혁신의 노력에도 불구하고 뉴스소비의 파편화가 심화되면서 신문사의 자생력은 점차 약해진다. 뉴스 콘텐츠를 생산하는 신문사나 뉴스 콘텐츠가 필요한 인터넷 기업 모두에게 돌파구가 필요한 상황이다. 뉴스 콘텐츠를 통해 이용자 트래픽 및 체류시간을 높이고 궁극적으로 직간접적 수익을 취할 수 있다는 점에서 주요 플랫폼을 보유한 미국의 인터넷 사업자는 과거부터 꾸준히 뉴스 서비스를 출시했다. 2011년부터 2016년까지 구글, 애플, 야후, 페이스북 등이 출시한 뉴스 서비스는 모두 독자 애플리케이션 형태였는데 뉴스소비 경험이나 큐레이션 방식, 수익 모델 등의 측면에서 이용자나 신문사가 해당 앱의 플랫폼을 개발한다. 그 대표적인 예가 페이스북의 '인스턴트 아티클'(Instant Articles)이다(김성철 외, 2015 재인용).

새로운 형태의 뉴스 서비스가 많이 등장하는 것과 인터넷을 기반으로 둔 플랫폼 사업자와의 불편한 경쟁은 피할 수 없다. 현실공간의 신문사업과 인터넷 플랫폼의 융합으로 나타난 뉴스산업의 진화는 계속될 것이다.

4 새롭게 등장하는 인터넷 1인 방송

웹 이후 방송과 통신의 융합은 새로운 형태의 방송을 등장시킨다. 웹캐스팅(*webcasting*), 하이퍼캐스팅(*hypercasting*), 인터캐스팅(*intercasting*) 등이 그것이다. 이후 상업적으로 IPTV, 스마트TV의 등장은 새로운 형태의 방송을 태동시켰다. 여기서는 인터넷방송의 협의의 영역인 1인 방송을 간단히 소개한다.

스마트와 소셜의 융합이 1인 미디어 전성시대를 열었다. 1인 미디어는 개인이 방송에 출연하고 소통하는 미디어이다. 유튜브, 아프리카TV 등은 지리적 장벽을 넘고 공간제약을 뛰어넘는 매체가 되었다. 1인 방송은 스마트와 소셜모바일에서 잘 적용된다. 싸이월드 미니홈피에서부터 블로그 그리고 각종 SNS가 개인화와 1인화의 기반이 되는 예이다. 이젠 이를 넘어 유튜브, 아프리카TV, 판도라TV(PandoraTV), 팟캐스트 등의 방송채널에 이르기까지 다양하게 발전하며 확대된다.

최근 MBC에서 방영 중인 〈마이 리틀 텔레비전〉이 보여주듯, 1인 방송의 장르로서 사연과 글을 읽어주는 '톡방' 그리고 다양한 음식을 먹는 모습을 실시간으로 보여주는 '먹방', 음악을 연주하거나 들려주는 '음방', 게임하는 모습을 보여주거나 중계하는 '겜방', 시사·정치 관련 토크를 주제로 하는 '토크방송'까지 다양한 방송이 존재한다. 1인 미디어는 이를 바탕으로 새로운 직업과 수익원을 만들어낼 수 있다.

1인 미디어는 두 가지 방향으로 진화할 것이다. 첫째는, 순수 1인 중심의 개인방송으로서 2000년대 중반 인터넷 문화의 지형을 바꿨던 UCC와 같은 소셜미디어 중심형으로서 1인 스타 스스로 다수의 팬을 확보하며 수익까지 창출하는 '소셜미디어 창업 모델'이다.

둘째는, MBC 예능 프로그램 〈마이 리틀 텔레비전〉처럼 전통 방송사 플랫폼을 중심으로 한 방송사 모델 1인 미디어 형태이다. 기존 방송사가 1인 창작자를 발굴하고 기획, 스튜디오 지원, 홍보 등의 업무를 제공하고 종합적으로 관리하는 MCN(*multi channel network*)이 방송사 모델 1인 미디어이다.

현재 1인 미디어를 방영하는 아프리카TV와 판도라TV 등이 MCN사업에 뛰어들었다. '트레져헌터', '샌드박스네트워크' 등 MCN 전문 스타트업도 생겼다. CJ E&M이 '다이아TV'를 운영하고 지상파인 KBS는 최근 1인 미디어 창작을 지원하는 '예띠 스튜디오'를 출범시켰으며 MBC도 기업형 MCN 파트너를 모집한다.

최근, 신문과 방송 사업자뿐만 아니라 통신사(IPTV), 인터넷 동영상 사업자(OTT), 인터넷 소셜미디어 사업자(SNS) 등 새로운 시장참여자가 등장하면서 전통적인 미디어 산업의 가치사슬이 융합되고 재배치되는 동적 변화를 겪는다. 여기서는 미디어 시장의 변화를 설명하고 새로운 시장참여자와 전통미디어 참여자 간의 협력과 경쟁양상을 사례를 중심으로 설명한다.

출처:〈마이리틀텔레비전〉 공식 홈페이지(http://goo.gl/eD6SI6).

〈그림 4-4〉
MBC 예능 프로그램
〈마이 리틀 텔레비전〉

5. 진화하는 웹드라마 방송

인터넷을 이용한 새로운 경쟁매체의 등장에 따른 미디어 가치사실의 변화가 나타난다. 넷플릭스나 훌루처럼 온라인을 통한 동영상 시청이 더욱 증가할 것이다. 더불어 스마트폰을 통해 더 많은 영상 콘텐츠를 시청할 것이다.

인터넷과 모바일이 급격히 성장함에 따라 콘텐츠의 유통방식도 매우 다변화한다. 특히, 동영상 시장은 TV에서 보던 드라마가 PC와 모바일을 통해 그대로 전송되지 않고 웹드라마라는 새로운 장르로 재탄생한다. 웹드라마는 모바일로 간편하게 시청할 수 있도록 재생시간이 5~10분 내외로 짧고 매일 1편씩 오픈하는 등 호흡도 짧다. 또한 기존 지상파 드라마에서 다루기 쉽지 않았던 일상적 주제나 장르성 소재를 많이 다뤄 이용자의 다양한 욕구를 충족시킨다.

6. 사물인터넷과 빅데이터

사물인터넷은 각종 사물에 센서와 통신기능을 내장해 인터넷에 연결하는 기술을 의미한다. 사물인터넷에 연결되는 사물은 자신을 구별할 수 있는 유일한 아이피(IP)를 가지고 인터넷에 연결해야 하며 외부 환경으로부터의 데이터를 불러오기 위해 센서를 내장할 수 있다. 모든 사물이 해킹 대상이 될 수 있어 사물인터넷의 발달과 보안은 함께 갈 수밖에 없는 구조이다. 이것은 인간, 사물 및 서비스 등 분산된 환경요소에 대해 인간의 개입 없이 상호 협력적으로 센싱, 네트워킹, 정보처리 등 지능적 관계를 형성하는 사물 공간 연결망이다. 모든 사물과 사람을 네트워크로 연결하는 사물인터넷이 인터넷 발달에 따른 최근의 진화일 것이다.

사물인터넷은 사물에 센서를 부착해 필요한 정보를 실시간으로 주고받는 기술이나 환경이다. 이는 인간이 사물의 정보를 수집하고 지시하는 것이 아니라 사물 스스로 정보를 해석하고 이행하는 것이 사물인터넷 사례 및 성과이다. 가전, 헬스케어 등 자체 서비스 외에 자동차, 철강, 조선 등 기존 제조업에 적용될 경우 생산성 향상 및 비용절감 등을 통해 부가가치가 크게 확대된다는 점에서 주목하는 인터넷 커뮤니케이션의 진화이다.

토의

01. 인터넷발달이 가져온 커뮤니케이션 유형의 변화를 기술, 커뮤니케이션 양식 그리고 문화적 현상을 조사해보라.

02. 인터넷과 모바일의 융합과 일상문화, 생태의 변화를 논의하라.

03. 앞으로 인터넷 발달이 가져올 사이버 문화의 특성과 유형 그리고 산업, 생활의 변화에 대해 논의하라.

04. 사물인터넷 시대의 포스트 휴먼을 논의하라.

05. 인터넷이 폭발적으로 발달한 배경과 주요 요인에 대해 논의하라.

06. 인터넷에서 뉴스와 방송의 특성은 어떻게 나타나는지 논의하라.

소셜미디어 05

너와 나의 연결, 미디어의 시작

1. 인간의 탄생과 함께한 '소셜'

연결의 욕구를 지닌 소셜(*social*)한 인간은 드디어 소셜미디어를 탄생시키기에 이르렀다. 소셜미디어의 탄생은 최근이지만 '소셜'은 인류와 함께 시작되었다고 할 수 있다. 인간은 다른 사람과의 '관계' 속에서 살아가기에 애초부터 '사회적' 이었기 때문이다.

'너와 나의 연결'이 미디어의 시작이다. 이 연결이 일대일에서 일 대 다, 다 대 다의 연결로 변화하면서 미디어는 거미줄 모양의 네트워크를 형성했다. '새로운 소식을 전하는' 신문, '무선으로 보내는' 라디오, '널리 보내는' 방송, '너와 나의 이야기를 주고받는' 채팅룸 등이 모두 네트워크로 연결되어 소셜미디어라는 거대한 인간-미디어 그물망으로 합쳐졌다.

2. 미디어의 '소셜'화

미디어가 발전한 방향을 되돌아보면, 인간의 '소셜'한 측면을 닮아가는 방향으로 발전했음을 알 수 있다. 미디어 발전사를 살펴볼 때, 먼저 인쇄술의 발달로 인해 '글'이라는 수단으로 '많은 사람'에게 '같은' 메시지를 전할 수 있었다. 이것은 너와 나의 연결을 넘어 '내가 많은 사람과 좀더 쉽게' 연결될 수 있는 중요한 길을 터주는 계기가 되었다. 이어 라디오와 TV의 등장으로 인해 '소리를 무선으로' 보내거나 '멀리 볼 수 있게'(*television*) 되었다. 이것은 어마어마한 혁명이었지만 이때 부족했던 부분은 쌍방향성이었다. 보다 많은 사람에게 많은 내용을 쉽게 보낼 수 있었지만 그 내용을 받은 사람이 보낸 사람에게 반응하는 데는 한계가 있었다.

마침내 개인컴퓨터(*personal computer*·PC)가 등장하고 이 컴퓨터가 서로 연결되어 네트워크를 형성하는 인터넷 시대가 되자 비로소 상호작용적 쌍방향성을 구현할 수 있는 소통환경이 마련되었다. 여기에 '무선' 인터넷의 발전으로 상호작용적 쌍방향성을 갖춘 네트워크가 모바일화됨으로써 휴대용 개인컴퓨터인 스마트폰을 소통의 수단으로 활용할 수 있게 되었다. 이것이 바로 미디어가 점차 '소셜'화되면서 인간 커뮤니케이션의 양상을 닮아온 과정이다.

소셜미디어의 정의 및 유형별 발전과정

1. 소셜미디어의 정의

소셜미디어의 핵심은 '상호작용을 통해 콘텐츠가 생산되고 공유된다'는 것이다. 개개인이 소셜미디어로 연결된 상태는 그 내용이 무엇이든 서로 쉽게 주고받을 수 있는 환경을 만들어주었다. 그래서 소셜미디어는 구인자와 구직자, 상품의 생산자와 소비자, 교육의 제공자와 수혜자 등을 '직접' 연결해주며 바로 상호작용할 수 있는 장을 마련해주었다.

많은 학자가 소셜미디어를 서로 다른 방식으로 정의한다. 기술적 부분에 초점을 둔 정의, 기능적 부분에 초점을 둔 정의, 사회적 상호작용에 초점을 둔 정의 등 다양하지만 그중에서 가장 보편적으로 사용되는 몇 가지 정의는 다음과 같다.

우선 위키피디아는 소셜미디어를 "웹2.0의 기반 위에 만들어진 인터넷 응용으로, 사용자 생성 콘텐츠의 창조와 교환이 가능한 서비스"로 정의한다. 웹스터는 "소셜 네트워킹이나 마이크로블로깅(Microblogging) 웹사이트와 같은 전자 커뮤니케이션 형태로 사용자가 정보와 아이디어, 개인 메시지, 영상 등 콘텐츠를 공유하기 위해 생성한 온라인 커뮤니티"라고 정의한다. 브라이언 솔리스의 정의에 따르면 "사람들이 뉴스, 정보 및 콘텐츠를 발견하고 읽고 공유하는 방법이 모놀로그에서 다이얼로그로, 일 대 다에서 다 대 다의 형태로 변화하는 것으로서 융합"이다(Pavlik & McIntosh, 2015 참조).

위와 같은 정의를 살펴보면, 가장 큰 공통점은 사람들이 네트워크를 이용해 그들이 생산하는 콘텐츠가 상호작용적으로 공유된다는 것이다. 여기에 들어가는 필수요소는 기술, 사회적 상호작용 그리고 정보의 공유로 정리된다. 그 규모와 기능 모두가 과거보다 증진된 형태로서 소셜미디어는 매스 커뮤니케이션과 대인 커뮤니케이션이 합쳐진 전형적 미디어라 할 수 있다.

이 책에서는 소셜미디어를 가장 보편적이고 광범위하게 정의한 튜턴과 솔로몬(Tuten & Solomon, 2015)을 따라 "소셜미디어란 기술적 역량과 이동성에 의해 향상된 방식으로 서로 연결되어 상호의존적인 인간, 커뮤니티 및 조직 네트워크 간의 커뮤니케이션, 운반, 협력 및 배양을 위한 온라인 수단을 말한다"(p.4)라고 정의하고자 한다.

2. 소셜미디어의 유형별 발전과정

소셜미디어의 유형은 크게 커뮤니케이션 모델, 협업 모델, 콘텐츠 공유 모델 및 엔터테인먼트 모델로 구분해 볼 수 있다(최민재·양승찬, 2009, 22쪽). 이는 소셜미디어로 무엇을 하며 무엇을 목적으로 하는가를 기준으로 구분한 것이다. '커뮤니케이션 모델'의 대표적 사례로는 블로그와 SNS를 들 수 있으며 소통이 주된 목적이라 할 수 있다. '협업 모델'의 대표적 사례로는 위키피디아와 소셜뉴스를 들 수 있으며 많은 사람이 함께 작업함으로써 혼자 이루어낼 수 있는 성과물보다 더 풍부한 성과물이 나오는 경우가 많다. '콘텐츠 공유 모델'의 대표 사례로는 유튜브, 벅스뮤직, 아프리카TV와 같이 누군가가 생산한 콘텐츠를 많은 사람이 공유하기 쉬운 형태이다. '엔터테인먼트 모델'은 사이버공간이나 게임과 같이 연결을 통해 함께 즐기는 것이 목적이다.

소셜미디어는 사람들이 생산하는 콘텐츠의 공유를 돕는다. 그래서 '사람'의 연결을 기반으로 사람들의 '소식'을 공유하는지, 사람들이 만든 '콘텐츠'를 공유하는지 또는 사람들이 가진 '지식'이나 '일상의 경험'을 공유하는지 등에 따라 다양한 유형으로 나눌 수 있다. 물론 사람들과 연결되는 순간 이 모든 콘텐츠를 동시에 공유할 수 있지만 각 유형의 소셜미디어가 발전하는 과정에서 중점을 둔 내용이 조금씩 다르다는 것이다.

또한 공유방식과 범위에서도 소셜미디어의 종류에 따라 차이가 나타난다. 주로 언어적 메시지를 주고받을 것인지, 사진이나 이미지 또는 동영상을 중심으로 주고받을 것인지 또한 이러한 것들을 지인끼리만 주고받을 것인지, 모르는 사람에게도 개방할 것인지 등에서도 각 소셜미디어의 특성이 드러난다. 여기서는 대표적인 소셜미디어들을 주요 공유 내용에 따라 구분한 다음, 이들이 어떻게 발전했으며 그 기능들이 융합되어왔는지를 살펴보려 한다.

1) 소셜뉴스: 소식 공유

소셜뉴스는 2004년 '디그닷컴'에서 시작되었다. 디그닷컴은 먼저 이용자가 좋다고 생각하는 콘텐츠를 올리고 이것을 다른 이용자도 좋다고 생각하면 '파고'(*dig*), 반대로 좋지 않다고 생각하면 '묻는'(*bury*) 방식으로 이루어졌다. 따라서

〈그림 5-1〉 디그닷컴 메인 페이지

출처: 디그닷컴(http://digg.com/).

디그닷컴은 사람들이 올리는 뉴스를 사람들이 평가하는 시스템이라 할 수 있다.

모든 것이 정상적으로 돌아가면 문제가 없지만 디그닷컴의 경우 (다른 소셜미디어와 유사하게) 자기에게 유리한 내용만 파거나 부당한 방식으로 특정 이야기를 띄우는 사례까지 등장하자 신뢰를 상실해 결국은 매각되기에 이르렀다(한상기, 2014). 이러한 사례는 많은 사람이 '파는' 이야기가 반드시 집단지성을 구현하는 데 도움이 되는 것만은 아닐 수도 있다는 점을 깨닫게 해주었다.

소식을 공유하는 소셜뉴스 사이트는 이후 2005년에 등장한 유튜브, 2006년에 탄생한 트위터 등으로 이어진다. 유튜브는 소식이 주로 동영상의 형태로 공유되며 트위터는 주로 140자 이내의 메시지나 링크로 공유된다는 점이 다르지만 양자 모두 언어적, 비언어적 메시지의 형태로 각종 최신 소식을 공유하는 것이 가능하다.

2) 사진과 동영상 공유

예전에 친구들이 모여 앉아 앨범을 들춰보며 이야기꽃을 피우던 장면은 이제 소셜미디어로 옮아갔다. 밴쿠버의 게임회사가 만든 '플리커'(Flickr)의 초기 버전은 여러 사람이 이용하는 채팅방에 사진 공유기능을 포함시킨 형태였다. 그러다가 사진 저장과 공유가 더 우선시되는 형태로 변화했다.

사실 사진과 동영상의 공유는 공유의 내용보다 공유의 형식에 해당하는 분류이기 때문에 이 책에 언급하는 다른 모든 형태의 소셜미디어와 양립할 수 있다. 즉, 소식 공유, 사람 공유, 지식 공유 및 일상경험 공유가 모두 사진 또는 동영상의 형태로 가능하다는 뜻이다. 그러나 사진과 이미지를 올림으로써 소셜미디어를 통해 말 걸기를 시도하면서(김해원·박동숙, 2012) 대화와 사업을 이어가는 소셜미디어에 사람들이 큰 관심을 가져 급성장을 이루었기에 따로 분류를 시도한 것이다.

예컨대, 최근 가장 인기 있는 SNS 중 하나인 '인스타그램'은 모바일 기반의 사진 중심 소셜 네트워크 공간이라 할 수 있다. 더 나아가 현재 명실상부한 SNS의 왕좌 자리를 차지하고 있는 '페이스북'에서도 개인 프로필은 물론이려니와 최근의 공적, 사적인 소식을 알리면서 주로 어떤 사람과 어울리는지를 보여주는 내용 등이 모두 주로 '사진'이라는 수단을 통해 이루어진다. 따라서 면 대 면 소통이 아닌 상황에서도 가장 생동감 있는 모습을 눈으로 직접 보는 것처럼 알리고 공유하려는 인간의 욕구는 사진과 동영상의 공유라는 소셜미디어 양식으로 나타난다.

3) 구인구직: 사람 공유

사람들을 연결해서 유리해질 수 있는 상황 중 가장 대표적인 것이 '사람을 구하는 곳'과 '직장을 구하는 사람'을 연결하는 상황이다. 2003년에 시작된 '링크드인' 서비스는 그 시작부터 전문가끼리 연락하며 함께 일할 사람을 찾을 수 있는 사이트를 목적으로 시작되었다. 그러다 보니 자연스럽게 IT, 금융업 및 소프트웨어 관련 기업의 리크루팅 담당자의 관심이 집중되었고 이를 통해 직장을 구

〈그림 5-2〉
링크드인 메인 페이지

출처: 링크드인(https://www.linkedin.com/about-us?trk=hp-about).

하려는 사람이 몰려들었다. 주요 목적이 구인구직이다 보니 프로필 기능과 '영향력자' 기능이 중요해졌다. 시작된 시기(2003)를 본다면 초기의 성장 속도는 늦었지만 사람의 프로필과 적절한 일자리를 연결하는 데 잘 활용될 수 있는 서비스로 인기를 누리고 있다.

사람과 사람을 연결해주려는 시도는 구인구직을 넘어 '소셜매칭' 또는 '소셜데이팅' 서비스로까지 활용된다. 사람과 사람을 연결해주는 역할을 예전에는 또 다른 사람이 했다면 소셜미디어 시대에는 이 '소셜미디어'를 통해 각자의 필요에 맞는 사람을 구하는 사람끼리 직접 연결을 추구한다. 이러한 현상은 한국뿐만 아니라 다른 나라에서도 광범위하게 이루어진다.

4) 집단지성: 지식 공유

'내가 아는 것'과 '네가 아는 것'을 합하면 둘 중 한 사람이 아는 것보다 더 많아진다. 또 다른 사람이 아는 것을 바탕으로 이 지식을 수정하면 더 정확해지기도 한다. '위키피디아'는 이처럼 보통 사람의 지식을 온라인에 모은다. 전문가가 아니더라도 누구나 위키피디아에 올라온 정보를 수정하거나 첨언할 수 있어 초기

〈그림 5-3〉 위키피디아 메인 페이지

출처: 위키백과(https://goo.gl/QcACKc).

에는 그 신뢰성을 의심받기도 했지만 지금은 대부분 전문 백과사전 못지않은 신뢰감을 얻으며 많은 사람이 애용한다.

소셜미디어를 활용한 지식공유방식으로 토론 게시판과 웹 포럼도 가능하다. 토론 게시판에서는 '동시적 상호작용'은 아닐지라도 거의 시간차가 없는 의견교환 형태로 서로의 생각을 주고받을 수 있다. 더 나아가 웹 포럼은 '인터넷 포럼' 또는 '메시지 보드'라 불리기도 하며 다양한 주제에 관해 사람들이 토론할 수 있는 온라인 공간을 말한다. 셋업을 어떻게 하느냐에 따라 포럼 사용자의 접근수준에 따른 내용노출 정도가 달라질 수 있고 주제별 위계구조로 포럼의 내용을 정리해 나무가 가지를 치는 모양으로 서브포럼을 구성할 수도 있다. 대부분 로그인 없이 포럼의 내용을 읽을 수 있지만 글을 올리기 위해서는 로그인해야 하는 경우도 있고 익명을 허용하는 경우도 있다.

5) SNS: 일상경험 공유

SNS는 소셜미디어 중 특히 대표적인 것으로 소셜미디어와 거의 동의어로 사용하는 사람들까지 있는 현실이다. 사회관계망 서비스는 기본적으로 '사람을 연결해주는' 서비스로서 1995년에 시작된 Classmates.com이 그 효시라 할 수 있다. 데스크톱 컴퓨터의 인터넷 채팅방에서 시작해 지금은 스마트폰으로 모바일화된 서비스를 마음껏 즐기며 세계 모든 사람과의 연결을 자유자재로 실현한다.

SNS가 다른 유형의 소셜미디어와 다른 점은 소셜 네트워크 안에서 이용자의 연결을 보여준다는 점이다. 자신의 소셜 네트워크를 시각화하고 공유할 수 있어 원래 알지 못했던 네트워크 내의 다른 사람과도 쉽게 접촉이 가능한 강력한 도구로 기능한다.

2004년에 하버드대학을 중심으로 시작된 '페이스북'은 대세를 이루며 그 영역과 기능을 점점 더 넓히고 있다. 페이스북은 수신자가 메시지의 내용을 확인하면 사라지는 '스냅챗'(Snapchat)까지 인수하려 시도한 바 있으며, 2013년 12월에는 인스타그램 다이렉트 서비스를 론칭해 모든 메시징을 사진을 기본으로 시작하면서 사용자 간 문자, 비디오, 사진을 편집 후 개별적으로 최대 15명에게 보낼 수 있게 했다. 이미지 시대와 모바일 시대 사람들의 욕구를 놓치지 않고 늘 새롭게 따라잡는 것이다.

한편, SNS가 유저의 신뢰를 얼마나 쉽게 잃을 수 있는지를 잘 보여준 사례로 '마이스페이스'(MySpace)의 흥망성쇠를 들 수 있다. SNS는 사람이 바로 재산이기 때문에 사람을 고려하지 않는 정책은 어떤 서비스든 짧은 시간 내에 내리막길을 걷게 한다. 2003년에 론칭한 마이스페이스는 2006년에 가장 인기 있는 SNS라는 자리에 올랐으나 시장의 변화에 발 빠르게 대처하지 못한 결과 2008년에 페이스북에 자리를 내주게 되었다. 2005년에 무려 5억 8천만 달러에 사 2011년에 불과 3천 5백만 달러에 매각함으로써 큰 손실을 감당해야 했다. 소셜미디어는 사람과 함께하는 미디어이니만큼 시시각각 변화하는 사람들의 시대적 욕구를 읽지 못하면 이내 사라진다.

3. 하나로 연결된 세계

지금까지 편의상 소셜미디어를 유형별로 나누어 그 발전과정을 간단히 살펴보았지만 소셜미디어 본연의 특성상 그 유형을 엄격히 구분하기는 어렵다. 소셜미디어 기술과 서비스의 형태에 수많은 융합이 가능하기 때문에 이용자가 어떤 방식으로 활용하느냐에 따라 공유의 형태와 내용 등이 매우 다양한 방식으로 발현될 수 있다. 소셜뉴스도 사소한 일상생활을 공유하는 데 사용할 수 있고 사적인 SNS도 상업적으로 활용할 수 있다. 사진과 동영상의 공유 서비스를 자기 자신이나 회사가 만든 제품의 홍보 또는 선거에 활용할 수도 있고 강연이나 다양한 사회적 활동(예, 환경보호, 기부유도 등)의 촉구에 응용할 수도 있다.

소셜미디어의 발전으로 우리 사회에 일어난 가장 큰 변화는 전 세계 사람이 하나의 네트워크로 연결되었다는 것이다. 이로 인해 사적 활동과 공적 활동이 모두 '사람의 네트워크'를 기반으로, 그것도 순식간에 대규모로 이루어질 수 있는 상호작용을 통해 진행되는 비율이 높아졌다. 사업이든 사교든 이제 소셜미디어 없이는 진행되기 어렵고 이러한 과정에서 20세기까지 중요하게 작용했던 거의 모든 영역의 '경계'가 허물어지기 시작했다. 국가 간의 경계, 사업 간의 경계, 사적 공간과 공적 공간의 경계, 생산자와 소비자의 경계 등 우리가 상상할 수 있는 거의 대부분의 경계가 점차 희미해지고 이제 무엇인가를 만들어내는 사람과 그것을 필요로 하는 사람이 모든 경계를 뛰어넘어 '직접' 손쉽게 연결할 수 있게 되었다.

그래서 '사회적 자본'이 더욱 중요해졌다. 얼마나 많은 사람과 얼마나 진지하게 연결되느냐가 수많은 개인적, 사회적 활동의 질을 결정하는 데 큰 영향을 주었다. 소셜미디어 시대에 '신뢰'가 더욱 중요해지는 이유는 바로 이 때문이다. 연결된 수많은 사람 중 신뢰할 수 있다고 생각되는 사람과의 네트워크가 더욱 활성화되고 이를 기반으로 둔 활동이 더욱 번창하는 것이다.

1. 소셜미디어의 특성

1) 대화형 소통

소셜미디어의 가장 큰 특성은 그 방식이 '대화형 소통'이라는 데 있다. 즉, 예전의 모놀로그 방식에서 다이얼로그 방식으로, 일방향에서 쌍방향으로, 더 나아가 '일 대 다' 소통에서 '다 대 다' 소통으로의 변화를 함께 일컫는 특성이다(Pavlik & McIntosh, 2015). 인터넷 이전에도 서로 이야기할 수 있는 수단은 있었지만 서로의 생각을 대규모로 공유하는 수단에는 제한이 있었다. 즉, 청중도 제한되었고 반응을 보내는 데에도 비용과 시간이 많이 소요되었다.

그러나 요즘은 인기 있는 TV 프로그램의 시청자가 소셜미디어를 통해 프로그램의 등장인물이나 내용에 관해 토론하며 서로 커뮤니케이션한다. 시청자 게시판은 물론이려니와 페이스북이나 트위터 등을 통해서도 특정 프로그램이나 출연진에 관해 자연스럽게 논평을 주고받는다. 더 나아가, 유튜브에 올라오는 동영상 콘텐츠도 수많은 사람이 보고 이야기하며 주류 미디어까지도 이를 이어받아 다루며 공중의 관심과 토론이 증폭되기도 한다. 이제는 전통적 대중매체가 개입되지 않아도 훨씬 더 많은 수의 공중이 짧은 시간 내에 콘텐츠의 영향을 받는 시대이다.

뉴욕대학의 셔키(Clay Shirky)의 표현에 따르면, 전통미디어는 "거른 후에 내보내는"(filter, then publish) 모델인 반면, 소셜미디어는 "내보낸 후에 거르는"(publish, then filter) 모델이다(Pavlik & McIntosh, 2015). 예전에는 정보의 유통 과정에서 저널리스트가 게이트 키퍼(*gate keeper*) 역할을 함으로써 정보를 통제했다면 소셜미디어에서는 대중이 직접 광범위한 정보와 연결됨으로써 사회관계망의 결합을 통해 관련정보를 찾아내고, 시스템을 평가하고, 온라인 토론을 이어간다. 이런 과정에서는 정보의 흐름을 인위적으로 막는 것이 거의 불가능하다.

그렇다고 전통미디어의 역할이 완전히 사라진 것은 아니다. 전통미디어는 소셜미디어 사이트보다 대체로 더 큰 청중을 가지고 더 조직화되었기 때문에 그 영향력은 여전하다.

2) 참여적 생산

소셜미디어의 두 번째 특성은 연결된 사람이 참여해 생산해낸다는 데 있다. 이와 같은 소셜미디어의 협력적 측면은 20세기에 사용되던 비즈니스 모델을 위협하기도 한다. 디지털미디어와 인터넷이 미디어 콘텐츠를 창조하고 널리 유통시키는 데 드는 비용을 크게 감소시키기 때문이다.

협력적이며 참여적인 미디어 활동으로 인해 '무료 개방형 자원 소프트웨어'(Free and open-source software) 운동이 발생하기도 한다(Pavlik & McIntosh, 2015). 이는 전형적인 이익추구형 비즈니스 모델과 대조적이다. 예를 들어, '위키피디아'의 경우 누구나 수정에 참여함으로써 콘텐츠를 향상시킬 수 있다. 인간행동에 대한 상식적 이론에 따르면, 다른 사람에게만 이익이 되는 일을 열심히 하려는 사람은 거의 없을 것이다. 그러나 상당히 많은 프로그래머와 엔지니어가 정보와 지식을 무상으로 공유하기에 인터넷이 존재하는 것도 사실이다. 바로 이 부분에서 개방형 자원 모델이 작동한다.

개방형 자원 모델은 소프트웨어에서뿐만 아니라 엔터테인먼트, 저널리즘, 광고, 홍보 등에서도 다각적으로 실현된다. 대규모 프로젝트를 작은 요소로 나누어 사람들이 본인의 선택에 따라 쉽게 기여할 수 있도록 하는 방식(예, 위키피디아)

또는 크라우드펀딩 사이트(예, Kickstarter) 등이 대표적 사례라 할 수 있다.

3) 선택과 거르기(큐레이션)

소셜미디어의 특성 중 '선택'이 중요한 비중을 차지하는 이유는 미디어 스타일과 장르에 예전보다 훨씬 더 많은 옵션이 존재하기 때문이다. 미디어 이용자는 검색엔진, 친구추천 등을 통해 자기가 원하는 콘텐츠를 찾는 데 매우 적극적이다. 그러나 옵션이 많다고 하여 반드시 높은 질을 보장하지는 않으며 더욱 많은 미디어 유형과 채널이 청중의 주목을 끌기 위해 경쟁하는 가운데 미처 일정 수준의 질이 확보되지 못한 상태에서 떠오르는 경우도 많다.

'거르기'(큐레이션) 과정도 소셜미디어의 특성 중 하나로서 일종의 '안목'이 필요하다고 할 수 있다. 수많은 옵션 중 좋아하는 미디어 콘텐츠를 어떻게 찾을 것인가? 예전에는 미디어 전문가나 도서전문가, 큐레이터 등이 좋은 콘텐츠를 걸러주는 경우가 많았다. 이러한 게이트 키핑(*gate keeping*) 모델에서 요즘은 게이트 워칭(*gate watching*) 모델로 변화했다고 이야기하기도 한다. 즉, 사람들이 스스로 거르고 분류하고 리뷰하는 시대가 온 것이다.

> **거르기(큐레이션)**
> 미술계에 어원을 둔 용어인 '큐레이션'은 일반화되어, 정제/선별/배열하는 과정을 통칭하는 말로 여러 분야에서 사용한다. 다시 말해, 모든 것을 단순히 모아놓는 형태와 대비되는 것으로 콘텐츠의 장점에 근거해 여러 기준으로 거르고 우선순위를 달리하는 과정을 말한다. 빅데이터 시대에 큐레이션은 핵심적인 정보를 제공하고 신속한 의사결정에 도움을 준다. 최근 디지털 온라인 환경에서 전문가가 참여하는 인적 큐레이션이나 다양한 통계와 분석 이론 등을 바탕으로 시스템화된 큐레이션 등이 활발히 발달하며 그 형태 및 적용 분야도 다양해진다. 최근 SNS 환경과 결합해 '소셜 큐레이션'이라는 서비스가 나타났다.

예를 들어, 태깅(*tagging*)을 이용해 검색 가능한 키워드 사용의 효율을 높이며 유저가 만들어낸 태그들의 집합으로서 정보에 대한 데이터의 데이터인 '메타데이터'를 제공하는 대중용어집(Folksonomies)도 등장했다. '레딧'(Reddit)을 사례로 들어본다면, 사이트에 올라온 스토리에 대해 유저가 긍정 또는 부정 투표를 함으로써 긍정 표를 가장 많이 얻은 글이 맨 앞 페이지로 가서 눈에 띄도록 한다. 바로 이 과정이 대표적인 큐레이션 활동이라 할 수 있다. 이렇게 함으로써 해당 사이트가 해당 주제와 더욱 관련성 높은 양질의 글로 채워질 확률이 높아진다.

이처럼 온라인 환경이 소셜미디어 공간에 기여하는 방식을 큐레이션 양식으로 바꿈으로써 장점뿐만 아니라 단점 찾기도 더 쉬워졌다. 사람들이 선택해주지 않는 글은 자연스럽게 사라지며 어떤 대상이나 콘텐츠에 대한 부정적 평가도 많은 사람이 선택할 경우 '대세'로 자리매김할 수 있다.

4) 창조와 협력

소셜미디어는 인간에게 '창조'와 더불어 자연스럽게 '협력'할 수 있는 장을 마련해준다는 특성을 지닌다. 디지털미디어 도구가 콘텐츠 창조를 촉진시켜 유저가 생산하는 미디어 콘텐츠를 더욱 증가시킨다. 즉, 적은 비용, 빠른 속도로 콘텐츠를 창조한다. 콘텐츠를 대중에게 싸고 쉽게 유통할 수 있으면서 상호작용까지 가능한 소셜미디어의 구조는 매스 커뮤니케이션을 전반적으로 변형시킨다.

쉽게 창조가 가능한 소셜미디어의 구조 속에서 이제 누구나 예술작품을 생산할 수 있게 되었다. 그러다 보니 수준이 높지 않은 아마추어의 작품도 많지만 전통미디어 시대보다 풀(*pool*)이 커졌기 때문에 그만큼 다양한 작품을 접할 수 있다. 그러나 이러한 과정에서 지적 재산권 문제가 중요한 이슈 중 하나로 떠올랐다. 이 지적 재산권 문제를 디지털시대의 큰 도전으로 받아들인다. 온라인상의 콘텐츠는 무료라는 습관화된 생각이 문제를 야기한다. 한편으로는 지적 재산권법 적용으로 공공영역에서 창조적 작품을 거두어들이는 역효과가 발생할 가능성도 있다.

소셜미디어에서 가장 놀라운 사실은 개인의 금전적 소득이 없이 순수한 선의로 기꺼이 '협력'한다는 사실이다. 소셜미디어가 많은 사람을 연결하는 네트워크의 속성을 지녀 '사람을 모으는' 것이 어떤 식으로든 이점이 있다면 그런 방향으로 협력이 이루어진다. 정치나 사회운동 영역에서 사람을 조직화하는 데도 이런 과정이 작동하며(예, 오바마 선거), 비슷한 취미를 가진 사람이 서로 만나 상호작용하고 토론하려는 욕구가 예전의 온라인 커뮤니티에서도 있었지만 이 중 상당수가 소셜미디어의 전신으로서 아직도 진화하는 중이다.

2. 소셜미디어 심리

1) 상호작용적 이용: 댓글 문화, 댓글 심리

소셜미디어의 '소셜'한 특성이란 상호연결을 기반으로 둔 상호작용성을 뜻한다. 예전처럼 한 전달자가 메시지를 일방적으로 전달하고 다른 수용자가 그 메시지를 받는 데 그치는 것이 아니라, 어떤 콘텐츠에 대해서든 즉각적으로 반응을 보일 수 있는 것이 소셜미디어다.

즉각적 상호작용과 함께 비동시적 댓글달기도 상호작용적으로 반응하는 것이며 이 또한 소셜한 특성에 해당한다. 댓글 참여로 인해 대부분의 인터넷 사이트가 '소셜화'되었다고 할 수 있다. 특히, 모바일 인터넷으로 소셜화한 현 상태에서는 즉각적 댓글 참여가 더욱 쉬워졌다.

댓글 참여의 경우, 글쓴이와 읽는 이가 동시적으로 대화하는 것은 아니지만 어떤 글이든 그것을 읽자마자 떠오르는 감정과 생각을 바로 표현할 수 있는 것이 댓글이기에 표현의 카타르시스를 경험하는 기회가 되기도 한다. 다만, 깊은 생각을 거치지 않은 즉각적 감정표현이 표현하는 개인에게는 카타르시스를 줄 수 있으나, 사회 전체적으로는 '감정의 전염'을 빠른 속도로 전파하는 기능을 지닌다.

또한 본인의 글에 대한 댓글을 글쓴이가 다시 읽게 됨으로써 비동시적 상호작용이 완결되는 구조에서는 당장 눈앞에 글쓴이가 보이지 않기 때문에 그에 대한 댓글 작성 시 감정이 실린 더욱 심한 말로 표현할 수 있어 보이지 않는 상호작용 안에서 마음의 상처를 줄 가능성이 커진다. 물론 악플이 아닌 선플의 경우는 글쓴이에게 위로와 용기를 주기도 한다.

결국 쉽게 연결되어 생각과 감정을 쉽게 공유할 수 있는 소셜미디어의 구조에서는 긍정적 측면이든 부정적 측면이든 공유와 전파가 빠르다. 따라서 이러한 구조를 잘 이해하고 소셜미디어가 긍정적 영향을 가질 수 있는 방향으로 '한 번 더 생각하고 이용하기'를 실천한다면 미디어 본연의 장점을 더욱 살릴 수 있을 것이다.

2) 끼리끼리 강화

소셜미디어는 기본적으로 모든 사람과 쉽게 연결할 수 있는 도구이다(Standage, 2013). 그러나 사람은 자기 생각에 동의해주는 사람들을 더 좋아하며 그런 사람과 더욱 많이 연결되어 많은 시간을 함께 보내는 경향이 있다. 오프라인 교류에서뿐만 아니라 소셜미디어를 통한 온라인 교류에서도 이러한 현상이 이어진다. 동질적 정보에 노출될 확률이 높은 구조에서 유의해야 할 사항은 의도적으로 '나와 다른' 사람 또는 '내 의견과 다른' 의견을 찾아보지 않으면 마치 주변에 자기 생각과 같은 사람만 있는 듯한 착각을 할 수 있다는 점이다. 즉, 현실과 다른 세상을 인식하는 것이다.

따라서 소셜미디어가 연결해주는 사람과 의견이 지나치게 동질적이지 않은지를 늘 염두에 두고 다양성이 손상되지 않도록 조심해야 한다. 끼리끼리 커뮤니케이션이 해당 집단 내의 응집력을 높인다는 점에서 장점이 있지만 자칫 잘못할 경우 사회 전체의 커뮤니케이션 통로가 막힌 채 각 이익집단별로 따로 각자의 이익만을 추구하는 모래알 사회가 될 수도 있기 때문에, '우리와 다른' 사람, '우리와 다른' 의견에 의도적으로 주의를 기울여야 한다.

소셜미디어의 확장과 응용

소셜미디어의 확장으로 인해 사람을 연결해서 할 수 있는 모든 일이 융합된다. 구인구직, 자금 연결, 기사작성자와 독자 연결, 집을 비우는 사람과 숙소를 구하는 사람 연결, 자동차를 쓰지 않는 사람과 자동차를 쓰려는 사람 연결, 결혼 상대자 연결 등, 이쪽 사람과 저쪽 사람이 서로 원하는 것이 요철처럼 들어맞으면 소셜미디어는 환상적인 사업 아이템을 창출해 낸다.

1. 소셜미디어 마케팅

빠르고 광범위한 사람들의 네트워크는 상품의 광고와 홍보에 매우 유용하다. 소셜미디어를 이용한 기업의 마케팅이 활발한 이유도 이 때문이다. 마케팅은 소비자, 고객, 파트너 및 사회 전반에 가치가 있다고 생각되는 내용을 창조, 소통, 전달 및 교환하는 과정과 활동을 말한다. 이를 성취하기 위해서는 흔히 제품

〈그림 5-4〉

출처: 픽사베이(https://goo.gl/zgkIR2).

(*product*), 가격(*price*), 프로모션(*promotion*), 장소(*place*)를 뜻하는 4P가 필요하다고 한다. 그런데 소셜미디어의 발전으로 다섯 번째 P가 등장하기에 이르렀다. 이것은 바로 '참여'(*participation*)이다. 이러한 맥락에서 '소셜미디어 마케팅'을 정의하면 "소셜미디어 마케팅이란 조직의 주식 소유자에게 가치가 있는 내용을 창조, 소통, 전달 및 교환하는 데 소셜미디어의 기술, 채널 및 소프트웨어를 이용하는 것이다"(Tuten & Solomon, 2015, p.21)라 할 수 있다.

소셜미디어는 소비자로 하여금 제품과 서비스에 대해 더 많은 이야기를 하도록 만든다. 그래서 전통미디어 시대에는 '구전'(*word-of-mouth*) 마케팅에 해당하던 내용이 소셜미디어를 통해 더욱 광범위하게 빠른 속도로 이루어졌다. 입에서 입으로 전해지는 소문, 사람의 손끝을 통해 SNS를 타고 퍼지는 평판이 그 어느 시대보다 더 중요해진다. 이러한 과정에서 사람들의 신뢰를 얻는 것, 사회적 자본이 매우 큰 비중을 차지하게 되었다. 이것을 '평판자본'이라고도 부른다(Tuten & Solomon, 2015, p.124).

요즘 기업은 소비자의 행동 일거수일투족을 추적할 수 있다. 미디어와 상호작

사회적 자본

1990년대 등장한 사회적 자본이라는 개념은 여러 분야에서 다양하게 연구되었다. 최근에는 새로운 형태의 자원으로 각광받으며 비가시적 특성으로 인해 다양한 정의가 내려진다. 기본적으로 사회적 자본은 개인이 어려움에 부딪쳤을 때 믿고 기꺼이 도와줄 타인의 규모가 어느 정도 되는지에 따라 결정된다. 퍼트남(Putnam, 1993)은 사회적 자본을 사회공동체 구성원 사이의 협조나 협동을 가능하게 해주는 사회 네트워크나 규범, 신뢰를 말한다고 정의하고, 연구를 통해 사회 네트워크, 규범, 신뢰가 높아지면 협조나 협동이 높아진다는 것을 밝힌 바 있다. 개인이 속한 집단 내의 타인을 기준으로 한 '결속자본'(*bonding*), 개인이 속한 집단 밖의 타인을 기준으로 한 '연계자본'(*bridging*)으로 구분된다.

용하는 동안 무엇을 보고 무엇을 하는지 훤히 꿰뚫는다. 이를 바탕으로 새로운 빅데이터 사업이 만들어지기도 한다. 조금 깊이 들어가 보면, 월 2백만 페이지 뷰가 있는 사이트도 1%만이 배너광고를 클릭하며 클릭자 중 극소수가 구매행위를 한다. 기업이 소셜미디어를 통해 내보내는 광고나 홍보와 같은 콘텐츠를 소비하는 대중을 더 잘 관찰할 수는 있지만 불행히도 이러한 미디어 콘텐츠의 소비가 해당 제품의 구매행위까지 이어지는 경우는 많지 않다. 그 원인 중 하나는 요즘의 소셜미디어 환경에서는 소비자끼리 이야기할 수 있고 자신이 스스로 미디어 콘텐츠를 생산할 수 있기 때문이다. 이들이 실제로 광고주에게 도움을 주고자 파워블로거를 활용하기도 하지만 이미 소비자는 기업의 파워블로거 활용과정까지 파악한다.

소셜미디어 마케팅 영역에서는 온라인 결제서비스의 발전도 눈에 띈다. 2006년 트위터의 공동창업자이자 2009년 스퀘어의 창업자인 도시(Jack Dorsey)는 복잡한 문제에 대한 간단한 해결책을 제시한 전략가이자 디자이너이며 기술자이다. 스퀘어는 온라인 결제서비스 기업으로 신용카드 결제단말기 설치 없이 스마트폰으로 결제 가능한 시스템을 구축했다. 그 배경을 살펴보면, 한 친구가 신용카드 거래비용을 증명할 수 없어 2천 달러를 잃었을 때 작은 자기카드 리더를 만들어 아이폰과 아이패드에 꽂는 방법을 생각해냈는데 이것이 스퀘어의 바탕이 되었다. 이처럼 소셜미디어를 통해 더욱 효율적인 사업거래까지 가능해지며 기업은 소셜미디어를 사업확장과 광고 및 홍보에 널리 활용하는 데 앞다투어 전략적으로 나서고 있다.

2. 소셜미디어와 정치

정치에도 '사람 모으기'가 필요하기 때문에 소셜미디어가 많이 활용된다. 이러한 사실은 어느 나라를 불문하고 통용된다. 오바마가 당선되는 데 소셜미디어가 큰 역할을 했다는 점은 아무도 부정하지 않는다. 실제로 시대가 변화할 때마다 떠오르는 미디어를 누가 잘 활용하느냐에 따라 선거의 승패가 달라졌다. TV 시대에는 닉슨보다는 케네디가 더 잘 적응했고 인터넷 시대가 도래하자 이회창 후보보다 노무현 후보가 더 발 빠르게 도입, 활용했다. 지금 소셜미디어 시대에는 국내외의 여당, 야당 모두 각종 소셜미디어를 통한 유권자 마음 잡기에 총력을 기울인다.

소셜미디어는 '사람의 힘 모으기'가 쉬운 수단이다(나은영, 2012). 따라서 '어떤 사람'이 '어떤 힘'을 모으느냐에 따라 사람을 살리는 칼이 되기도 하고 죽이는 칼이 되기도 한다. 어떤 면에서는 소셜미디어의 발전으로 인해 사람들끼리 서로 '이용하려는' 경향이 극대화되기도 하다. 사람이 애정과 공감의 대상이 아니라 본인의 이익을 위한 수단이 됨은, 더욱이 사람이 생산해낸 언어적·비언어적 콘텐츠 자체가 '빅데이터'화되어 각자의 이익을 극대화하는 데 이용대상이 됨은 과연 인간에게 타인이 무엇을 위해 존재하는지 한번쯤 생각해볼 숙제를 던져준다. 왜 사람은 서로를 '이용하려' 하는 것일까. 소셜미디어는 이처럼 '타인을 가장 잘 이용하는 수단'을 제공하는 도구일까. 이것은 과연 어느 선까지 바람직하다고 할 수 있을까.

소셜미디어의 변화와 미래

1. 개방형 SNS와 폐쇄형 SNS

소셜미디어의 초기에는 사람들이 개방형 SNS에 매료되었다. 손쉽게 친구의 폭을 넓혀갈 수 있었고 원래 몰랐던 사람도 친구의 SNS를 징검다리 삼아 같은 관심사를 가진 사람을 계속 연결하고 또 연결해나갈 수 있었다. 그러다가 지나치게 개방적인 SNS에 부담을 느끼기 시작했다. 나도 모르는 사이에 내 계정을 전혀 모르는 사람이 방문하거나 나의 과거 검색행적을 발판 삼아 '이런 것도 구매하지 않겠느냐' 혹은 '이런 사람도 알지 않느냐'며 계속적인 연결의 확장을 권유하는 알고리즘에 당혹해 하는 경우도 생겨나기 시작했다.

더 나아가, 너무나 많은 사람과 연결되었으나 그중에서 정작 중요한 속마음을 터놓을 수 있는 사람은 과연 누구이며 몇 명이나 될까 하는 의구심에 본질적인 허전함을 느끼기 시작했다. 중요한 사안을 허심탄회하게 의논할 수 있는 소수와의 깊은 대화는 SNS라는 도구에 의존하기에 뭔가 적절치 않다는 느낌을 주기도 했다. 너무나 많은 사람과 너무나 많은 것을 공유하다 보니, 개인이 소중하게 '지키고 싶은' 것이 무차별적으로 노출된다는 느낌을 받기도 했다. 그래서 점차 초기의 개방형 SNS에서 어느 정도 폐쇄적인 '우리만의 SNS 공간'을 선호하게 되었다. 용도에 따라 개방형과 폐쇄형 SNS가 달리 이용되는 경우도 많아졌다.

그렇다면 과연 미래에는 소셜미디어가 어떻게 변화할 것인가? 사람들은 어떤 형태의 미디어로 어떤 방식으로 소통하고 싶어 할 것인가? 여기서는 그 다양한 변화의 가능성 중에서 두 가지만 살펴보려 한다. 소셜미디어는 우리를 더 '소셜하게' 만드는지 그리고 더 '현명하게' 만드는지에 관한 것이다.

1) 소셜미디어는 우리를 더 소셜하게 만드는가

원래부터 소셜했던 개인 옆에 미디어가 갖춰짐으로써 완성된 소셜미디어는 과연 우리를 더욱 소셜하게 만드는 것일까? 소셜미디어상의 '친구'와 대면하거나 직접 대화한 적이 없는 경우에도 '친구'라고 부를 수 있을까?

MIT의 터클(Sherry Turkle) 교수는 저서 *Alone Together*(2011)에서 현재의 소셜미디어 환경이 인간에게 주는 영향력에 관해 중요한 통찰을 제시한다. 현재와 같은 항시연결, 과잉연결 상태는 "더 많이 연결되고 더 많이 커뮤니케이션한다"는 일종의 착시일 수 있다는 것이다. 실제로는 감정적으로 더 게을러지고 관계를 쉽게 차단할 수 있어 진정 깊은 관계로 이어지기 어려울 수 있다. 예컨대, 자녀의 현 상태를 모바일폰 텍스트 메시지로 계속 확인한다면 함께인 듯하지만 감정이 공유되지 못하는 부모의 해로운 '사회적 신호'일 수 있다. 얼굴을 마주 보며 한마디라도 진심이 담긴 이야기를 주고받을 때 더 깊은 공감이 이루어지기 때문이다.

한 사례로, 어떤 회사의 CEO가 1주 동안 모든 내부 이메일을 금지하고 사람들이 대면하거나 전화로 이야기하게 했더니 큰 프로젝트에 더 집중할 수 있었다고 한다. 우리가 소셜미디어를 통해 주고받는 언어적, 비언어적 메시지가 얼마나 진지한 내용인지, 가식적이거나 더 잘 보이려는 점은 없는지, 편집과정 없이 얼마나 진실 그대로를 담는지 한번 분석해봐야 한다. 수많은 사람의 링크로 둘러싸여 있고 그 링크 사이로 수많은 글, 이미지, 동영상 등이 떠다니지만 사람과 사람의 진정한 마음을 얼마나 잘 이어주는지 한번쯤 생각해본다면, 연결의 극대화보다 공감의 극대화가 더 중요하다는 사실을 깨달을 수 있다.

2) 소셜미디어는 우리를 더 현명하게 만드는가

두 번째 물음은 소셜미디어가 과연 우리를 더 현명하게, 더 똑똑하게 만드는가하는 점이다. 앞서 이야기했듯, '너와 나의 생각을 합하면' 너 또는 나 한 사람의 지식보다 더 많고 정확한 지식에 근접한다. 그런데 여기서 한발 더 나아가 생각하면, 우리는 언제든 온라인에서 지식을 찾을 수 있기에 애써 기억하려 하지 않는 경향이 있다. 언젠가 모 회사의 제품광고에 '기록이 기억을 지배한다'는 카피가 있었다. 우리는 늘 기록해두기 때문에 머릿속에 애써 기억하지 않는다. 기록해둔 것을 보면 되기 때문이다. 이러한 습관이 장기적으로 지속될 때 과연 인간의 기억력과 지식과 사고방식에 어떤 영향을 주게 될 것인가?

소셜미디어가 지식과 사고방식에 주는 영향에 관해 연구한 학자도 있다. 에모리대학의 바우어라인(Mark Bauerlein) 교수는 *The Dumbest Generation*(2008)이라는 책에서 미국의 10대와 초기 성인의 지적 호기심이 부족해졌다는 사실을 염려한다. 무엇이든 PC나 스마트폰을 통해 인터넷에 물어보면 답이 척척 나오기 때문에 굳이 지식을 머릿속에 체계적으로 담지 않아도 무방한 것이다. 우리가 머리로 생각하고 체계화해야 할 사항을 늘 들고 다니는 스마트폰이 대신하니 언젠가 스마트폰보다 더 멍청해지지 않으리란 보장이 없는 것이다.

또한 소셜미디어의 '*always-on*'(항상 작동 중, 항상 켜진 상태) 속성으로 인한 변화도 만만치 않다. 늘 소셜미디어와 함께해야 한다는 부담감, 바로바로 대응해야 한다는 피로감 등이 누적되어 '길고 복잡한' 일에 집중하지 못하는 경향이 생긴다. 사소한 일에 더 쉽게 흐트러지고 더 중요한 것을 기억하거나 집중하지 못한다는 것이다. 그러나 소셜미디어를 현명하게 사용하지 못함으로 인해 발생하는 단점 때문에 소셜미디어 자체가 나쁘다고 할 수는 없다. 이는 칼이나 총이 사람을 죽였다고 하여 칼이나 총을 탓할 수 없는 것과 마찬가지다. 소셜미디어는 그만큼 날카로운 칼이며 성능 좋은 총이기에 이용자가 더욱 현명하게 이용해야 한다.

일종의 '소셜미디어 단식' 기간을 가짐으로써 네트워크로부터 일시적으로 독립해 '사색의 시간'을 갖는 것도 좋고, 어떤 정보를 검색했으면 검색한 정보를 바탕으로 자기 나름의 체계화를 시도해보는 것도 좋고, 때로는 온라인 접촉이 아닌 오프라인 접촉으로 아날로그적 대화를 추구하는 것도 좋을 것이다.

2. 소셜미디어의 희망과 염려

1) 프라이버시와 알 권리의 균형

소셜미디어를 통한 연결 극대화의 이점은 분명히 있다. 특히, '알 권리'가 크게 확대되었다는 점은 고무적이다. 그러나 이렇게 많은 것을 알게 된 시대에 우리가 아는 사실 중 과연 어느 정도가 순수한 사실이며 어느 정도가 홍보나 선택적 자기제시를 통한 '꾸며진' 또는 '편집된' 사실일까?

어떤 개인의 100% 삶 중에서 긍정적 부분과 부정적 부분이 각각 50%씩이라 할 때 과연 자신의 페이스북에 긍정적 사실과 부정적 사실을 현실과 같은 비중으로 올리는 사람이 몇 명이나 될까? 대부분 긍정적 사실만을 소셜미디어에 올린다. 개인적으로 이용할 때도 그렇고 회사의 제품을 알리기 위해 이용할 때는 더욱 그렇다.

그런데 그처럼 긍정 편파적인 친구의 페이스북 정보를 보는 누군가는 자신과 비교하며 스스로 불행해 할 수 있다. 누가 그를 불행하게 했는가? 소셜미디어인가, 그 친구인가?

이처럼 '알 권리' 내의 '알게 된 사실'의 진정성 문제와 함께, 다른 사람의 모든 것을 아는 것이 개인의 '프라이버시'를 지키는 문제와 상충된다는 점도 중요하다. 소셜미디어 시대에는 우리의 삶 자체가 '공적'(*public*)이라 할 수도 있다. 사적 내용과 사진 등을 포스팅하면서 이미 사적 영역이 사라진다. 고용주 측에서도 구직자의 구글활동과 SNS 프로필 등을 찾아보는 사례가 많아지고, 페이스북에서도 사용자의 프라이버시를 침해하는 정책과 관련된 이슈로 종종 곤란해질 때가 많다.

이용자의 온라인 행동을 추적함으로써 그 이용자가 선호하는 콘텐츠를 쉽게 권할 수도 있지만 이것이 곧 프라이버시를 침해하는 행동이 아닌가! '나는 네가 어떤 영화들을 검색했고 그중 무엇을 보았는지 알고 있다. 그와 유사한 영화가 여기에 있으니 한번 보지 않겠니?' 하고 권하는 소셜미디어는 본질적으로 프라이버시를 침해하는 알고리즘을 가졌다고도 볼 수 있다. 심지어 사진과 동영상을 쉽게 찍어 공유할 수 있는 상태에서 프라이버시 침해 문제로 자살하는 사례까지 발생하니 '알 권리'와 '프라이버시' 문제의 균형은 소셜미디어의 발전과 함께 풀어야 할 필수 과제라 할 수 있다.

2) 더 넓은 플랫폼 제공으로 인한 변화

인간 사회에 원래 존재하던 문제가 소셜미디어라는 더욱 편리하고 넓은 플랫폼 제공으로 인해 강화되는 현상도 나타난다. 예를 들면, 따돌림(현실에서나 사이버공간에서나)은 새로운 문제도 아니며 소셜미디어로 인해 그 빈도가 증가했다는 증거도 없다. 그러나 소셜미디어라는 도구는 따돌림을 더 많은 사람이 알도록 만들며, 익명성을 바탕으로 가해자의 억제력을 감소시킴으로써 예전보다 더욱 교묘해지는 양상을 보인다.

예전에 학교 복도에서 전달하던 험한 말이 지금은 소셜 네트워크에서 많은 사람이 볼 수 있는 글로 전달된다. 이로 인해 또 다른 험한 글을 격려하는 셈이 된다. 또한 비밀도 쉽게 공개되어 특정인에 대한 험담이 검증되지 않은 채 떠돌아다니는 일명 '찌라시'가 어른 세대뿐만 아니라 어린 청소년 세대에서까지 문제가 된다.

사진 공유 서비스를 악용해 혐오스러운 사진으로 편집한 상태를 유통시키는 방식으로 불안을 유발하는 유형의 행위도 빈번하다. 소셜미디어가 따돌림의 원인은 아니지만 이것이 더 넓은 플랫폼을 제공하는 것은 사실이다. 미디어와 연결된 사람을 배려하는 리터러시(*literacy*)의 필요성이 더욱 증가하고 있다.

토의

01. 소셜미디어는 앞으로 어떤 모습이 되리라 기대하는가.

02. 소셜미디어를 이용하면서 가장 즐거웠던 순간과 가장 염려되었던 순간은 언제였는가.

03. 소셜미디어를 마케팅과 정치에 활용할 때 '다른 사람을 이용하기 쉽게' 하는 소셜미디어에 과연 도덕적 · 윤리적 문제는 없는가.

2
부
디지털미디어
콘텐츠·산업

영 화 06

영화의 개념과 역사

1. 미디어로서의 영화

영화는 미디어이다. 영화라는 콘텐츠를 제작, 생산하는 주체가 있는 한편 이를 영화 스크린이라는 물리적 공간을 통해 매개하는 미디어 속성을 갖기 때문이다. 영화는 다른 미디어와 마찬가지로 이용자가 선호도에 따라 영화를 선택하고 판단하고 평가한다. 콘텐츠의 생산에서부터 유통, 소비에 이르는 과정 모두가 기존의 미디어와 크게 다르지 않다. 그만큼 영화는 동영상 콘텐츠의 원형적 속성을 가졌다. TV나 인터넷 동영상 서비스도 영화콘텐츠가 변형된 또 다른 모습이기 때문이다. 이는 영화가 인간의 시청각적 감각을 활용하는 미디어이자 콘텐츠라는 특성을 잘 보여준다.

영화는 동영상으로 제작된 필름을 영화관이라는 공간으로 이용이 제한된 유료로 제공되는 미디어 서비스로 정의할 수 있다. 영화가 TV 콘텐츠와 다른 이유는 유료라는 점이다. 유료로 제공되는 만큼 TV에서는 살펴볼 수 없는 독특함이나 특수효과 등이 많이 있다. 이는 제작비 증가로 연계되며 영화제작비는 TV 프로그램 제작비보다 많은 것이 일반적이다. 많은 제작비가 투입된 콘텐츠인 만큼 이를 소비하기 위해서 개인은 적지 않은 비용을 지불해야 한다. 영화는 TV나 인터넷이 아닌 극장이라는 공간에서 유료로 제공되는 사적인 콘텐츠 소비 미디어이다. 그렇지만 영화의 효과는 극장 이용자로만 제한되지 않고 이후 다양한 플랫폼을 통해 유통되면서 폭이 확대되는 특성이 있다.

2. 영화의 역사

영화의 역사는 영화기술의 발전역사와 같다. 영화라는 미디어의 변화는 영화콘텐츠를 제작·유통·소비하는 단계에 투입된 기술의 변화가 반영된 것이다. 영화가 만들어진 초기에는 이미지 중심의 무성영화가 지배적이었다. 이는 음성이나 효과음을 영상에 결합시킬 수 있는 기술적 기반이 없었기 때문이었다. 무성영화는 변사가 움직이는 이미지에 이야기를 포장하는 방식으로 구성되었다. 무성영화라도 극장이라는 공간에서 특정한 콘텐츠를 소비한다는 측면에서 현재의 영화와 크게 다르지 않다.

영화는 점차 영상과 음악, 음성이 결합된 방식으로 진화했다. 인간의 감각을 구성하는 시각과 청각이 결합된 것이다. 특히, 영화 이미지에 포함된 영상언어보다 영상 뒤편에 포함된 영화음악은 독특한 매력이 있는 또 다른 콘텐츠였다. 음악과 영상이 결합된 콘텐츠 소비환경이 조성된 것이다. 영화에서 배경음악이 중요한 역할을 차지하면서 영화음악은 별도의 음악장르로 발전했다.

영화의 배급방식에도 적지 않은 변화가 나타났다. 영화콘텐츠는 제한된 지리적 공간에 위치한 극장에만 배급권을 부여하는 특성이 있었다. 그러나 동시에 다양한 지리적 공간에 포함된 극장에 특정 영화를 동시에 배급하는 와이드 릴리스 방식이라는 배급방식이 도입되었다. 하나의 극장에 하나의 영화를 상영하는 것보다는 여러 극장에서 하나의 영화를 상영하는 것이 상업적으로 수익을 늘리는 데 도움이 될 것이라는 전략적 판단이 반영된 것이다.

와이드 릴리스 방식
블록버스터와 같은 대작 영화의 경우 전국 소재 극장에서 해당 영화를 동시에 개봉하는 방식을 의미한다.

배급방식의 변화는 후속적으로 극장산업의 변화를 야기했다. 하나의 영화를 하나의 극장에서 개봉하는 것이 아니라 여러 영화를 여러 극장에서 다양한 시간대에 개봉하는 멀티플렉스 시스템이 도입된 것이다. 이 시스템은 TV채널과 같이 여러 극장을 연계해 이용자에게 선택권을 제공했다는 특성이 있다. 다채널 시대를 맞아 이용자의 선택권이 중요한 미디어 환경에서 영화가 하나의 영화만으로 영화 소비자를 확보하는 일은 쉽지 않은 일이 되었기 때문이었다.

영화의 역사에서 또 다른 중요 변화는 디지털 전환에 대한 것이다. 영화를 제

〈그림 6-1〉
디지털 영화 카메라

출처: Schlaier-Own work(CC BY 3.0, https://commons.wikimedia.org/w/index.php?curid=12970686).

작하는 카메라에서부터 이를 편집, 특수효과를 포함하는 일, 극장으로 전송하는 작업 등 영화의 생산에서부터 소비에 이르는 대부분의 과정이 디지털로 전환되기 시작했다는 점이다. 이는 아날로그 방식으로 영화를 촬영하고 일일이 후반작업하며 극장으로 영화를 배급했던 기존 시스템이 완전히 바뀌었다는 것을 의미한다.

영화산업 특성

1. 영화산업 및 사업자

영화는 개인이 제작할 수도 있지만 대부분의 상업영화는 영화 전문 제작 및 배급사를 통해 만들어진다. 영화를 만들고 유통시키는 단계에서 영화기업은 다양하게 구분된다. 우리가 일반적으로 논의하는 영화제작사는 영화기획 및 투자를 통해 영화제작을 의뢰받은 영화 전문 제작사를 말한다. 대체적으로 영화제작사는 영화배급사로부터 영화제작을 의뢰받고 영화제작에 소요되는 제작비를 지급받는다. 영화의 상업적 흥행이나 홍보 등의 마케팅은 영화배급사가 담당한다. 영화배급사는 특정 영화에 대한 프로젝트를 기획하는 동시에 영화제작사를 결정하고 영화의 전체적 흥행모델을 기획한다. 동시에 영화극장과의 계약을 통해 영화의 출시일이나 규모 등을 설정할 수 있다. 영화배급사는 영화의 제작, 배급, 상영이라는 3가지 단계에 모두 개입한다.

이외에 영화상영은 극장을 소유·운영하는 기업이 맡게 된다. 국내에는 CGV나 롯데시네마 등이 대표적인 영화상영 기업이다. 이들은 극장을 활용해 영화

이용자에게 특정 영화를 소비할 수 있는 공간을 제공한다. 극장을 소유·운영하는 기업은 영화 총 흥행 매출의 절반 내외의 수익을 확보한다.

한편, 상업적으로 흥행에 성공하는 영화를 만드는 것보다 영화라는 미디어를 활용해 특정 표현이나 의견, 주제 등의 다양성을 제공하는 다양성 영화 또는 독립영화도 살펴볼 수 있다. 이들 영화는 스튜디오 시스템을 통해 흥행 중심으로 영화콘텐츠를 제작하는 방식이 아닌 개별 영화감독이나 제작자의 자유로운 접근방식으로 제작된 영화가 대부분이다. 종종 다양성 영화도 상업적으로 흥행에 성공하기는 하지만 이는 항상 그런 것은 아니다. 따라서 다양성 영화는 영화의 다양성을 확보하고 영화의 중장기적 성장을 이끌 수 있다는 측면에서 정책적으로도 중요성이 있다.

영화는 일반적으로 제작비가 많이 투입되는 상품이다. 영화를 제작하기 위해서는 영화 대본에서부터 각색 등의 창작적 작업을 포함해 TV와 같이 다양한 제작진의 구성, 인기 있는 스타의 섭외 및 출연비용, 제작한 이후의 마케팅이나 홍보 활동비용 등 제작비 규모가 큰 편이다.

다양성 영화의 경우 영화제작비가 비교적 적은 편이지만 이는 상업적 흥행보다는 영화감독의 주제의식이 비중이 있기 때문이다. 따라서 제작비 증가요소를 최소한으로 줄일 수 있다. 반면, 상업적 영화는 최소 흥행마진을 확보하기 위해 많은 제작비가 투입된다. 국내 영화도 평균적으로 20~30억 원대의 비용이 투입될 뿐만 아니라 대작의 경우에는 1백억 원 이상의 제작비가 투입된다. 미국 할리우드에서 대작영화의 기준은 대체로 1억 달러 이상의 제작비가 투입된 영화로 알려졌다. 영화제작에 특수효과를 많이 활용하거나 또는 스타를 캐스팅할 때 이에 투입되는 제작비가 전체 제작비의 절반 이상을 차지할 때도 있다.

영화제작비가 많이 투입되다 보니 이를 파이낸싱하는 방식도 다양하게 발전했다. 일반적으로 영화제작비 투자는 거대 영화배급사가 담당하는 경우가 많다. 배급사가 영화제작의 기획이나 마케팅을 담당하기 때문이다. 또한 또한 영화제작비 1백억 원을 투자해 흥행대박이 나는 경우에는 투자금액의 몇 배에 달하는 수익을 얻을 수도 있다. 이와 같은 거대 제작비용을 충당할 수 있는 주체는 대부분 대기업 중심의 영화기업이 담당하는 경우가 많다. 그러나 대기업 계열 영화배급사의 배급지원을 받지 못하거나 독자적으로 제작비를 충당해야 하는 경우에는 다양한 방식으로 제작비 파이낸싱을 모색해야 한다. 여기에는 영화판권을 담보로 금융기관으로부터 제작비를 대출하거나 일반개인 대상의 사모펀드 운영 또는 온라인을 통해 여러 개인으로부터 직접 후원을 받는 방식 등이 포함될 수 있다.

영화는 TV 콘텐츠와 유사한 영상장르 상품이다. 따라서 영화의 수익은 시간적, 공간적으로 확보 가능한 특성이 있다. 시간적으로는 이용자가 지불하는 비용에 따라 영화 개봉순서를 조절하는 방식을 활용한다. 따라서 가장 먼저 새로운 영화를 접할 수 있는 방식은 극장을 방문하는 것이다. 극장에서만 신작 영화를 개봉하기 때문이다. 극장 상영이 끝난 이후에는 유료방송인 케이블TV나 IPTV, 인터넷 등을 통해 유료로 영화를 상영하고 수익을 창출한다. 다음 시간 단계에서는 지상파방송이나 개별적 영화 개봉을 통해, 이후에는 해외시장에 영화를 공개하고 수익을 확보한다.

이처럼 영화라는 저작권의 시간적 활용을 통해 영화의 수익을 극대화하는 것이 가능하다. 먼저 영화를 보고 싶은 이용자는 많은 비용을 부담하고 극장에서 영화를 관람하는 한편 이후에는 광고 기반 무료방식이나 또는 할인된 가격으로 영화를 소비할 수 있다. 공간적으로도 극장이라는 공간에서부터 개인 집, 모바일 공간, 온라인 공간, 해외 등 다양한 공간에서 영화콘텐츠 접근 및 이용이 가능하다.

2. 영화콘텐츠 제작

영화는 고도의 창작물이며 집합적 산물이다. 반복적으로 영화를 만들어서는 흥행실적을 확보할 수 없기 때문이다. 매번 영화를 기획할 때마다 대중이 선호하는 트렌드와 새로운 이야기 중심으로 영화를 만들어야 하는 이유이다. 게다가 영화제작에는 수십억 원 이상의 거대비용이 투입되는 만큼 위험을 최소화하면서 대중이 극장을 방문하게 될 동기를 부여해야 하는 측면이 있다. 이를 위해서는 영화의 화제성이 중요하다. 인기 있는 스타 배우가 출연했다거나 화제의 스토리를 보여주거나 현실을 바탕으로 공감을 극대화하는 것 등이 모두 영화의 창의적 영역에 포함된다.

영화가 TV와는 다르게 창의적 속성이 강한 이유는 일상성보다는 상상력에 의존하기 때문이다. 현실에서는 상상할 수 없는 다양한 스토리와 영상화면이 만들어진다. 영화 작가와 감독이 만들어낸 상상력의 결실이 바로 현실에서 경험하지 못하는 창의적 스토리 구성으로 연계된다. 영화의 창의성을 강화하기 위해서는 상업적 흥행방식 이외에 작가나 감독의 자유로운 상상력 발현의 공간이 필요하다. 영화는 하루에 일시적으로 만들어지지 않고 작가나 감독의 제작경험이 누적되면서 발현되는 과정이 중요하다. 그만큼 제작진의 창의성을 강화하기 위한 교육이나 공동체 구성이 중요하다.

> **집합적 창의성**
> 영화와 같은 콘텐츠는 한 개인이 창의적으로 콘셉트를 구성해 만드는 것보다 집단으로 시나리오를 창작하거나 아이디어를 구체화하는 집합적 창의성의 산물로 이해하는 추세이다.

영화가 일반 창작물과는 다른 특성 중의 하나는 집합적 창의성의 산물이라는 점이다. 개인의 천재성이나 창의성이 반영되는 개인 예술품과는 다르게 영화는 집단적인 상상력이 결합되어 새로운 결과물을 만들어내는 특성이 있다. 공동 작가의 아이디어 구성에서부터 제작진의 다양한 인적 결합, 연출 및 프로듀싱, 감독 등 다양한 기능적 결합을 통해 개인의 상상력이 집단의 상상력으로 발현되는 특성을 갖는다는 점에서 영화는 조직적 산물이다. 좋은 영화를 만들기 위해서는 영화제작에 참여하는 스태프의 창의성이 잘 결합되고 소통될 수 있는 커뮤니케이션 구조가 필수이다.

기술이 영화에 미치는 영향

기술은 영화에 많은 영향을 끼친다. 특히, 영화제작 분야에서부터 유통과 소비에 이르는 거의 모든 과정에 영향을 미친다. 영화는 영상 및 음성, 특수효과 등이 결합된 상상력의 산물이다. 따라서 이들 시각 및 청각 요소를 구성하는 요인을 만들어내는 기술은 기존에는 없었던 새로움을 만들 수 있다. 다시 말해, 기술을 통해 인간의 감각적 인식을 새롭게 일깨울 수 있다. 가령, 영화 사운드의 경우에도 사후 녹음하던 방식이 제작현장에서 직접 소리를 동조화시키는 동시녹음 방식으로 변화하기도 했다. 게다가 최근에는 돌비 시스템 등을 포함해 소리를 입체적으로 만들기 위한 기술 등이 다양하게 활용된다.

영상분야의 특수효과는 기술변화와 더욱 직접적으로 연계된다. 특히, 3D 영화는 애니메이션 등 상상력이 고도로 요구되는 장르의 중심에서 발전했다. 3D 영화는 제작비용이 많이 투입되기 때문에 제작이 쉽게 이루어지지 않는다. 반면, 2D와 3D 등 다양한 버전을 갖고 매출을 높일 수 있는 바탕이 되기도 한다. 일반적으로 3D 영화는 영화표 가격이 더 비싼 편이다. 입체성과 함께 매출 확대라는 목적을 달성하기 위해 시각적 변화와 실험이 이루어진다. 최근에는 가상현실을 적용한 영화에 대한 실험도 시도되고 있지만 아직까지는 대중화되지 않았다.

영화는 다양한 기술을 활용한 시청각 콘텐츠인 만큼 TV 콘텐츠보다 영화이용자의 몰입도가 높다. 영화업계는 영화이용자의 몰입을 더 높이기 위해 영화제작 기술발전에도 많은 노력을 기울인다. 영화가 단순히 스토리를 시각화한 대중적 콘텐츠가 아니라 가장 첨단의 기술이 집적된 판타지 콘텐츠이기 때문이다.

기술의 변화는 영화의 제작 및 유통에도 직접 영향을 미쳤다. 아날로그 필름 방식으로 제작되던 영화는 이제 디지털 방식으로 제작된다. 영화 화면의 해상도 역시 더욱 높아지는 추세이다. 영화제작이 디지털 방식으로 변화되면서 이를 편집하는 후반작업도 디지털 방식으로 처리된다. 또한 최종 완성된 영화는 기존의 프린트 복사과정 없이 통신회선을 통해 극장으로 직접 전송된다. 비용 및 시간 부담이 컸던 기존의 아날로그 복사방식의 영화필름도 디지털로 저장·편집·전송되는 효율성을 갖게 되었다.

영화의 이용방식에서도 다양성이 확대되었다. 이는 영화 유통이나 소비방식의 변화와도 연계된다. 스마트폰을 통해 영화를 다운로드(*download*)받는 한편 이를 통해 영화를 소비하는 것이 보편화되었다. 공간이나 시간의 제약 없이 VOD 방식으로 영화 소비가 가능해진 것이다. IPTV나 인터넷을 통해서도 영화 VOD 이용이 늘어나는 추세이다. 게다가 미국의 글로벌 미디어기업인 넷플릭스와 같은 OTT서비스 사업자를 통해서는 미국의 영화를 인터넷을 통해 자유롭게 이용할 수 있게 되었다.

이처럼 영화는 제작·유통·소비에 이르는 모든 과정이 기술의 영향을 받는다. 영화를 제작하는 상상력 역시 기술과도 연계된다. 미래의 새로운 사회를 그리는 영화도 적지 않다. 로봇이 인간을 대체한다거나 또는 우주공간을 배경으로 제작된 영화들이 대표적이다. 영화의 상상력은 기술변화의 추세를 반영해 같이 진화하는 듯하다.

영화와 사회적 쟁점

영화는 미디어이자 콘텐츠로서 사회적 영향력이 있다. 영화를 통해 여론이 형성되거나 화제가 되는 경우가 적지 않기 때문이다. 영화의 사회적 효과는 긍정적인 것도 있기도 하지만 부정적인 것도 있다. 가령, 영화의 폭력성이나 선정성 등에 대한 논의는 영화가 가진 부정적 속성을 반영한다. 영화를 불법적으로 다운로드함으로써 나타나는 저작권 침해요소 등도 사회적 쟁점 중의 하나이다. 반면, 영화는 기존 뉴스미디어가 제공하지 못하는 사회적 의제설정 기능을 발휘할 때도 있다. 기존 실화나 역사적 사실을 재해석하거나 관련 쟁점을 집중 조명함으로써 여론의 관심을 끌 때도 적지 않다.

1. 영화의 폭력성 및 선정성

영화는 새로운 기술과 결합될 때마다 선정성이나 폭력성 논쟁과 연계되는 편이다. VR이나 3D 영화 등은 모두 도입 초기에 선정성 논란이 야기되기도 했다. 게다가 지나친 폭력 장면은 청소년에게 미치는 영향이 크기 때문에 적지 않은 규제를 받는 편이다. 이처럼 영화는 표현의 자유와 사회적 책임이라는 두 가지 가치 사이에서 새로운 대안을 모색했다. 대부분의 국가는 영화내용을 직접 검열하기보다는 등급제를 통해 영화 소비를 제한하는 방식을 활용한다. 영화등급제는 영화내용의 선정성이나 폭력성 정도를 감안해 국가별로 적합한 등급을 부여하는 방안이다. 등급을 부여받지 못한 영화콘텐츠는 등급 외 극장에서 상영되거나 또는 등급에 맞지 않는 장면의 표현을 수정해 재심을 받는 방식도 활용한다.

영화등급제는 영화콘텐츠를 자유롭게 제작할 수 있도록 표현의 자유를 보장하는 한편 청소년의 가치를 보호하기 위한 사회적 장치이다. 권위주의 또는 독재적인 정치환경을 가진 국가에서는 영화콘텐츠의 사회, 정치적 효과를 차단하기 위해 검열이라는 장치를 활용했다. 그러나 검열은 대부분의 국가에서 표현의 자유를 억압하는 방식인 만큼 이와 같은 논쟁을 해결하기 위해 영화등급제라는 방식을 활용한다. 영화는 정치적 효과 이외에도 청소년이나 성인에게도 폭력적 또는 선정적 장면 노출로 인해 개인의 정서나 심리에 적지 않은 영향을 미칠 수 있다. 따라서 영화제작자나 창작자의 표현의 자유를 보장하면서도 등급을 통해 영화를 자율규제하는 방식이 보편화된 것이다.

영화등급의 구분이나 기준은 국가마다 다르다. 국가마다 다른 가치가 반영되기 때문이다. 따라서 같은 영화라 할지라도 국가마다 서로 다른 등급을 받는 경우도 있다. 이는 등급제가 가진 영향이 개별 국가로 제한되기 때문이다.

2. 영화저작권 보호

영화의 경제적 가치는 영화저작권의 유통구조와 밀접하게 연계된다. 영화의 매출이 증가한다는 것은 영화저작권의 이용범위가 그만큼 늘어나기 때문에 나타나는 결과이다. 한편, 영화가 디지털 방식으로 유통되면서 불법적으로 저작권이 침해되는 경우도 적지 않게 생겨난다. 특히, 인터넷을 통한 불법적인 영화파일 다운로드 행위는 영화에 내재된 경제적 가치를 감소시키는 핵심 요인 중 하나이다.

영화의 저작권은 보통 투자자의 투자비율대로 할당된다. 특히, 영화를 기획·투자·배급하는 배급사가 저작권의 대부분을 소유하는 경우가 많다. 저작권자는 다양한 영화를 결합해 패키지로 판매하기도 하고 VOD 방식으로도 판매하기도 한다. 특히, 영화배급사들은 해외시장을 개척해 추가적으로 비용을 분산시키고 수익을 높이려는 목적이 강하다. 다양한 국가에 영화를 수출할수록 추가비용 없이 수익이 지속적으로 발생하기 때문이다. 그러나 자국 시장 이외의 해외국가에서 불법적으로 영화저작권을 침해하는 행위들을 규제할 필요가 생겨나게 된다. 이는 〈저작권법〉의 강화를 통해 해결하려는 노력으로 이어진다.

3. 영화의 사회적 의제설정

영화는 사회적 의제설정 기능이 있다. 특히, 사실에 기반을 둔 영화제작이 증가하면서 영화의 사회적 영향력이 높아지는 추세이다. 이들 영화는 역사적 사실

〈그림 6-2〉〈도가니〉

출처: http://www.kmdb.or.kr/vod/vod_basic.asp?nation=K&p_dataid=12922#none

이나 사건 등을 소재로 특정 쟁점을 재조명함으로써 여론을 환기하는 경우가 적지 않다. 게다가 흥행에 성공할 때 효과는 더욱 커진다. 그 대표적 사례가 〈도가니〉, 〈동행〉 등의 다양성 영화이다. 특히, 〈도가니〉와 같은 영화는 여론형성을 넘어 관련 법률 개정으로까지 연계된 사례이다.

영화와 문화

1. 글로벌 문화의 획일화

영화는 자유로운 표현을 통해 새로운 감동이나 재미를 만든다. 그러나 영화를 제작하기 위해서는 투자비가 많이 소요되기 때문에 현실적으로 영화를 제작하는 주체는 소수의 제작자와 투자가로 제한된다. 게다가 세계적으로도 매년 수많은 영화가 제작되지만 흥행영화 대부분은 미국의 할리우드 계열의 소수 투자가가 시장을 장악한다.

이는 미국계 영화에 의한 글로벌 영화시장의 과점 현상을 보여준다. 규모의 경제를 바탕으로 미국계 스튜디오 시스템으로 제작된 영화는 막강한 제작비와 제작기술을 통해 세계 영화시장을 실질적으로 통제한다. 이러한 이유 때문에 글로벌 문화의 획일화 논쟁이 야기되기도 한다.

물론 지역별로 다양한 영화가 생산되기는 하지만 글로벌 영화 소비자의 취향에 맞거나 재미를 창출하는 보편적 영화는 미국 영화가 대부분이다. 한편, 장르별로는 미국을 제외한 일부 국가에서 특성화에 성공한 모습을 드러내기도 한다. 가령, 일본은 애니메이션 장르의 영화시장에서 독보적인 위치를 점유하며 인도

〈그림 6-3〉
〈발리우드: 위대한 러브스토리〉

출처: http://extmovie.maxmovie.com/xe/movietalk/5764920

는 발리우드 스타일의 영화를 통해 세계 영화시장에서 적지 않은 중요도를 가졌다. 이처럼 영화산업은 일부 소수 국가가 제작한 영화가 글로벌 시장을 지배하는 독특한 생산구조를 갖는다.

2. 다양성 영화의 보호

영화는 상업적 이익을 창출하기 위해 제작되는 문화상품이다. 그러나 영화가 상업적 이익을 추구하다 보면 대중이 선호하거나 만족도가 높은 일부 소수 장르의 대중영화만이 제작·유통·상영된다. 이와 같은 환경에서는 영화가 가진 다양한 문화적, 정치적, 사회적 영향력이 줄어들 수밖에 없다. 영화는 누구라도 영상을 자유롭게 활용해 자신이 말하고 싶은 주제를 표현할 수 있는 미디어이기 때문이다.

상업적 목적이 아니라 영화라는 미디어를 통한 자유로운 표현을 목적으로 기존 상업영화제작시스템에 의존하지 않는 비주류의 영화가 바로 다양성 영화 또는 독립영화이다. 이들 영화는 돈을 벌기 위한 목적보다는 제작자들의 창의적 표현이나 주제의식이 더 중요하기 때문에 상업영화와는 다른 특성이 있다. 게다가 이들은 스타급 출연자나 특수효과 이용이 많지 않기 때문에 비교적 적은 제작비로 제작이 가능하다는 이점이 있다.

다양성 영화의 제작환경은 상업영화보다는 열악하지만 돈이 목적인 상업영화와는 다르게 영화를 자유롭게 제작할 수 있는 장점도 있다. 다만, 제작 후의 상영이 가장 중요한 쟁점이다. 영화를 제작했지만 상업적 목적으로 운영되는 일반 대중적 극장은 다양성 영화를 선호하지 않기 때문이다. 따라서 정책적으로 다양성 영화 또는 독립영화의 상영을 보장하는 전용극장 설립이 추진되기도 했다. 따라서 쟁점은 정책적으로 다양성 영화의 영화제작비를 직접 지원하는 것이 효율적인 것인지 또는 영화를 유통할 수 있는 다양성 영화 전용극장의 설립을 지원하는 것이 효율적인지와 같은 주제가 포함된다.

영화의 미래

영화의 미래는 영화의 소비공간, 소비방식, 제작방식 등에서의 변화에 따라 달라질 것이다. 우선 영화 소비공간의 변화는 기존의 극장 중심으로부터 이탈해 다양한 극장을 결합한 멀티플렉스 중심으로 바뀔 것으로 보인다. 영화 소비자에게는 다양한 선택권을 제공하면서 멀티플렉스와 연계된 쇼핑이나 미팅 등 다양한 엔터테인먼트 공간으로 변할 것이다. 극장은 영화를 가장 먼저 개봉하는 공간으로서의 역할을 계속 유지할 가능성이 높다. 그러나 한편으로 온라인이나 모바일 디바이스를 통해서도 새로운 영화를 접할 수 있는 기회가 늘어날 것이다.

영화소비 방식은 극장에서뿐만 아니라 극장과 동시에 또는 그 이후에 개봉되

출처: http://www.e-journal.co.kr/rb/?c=10/20&iframe=Y&uid=406

〈그림 6-4〉
멀티플렉스 영화 공간

는 VOD 소비가 늘어날 것이다. IPTV나 디지털 케이블TV를 통해 최신 영화에서부터 기존 영화 라이브러리를 총괄하는 영화선택이 VOD처럼 시간 및 공간의 제약을 극복하는 방식으로 바뀔 것이다. 게다가 영화에 접근하는 스마트폰과 같은 모바일 기기를 선택하는 사람이 늘어날 것으로 보인다. 또한 가정의 TV와 PC뿐만 아니라 스크린 등이 결합되는 N스크린 방식 등이 영화콘텐츠를 소비하는 핵심방식이 될 것이다.

영화콘텐츠 기획이나 투자 마케팅을 담당하는 사업자는 영화의 유통을 다양화하면서 수익을 극대화하는 모델을 찾게 될 것이다. 특히, 이용자가 여러 가지 미디어와 플랫폼을 활용해 인기영화를 최대한 많이 소비할 수 있는 최적의 모델을 탐색할 것이다.

영화제작 역시 디지털 방식으로 제작되다 보면 특수효과와 VR, 3D 등 다양한 영화영상이 동시에 제작되며 다양성을 갖게 될 것이다. 영화는 기술에 민감한 만큼 새로운 기술을 활용해 영화 소비경험을 다양화할 수 있으며 이를 바탕으로 수익을 극대화할 수 있기 때문이다. 미국의 애니메이션 영화가 3D영화를 동시에 제작하는 이유는 그만큼 가격이 높고 수익창출 가능성을 다양화시킬 수 있기 때문이다.

영화를 제작하는 주체 역시 기존의 거대 영화사 이외에도 1인 영화제작이나 스마트폰을 통해 영화를 제작하는 것이 가능하게 된 만큼 개인적 수준에서 영화제작 대중화가 이루어질 것이다. 이는 영화제작인력이나 소비계층을 확대할 수 있는 바탕이 될 것이다.

토의

01. TV나 케이블TV, IPTV 등 다른 미디어가 도입될 때 영화산업은 어떻게 변화하고 진화했는가.
02. 영화의 디지털화에 따른 변화 모습은 어떠한가.
03. 영화가 특수효과와 같이 기술에 의존하는 이유는 무엇인가.
04. 영화의 수직적 결합에 따른 찬반 의견을 논의하라.
05. 영화는 왜 집합적 창의성의 산물인가.

음악 07

음악의 정의

스마트폰의 앱으로 음악을 듣는 젊은 세대는 집 근처 레코드 가게에서 산 엘피판을 '전축'에 넣어 음악을 들었다는 부모세대의 추억담을 이해하기 어려울 것이다. 이들은 신드롬을 일으킨 드라마 〈응답하라 1988〉(2015)의 여주인공이 그렇게 갖고 싶어 하던 카세트 플레이어 '마이마이' 역시 드라마를 통해 처음 봤을 것이다.

모든 미디어 산업이 기술의 발전에 영향을 받지만 음악산업처럼 급격한 변화를 경험한 분야는 없다. 특히, 디지털 기술의 등장은 음악을 만들고 유통하고 소비하는 방식을 혁명적으로 바꾼다. 기술의 발전으로 이전에는 분명하고 확실히 구분되던 현상의 경계가 점점 불분명해지고 새로운 것이 등장하면서 개념화와 정의는 수고스럽거나 심한 경우 무의미해지기도 한다. 따라서 정의나 개념은 한시적이고 잠정적일 수밖에 없다. 디지털시대에 음악 혹은 음악산업을 정의하는 것 역시 마찬가지이다.

〈그림 7-1〉 음악산업의 정의

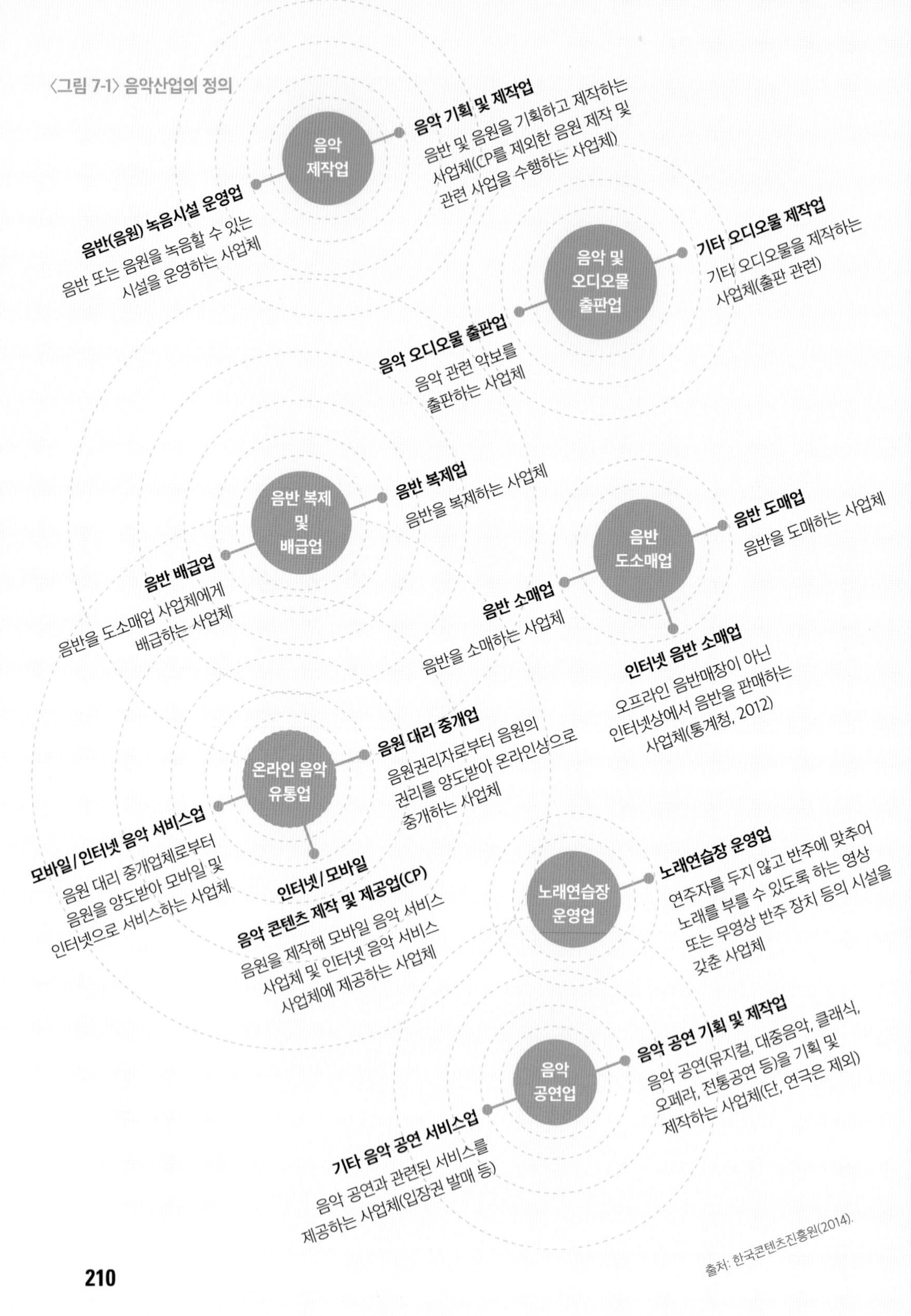

출처: 한국콘텐츠진흥원(2014).

사전적 정의에 따르면 음악이란 "인간이 들을 수 있는 영역의 음과 소음을 소재로 박자·선율·화성·음색 등을 일정한 법칙과 형식으로 종합해 사상과 감정을 나타내는 예술"을 의미한다. 미술이나 조각 등의 공간적 예술과 달리 음악은 시간의 흐름에 따라 생성된다는 점에서 보통 시간예술이라고 표현한다. 음악은 역사에서 인간의 등장과 시작을 거의 함께했지만 근대적 형태의 산업으로 자리잡은 지는 오래되지 않았다. 음악을 들을 수 있는 하드웨어와 패키지 기술이 등장하면서 비로소 음악은 자본주의적 미디어 산업으로서의 모습을 갖추었다.

음악을 만들고 유통하고 소비하는 방식이 계속 변화했기 때문에 그러한 변화를 다 담아낼 수 있는 포괄적 정의란 사실 불가능하다. 이런 경우 가장 안전한 방식은 법적 정의에 의지하는 것이다. 법은 기술이나 산업의 변화를 따라잡는 데 가장 느리지만 음악산업의 모든 활동을 규정하고 판단하는 공식적 기준이 되기 때문이다. 우리나라 〈음악산업 진흥에 관한 법률〉에 따르면, 음악산업이란 "음악의 창작·공연·교육, 음반·음악파일·음악영상물·음악영상파일의 제작·유통·수출·수입, 악기·음향기기 제조 및 노래연습장업 등과 이와 관련된 산업"으로 정의한다. 그리고 음악 콘텐츠/상품인 음원(음 또는 음의 표현으로서 유형물에 고정시킬 수 있거나 전자적 형태로 수록할 수 있는 것), 음반(음원이 유형물에 고정되어 재생해 들을 수 있도록 제작된 것)과 음악파일(음원을 복제·전송·송신·수신할 수 있도록 전자적 형태로 제작하거나 전자적 기기에 수록한 것)에 대한 정의도 내린다.

디지털 기술의 발전으로 음악산업은 더욱 다양화된다. 〈그림 7-1〉은 음악산업을 기획·제작·유통 형태에 따라 7개의 중분류와 16개의 소분류로 세분화하고 각 분류에 해당하는 음악산업의 유형을 개념정의한 것이다.

음악의 역사는 인간의 역사와 시작을 거의 같이하지만 음악을 상품화해 시장에서 거래하기 시작한 지는 그리 오래되지 않았다. 19세기 악보의 판매로 시작된 음악산업은 20세기 들어 LP, 카세트테이프, 콤팩트디스크(CD) 등의 패키지 기술이 개발되면서 비로소 활성화되기 시작했다. 패키지 기술의 발전과 함께 생산 규모나 소비방식에는 적잖은 변화가 있었지만 근본적으로 아티스트는 곡을 만들고 음반사가 제작과 유통을 하며 수용자는 소비한다는 음악산업의 본질은 변화가 없었다.

패키지 기술의 등장 이전까지 음악은 대부분 실연(*live performance*)의 형태로만 생산되고 소비되었다. 공연을 녹음하거나 녹화할 수 있는 방법이 없었기 때문에 음악산업의 활동은 주로 음악관련 책이나 악보를 출판하고 판매하는 것이었다. 당연히 이 시기 음악산업의 핵심은 실연자이기보다는 음악을 쓰는 작곡가였다.

음악출판이 중심이 되었던 음악산업은 1877년 에디슨(Thomas Edison)이 소리를 녹음하고 틀 수 있는 포노그래프(Ponograph)를 발명하면서 근본적인 변화를 겪는다. 전화음성 메시지 녹음을 위해 만들어진 포노그래프가 음악을 듣기 위한 용도로 더 많이 사용되면서 대중음악 보급의 시대가 개막되었다. 20세기 들어 음성녹음 기술의 개발에 앞장 선 에디슨(Edison), 빅터(Victor)와 컬럼비아(Columbia)사는 음악산업의 핵심콘텐츠를 악보에서 디스크로 바꾸는 데 크게 기여했다. 세 회사는 음악을 포노그래프 판매를 위한 수단으로 인식했고 1920년대 이후로 음악 자체에 집중하기 시작함으로써 음반회사에 보다 근접했다. 그 결과 미국에서 3백만 장 이상의 음반판매를 기록했다.

음악을 기록하는 패키지 기술의 발전과 함께 음악산업은 지속적인 성장을 거둔다. 원통형 실린더와 원반형 디스크에서 시작된 패키지 기술은 1950년대 LP와 1960년대 카세트테이프로 진화하면서 음질과 휴대성이 빠르게 개선되었다. 음악산업은 1980년 CD의 등장과 함께 디지털시대로 진입한다. “차갑다”는 음악애호가의 반발에도 불구하고 CD는 뛰어난 음질과 반영구적 내구성, 녹음에서의 유연성이라는 장점 때문에 빠르게 확산되었다. 이 과정에서 다른 미디어 산업과 마찬가지로 음악산업은 소수의 글로벌 음반회사에 지배되는 독과점 시장으로 변모되었다. 성장을 거듭한 결과 1990년대 후반 미국 음악산업의 시장 규모는 영화산업을 뛰어넘을 정도로 커진다.

하지만 2000년대 들어 디지털 기술과 인터넷의 발전은 음악산업에 큰 시련을 안겨준다. MP3라고 불리는 디지털 음원과 인터넷 공유기술이 백 년 가까이 위세를 떨쳐온 음악산업에게 악몽이 될 줄은 예상하지 못했다. 디지털 음원의 불법공유는 음반판매를 크게 감소시켰으며 음반을 제작하고자 하는 기업의 동기를 떨어뜨렸다. 음악산업은 불법공유, 아니 사실상 디지털 기술에 전쟁을 선포

〈그림 7-2〉
아이튠즈 스토어

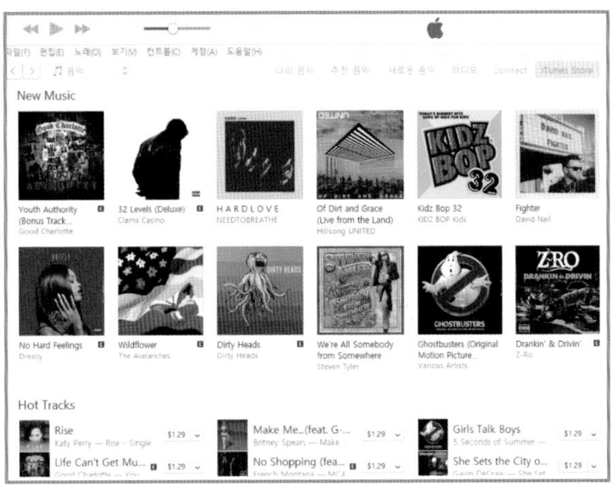

출처: Apple iTunes Store

하며 법원에서 많은 힘을 소비했지만 결국 패배한다. 음악산업이 막대한 대가를 치르고 얻은 교훈은 바로 디지털시대의 도래는 거스를 수 없는 대세이며 적응하지 못하면 사라질 수밖에 없다는 냉혹한 진실이었다.

디지털시대의 도래와 함께 음악산업에는 많은 변화가 있었다. 글로벌 음반회사는 변화된 환경에서 살아남기 위해 수익다변화 전략을 추구했고 인디 음악가나 회사는 인터넷이나 모바일 기술을 통해 메이저 음반회사가 만들어놓은 가치사슬을 우회하려는 다양한 실험을 진행한다. 대부분의 국가에서 디지털 음원이 음반판매를 추월했으며 공연이 가장 수익성 높은 분야로 각광받게 되었다. 하드웨어 업체였던 애플(Apple)이나 전자상거래 업체인 아마존(Amazon) 그리고 세계 최대 IT기업인 구글이 음악의 유통시장을 장악한 것도 새로운 변화이다.

이런 점에서 음악은 디지털시대의 등장과 함께 가장 큰 성장통을 겪은 미디어 산업이라 할 수 있다. 디지털 기술의 등장이 음악산업의 전통적인 생산, 유통과 소비방식을 근본적으로 바꿔놓았기 때문이다.

전문가는 음악산업에 나타난 변화를 디지털시대에 모든 미디어 산업이 겪어야 할 통과의례라고 이야기하기도 한다. 스마트폰의 보급, 유·무료 음악 서비스의 확산, 빅데이터를 통한 추천시스템의 보편화 그리고 사물인터넷 같은 초연결 기술의 개발 등 음악산업의 근간을 흔들 수 있는 다양한 동인이 생긴다는 점에서 음악산업의 미래는 지난 백 년보다 훨씬 더 역동적일 것이다.

음악산업의 특성

1. 음악산업의 경제적 특성

음악산업 역시 다른 미디어 산업처럼 성공여부가 불확실하고 위험성이 큰 산업이다. 실제 소비자가 상품을 소비해보기 전에는 그 가치를 정확히 알 수 없다는 미디어 상품의 경험재적 특성이 음악상품에도 예외 없이 적용되기 때문이다. 실제로 음악시장에서 제작된 음악의 60~80%는 투자된 고정비용을 회수하는 데 실패한다. 이는 할리우드 메이저 영화사가 제작한 10편의 영화 가운데 1~2편만이 성공하는 것과 유사하다고 할 수 있다. 따라서 미디어기업은 자신이 제작한 콘텐츠의 실패가능성을 최소화하기 위해 다양한 수요안정화 전략을 동원한다. 게다가 초판 생산에 제작비의 거의 대부분이 들어가고 추가생산에 드는 한계비용이 거의 0에 가까운 생산의 특성상 규모의 경제 효과를 필수적으로 추구하기 마련이다.

가능한 많은 소비자에게 위험을 분산하는 것이 필요할 뿐 아니라 판매량을 늘리는 것이 경제적으로 효율적이기 때문이다. 따라서 미디어기업은 수직적·수평적 통합을 통한 소유의 집중과 해외진출 등을 통한 시장의 확대 그리고 수익의 다변화 등을 적극적으로 추구하게 된다. 이러한 경향은 음악산업에서도 예외는 아니다.

음악산업은 수십 년 동안 소수의 음반사에 시장이 지배되는 전형적인 과점시장의 특성을 보였다. 게다가 메이저 음반사 간 인수합병을 통해 과점기업의 수는 6개에서 5개로 그리고 현재는 3개로 줄었다. 이 3개 메이저 음반사가 차지하는 전 세계 음반시장의 점유율은 전체 시장의 70%가 넘는다. 특히, 세계 최대 음악시장인 미국에서는 이 3개 회사가 전체시장의 90%를 점유한다. 이들은 유니버설뮤직그룹(Universal Music Group), 소니뮤직엔터테인먼트(Sony Music Entertainment Inc.), 워너뮤직그룹(Warner Music Group)이다. 2011년 타임워너(Time Warner)에 의해 매각된 워너뮤직을 제외한 두 음악기업은 거대복합기업이며 3개 기업의 본사는 세계 최대 음악시장인 미국 뉴욕에 있다.

이들 메이저 음반사는 유명 가수와의 계약을 통해 음반제작의 전 과정을 담당하며 전 세계 유통망을 장악함으로써 안정적 수익을 거둬왔다. 게다가 군소 음반사에 대한 적극적인 인수합병으로 끊임없이 덩치를 키우고 새로운 경쟁자의 출현을 원천적으로 봉쇄했다. 반면에 전 세계 음악시장을 지배하는 3개의 메이저사 간 상품차별화를 통한 독점적 경쟁(*monopolistic competition*)은 매우 치열하다.

2. 음악산업의 구조

음악산업은 노래를 부르는 가수, 곡을 만드는 작사가, 작곡가 및 프로듀서, 가수 발굴, 트레이닝, 음반기획, 녹음, 매니지먼트를 담당하는 기획사, 음반을 제작하는 음반사, 제작된 음반을 유통하는 배급사 그리고 노래를 틀어주는 방송사 등 다양한 행위자로 구성된다. 디지털 기술의 발전으로 통신사 같은 새로운 매개자가 생기는 등의 변화를 겪었지만 본질적으로 음악산업의 비즈니스 모델은 기획(*creation*)-제작(*production*)-프로모션(*promotion*)-유통(*distribution*)으로 이루어졌다.

일반적으로 메이저 음반사는 가수와 계약을 맺어 곡을 만들고 음반을 제작하는 과정을 재정적으로 뒷받침한다. 이러한 재정적 지원으로 음반 판매수익의 가장 많은 부분을 음반사가 가져간다. 반면 대부분의 가수와 작곡가는 전체 수익의 10% 정도만을 로열티로 받는다. 미국 시장에서 대부분의 음반은 5천 장이 채 안 팔리며 극히 적은 앨범만이 25만 장 이상의 판매고를 올린다.

제작한 음악이 시장에서 성공하기 위해서는 프로모션이 매우 중요하다. 전통적으로 음악산업에서 가장 중요한 프로모션 방법은 공연과 방송이었다. 특히, 라디오에서 음악을 자주 방송하는 것이 가장 중요했다. 다양한 매체가 등장하면서 TV, 비디오게임, 뮤직비디오, 영화, 광고 그리고 전화연결음 등 가수와 음악을 프로모션할 수 있는 창구가 다양해졌다. 최근에는 소셜미디어가 널리 확산되면서 유튜브, 마이스페이스와 페이스북 등의 소셜미디어가 영향력 있는 프로모션 창구로 부상한다.

음악유통은 디지털 기술의 발전으로 가장 큰 변화를 겪는다. 음반사가 제작한 CD, LP나 테이프를 도매상을 거쳐 소매상에 보내 소비자에게 판매하는 것이 가장 오래된 유통방식이다. 미국의 아마존처럼 온라인을 통해 음반을 파는 경우에

〈그림 7-3〉
애플 뮤직과
지니 음악 앱

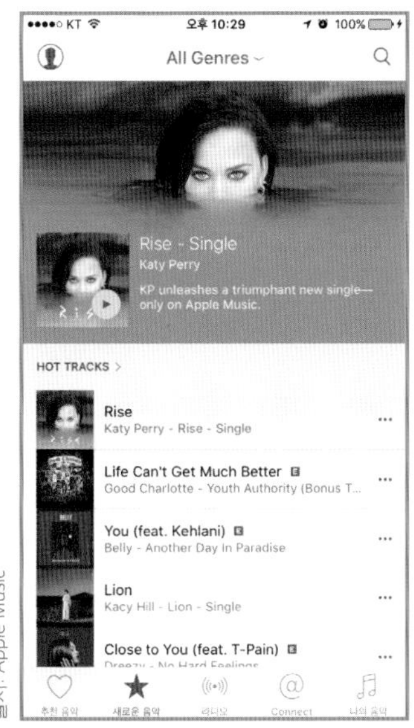

출처: Apple Music

출처: Genie

도 기존 방식과 크게 다르지 않다. 하지만 디지털 음원의 등장으로 새로운 유통 방식이 등장한다. 가장 대표적인 것이 다운로드 방식과 스트리밍 방식이다. 다운로드는 소비자가 아이튠즈(iTunes)나 아마존, 한국의 멜론이나 벅스뮤직 등에서 음원을 자신의 기기로 직접 다운로드받는 방식이다. 반면 스트리밍은 월정액을 지불하고서 인터넷을 통해 전송되는 음악을 다운로드받지 않고 실시간으로 듣는 방식이다.

음악을 기획·제작·유통하는 과정에서 가수와 기획사 그리고 음반사가 하는 역할은 국가마다 조금씩 다르다. 예를 들면, 가장 큰 음악시장인 미국에서는 가수가 음반사와 계약을 맺고 음반사가 음반의 제작과 유통, 마케팅과 프로모션의 전 과정을 담당한다. 완벽하게 수직적으로 통합된 이 같은 구조는 최근 들어 음반사가 담당했던 업무를 외부로 위탁하는 등 다소 느슨해지는 양상을 보인다. 그럼에도 불구하고 여전히 음반사는 음악 생산과정에서 절대적 영향력을 행사한다.

반면 한국은 미국과는 조금 다른 구조를 가졌다. 특히, 기획사의 역할 및 음반 제작과 관련해서 미국이나 일본과 뚜렷이 구별된다. 미국의 경우는 음반제작사가 가수와 계약을 체결해 음반제작의 전 과정을 전담하게 된다. 일본은 가수가 속한 기획사와 음반사가 계약을 체결하며 이후 음반사가 제작한다. 이에 반해 한국은 가수가 속한 기획사가 음반제작을 포함해 프로모션 등의 전 과정을 담당하는 구조이다. 이러한 방식은 기획사가 음반제작의 전 과정을 통제할 수 있을 뿐 아니라 소속 가수를 효율적으로 관리하고 거래비용도 최소화할 수 있다는 점에서 많은 장점이 있다. 한국 연예기획사의 가수 트레이닝 과정은 지독하다고 할 정도로 강도가 높고 체계화되었다. '캐스팅-트레이닝-프로듀싱-글로벌 프로모션'으로 이어지는 한국 기획사의 가수 양성 시스템은 노예계약이라는 비판에도 불구하고 K-Pop이 가진 경쟁력의 주요한 요인으로 평가받는다.

디지털 기술과 음악산업의 진화

1. 디지털 기술이 음악의 생산과 유통에 미친 영향

디지털 기술과 인터넷의 발전은 음악산업에 경제적으로 큰 영향을 미쳤다. 디지털 기술이 음악의 생산과정에 도입됨으로써 재생산 및 유통비용 등이 절감되었을 뿐 아니라 생산효율성이 극대화되었다. 음반과 달리 디지털 음원의 경우 추가생산물에 투입되는 한계비용이 사실상 0이기 때문이다. 또한 인터넷을 통한 음원의 유통은 중간 매개조직(*intermediaries*)이 필요 없기 때문에 비용절감 효과가 음반보다 훨씬 크다. 비용절감은 음원의 가격하락으로 이어져 소비자에게도 큰 이익이 된다. 디지털 음원의 등장 이전에는 소비자가 앨범 전체나 싱글 음반을 구매해야 했지만 이제는 원하는 음원만을 선택적으로 구매할 수 있다.

디지털 기술의 확산은 음악산업의 시장구조에도 큰 변화를 가져왔다. 가장 두드러진 변화는 수직적으로 통합되어 음악시장을 지배하는 메이저 음반사의 영향력이 눈에 띄게 약화되었다는 점이다. 인디 음악가가 메이저 음반사의 도움 없이도 디지털 기술을 활용해 음원을 제작하고 인터넷을 통해 자신의 노래를 유통할 수 있다. 즉, 메이저 음반사가 지배한 기존 음악산업의 시스템을 우회할 수 있는 방법이 생긴 것이다. 이 과정에서 유튜브와 마이스페이스 같은 소셜미디어가 중요한 역할을 했다. 특히, 유튜브는 인터넷 시대의 MTV라 할 수 있다. 미국 음악산업의 부흥과 세계시장 진출을 이끌었던 MTV처럼 유튜브는 인터넷 시대에 음악산업의 변화를 이끈다.

디지털 기술이 기존 시장구조를 흔든다는 증거는 다양한 로컬 음악의 해외진출에서도 분명하게 드러난다. 과거에 이들은 미국과 메이저 음반사의 기세에 눌려 협소한 국내시장에서만 소비되었다. 북구의 일렉트로닉 댄스음악(EDM)이나 우리나라 K-Pop의 전 세계적 유행은 가장 대표적인 사례이다.

디지털 기술이 음악산업에 장밋빛 미래만을 제시했던 것은 아니다. 오히려 초기에는 디지털 기술을 끔찍한 재앙으로 여겼다. 혹자는 디지털 융합의 첫 희생자가 음악산업이라고 표현하기도 한다. P2P(*peer-to-peer*) 공유기술인 냅스터(Napster)의 등장은 디지털 기술이 기존 음악산업의 비즈니스모델을 얼마나 철저하게 무력화시키는가를 잘 보여주었다. 이후 불법복제로부터 지적 재산권을 지키는 문제는 가장 뜨거운 정책 이슈가 되었다. 그 결과 미국에서는 온라인 저작권을 강화하고 이를 침해하는 불법기술의 개발을 방지하고자 〈디지털 밀레니엄 저작권법〉(DMCA)이 제정되었다. 디지털 기술과 인터넷은 불법복제를 확산시켜 음반시장을 위축시켰다는 비판을 받았고 실제로 2000년대 이후로 음반시장의 규모는 꾸준히 감소했다.

하지만 음반시장의 축소가 전적으로 불법복제 때문은 아니라는 주장도 만만치 않게 제기되었다. 인터넷의 등장과 함께 CD 같은 패키지 음반의 매출규모는 감소했지만 디지털 음원 시장이 빠르게 성장했기 때문이다. 특히, 2000년대 이후로 급성장한 아시아·태평양 지역은 디지털 음원 유통의 증가가 전체 음악시장의 매출액 성장을 이끈다. 즉, 세계 제2의 음악시장인 일본과 중국, 한국 등이 속한 아시아·태평양 지역 음악시장의 성장은 디지털 음원의 유통에 주도된다.

MP3 플레이어와 스마트폰 등 음악을 감상할 수 있는 다양한 모바일 디바이스가 확산됨으로써 음악소비 시장은 더욱 빠르게 디지털 음원 시장을 중심으로 재

〈그림 7-4〉 빅뱅의 월드투어 포스터

편될 것으로 예측한다. 음악산업은 디지털 기술의 잠재성을 극대화하면서 저작권보호를 통해 새로운 수익을 창출하는 비즈니스 모델을 찾아낸 것이다.

디지털 기술의 발전과 인터넷의 확산은 음악산업에게는 위기인 동시에 기회가 된다. 따라서 음악산업은 음반시장의 축소와 디지털 음원 시장의 확대라는 시장환경 속에서 수익다변화 전략을 적극적으로 추진한다. 이를 위해 음악기업은 음악소비의 채널을 다각화하고자 애쓴다.

특히, 음악산업의 새로운 수익채널 중 라이브 콘서트 수입은 최근 음악산업의 성장을 주도하는 것으로 평가된다. 1990년 1억 5천만 달러였던 콘서트 수익이 2009년에는 4억 6천만 달러로 3배 이상 증가했다. 라이브 콘서트의 경우 생산과 소비행위가 동시에 같은 공간에서 이루어지기 때문에 대형 공연장과 공연장비 등 필요설비에 대한 접근이 쉬운 동시에 다수의 잠재적 소비자의 존재가 수익의 규모를 결정하는 중요한 요소가 된다. 따라서 미국과 일본 등 최대 음악시장을 보유하는 국가와 해당 도시는 공연수익을 목표로 하는 회사나 뮤지션의 주요 타깃이 된다. 일본에서 K-Pop 공연이 활성화되는 이유 역시 여기에 있다. 반면 초기 한류 확산기에 중국에서 열렸던 K-Pop 공연이 수익을 올리는 데 실패한 데는 중국 음악산업 시스템의 문제도 있지만 이와 같은 인프라가 갖춰지지 않은 것도 큰 영향을 미쳤다.

디지털 기술의 등장으로 전통적 음반시장이 축소되고 대신 디지털 음원 시장이 커지면서 유통영역에서의 영향력이 급속도로 쇠퇴했다. 디지털 음원 시장에서 유통분야를 장악한 것은 애플의 아이튠즈이다. 음원 불법다운로드를 둘러싸고 음악산업이 법적 분쟁의 홍역을 치르던 상황에서 합법적 음원유통과 판매를 미끼로 음반회사와 파트너십을 맺은 애플은 이후 폭발적인 성장을 거듭했다. 애플에게 1곡당 1달러라는 파격적인 가격으로 음원을 넘긴 음반사는 이후 디지털 음원 유통시장의 70%를 차지한 애플과의 협상에서 전혀 힘을 쓰지 못했다. 골칫거리였던 불법다운로드를 어느 정도 막을 수 있었지만 디지털 기술의 등장 이전 음반 유통시장을 지배했던 음반회사는 거대 유통업체인 아이튠즈에 콘텐츠를 공급하는 처량한 신세로 전락했다.

이러한 음악시장에서 최근 새롭게 주목받는 기업이 바로 스포티파이(Spotify)이다. 스포티파이는 다운로드가 아닌 디지털 스트리밍 방식으로 음악을 서비스해 음악산업에서 눈부신 성장을 거둔다. 2008년 스웨덴에서 설립되어 런던으로 이전한 유럽태생의 스포티파이는 불법 다운로드 사이트와 아이튠즈가 지배하는 음악시장에서 새로운 플랫폼으로 성장한다. 또한 기존 음반사나 뮤지션 역시 자체 어플리케이션을 제작해 제공해 수용자는 이들 어플리케이션을 통해 직접 음악을 소비하는 것도 가능하다. 최근 비트(Beat)나 밀크(Milk)처럼 무료로 음악을 감상할 수 있는 어플리케이션도 등장하며 모바일을 통해 음악을 들을 수 있는 통로가 더욱 다양해진다.

2. 소셜미디어와 음악

디지털 기술의 발전과 인터넷의 등장은 음악의 생산과 수용과정에 또 다른 중요한 변화를 가능케 했다. 인터넷을 통해 뮤지션과 음악회사가 팬과의 직접 소통이 가능해진 것이다. 유튜브와 마이스페이스, 페이스북 등의 소셜미디어는 뮤지션과 음반회사의 마케팅과 홍보에 매우 효율적인 채널이 되었다. 따라서 해외뿐만 아니라 국내 기획사에서도 대부분 소셜미디어 홍보만을 전담하는 부서나 직원이 있다.

점점 더 많은 뮤지션과 대중음악 기업이 인터넷상에 웹사이트를 만들고 소셜미디어에 자신의 채널을 개설한다. 이를 통해 자신의 음악을 소개하고 수용자가 음악과 뮤직비디오 등을 감상할 수 있는 기회를 제공하며 음원 등을 직접 판매하기도 한다. 팬 역시 소셜미디어를 통해 자신이 좋아하는 가수의 공연계획 등 근황에 대해 알 수 있고 뮤직비디오와 음악을 감상하거나 직접 음원을 구매할 수도 있다. 또한 팬은 자신이 찍은 사진이나 동영상을 공유할 수 있으며 자유롭게 코멘트를 남길 수 있다.

최근 소셜미디어의 특성을 활용해 기업이 새롭게 음악시장에 론칭하는 것이 바로 SNS 기능과 음악이 결합된 소셜음악 서비스이다. 스포티파이는 페이스북과 연동해 소셜음악 서비스를 제공한

클라우드 음악 서비스
음원을 개인의 PC나 스마트폰 저장장치에 보관하는 대신 서비스 사업자의 중앙데이터 센터에 저장한 후 인터넷을 통해 다운로드하거나 스트리밍 방식으로 음악을 듣는 서비스이다. 애플이나 구글, 아마존 등은 이미 개인이 구매한 음원을 각 회사의 클라우드에 저장해서 들을 수 있는 서비스를 제공한다.

다. 구글과 트위터 등도 자신의 사이트를 통해 소셜뮤직 플랫폼을 제공할 계획이어서 최근 관심을 끄는 클라우드(Cloud) 음악 서비스와 함께 소셜음악 서비스는 당분간 음악산업에서 가장 각광받는 서비스가 될 것이다.

소셜음악 서비스의 인기는 소비자가 단순히 음악을 듣는 것에서 벗어나 이제는 다른 소비자와 음악을 공유하고 음악에 대한 정보와 관심을 나누기 원한다는 것을 말해주는 것이라 할 수 있다. 특히, 인터넷의 지구적 속성 덕분에 소셜미디어는 손쉽게 외국 팬에게 도달할 수 있는 기회를 제공했다. 또한 메이저 음반사와 계약하지 못한 인디 음악가나 신인이 기존 시스템을 우회해서 소비자를 만날 수 있는 공간을 제공한 것도 소셜미디어의 큰 기여라 할 수 있다.

인터넷 시대의 MTV라고 불리는 유튜브는 동영상을 감상하고 공유하는 동영상 플랫폼 성격의 소셜미디어이다. 2005년 "자신을 방송하라"(Broadcast yourself)라는 캐치프레이즈를 내걸고 등장한 유튜브는 등장하자마자 폭발적인 반응을 일으켰다. 2006년 구글에 16억 5천만 달러에 매각된 유튜브는 구글, 페이스북과 함께 방문자 수가 가장 많은 소셜미디어로 성장했다. 유튜브의 핵심 비즈니스 모델은 사용자가 업로드한 동영상 하단이나 재생 전에 광고를 삽입해 수익을 얻는 방식이다. 유튜브의 최근 성장에 크게 기여한 것은 모바일기기의 확대와 모바일을 통한 영상소비의 증가이다.

동영상 공유 소셜 플랫폼인 유튜브는 구글이 인수한 이래로 꾸준히 미디어 분야로 사업영역을 확장했다. 다른 어떤 분야보다도 음악분야에 강점을 지닌 유튜브는 2009년 8월 유니버설뮤직그룹, 소니뮤직엔터테인먼트, 아부다비 미디어(Abu Dhabi Media) 등과 함께 뮤직 비디오 호스팅 서비스인 비보(Vevo)를 설립했다. 비보는 글로벌 음반회사인 유니버설뮤직그룹, 소니뮤직엔터테인먼트 및 EMI와 소유 혹은 제휴관계를 맺어 뮤직비디오를 공급받고 유튜브를 통해 호스팅하는 방식으로 서비스하며 광고수입은 비보와 구글이 양분한다.

3. C세대의 등장과 음악소비의 변화

음악은 동영상이나 방송과 달리 스마트폰 같은 디지털 기기가 등장하기 이전에도 이동성을 특징으로 하는 장르였다. 붐박스(Boombox)나 카세트테이프 레코더 그리고 청소년의 필수품이었던 워크맨(Walkman) 등은 디지털 기술이 등장하기 이전부터 사용하던 기기였다. 게다가 음악은 동영상과 달리 용량이 작아서 디지털 기술 등장 초기부터 쉽게 모바일기기와 결합되었다. 스마트폰 등장 이전 2G폰이나 피처폰에도 MP3 플레이어 기능이 탑재되었다는 사실을 보면 음악이라는 콘텐츠가 얼마나 모바일에 적합한지 잘 알 수 있다.

음악 콘텐츠는 다른 장르의 콘텐츠보다 다운로드 방식이든 스트리밍 방식이든 기술적 제약으로부터 자유로울 수 있었다. 디지털 기술의 등장으로 음악은 "디바이스가 없는"(*deviceless*) 콘텐츠로 변화한다. 이는 음악 콘텐츠가 전용기기에 국한되지 않고 MP3 플레이어, PC, 태블릿, 스마트폰, TV 등 다양한 미디어를 통해 소비가 가능해진다는 의미이다.

인터넷의 등장과 소셜미디어의 확산 역시 음악을 소비하는 방식에 큰 변화를 가져왔다. 음악 팬이 수동적으로 음악을 소비하는 것을 넘어 소셜미디어나 인터넷 활동을 통해 음악상품의 가치를 높이는 데 기여하기 때문이다. 대중매체와 달리 디지털미디어 환경에서의 수용자는 미디어기업이 전송하는 메시지를 피동적으로 소비하는 것에 머물지 않는다. 수용자는 프로슈머(*prosumer*)로 소비자인 동시에 생산자의 역할을 하며 프로듀저(*produser*)로 이용자인 동시에 생산자의 역할을 한다. 음악 팬 역시 마찬가지이다. 음악 팬의 생산적 활동은 다양한 형태

〈그림 7-5〉 EXO Fansite

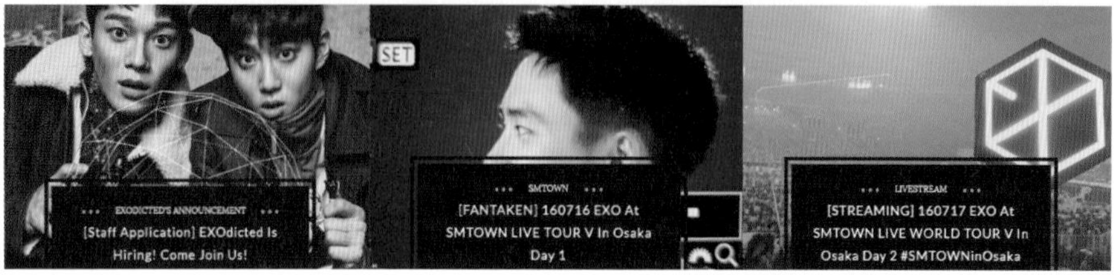

출처: http://www.exodicted.net/

를 띤다(Baym, 2009).

음악 팬은 자신의 SNS 프로파일에 특정 가수를 북마크하거나 친구로 등록하고 그들의 음악을 플레이리스트에 올려놓으며 위젯(*widget*)을 사용해 음악을 스트리밍하거나 다른 사람에게 추천한다. 더욱 적극적이고 능동적인 팬은 직접 자신의 콘텐츠를 제작하거나 자신이 좋아하는 가수와 관련된 각종 이벤트를 기획하기도 한다. UCC 동영상을 제작하거나 MP3 블로그를 개설하는 것 또는 팬진(*fanzine*)이나 팬픽(*fanfic*)을 제작하는 것 역시 적극적인 팬이 벌이는 활동에 포함된다.

이처럼 인터넷을 통한 음악 팬의 다양한 활동은 자신이 좋아하는 뮤지션과의 협업(*collaboration*)의 한 형태일 뿐 아니라, 음악의 가치생산 과정에 뮤지션과 함께 참여해 이루어지는 공동생산적 노동(*co-creative labor*)이라 할 수 있다. 수용자가 점점 더 콘텐츠의 공동창작자로 미디어 생산에 참여하면서 수용자에 대한 미디어기업의 인식 역시 변화했다. 음악산업의 성장에 음악 팬이 점점 더 크게 기여하며 그 방식 역시 전통적 구매나 소비를 넘어서는 것으로 바라보게 된 것이다. 팬과 수용자는 새로운 디지털 경제에서 부를 생산하는 중요한 동력이므로 기업은 그들의 참여를 적극적으로 장려한다.

음악 팬은 디지털 기기와 소프트웨어를 사용해 MP3 블로그를 만들고, 콘서트를 조직하며, SNS에서 음악에 태깅을 하거나 공유함으로써 자신이 좋아하는 뮤지션과 음반사를 위한 프로모터이자 마케터의 역할을 하는 것이다(Vellar, 2012). 그리고 팬은 이러한 활동의 대가로 경제적 보상이 아니라 뮤지션과의 유대를 형성하거나 좋아하는 뮤지션과 음악에 대한 자신의 열정을 퍼뜨릴 수 있는 기회를 얻는다.

디지털시대 음악소비의 참여적 특성은 새로운 C세대(C Generation)의 등장과 밀접한 연관이 있다(PWC, 2010). C세대의 C는 '연결하다'(*connect*), '소통하다'(*communicate*)와 '변화시키다'(*change*)를 의미한다. C세대는 1990년대 이후에 출생하고 2000년대 들어 성년이 된 사람으로서 디지털 기기에 매우 친숙하며 평균적으로 하루 6시간 이상 사용한다. 또한 대부분 스마트폰과 컴퓨터를 소유하고 인스턴트 메시지를 사용해 소통하는 한편 페이스북과 유튜브의 충성도가 높은 사용자이다. 대부분의 사회적 상호작용은 온라인상에서 이루어지며 이 공간에서 자신의 의견과 태도를 밝히는 데 거리낌 없다.

유무선 기기를 통해 인터넷에 늘 연결된 C세대는 디지털 기술의 발전과 리터러시 능력의 향상으로 독자적 콘텐츠를 생산해낼 수 있는 역량을 보유하게 되었다. 기존 미디어가 제작한 콘텐츠를 편집하거나 수정하는 것에서 시작된 C세대의 콘텐츠 생산은 점점 창의적이고 고유한 콘텐츠를 제작하는 수준으로까지 진화한다. 게다가 유튜브와 페이스북 등의 개방형 콘텐츠 유통망이 대중화되면서 자신이 제작한 콘텐츠를 자유롭게 공유할 수 있다.

역사적으로 미디어 산업은 커뮤니케이션 기술의 변화에 따라 많은 부침을 겪었다. 경탄의 기술이었던 영화의 황금시대는 TV의 등장과 함께 끝났고 라디오 역시 TV와 모바일 기술의 발전으로 대중적 미디어에서 매니아적 취향의 미디어로 진화했다. 기술 마케팅을 위한 시장의 호들갑에도 불구하고 올드미디어는 뉴미디어에 의해 완전하게 대체되기보다는 나름의 장점을 극대화하면서 시장에서 살아남았다. 디지털 기술의 압도적 파괴력에도 불구하고 음악산업의 핵심은 크게 변하지 않을 것이다. 비즈니스 모델과 기술이 혁신을 거듭해도 결국 중요한 것은 콘텐츠, 즉 좋은 음악을 만드는 것이기 때문이다.

알고리즘 기술이 소설을 쓰고 기자를 대신해 뉴스를 작성하며 컴퓨터 프로그램이 음악을 만드는 시대가 되었지만 그래도 창의성이 미디어 산업의 가장 중요한 자본이라는 사실은 불변의 진리이다. 이는 음악 역사의 시작에서부터 항상 그랬고 첨단 디지털 기술이 음악산업의 외형을 혁명적으로 바꿀 미래에도 여전할 것이다.

그럼에도 디지털시대의 음악산업은 이전과는 많이 다른 모습일 것이다. 사실 무엇인가의 미래를 예측하려는 시도는 무모한 일이다. 그럼에도 미래의 모습을 만드는 데 중요한 영향을 미칠 몇 가지 요인을 살펴봄으로써 음악산업의 대략적인 미래상을 그려보는 것은 가능할 것이다.

첫 번째로 미래 음악산업은 음악의 소유(*ownership*)와 접근(*access*) 중 사용자가 어느 것을 선호하는가에 따라 큰 변화를 맞게 될 것이다. 역사적으로 음악산업의 주류 소비형태는 사용자가 음반이나 CD 등을 구매해 소유권을 갖는 것이었다. 디지털 기술의 등장 이후에도 이러한 방식은 음원 다운로드의 형태로 지속되었다. 하지만 브로드밴드와 인터넷 기술의 발전으로 음악소비의 형태가 다운로드에서 스트리밍 방식으로 빠르게 전환된다. 무료 스트리밍 서비스의 확산으로 비소유 방식의 음악소비가 더욱 증가한다. 이에 따라 미래의 음악소비는 음악 소유권을 갖는 것에서 음악을 들을 수 있는 접근권을 구매하는 방식으로 변화하리라는 예측이 많다.

큐레이션 서비스
수많은 정보나 콘텐츠 중에서 개인의 취향이나 선호도 등을 고려해 맞춤형의 개인화된 정보나 콘텐츠를 선별적으로 제공하는 서비스를 말한다. 원래 큐레이션이란 단어는 미술관이나 박물관 등에서 예술작품을 기획하고 선정하는 작업을 지칭한다.

둘째, 뮤지션과 팬과의 관계는 더욱 밀접해지고 관계의 성격 역시 정서적이고 문화적인 차원을 넘어 경제적인 것으로 진화할 것이다. 이러한 예측은 이미 앞에서 언급한 팬덤의 역할로부터 충분히 가능한 것이다. 물론 뮤지션과 팬과의 유대는 뮤지션과 그의 음악을 좋아하는 정서적이고 문화적인 것에서 비롯된다. 하지만 이러한 관계는 디지털 기술을 매개로 종전과는 전혀 다른 양상으로 발전한다. 그들의 관계는 훨씬 친밀해지고 일상화되며 팬의 역할은 단순한 정서적 지지자이자 제한된 소비자를 넘어서 프로모터와 마케터로 확장된다. 특히, 공연이 음악 비즈니스의 주력으로 부상하기 때문에 뮤지션과 팬의 친밀한 관계는 경제적으로 더욱 중요해질 것이다.

마지막으로 빅데이터, 사물인터넷이나 인공지능 같은 최첨단의 디지털 기술은 음악산업의 생산, 유통 및 소비과정에 지속적인 혁신을 가져오게 될 것이다. 빅데이터 기술은 사용자의 취향을 고려한 음악추천 등을 대중화시킬 것이고 이는 편리함과 함께 특정 음악 일변도의 소비라는 결과를 낳을 수도 있다. 특히, 빅데이터 기술이 큐레이션 서비스와 결합하면 이러한 경향을 더욱 강화할 수 있다. 또한 사물인터넷 기술은 공간 및 디바이스 간 끊김 없는(*seamless*) 음악 청취를 가능케 할 뿐 아니라 빅데이터 기술을 통해 사용자의 기분(*mood*)과 라이프 스타일을 고려한 자동 맞춤형 서비스를 제공할 수 있다. 애플의 시리(Siri)나 아마존의 알렉사(Alexa) 같은 음성인식 인공지능 기술 역시 과거에는 경험해보지 못한 혁신적인 음악소비 경험을 가능케 할 것이다.

토의

01. 디지털 음원의 소비를 주도하는 C세대는 음악산업 생태계에 어떠한 변화를 가져오며 그 함의는 무엇인가.

02. 디지털시대에 음악의 소유보다 접근이 더 보편화된다면 불법 다운로드로 파생되었던 저작권 보호의 문제는 더는 이슈가 되지 않을 것인가.

03. 최근 음악 소비에서 고음질 디지털 음원에 대한 수요의 증가와 함께 턴테이블을 통한 LP 음반 듣기 등의 아날로그 붐이 분다. 이러한 상반되는 현상을 어떻게 이해해야 하는가.

게임 엔터테인먼트 08

게임의 정의

게임은 놀이이다. 무엇인가 즐거움을 얻기 위해 참여하는 놀이적 성격을 가졌다. 그만큼 게임에 참여하거나 게임을 즐기는 사람은 게임에 몰입하게 될 가능성이 높다. 재미있기 때문이다. 게임의 역사를 살펴보더라도 바둑이나 체스 등은 일정한 규칙을 갖고 게임에 참여하는 사람을 이기기 위한 전략적 구성에 몰입한다. 그만큼 게임은 창의적인 지적 놀이일 수도 있다. 기존의 전략을 패턴대로 구성하지 않고 상대방의 허를 찌르는 새로운 수를 찾아내면서 이기게 될 때의 즐거움은 다른 일상적 활동에서 얻을 수 없는 쾌감이다.

게임의 시작은 흥미롭게도 오락적 목적이 아니다. 게임은 교육적 목적을 위해 만들어진 것으로 추정된다. 바둑이나 장기, 체스 등은 고전적 게임의 유형이다. 이런 게임은 전쟁을 은유하고 상징한다. 전쟁에서 승리하기 위해서는 어떠한 역할을 담당하고 행동해야 하는가를 전략적으로 고민하고 결정해야 한다. 고전적 게임이나 현재의 온라인 게임은 형식이나 방식이 다르지만 근본적으로 내재된 속성은 유사하다. 게임에 참여하는 참여자는 기능과 역할의 변화로 다양한 경험 공간에 진입하고 승패가 결정된 이후에 보상 등이 따른다.

게임은 인간의 심리와 행동이 반영된 오락적 결과물이다. 인간은 노동이나 의식주에 계속해서 집중하지 못한다. 노동의 흐름을 조절하거나 심리적으로 힘든 상태를 극복하기 위해 유희적 활동이 필요하다. 이것이 바로 게임을 포함하는 엔터테인먼트 산업의 기본적 존재이유이다. 노동이나 일상생활로부터의 탈출 또는 이탈을 통해 새로운 즐거움이나 열정을 확보할 수 있는 여유를 갖는다. 따라서 게임의 오래된 역사처럼 게임의 미래 또한 성장성이 높은 분야이며 게임산업이 활성화될 가능성은 충분하다.

그럼에도 게임을 하나의 개념으로 정의하는 것은 쉽지 않다. 게임은 이용자의 경험이 누적되고 새롭게 변형되는 반복적 패턴을 갖기 때문이다. 바둑에서도 그 경우의 수가 무한에 가까운 것처럼 여러 가지 게임은 다양한 게임의 형식과 규정을 갖는다. 형식적 측면에서 게임을 규정하는 것은 가능하지만 게임이 지향하는 기본적 목적이나 속성은 다양하게 분화되기 때문이다. 게다가 게임 콘텐츠는 새로운 기술이 개발될 때마다 영향을 받는다. 최근의 게임 방식이 MMORPG나 VR 기반의 게임으로도 진화하는 양상을 생각한다면 게임을 한 시점에 하나의 개념으로 정의하기는 어렵다.

그럼에도 게임에 공통적으로 내재한 특성은 다음과 같이 설명할 수 있다. 율(Juul, 2005/2014)이라는 학자에 따르면 고전적 게임 모델은 다음의 6가지 공통적 특성을 공유한다. ①게임은 규칙으로 구성된다. 규칙이 없다면 승부를 정확히 결정하기가 쉽지 않기 때문이다. 규칙은 게임에 참여하는 참여자의 합의에 따라 결정되며 효력을 갖는다. ②게임은 그 과정을 통해 다양하면서도 측정 가능한 결과물이 만들어진다. 이는 게임의 승패 또는 무승부와 같이 게임의 과정을 통해 확인될 수 있는 결과물을 살펴볼 수 있다. ③게임의 결과물에는 다른 가치가 부여된다. 게임에 참여한 상대방을 이겼을 때 승점을 확보하거나 승패라는 결과를 부여받을 수 있다. 그 결과물은 게임의 참여자에 의해 결정되고 합의되고 변경될 수 있다. ④게임에 참여하는 참여자는 참여와 노력이 요구된다. 플레이어는 게임에서 승리하거나 결과물을 얻기 위해 적극적으로 참여하기를 기대하며 이들은 노력으로 기대하는 결과물을 확보할 수 있다. ⑤플레이어는 게임의 결과물에 대해 심리적 애착을 갖는다. 승패에 따라 게임에 참여한 플레이어는 즐거움이나 또는 패배감을 느낄 수 있다. ⑥게임은 현실세계에 대해 협상이 가능한 결과를 야기한다. 게임의 결과를 통해 현실세계에 변화가 야기할 수 있으며 참여자나 플레이어의 심리적, 재정적, 사회적 지위가 창출될 수도 있다.

이와 같은 게임의 기본적 특성 이외에도 최근 온라인 게임 등에는 새로운 특성이 추가되고 변형된다. 게임은 즐거움을 목적으로 개인 또는 집단의 심리적 결과물에 애착을 갖는 과정의 의미를 갖는다. 그 의미는 게임에 참여하는 참여자의 인터랙션에 의해 만들어지기도 하고 바뀌기도 하며 확대되기도 한다. 그만큼 틀은 고정되지만 의미는 확대되는 특성을 지닌 커뮤니케이션 과정의 산물이 바로 게임이다.

게임이 미디어 특성을 갖는 이유는 게임에 참여하는 참여자 간의 인터랙션이 쉬지 않고 연결되기 때문이다. 특히, 온라인 게임이용자는 새로운 기술로 만들어진 게임 디바이스와 콘텐츠를 통해 다른 사이버공간에서 역할을 담당하는 다른 이용자와 인터랙션한다. 이용자는 디바이스를 통해 자신의 의도와 경험을 전달하고 전달받는 행위와 과정에 참여한다. 디바이스는 미디어의 의미를 가지며 이용자 간에 이루어지는 인터랙션은 커뮤니케이션 활동을 나타낸다.

게임이용자 간에 이루어지는 인터랙션은 시간 및 공간의 한계를 뛰어넘는다. 다른 공간에 있는 이용자와의 자유로운 소통이 가능하다. 게다가 기존 시간대 의미가 와해되는 한편 게임이용에 몰입하는 순간에는 새로운 시간 차원이 열린다. 이와 같은 의미를 통해 게임이용은 기존 인터넷을 통한 글로벌 온라인 커뮤니케이션과 같은 결과를 갖는다. 다른 게임이용자를 탐색하고 선택하며 커뮤니케이션도 반복적으로 가능하다.

게임이용자의 인터랙션은 다양한 디바이스를 통해 연결되고 이용할 수 있다. 스마트폰과 같은 모바일 기기를 포함해 독자적인 게임 디바이스, 기존의 TV 등 다양한 디바이스가 서로 다른 이용자 간에 이루어지는 게임 인터랙션을 매개하는 역할을 담당한다. 따라서 게임은 게임 디바이스의 선택이나 연결되는 인터페이스가 중요하다. 자유로운 시공간적 환경에서 게임이 시작되고 유지되기 때문이다.

게임의 미디어적 특성은 게임 스토리텔링에서도 그대로 나타난다. 게임은 서사구조를 갖는 이야기 공간의 의미가 있다. 게임이용자는 각 게임에 포함되는 캐릭터와 역할이 있으며 이들은 서로 스토리를 만들고 변형시키는 과정에 참여한다. 전쟁을 모티브로 하는 게임 스토리에서부터 우주나 사랑, 스포츠 등 다양한 스토리가 게임의 아키텍처를 구성한다. 게임이용자는 이와 같은 서사구조를 통해 계속해서 콘텐츠를 소비하는 동시에 콘텐츠를 만드는 소비와 생산의 이중적 특성을 공유한다.

스토리텔링

언어나 이미지, 영상 등을 통해 이야기를 전달하는 방식을 나타낸다. 게임의 경우에도 이용자가 좋아하는 스토리라인을 만들어 콘텐츠를 구성해야 몰입도가 커진다.

게다가 게임은 종합예술 특성을 공유한다. 게임에 투입되는 문화 요소를 살펴보면 컴퓨터 그래픽을 포함해 음악, 효과, 동영상 등 다양한 시청각적 요소가 결합된다. 이는 게임 콘텐츠를 만들기 위해서는 고도의 창의적, 종합예술 기반이 필요하다는 의미를 갖는다. 이용자에게 공감 및 몰입감을 부여하기 위해 다양한 시청각 요소를 창의적으로 결합해 새로운 경험공간을 창출할 수 있기 때문이다. 게임은 영화와 드라마적 요소와 내러티브를 포함해 특수효과와 그래픽 등의 디자인 차원이 결합된다. 이를 바탕으로 스토리가 만들어지는 한편 이용자 간에 다양한 인터랙션이 이루어지는 것이다.

결과적으로 게임은 기존의 미디어적 특성을 그대로 가진다. 이용자 간에 이루어지는 인터랙션, 콘텐츠와 서사구조 그리고 다양한 결과가 모두 게임의 미디어적 속성을 나타낸다. 미디어적 속성은 특정한 메시지나 콘텐츠를 특정 디바이스와 같은 미디어를 통해 커뮤니케이션 과정으로 연계된 이후에 다양한 효과 등이 발생하는 모델이다. 게임의 목적 역시 즐거움을 얻기 위한 도구적 활동의 특성이 있지만 그 과정이 갖는 특성은 대부분 미디어를 통한 커뮤니케이션 과정과 유사하다.

게임의 분류

게임은 플랫폼과 장르를 기준으로 구분할 수 있다. 플랫폼은 게임을 이용하기 위한 접근 공간이나 접합점이 될 수 있다. 장르는 게임의 콘텐츠 특성에 따른 패턴화된 스타일을 나타낸다. 구체적으로 게임의 분류를 두 가지 차원에서 살펴보면 다음과 같다.

1. 플랫폼에 따른 분류

게임을 이용 플랫폼에 따라 구분할 때 대체로 아케이드 게임, 비디오 게임, PC 게임, 온라인 게임, 모바일 게임 등으로 구분한다.

우선, 아케이드 게임은 일반 오락실 등에서 동전을 이용해 게임을 즐기는 게임 플랫폼이다. 1980년대 이후에 대중적으로 많은 인기를 얻었던 게임이용 방식이다. 공공장소를 중심으로 게임기가 설치되고 게임기를 이용하는 데 따른 비용을 지불하는 방식이다. 최근에는 아케이드 게임을 찾아보기가 쉽지 않다.

다음으로 비디오 게임은 콘솔 게임을 의미한다. 대체적으로 가정 등 사적 공간에서 혼자 또는 여러 명이 게임전용 컨트롤러를 통해 게임을 실행하고 이용한다. 2000년대 이후 플레이스테이션 등을 비롯한 비디오 게임이 세계적으로 대중화되기도 했다.

PC 게임은 PC를 활용해 CD나 DVD에 담겨진 게임 소프트웨어를 구동해 이용자가 즐길 수 있는 게임 플랫폼이다. 온라인 게임은 인터넷에 접속해 실시간으로 다중 이용자가 동시에 참여하며 즐길 수 있는 방식이다. 모바일 게임은 스마트폰 등을 통해 게임을 이용할 수 있는 플랫폼이다.

2. 장르에 따른 분류

게임은 장르에 따라 구분할 수 있다. 우선, 플레이 방식을 기준으로 구분할 수 있다. 구체적으로 살펴보면 다음과 같다.

RPG(*role-playing game*)는 가상 시나리오 내에서 주어진 역할을 수행하는 게임이다. 〈던전 앤 드래곤〉(*Dungeons & Dragons*, 1974), 〈발더스 게이트〉(*Baldur's Gate*, 1998), 〈파이널 판타지〉(*Final Fantasy*, 1987) 등이 대표 작품이다.

MMORPG(*massively multi-player online role playing game*)는 수많은 이용자가 온라인상에서 역할을 수행하는 게임이다. 〈리니지〉(*Lineage*), 〈라그나로크〉(*Ragnarok*), 〈아이온〉(*AION*) 등이 있다.

SS(*strategy simulation*)는 전략 게임을 말하는데 현실과 유사한 사이버공간에서의 경험을 유도하는 게임이다. 〈커맨드 앤 컨커〉(*Command & Conquer*, 1995)와 같은 비행시뮬레이션 게임 등이 대표적이다.

RTS(*real time strategy simulation*)는 실시간 전략 시뮬레이션 게임을 말한다. 〈스타크래프트〉(*StarCraft*, 1998)가 대표적이다.

FPS(*fires person shooting*)은 1인칭 슈팅게임이다. 캐릭터의 시점에서 적을 공격하는 방식이다. 다양한 형태의 공격과 방어가 가능하다. 〈서든어택〉(*Sudden Attack*), 〈스페셜포스〉(*Special Force*), 〈솔저 오브 포춘〉(*Soldiers of Fortune*) 등이 있다.

시뮬레이션 게임 장르는 컴퓨터로 하는 모의 게임이다. 실제와 같이 사실적이고 합리적인 다양한 상황을 전개해 실험한다. 〈심시티〉(*Sim City*, 1989), 〈시저 3〉(*Caesar* Ⅲ, 1998)가 대표적이다.

출처: http://blog.ncsoft.com/?p=2118

〈그림 8-1〉
NC소프트가 제작한
MMORPG 〈리니지 2〉

어드벤처 게임은 플레이어가 주인공으로 참여해 스토리를 진행하는 것으로 게임환경과 텍스트 상호작용으로 이뤄진다. 탐험, 여행, 추리, 퍼즐 맞추기 등으로 이뤄진다. 대표 작품으로는 〈원숭이 섬의 비밀〉(*The Secret of Monkey Island*, 1990)로부터 시작되는 원숭이 섬 시리즈, 〈화이트데이: 학교라는 이름의 미궁〉(2001)이 있다.

캐주얼 게임은 짧은 시간에 간단한 조작으로 즐기는 게임을 말한다. 〈팡야〉(*pangya*), 〈오디션〉(*Audition*), 〈카트라이더〉(*Kart Rider*) 등이 있다.

릴 게임은 릴(*reel*)이 돌아 숫자 혹은 도형의 조합에 의해 점수를 획득하는 게임을 말한다. 〈바다이야기〉, 〈황금성〉 등이 있다.

게임의 사회적 영향

게임은 즐거움을 목적으로 하는 오락에 포함되는 만큼 그 사회적 영향은 적지 않다. 특히, 이용자가 게임에 탐닉하거나 지나치게 몰입함으로써 나타나는 부정적 영향에 대한 논의는 그동안 빈번하게 이루어졌다. 어린이와 청소년을 비롯해 성인에 이르기까지 다른 사행(射倖)산업에서 살펴볼 수 있었던 과(過)몰입이나 중독, 게임 아이템 거래에 따른 파생적 부정효과 등이 적지 않았다.

게임은 법적 용어로 '과몰입'이라는 개념을 활용한다. 과몰입은 게임의 지나친 이용을 통한 이용자의 다양한 문제점을 포괄한다. 과몰입은 흔히 게임중독과 유사한 개념으로 설명할 수 있다. 게임 과몰입이 한 번 생기면 빠져나올 수 없는 병리적 현상인지, 단순히 게임이용자의 스트레스를 해소하기 위한 과도한 행동인지에 대해 명확한 연구가 적다. 다만, 정부는 게임의 지나친 이용을 방지하기 위해 '셧다운 제도'를 통해 청소년의 야간 게임이용을 제한한다.

반면, 온라인 게임 중독을 사회적 질병으로 접근하는 경우도 적지 않다. 중독은 시간이 지나가는 것을 자각하지 못한 상태로 사회적 격리와 게임에서 이루어지는 사이버공간 내의 상호작용이 핵심이 되는 상태이다. 이에 따라 정상적 사회생활이 어려울 뿐만 아니라 가족이나 친구로부터의 격리, 게임 아이템 확보를 위한 과도한 집착 및 사회적 문제를 일으키기도 한다. 심지어 게임은 도박, 마약, 알코올에 이은 중독 질병 가운데 하나로 진단받기도 한다.

한편, 게임이 사회적으로 부정적 효과만 있는 것은 아니다. 게임의 긍정적 기능도 많다. 우선, 게임은 적정하게만 이용한다면 낮은 비용으로 일반 이용자의 여가시간을 재미있게 보낼 수 있는 도구적 기능이 있다. 시간이나 공간적 제약 없이 이용자가 자유롭게 몰입하고 스트레스를 해결할 수 있다는 점에서 게임은 사회구성원의 동질적 여가수단을 제공한다.

다음으로 게임은 인간의 사회관계를 활성화할 수 있는 이점이 있다. 같은 세대 친구 사이에서는 유대감과 공감대를 늘릴 수 있는 도구로서 게임이 활용되기도 한다. 가족구성원 간에서도 소통을 원활히 하고 가족정체성을 강화할 수 있는 이점을 만들 수도 있다. 그동안 단절되었던 사회구성원 간에 쉽게 접근 및 이용할 수 있는 게임이라는 도구를 통해 활발히 소통함으로서 친밀감을 높일 수 있다. 이와 같은 게임의 커뮤니케이션 활성화 부분은 후속적 연구가 필요하다.

게다가 게임을 활용해서 교육적 효과를 높일 수도 있다. 학습과 게임의 적절한 균형 분배를 통해 학생의 학습 의욕을 높이는 한편, 좋은 학습 결과에 대한 인센티브로 게임 시간을 부여하는 것도 가능하다. 최근의 기술발전을 바탕으로 교육용 게임 소프트웨어를 기획, 개발함으로써 게임을 통한 교육 방식도 다양하게 모색할 수 있다. 게임은 이용 여부에 따라 긍정적 또는 부정적 효과가 만들어지는 만큼 이용의 사회적, 교육적 효과를 높일 수 있는 정책이나 시장개발을 시도해야 한다.

게임산업의 특성

게임산업을 구성하는 요소를 살펴보면 다른 영상 콘텐츠 산업구조와 유사하다. 가령, 게임 개발자 역할은 영화제작자와 유사하며, 게임배급을 담당하는 퍼블리셔는 영화배급사와 같은 의미이다. 게임제공사업자는 영화를 상영하는 극장 역할과 유사하다. 게임산업의 특성을 살펴볼 때 기존 영상 콘텐츠나 출판산업의 영향을 받아 산업 구성사업이나 사업자 분류가 이루어짐을 이해할 수 있다.

그동안 게임산업을 구성하는 핵심 요소는 게임의 개발자나 개발사, 퍼블리셔, 유통사업자 등으로 지칭되었다. 이들 이름은 콘텐츠를 제작하고 투자하고 유통시키는 사업 및 사업자 분류를 그대로 활용한 것이다. 그러나 최근에는 게임산업을 규정하는 법률(《게임산업진흥에 관한 법률》)에 근거해 이들의 이름이 '게임제작업', '게임배급업', '게임제공업' 등으로 바뀌었다.

법적 개념에 근거해 게임산업 및 분류를 살펴보면 다음과 같다. 우선, 게임산업은 법적으로 게임물이나 게임상품(게임물을 이용해 경제적 부가가치를 창출하는 여러 가지 재화나 서비스 등)의 제작이나 유통, 이용제공 및 이에 대한 서비스와 관련된 산업으로 규정한다. 게임산업에 게임물을 포함해 인접 게임상품이나 서비스 영역까지 포괄적으로 포함한다.

게임산업을 구성하는 세부적 사업은 크게 3가지로 구분할 수 있다.

첫째, 게임제작업은 게임물을 기획하거나 복제해 제작하는 영업을 나타낸다. 기존의 게임 개발사업과 유사하다. 창의적으로 새로운 게임을 기획, 제작하는 사업을 담당하게 된다. 게임제작업에 포함되는 사업자는 거대 게임배급업자를 포함해 중소 규모의 작은 사업자까지 다양하게 구성할 수 있다.

둘째, 게임배급업은 게임물을 수입(원판 수입을 포함한다)하거나 그 저작권을 소유·관리하면서 게임제공업을 하는 자 등에게 게임물을 공급하는 영업을 의미한다. 기존의 게임 퍼블리셔와 같은 역할을 담당하는 사업 및 사업자를 나타낸다.

게임배급업자는 게임제작업자에게 특정 게임을 제작하도록 하청을 줄 수도 있으며 자체적으로 게임을 개발할 수도 있다. 이들은 게임의 기획, 마케팅 등 제반 업무를 총괄하기 때문에 실질적으로 국내 게임산업을 끌어가는 역할을 담당한다. 게임배급업자는 게임에 대한 투자기능이 크기 때문에 게임산업 내 시장 지배력을 가질 수 있다.

셋째, 게임제공업은 공중이 게임물을 이용할 수 있도록 이를 제공하는 영업을 나타낸다. 일종의 게임물 유통을 담당하는 플랫폼 사업자가 해당될 수 있다. 특히, 온라인 게임물에서는 인터넷 포털이나 모바일 사업자를 게임제공업에 포함할 수 있다. 이외에 구글이나 애플 등 글로벌 온라인 사업자도 모두 국내에서는 게임제공업자에 포함될 수 있다.

게임의 미래와 쟁점

사행성 및 중독성 오락과 미래의 성장산업이라는 경계에서 게임산업의 위상이 겹친다. 국내에서 게임은 중독성 강한 오락물로 청소년이나 성인에 대한 접근 규제가 이루어진다. 게다가 담배, 술, 마약 등과 함께 규제해야 할 4대 중독물로 게임이 지정되면서 게임에 대한 해악 논란으로 게임이 제도적으로 규제되기도 했다. 이로 인해 청소년의 게임 이용시간을 제한하는 셧다운 제도와 다양한 방식의 게임물 등급심의 제도를 운영한다. 뿐만 아니라, 게임을 바탕으로 승부조작이나 사행성 조장 등의 부정적 효과도 적지 않았다. 〈스타크래프트〉와 연계된 승부조작 등의 쟁점으로 인해 국내에서 흥행이 시작된 E스포츠(*E-sports*)의 성장세가 많이 약화되었다.

반면, 온라인 및 모바일 게임이 미래의 성장산업으로서의 역할도 분명하게 인정받는다. 해외수출이 가능할 뿐만 아니라 온라인을 통한 글로벌 이용자의 네트

〈그림 8-2〉
VR 게임

워크 경제가 가능하다는 이점이 있다. 해외시장을 다른 방송영상 콘텐츠의 해외 수출보다 더 큰 규모로 개척할 수도 있다. 모바일 메신저와 새로운 디지털플랫폼을 통해 간편한 모바일 게임시장은 더욱 성장한다. 게임시장의 확대가능성이나 산업으로서의 발전가능성이 많음을 의미한다.

한편, 새로운 기술의 도입으로 게임산업은 더욱 진화한다. 가상현실 게임에서부터 드론이나 로봇 등 다양한 기술과 게임이 융합된다. VR 기술로 인해 게임을 2차원이 아닌 3차원 공간에서 새로운 실재감을 갖고 몰입할 수 있는 기술적 시스템은 더욱 발전한다. 이는 게임이용자의 게임물 이용경험의 폭과 깊이를 심화시키는 계기로 작동한다. 물리적 공간이나 시간 개념을 극복하고 새로운 사이버 공간에서의 상호작용이 현실화된다. 게임 콘텐츠 자체가 다양한 이용자의 상호작용과 몰입감을 바탕으로 기획되고 제작되며 유통되는 만큼 새로운 커뮤니케

VR 게임
가상현실에 기반을 둔 기술을 활용한 게임이다. 실제의 현실에는 존재하지 않는 새로운 시간 및 공간 차원에서 3D 기술 등을 통해 입체감이나 새로운 이용자 경험을 제공하는 미래 게임 방식이다.

이션의 기술발전은 게임의 산업적 공간을 더욱 확대할 수 있을 것이다.

게임산업의 글로벌화는 국내 게임업체 모두에게 한류(韓流)와 같은 미래의 방향이다. 그러나 최근 애플이나 구글 외에 페이스북과 같은 글로벌 SNS 사업자가 국내시장으로 다시 진입한다. 페이스북은 국내시장에서 2017년부터 게임 플랫폼 서비스를 다시 제공하기로 알려졌다. 지난 2014년 페이스북은 사전심의 규제를 받지 않는다는 목적으로 플랫폼에서의 국내 게임 서비스 제공을 중단했다. 국내 사전심의 규제가 자율심의 규제로 변경되면서 페이스북의 국내 게임물 제공 서비스는 빠르게 진행될 것으로 보인다. 이는 국내 게임제작업자에게는 이점을 제공하는 반면, 게임배급 및 제공업자에게는 새로운 경쟁환경을 마주하게 된다는 뜻이며 게임산업의 경쟁공간이 국내시장만으로 제한되지 않는다는 것을 살펴볼 수 있다.

토의

01. 게임에 몰입하는 이유는 무엇인가.
02. 게임의 미디어적 요소는 무엇인가.
03. 게임의 긍정적 · 부정적 효과는 무엇인가.
04. 게임산업을 구성하는 세부적 사업자는 무엇이 있는가.
05. 새로운 기술에 바탕을 둔 게임의 미래에 대해 어떻게 평가할 수 있는가.

다채널 유료방송 09

유료방송의 개념과 역사

국내 방송산업 규모는 매년 지속적으로 성장한다. 종합유선방송 초기인 1997년 방송산업 규모가 3조 2,582억 원이었던 것이 2014년 말 기준으로 14조 7,229억 원으로 크게 증가했다. 지상파방송의 성장은 지체된 반면, 유료방송인 IPTV, 종합유선방송, 위성방송 그리고 홈쇼핑을 포함한 프로그램 산업은 꾸준한 성장세를 보인다(방송통신위원회, 2015).

1. 유료방송의 개념정의와 특징

유료방송이란 비용을 지불하고 시청하는 방송을 의미한다. 대중이 방송도 돈을 내고 시청한다는 점을 이해하기 시작한 것은 그리 오래되지 않았다. 우리나라 방송은 정책과 산업 모든 측면에서 지상파방송을 중심으로 상당 기간 운영되었다. 시청자 역시 오랜 세월 '방송=지상파'로 인식했다. 유료방송은 지상파 전송에서 시작되었고 지상파방송의 보조 서비스로 간주되었다(대한민국유료방송 50년사, 2015). 대표적 유료방송으로 종합유선방송, 위성방송, IPTV 그리고 스마트TV 등이 있다.

종합유선방송이란 '종합유선방송국'을 운영하며 전송망을 이용해 행하는 방송'을 말한다. 일반적으로 케이블TV라고도 불린다. 지역별로 운영되는데 대표적 SO로 티브로드, CJ헬로비전, 딜라이브, CMB, 현대HCN 등이 있다. 케이블TV는 지상파방송을 수신해 중계송신하는 중계유선과 종합유선방송을 포함한다.

위성방송은 '인공위성의 무선설비를 이용해 방송을 행하는 사업'이다. 위성방송은 적도 36,000km 상공의 정지궤도에 있는 인공위성을 이용한다. 스카이라이프가 운영하는 한국디지털위성방송이 있다.

IPTV는 법적 용어로 '인터넷 멀티미디어 방송'이다. IPTV란 '광대역 통합정보통신망 등을 이용해 양방향성을 가진 인터넷 프로토콜 방식으로 TV수상기 등을 통해 이용자에게 방송프로그램과 전자상거래 등의 콘텐츠를 제공하는 방송'을 말한다. 국내는 KT의 올레tv, SK브로드밴드의 B TV, LG U플러스의 U플러스 TV가 있다.

방송채널사용사업(*program provider* · PP)은 '지상파방송 사업자 · 종합유선방송 사업자 또는 위성방송 사업자, IPTV 사업자의 특정 채널 전부 또는 일부 시간에 대한 전용사용계약을 체결해 그 채널을 사용하는 사업'을 말한다. 대표적 사업자로 CJ E&M, KBSN, MBC플러스, SBS플러스, 보도채널 YTN, 종합편성채널 등이 있다.

스마트TV는 법적 용어가 아니다. 방송통신위원회는 스마트TV를 '디지털 TV에 운영체제 및 인터넷 접속기능을 탑재해 실시간 방송뿐 아니라 VOD 게임 검색 날씨 등 다양한 콘텐츠를 편리한 이용자 환경(UI)에서 이용할 수 있는 TV'로 정의했다. 많은 연구자의 정의에 따르면 ①운영체제, ②인터넷 접속, ③웹 및 콘텐츠 등 3가지 요소를 공통적으로 지적한다(박성철 · 이승엽, 2014).

2. 유료방송의 역사

유료방송의 효시는 1957년 도입된 유선 라디오 방송이다. 정부는 라디오가 제대로 보급되지 않은 농어촌 지역에 계몽과 정부홍보를 목적으로 앰프와 스피커를 마을 단위로 배포했다. 정부의 유선 라디오 방송정책이 호응을 얻자 민간에서 소규모로 라디오를 유선 중계하는 사업자가 나타났다.

KBS TV가 1961년, TBC TV가 1964년, MBC TV가 1969년 전파를 내보내면서 우리나라도 TV방송 시대가 본격적으로 시작되었다. 중계유선은 1960년대 지상파시대를 맞이해 지상파 수신이 제대로 되지 않는 지역에 대한 중계 필요성에 따라 도입되었다. 1970년대는 경제개발의 결과로 국민소득이 향상되어 TV가 널리 보급되었다. 여전히 난시청지역은 전국 곳곳에 산재했다. 중계유선방송은 가시청 지역을 확대함으로써 TV 문화 확산에 크게 기여했다.

1980년 컬러 TV 방송이 시작된 이때 중계유선방송은 사회적으로 지탄받는 대상으로 전락한다. VTR이 1980년부터 국내에서 생산 · 보급됨에 따라 저질 비디오 문화인 외설, 폭력 프로그램을 전파한다는 비난이 쏟아졌다. 대도시를 중심으로 성행하는 중계유선방송은 유흥가, 호텔 등을 대상으로 하는 집단적 가입자를 확보하므로 사회문제의 온상으로 지탄받았다(대한민국 유료방송 50년사, 2015, 40쪽).

1987년 제13대 대통령 선거공약 중 노태우 후보에 의해 종합유선방송의 도입이 최초로 언급되었다. 지상파방송의 주파수가 포화상태에 있는 현실에서 다채널 활용이 가능한 종합유선방송, 위성방송 등 뉴미디어 도입이 필연적이고 대량의 정보전달 수단으로 종합정보통신망 구축이 필요불가결한데 종합유선방송은 중추매체이며 외국 위성방송에 대응하기 위해 종합유선방송의 조속한 시행이 필요하다는 것이 도입 배경이었다.

이러한 명분과 달리, 정치적 목적에 따라 도입했다는 주장도 있다. 당시 언론통폐합으로 방송에서 경쟁구도가 사라지면서 시청률이 올라가고 광고수입으로 경영이 안정되자 방송인은 정부에 도전하기 시작하고 KBS는 장기 제작거부에 돌입했다. 이에 위기를 느낀 정부는 SBS를 탄생시켰고 힘의 분산을 위해 종합유선방송을 탄생시켰다는 것이다(이상식, 2008).

1995년 3월 종합유선방송이 출범하면서부터 본격적인 유료방송의 개념이 싹트기 시작했다. 하지만 지상파 체제에 익숙하거나 중계유선방송을 당연시하는 상황에서 방송은 저렴하게 혹은 무료로 본다는 오랜 통념과 싸워야 했다. 또한 무허가, 불법 등의 떳떳하지 못했던 과거와 선을 긋고 방송으로서 사명을 갖고 그에 합당한 서비스를 시작했지만 주변 상황은 녹록지 않았다. 유료방송을 표방했지만 서비스 시작과 동시에 무료로 방송해야 하는 비정상적 상황을 맞아야 했다.

종합유선방송은 국책사업으로 정부의 육성정책과 함께 엄격하게 규제받았다. 가장 대표적인 사례가 삼분할 정책이다. 삼분할 체제는 종합유선방송에 필요한 SO, PP, NO 사업의 겸영을 금지하는 것으로 전송망의 설치를 둘러싼 사업자 간 협조가 제대로 이루어지지 않는 문제를 초래했다. 망이 없는 사업에 대한 미래 불안으로 중계유선사업자는 종합유선방송 사업에 참여하지 않았다. 종합유선방송 사업에 참여하지 않은 중계유선은 케이블TV 확산에 걸림돌로 작용했다. 중계유선은 지상파 프로그램을 분야별로 편집 방송하는가 하면 뉴스 또는 광고 방송을 불법으로 제공해 양 사업자 간에 갈등이 발생했다.

MPP(복수 방송채널사용 사업자)
MSP(복수 종합유선 · 방송채널사용 사업자)

MPP는 2개 이상의 방송채널을 운영하는 사업자를 지칭한다. 대표적 MPP로는 지상파방송사와 CJ E&M이 있다. 반면, MSP는 복수의 방송국을 소유한 종합유선방송 사업자가 복수의 방송채널을 소유한 경우를 말한다. CJ 헬로비전, 티브로드, 현대HCN 등이 대표적 MSP이다.

종합유선방송이 안착되기도 전에 IMF 외환위기로 유료방송산업은 위험에 직면했다. 김대중 정부는 경제적 차원에서 신자유주의를 도입하면서 구조개혁, 탈규제정책을 개혁적으로 추진했다. 1999년 〈종합유선방송법〉을 개정하면서 삼분할 사업자 간 경영 허용, MSO, MPP 허용, 대기업 및 언론사의 SO 지분소유 허용, PP의 외국인 지분제한 완화, 전송망 등록제로 변경, SO의 자가망 설치 허용 등이 이루어졌다. PP 진입규제도 허가제에서 등록제로 전환했다. 1999년 지상파방송 중 SBS가 한국골프채널을 인수하면서 본격적인 지상파방송의 PP 진출이 이루어졌다. 채널 묶음(*tiering*) 제도의 도입과 두 차례에 걸친 중계유선방송의 종합유선방송 전환 승인으로 종합유선방송의 가입자가 크게 증가했다.

2002년 위성방송의 등장으로 새로운 경쟁체제가 도입되는 듯했으나 종합유선방송사의 반발로 위성방송사의 지상파 재전송이 한동안 중단되면서 위성방송의 가입자 확보가 어려웠다. 케이블TV는 외형적으로는 성장했지만 중계유선 가입자가 그대로 종합유선방송 가입자로 넘어오면서 중계유선의 저렴한 요금도 그대로 전이되며 제대로 된 가격형성이 어려웠다. 이는 아직까지도 디지털 전환이 되지 않은 아날로그 케이블TV의 요금에 영향을 미친다. 결국 이러한 낮은 서비스 가격이 PP의 수신료 배분율을 낮추었다. PP의 낮은 수신료는 PP 자체제작을 하거나 고품질의 프로그램을 수급하는 데 장애요인으로 작용한다.

방송과 통신의 대표적 융합매체인 IPTV는 도입 이전부터 수많은 논란을 초래했다. 논의핵심은 IPTV를 방송으로 볼 것인지, 통신으로 볼 것인지에 있었다. 구 정보통신부는 통신으로 규정해 〈통신법〉상 부가통신사업으로 분류해 완화된 규제를 적용하자는 입장이었고 구방송위원회는 방송으로 규정해 케이블TV와 같은 〈방송법〉상 규제를 적용한다는 규제기관 간의 갈등이 심했다. IPTV를 도입하는 과정에서 수직적 규제체계를 수평적 규제체제로 전환하는 법 개정이 이루어졌지만 결국 〈방송통신발전기본법〉만 만들어지고 실제 사업에 중요한 〈방송통신사업법〉은 제정되지 못해 반쪽짜리 법으로 제 기능을 수행하지 못하게 됨으로 수평적 규제체계의 도입은 유예되었다.

2009년 IPTV가 시작되면서 유료방송의 영역과 저변은 훨씬 넓어졌다. IPTV의 도입으로 통신사업자의 유료방송 진출이 이루어졌다. 국내 유료방송 시장에 거대자본이 들어왔고 마케팅이 본격화되었다. 특히, 자체 망을 통한 초고속 인터넷과 인터넷 전화, 방송 서비스뿐만 아니라 무선통신을 활용한 모바일 서비스에 이르는 결합 서비스의 등장으로 유료방송 시장은 무한경쟁 체제에 돌입했다. IPTV는 통신사업자의 결합상품 출시와 인터넷 검색기능 추가 등 다양한 서비스뿐만 아니라 OTS 등 저가 결합상품 출시에 힘입어 당초 예상보다 빠른 2014년

〈그림 9-1〉
유료방송사업자 로고

8월에 가입자 1천만을 돌파하는 등 매년 큰 폭으로 가입자 수를 늘려가며 국내 유료방송 시장의 지형을 흔든다.

최근에는 삼성이나 LG와 같은 국내 가전사가 스마트TV에 관심을 기울이고 지상파방송사와 케이블TV사가 N스크린 서비스(한 번 구매한 콘텐츠를 스마트 기기와 PC에서 끊김 없이 볼 수 있는 서비스)를 제공하면서 새로운 경쟁시대에 접어들었다. 스마트TV는 케이블TV나 IPTV가 제공하는 유선망이나 셋톱박스를 통하지 않고도 유료방송 이상의 서비스 제공이 가능하다. 다채널방송 서비스는 물론 OS를 통해 다양한 앱을 다운받을 수도 있다. 나아가 개방형 인터넷도 이용이 가능하다.

지상파방송사의 콘텐츠연합 플랫폼은 2012년 7월 유료방송 상품 '푹'(Pooq)을 출시했다. KBS는 'K플레이어', MBC와 SBS는 '푹'이라는 브랜드명으로 N스크린 서비스를 제공한다. 푹 제공채널 가운데 특이한 것은 지상파방송사의 각 채널에서 장르별 프로그램을 모아 만든 연합채널인 푹 채널이다. 최근 들어 스마트TV가 VOD뿐만 아니라 실시간 서비스를 제공한다. 푹 이외에도 , KBS의 K, CJ헬로비전의 Tving, 현대HCN과 판도라의 에브리원TV, KT의 올레tv나우팩, SK브로도밴드의 Btv모바일, LG U플러스의 U플러스HDTV, 카카오의 다음tv팟, 아프리카의 아프리카TV 등이 있다. 2015년 기준 스마트TV 이용자 수는 2,300만 명(유료 10~20%)이며 모바일 TV를 중심으로 성장할 것으로 예상한다(방송통신위원회, 2015).

다채널 유료방송의 사업구조

유료방송 사업구조는 다음 그림과 같다. 다양한 플랫폼 사업자(케이블TV SO, 위성방송, IPTV)는 방송채널사용 사업자(PP)로부터 콘텐츠를 제공받고 그 대가로 콘텐츠 사용료를 지불한다. 각각의 플랫폼 사업자는 광동축 혼합망인 케이블TV 망(*hybrid fiber coaxial*·HFC), 무궁화 위성, IPTV의 광망(*fiber to the home*·FTTH) 등을 활용해서 이용자에게 서비스를 제공하고 수신료를 받는다. 플랫폼 사업자는 망사용에 따른 대가를 망사업자에게 지불한다. PP나 플랫폼 사업자는 광고주에게 광고를 판매하고 광고주는 PP나 플랫폼 사업자에게 광고비를 집행한다.

〈그림 9-2〉 유료방송 사업구조

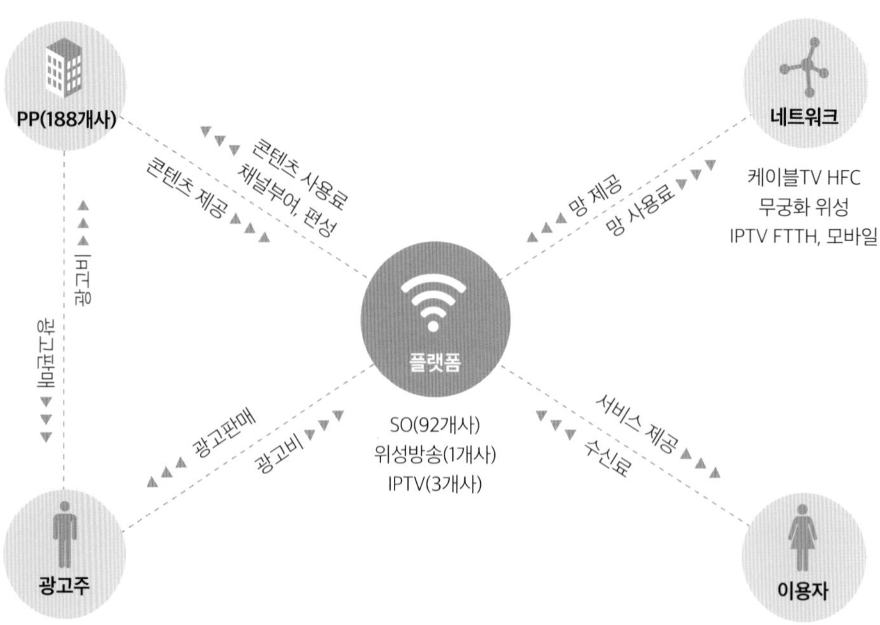

1. 유료방송의 플랫폼

1) 유료방송 플랫폼의 개념

플랫폼의 개념은 정류장이나 기차역의 승강장을 의미한다. 플랫폼은 어떤 목적을 이루기 위해서 반드시 거쳐야 하는 영역이다. 플랫폼은 중개(*mediation*)의 의미이다. 즉, 유료방송은 송출시설을 갖추고 PP와 가입자를 중개하는 역할을 수행한다.

유료방송 플랫폼 사업자는 법상 엄격한 규제를 받는다. 시장에 진입할 때 허가를 받아야 한다. 규제가 필요한 이유는 주파수의 희소성과 편성권 때문이다. 디지털화되면서 가용주파수는 크게 증가했지만 주파수의 한계로 인해 자격을 가진 소수 사업자만이 플랫폼을 소유·운영할 수 있다. 플랫폼 사업자는 PP로부터 콘텐츠를 받아 플랫폼을 디자인하는 편성권을 가지며 법적으로 보장되었다.

유료방송 플랫폼은 기본 방송채널 서비스 외에 VOD나 PPV(*pay per view*)를 제공한다. 케이블TV의 경우, 초고속 인터넷 서비스나 인터넷 전화(*voice over internet protocol*·VOIP) 서비스를 제공한다.

SO는 위성방송이나 IPTV사와 경쟁하기 위해 여러 개의 SO(MSO)를 운영하거나 PP와 수직적으로 결합(MSP)한다. 현재 5개의 주요한 MSO가 있다. CJ헬로비전, 티브로드, 딜라이브, 현대HCN, CMB가 전국 92개 SO중 82개를 소유했으며 이상 5개사가 종합유선방송 매출액의 89.2%를 점유한다(방송통신위원회, 2015). 이러한 결합을 통해 규모의 경제적 효과를 추구한다. 한편, IPTV를 운영하는 KT는 스카이라이프와의 합병을 통해 방송과 통신의 결합상품을 출시해서 가입자를 확보했다.

2) 유료방송의 채널 구성과 운영

〈방송법〉에 따르면 케이블TV와 위성방송 사업자는 채널 다양성을 확보하기 위해 70개 이상의 채널을 구성, 운영해야 한다. 채널 구성에서 유료방송 사업자는 첫째, 여러 유형의 채널이 포함되도록 편성해야 하며, 둘째, 특정 장르 및 내용에 치중하지 않고 다양한 장르의 프로그램을 제공해야 한다. 방송통신위원회가 제시한 방송 프로그램 분야를 모두 포함시켜야 한다. 유료방송은 상업적이지만 공공 채널, 의무전송(*must carry*) 채널, 기본 서비스 채널, 유료 서비스 채널, 접근 채널, 지역 채널도 포함해야 한다. 이 중에서 공공 채널, 기본 서비스 채널, 유료 서비스 채널, 지상파 의무전송 채널, 홈쇼핑 채널, 종합편성 채널은 PP가 공급하는 채널이다. 플랫폼 사업자는 지역 채널 및 임대 채널, 직접사용 채널을 운영한다.

유료방송의 채널 서비스는 기본 서비스와 유료 서비스(*premium service*)로 구분된다. 기본 서비스는 채널 사업자가 제공하는 채널을 비롯해 지상파방송의 의무전송 채널, 공공 채널, 지역 채널, 임대 채널(*leased channel*)을 포함한다. 기본 서비스는 가입자가 기본 시청료만 지불하면 추가요금을 받지 않고 시청할 수 있으며 상업광고가 편성된다. 기본 서비스는 공익적 성격의 프로그램을 제공하는 채널과 상업적 채널로 구성된다. 상업적 채널은 편성내용 유형에 따라 종합편성 채널, 뉴스/정보, 종교, 어린이, 스포츠, 교육, 음악, 예술문화, 영화/드라마, 취미/레저, 만화, 홈쇼핑 채널 등을 포함한다.

채널 구성에서 의무적으로 제공되는 채널은 다음과 같다. 첫째, 공공 채널은 공공성을 강조하는 채널로서 방송대학 채널, 외국인을 위한 아리랑 채널, KTV가 있다. 둘째, 의무전송 채널은 의무전송 규정에 따라 지상파방송 채널(KBS1과 EBS 채널), 승인받은 종합편성채널, 홈쇼핑 채널이 있다. 셋째, 지역 채널은 케이

〈그림 9-3〉
홈앤쇼핑 방송 장면

블TV가 지역독점사업이므로 지역밀착화를 위한 정보 및 프로그램을 제공하는 채널이다.

유료 서비스는 해당 프로그램 서비스를 시청하기 위해 일정액의 추가요금을 부담해야 한다. HBO와 같은 영화 채널이나 성인 채널이 대표적이다. 주로 영화, 성인물, 스포츠와 같이 인기 있고 경쟁력 있는 오락성 프로그램을 제공하며 이용하는 채널마다 서비스 요금을 따로 지불해야 하고 상업적 광고는 배제된다. 따라서 제공되는 프로그램이 기본 서비스와는 차이가 있다. 영화의 경우 최신 영화나 심의규정이 완화된 내용을 제공한다.

3) 채널 배치

유료방송에서 채널 배치는 중요하다. 낮은 채널 번호, 특히 지상파 인접 채널과 높은 번호 채널은 시청률에 영향을 미치고 광고의 매출이나 홈쇼핑의 매출로 이어진다. 〈방송법〉상 플랫폼 사업자는 채널 편성권인 채널지정 권한을 가졌다. 오락성이나 대중성이 높은 채널(지상파와 지상파 계열 PP, 종합편성채널, 홈쇼핑, CJ E&M 계열 PP 등)은 접근성이 좋으며 지상파방송과 인접한 낮은 채널 번호 대에 배치한다.

홈쇼핑 채널은 지상파 채널 사이나 지상파 인접 채널에 배정되었다. 홈쇼핑 채널이 낮은 번호의 채널을 배정받고 플랫폼 사업자에게 제공하는 '홈쇼핑 채널 수수료'로 인해 플랫폼 사업자는 경영상 많은 도움을 받는다. 4개나 되는 종합편성채널을 승인하면서 방송통신위원회는 정책적으로 지상파 인접채널을 배정하자 기존 PP는 심하게 반발했다. 이러한 채널정책은 종합편성채널의 조기 정착에 기여했다.

4) 채널 묶음

채널 묶음은 유료방송 마케팅의 중요한 전략이다. 채널 묶음이란 채널을 여러 유형으로 묶어 제공하는 것이다. 유료방송 사업자 입장에서는 요금을 단계적으로 올리기 위한 전략이다. 가입자는 가격에 따라 원하는 채널 묶음 상품을 선택할 수 있다. 가장 저렴한 채널 묶음의 경우, 가입비의 부담을 덜어줌으로써 보다 많은 가입자를 확보할 수 있다. 국내에서는 중계유선에 대응하기 위해 국민형, 보급형 채널 묶음을 제공함으로써 중계유선 가입자를 종합유선방송으로 전환시키는 데 매우 효과적으로 활용되었다.

채널 묶음은 정확한 원칙이 있는 것이 아니다. 지역의 특성, 방송 사업자의 편성전략, 플랫폼 사업자와 채널 사업자 간의 관계, 정부의 정책 등에 따라 차별화된다. 국내에서 제공되는 채널 묶음은 ①국민형 채널 묶음(최저 수준의 채널 묶음), ②보급형 채널 묶음(국민형 채널에 몇 개 채널을 추가), ③선택형 채널 묶음(보급형 채널에 추가비용 지불, 교양형, 오락형, 교육형 채널 묶음), ④기본형 채널(유료채널 제외한 모든 채널 묶음) 등이 있다.

5) 지역 채널과 직접사용 채널

케이블TV는 프랜차이즈(*franchise*)라고 불리는 지역 독점사업권을 부여받는다. 전국 사업권을 가지는 IPTV나 위성방송과는 다른 차이점이다. 독점운영권을 획득함에 따라 의무가 주어지는데 바로 지역 채널 운영이다. 지역 채널에서 방송할 수 있는 프로그램은 단순 사건, 사고 보도나 지방자치단체의 홍보 프로그램만으로 제한한다. 해설과 논평을 금지해 논란이 인다. 위성방송은 지역 채널이 없는 대신 직접사용 채널을 운영한다. 대기업 소유의 IPTV 경우, 대기업이 여론에 미칠 영향력을 우려해 직접사용 채널 운영조차 허용하지 않는다. 케이블TV, 위성방송, IPTV는 동일 시장으로 획정된 유료방송 매체이지만 이러한 비대칭 규제를 적용해 '동일 서비스, 동일 규제' 원칙을 적용해야 한다는 주장이 제기된다.

6) 유료방송 상품 특성

유료방송 상품은 크게 아날로그방송 상품과 디지털 방송 상품으로 구분할 수 있다. 아날로그 상품에는 아날로그 케이블TV가 있고 디지털 상품에는 디지털 케이블TV, 위성방송, IPTV가 있다. 유료방송 상품의 제공기능은 ①화질, ②실시간 방송, ③주문형 비디오(VOD), ④양방향 서비스의 4가지로 구분된다. 아날로그 케이블TV는 가격이 저렴하다는 장점이 있으나 실시간 방송만 제공되고 VOD나 양방향 서비스는 제공되지 않는다. 또한 화질이나 채널 수에서도 디지털 방송 상품보다 떨어진다. 위성방송은 고화질이나 다양한 채널 라인업(*line up*)에 강점이 있다. 반면, VOD는 서비스 제공에서 다소 제한적이며 다양한 양방향 서비스가 제공되지 않는다.

디지털 케이블TV와 IPTV는 제공 기능 면에서 매우 유사한 특성이 있다. 두 서비스 모두 실시간 방송, VOD, 양방향 서비스 등이 모두 제공된다. 두 서비스 간에 다소 차이가 있다면 디지털 케이블TV는 IPTV에 비해 채널 수에서 강점을 보인다. 반면, IPTV는 디지털 케이블TV에 비해 VOD에서 강점을 보인다.

결합상품 판매가 유료방송 시장경쟁에 영향을 미친다. IPTV 3사는 모두 자체 이동전화 상품을 가져 결합판매가 가능한 데 비해 SO는 자체 이동전화 상품이 없어 이동전화와 비교해 열등재인 알뜰폰과의 결합상품밖에 판매할 수 없는 상황이다. 방송과 초고속 인터넷을 포함한 결합상품 가입자 수는 빠르게 증가한다. 가입자 유치경쟁이 심해지면서 방송 상품을 초고속 인터넷, 이동전화 등과 묶어 판매하는 과정에서 과도한 요금할인이나 경품제공 등의 불공정 행위가 발생한다.

2. 유료방송의 콘텐츠

무료 지상파방송과는 달리, 유료방송 콘텐츠는 채널 혹은 채널 묶음으로 제공된다. 근래 VOD가 활성화되면서 프로그램 단위로 제공되기도 한다. PP사업을 하기 위해 미래창조과학부에 등록하거나 승인을 얻어야 한다. 종합편성채널, 홈쇼핑, 뉴스전문 채널은 승인을 필요로 한다. 1993년 29개 PP가 허가를 받아 방송을 시작했다. 2014년 기준으로 승인받은 PP는 17개가 있다. 등록 PP는 사업계획서 심사 없이 일정 정도의 자본금과 규모를 갖추어 등록한다. 2014년 말 기준으로 164개의 등록 PP가 있다. 승인과 등록을 마친 PP는 총 181개에 달하는데 PP 채널 숫자는 2001년도 등록제 도입 이후 크게 증가했다.

유료방송 채널의 상당수는 MPP가 소유했다. 2014년 기준 CJ 계열 MPP의 보유 채널은 23개에 달한다. CJ 계열 MPP에 소속된 주요 채널은 tvN, 채널CGV,

투니버스, Catch On, OCN, NGC(National Geographic Channel), 중화TV 등이다. 방송사업 매출액 기준으로 23.2%를 차지한다. 2014년 기준 티브로드 계열 MPP의 보유 채널은 10개이며 총 4개 PP를 운영 중이다. 티브로드는 인수합병과 신규 채널 론칭 등을 통해 운영채널을 늘려 CJ에 이어 채널 수 기준 2위 사업자이다. 티브로드 계열 MPP에 소속된 주요 채널은 스크린, 폭스채널, FX, 챔프 등이다.

지상파방송 3사도 다수의 자사 계열 유료방송 채널을 운영 중이다. MBC 계열 주요 유료방송 채널은 MBC 드라마넷, MBC 스포츠 플러스, MBC 에브리원 등이다. KBS 계열 주요 유료방송 채널은 KBS 드라마, KBS N 스포츠, KBS Joy 등이다. SBS 계열 주요 유료방송 채널은 SBS 플러스, SBS 골프, SBS 스포츠(구 SBS ESPN) 등이 있다. 2014년 상위 5개 MPP가 방송사업 매출액의 57.4%를 점유한다.

1) PP와 플랫폼 사업자와의 관계

유료방송 시장에서 PP는 두 가지 재원으로 운영된다. 첫째, PP는 유료방송 시장에서 플랫폼 사업자에게 콘텐츠를 제공하고 플랫폼 사업자로부터 콘텐츠 사용료를 받는다. 둘째, 광고주에게 콘텐츠의 가치에 따라 제작비를 제공받는다. 광고가 콘텐츠 업계에 중요한 재원이고 PP 입장에서는 매출액의 대부분이 광고라는 점에서 광고주에게 제작비를 받는 형식은 유료방송사나 무료방송사 모두에게 중요하다.

유료방송 수신료는 PP가 플랫폼 사업자에게 채널을 공급하는 대가로 지급받는 프로그램 사용료를 의미한다. 플랫폼 사업자는 가입자로부터 받는 방송 수신료 수익 중에서 일부를 PP에게 프로그램 사용료로 지불하며 프로그램 사용료의 배분 비율은 변화했다. 수신료 배분계약은 플랫폼 사업자와 PP 간에 매우 중요하기에 매년 협상 때마다 민감하다.

PP 프로그램 사용료의 수신료 대비 지급비율이 지나치게 낮아졌다는 문제가 지속적으로 제기되었다. SO와 PP 간 거래에서 SO, PP 사업자 간 힘의 불균형으로 인해서이다. 2006년 방송위원회가 SO와 PP 간 공정한 대가 산정을 정착시키기 위한 목적으로 2007년까지 지급률을 전체 20%, 아날로그 25%, 디지털 30%로 올릴 것을 권고했다. 그러나 명확한 기준 및 강제수단의 부재로 인해 실효성 있게 시행되지 못했다. 2008년 방송통신위원회는 실효성 있는 조처를 취했는데 SO 재허가 심사 때 수신료 대비 PP 프로그램 사용료 지급률을 재허가 조건에 포함시켰다. 정책 결과, SO의 PP 프로그램 사용료 지급률이 상승했다.

종합유선방송사와 위성방송사 그리고 IPTV사 간에 경쟁이 심화되면서 양질의 PP를 확보하기 위해 불공정 행위가 빈번하게 발생했다. 경쟁매체를 배제하고 독점공급하는 경우이다. 예를 들면, CJ E&M과 같은 MSP사의 경우에는 CJ헬로비전의 경쟁력을 위해 경쟁사인 위성방송이나 IPTV사에 자사의 채널공급을 중단했다. 2012년 〈방송법〉 개정 결과, 방송통신위위원회는 방송 사업자의 이러한 불공정 행위와 시청자 이익을 저해하는 행위를 규제한다.

2) 유료방송 채널 시청률

일일 평균 TV 시청시간을 기준으로, 지상파 채널은 2002년 383분에서 2013년 272분으로 크게 감소한 데 반해, 같은 기간 유료방송 채널은 152분에서 235분으로 증가해 좋은 대조를 보였다(AGB닐슨미디어리서치). 그 차이가 현격하게 줄어드는 경향을 보여 유료방송 채널의 시청시간이 지상파 채널을 조만간 상회할 것이다.

유료방송의 최근 시청률 증가가 상당한 수준으로 이루어진다. 종합편성채널 진입과 대형 MPP사들의 방송 콘텐츠 경쟁력 강화 등의 결과이다. 유료방송의 시청률 상위채널은 주로 종합편성, 보도, 드라마, 만화, 영화 채널 등으로 구성되었다. 2008~2010년까지 시청률 기준 상위 3개 채널은 모두 지상파방송사 계열 PP에 소속된 채널이었다. 그렇지만 2011년 말 종합편성채널이 등장한 이후 수년 만에 4개 종합편성채널 모두 상위 시청률 채널로 자리 잡아간다.

3) 유료방송 편성과 제작

PP들이 새로운 제작과 실험적 포맷을 시도하면서 시청률 확대 및 질적으로 성장한다. 종합편성채널 출범과 콘텐츠의 증가, 한류 활성화 등 미디어기업에게 기회가 확대되면서 CJ E&M과 같은 주요 기업이 제작분야의 성장세를 잇는다. 그동안 지상파방송보다 낮게 평가받았던 케이블 드라마가 로맨틱 코미디와 수사물 등으로 새로운 전성기를 구가한다. 파격적 소재와 장르를 넘나드는 케이블 드라마가 성공했다. 로맨틱 코미디물인 tvN의 〈로맨스가 필요해〉는 일본 TBS에 수출되었고 역시 tvN의 〈꽃미남 라면가게〉(2011)는 케이블 드라마 중 역대 최고가로 일본에 판매되었다. OCN 〈뱀파이어 검사〉와 〈신의 퀴즈〉(2014), 〈특수사건 전담반 TEN〉(2013) 등이 마니아층을 형성하며 열렬한 지지를 받았다.

2010년 케이블TV로는 이례적으로 10%대 시청률을 돌파한 〈슈퍼스타 K〉는 출연진을 스타반열에 올리며 오디션, 서바이벌 프로그램의 인기몰이를 했다. 오디션 프로그램 열기는 지상파방송으로도 이어져 MBC 〈위대한 탄생〉, KBS 〈탑밴드〉, SBS 〈K팝 스타〉, 〈기적의 오디션〉 등이 화제가 되며 방송계의 새로운 유행을 만들었다. 실제로 가수 외에도 아나운서, 요리사, 모델, 연기자 선발 등 차별화되고 독특한 포맷을 무기로 시청자의 관심을 모았다.

〈그림 9-4〉
〈응답하라 1988〉

tvN의 드라마 〈응답하라 1997〉(2012), 〈응답하라 1994〉(2013)에 이어, 2015년 방영된 〈응답하라 1988〉과 같은 '응답' 시리즈물은 케이블TV가 도입된 이래 최고 시청률 19.6%를 기록하며 케이블TV의 역사를 다시 썼다는 평가를 받았다. 기존 기록은 엠넷의 〈슈퍼스타 K2〉(2010)가 기록한 18.1%였다. 지상파 드라마도 10%의 벽을 넘기 어려운 시기라는 것을 감안할 때 대단한 성적이었다. 또한 이 드라마에는 출생의 비밀과 복수, 패륜 같은 막장요소가 없었다. '응답' 시리즈는 현대사회에서 찾아보기 힘든 가족과 이웃 간의 정을 조망하며 전 세대를 아우르는 인기를 누리며 복고열풍을 불러일으켰다.

뉴스 시사 분야에서 유료방송 채널의 평가도 매년 좋아진다. 2015년 국내 지상파와 종합편성채널, 보도채널, 종합일간지, 인터넷신문 등 17개 미디어 가운데 가장 신뢰받고 유용한 미디어로 JTBC, 가장 공정한 미디어로 YTN이 선정되었다. 종합편성채널은 탄생한 지 불과 몇 년 안 되었음에도 불구하고 기존 언론사를 제치고 1위를 차지했다. YTN은 8년 연속 공정성 부문 1위를 차지했다. 2위는 JTBC가 뒤를 이었으며 SBS, 〈한국일보〉, 〈경향신문〉 등 순이었다. 지상파

3사는 매년 순위가 하락했다. 가장 영향력 있는 미디어에는 8년째 KBS가 부동의 1위였고 〈조선일보〉와 TV조선이 2위를 차지했다(미디어미래연구소, 2015). 문화체육관광부 여론집중도조사위원회가 실시한 매체별 영향력 조사에서 지상파TV 방송사의 이용점유율은 계속 감소하는 한편, 종합편성채널과 보도전문채널의 이용점유율은 크게 성장한다(문화체육관광부, 2016).

3. 유료방송의 네트워크

유료방송 네트워크는 플랫폼 사업자가 콘텐츠를 가입자에게 전달하기 위해 필요하다. 케이블TV 사업자나 IPTV 사업자는 유선망이나 무선망을 사용하며 위성방송은 위성체를 전송수단으로 활용한다. 케이블TV HFC는 방송에 최적화된 네트워크로 광전송로와 동축(구리선) 분배망이 혼합 구성된 망이다. 최근에는 디지털 방송뿐만 아니라 초고속 인터넷과 같은 데이터 전송, 다양한 방송과 통신의 융합형 서비스를 제공하기 위해 광대역 통합망으로 진화한다. 최근 네트워크 기술은 기가급 광대역 네트워크로 고도화하는 기술로 발전한다.

IPTV 네트워크는 실시간 채널과 양방향 서비스에 기초한 서비스 제공에 중점을 둔 1세대 IPTV 1.0 시대는 끝나가고 개인 맞춤형 서비스에 중점을 두어 이동단말로 HD급 동영상 시청과 개방형 서비스 제공이 가능한 IPTV 2.0 시대로 진입한다. 이어 3D, UHD 방송 등 실감형, 초고화질 서비스를 지원할 수 있는 IPTV 3.0 단계로의 진입을 목표로 한다.

IPTV 1.0 단계는 기본적으로 유선 네트워크 기반에서 고정형 단말을 중심으로 서비스를 제공한다. IPTV 2.0은 기존 IPTV의 시청장소와 단말유형, 제한된 콘텐츠 접속 등의 제약을 극복해서 언제 어디서나 어느 단말을 이용하든지 자유

UHD(*Ultra High Definition*) 방송
Full HD보다 4배 이상 선명한 해상도와 10채널 이상의 입체 음향을 제공하는 실감방송이다. UHD 기술로의 전환은 방송장비부터 소프트웨어, 부품, 콘텐츠와 서비스, 네트워크 및 디스플레이에 이르기까지 엄청난 수요를 창출한다. 우리나라는 2014년 4월에 유료방송을 중심으로 UHD 방송이 시작되었고 2017년 2월부터 세계 최초의 지상파 UHD 방송이 시작된다.

롭게 최적 서비스가 가능한 유·무선 통합 TV 서비스를 제공한다. IPTV 3.0에서는 실감 콘텐츠를 전송하기 위해 10기가급 기술이 적용된 FTTH 기반의 기가급 가입자 망으로 고도화가 필요하다. 최근 이동하면서 동영상을 감상하려는 가입자가 폭발적으로 증가하면서 모바일 IPTV 네트워크에 대한 관심도 증가한다(김희경, 2015).

위성방송 네트워크는 위성의 유형에 따라 구분된다. 방송위성을 이용하는 DBS(*direct broadcasting satellite*: 직접위성방송)와 통신위성을 이용하는 SCN(*space cable networke*: 위성 케이블 네트워크)으로 나눌 수 있다. 가입자 수신 측면에서는 집단수신 방식인 SMATV(*satellite master antenna television*: 위성 공시청 텔레비전)와 개인이 설치한 접시 안테나를 통한 개인 수신 형태가 있다. SMATV의 경우에는 아파트와 같은 공동주택에서 많이 활용한다.

4. 유료방송 이용자

1) 유료방송 매체별 가입자 비율

국내 유료방송 가입가구 비율이 90% 선에서 정체를 보이면서 유료방송 시장은 포화상태에 달했다. 2013년 기준 유료방송 가입자 총규모는 2,540만 명 수준이다. 2009년 IPTV 진입 이래 지속적인 증가세를 유지했다. 종합유선방송 가입자가 가장 많은 58%, IPTV가 34.3%, 위성이 16.5%, OTS가 8.8%를 차지한다. SO 가입자 비중은 지속적으로 감소하고 IPTV는 2009년 시장진입 이래 처음으로 30% 비중을 돌파했으며 성장세도 유료방송 매체 중에서 가장 현저하다. 위성방송 가입자의 변동 폭은 크지 않고 KT의 IPTV와 위성방송 결합상품인 OTS 가입자 비중은 점차 증가한다.

2) 지상파방송 채널과 유료방송 채널의 시청률 경쟁

지상파방송 채널의 시청시간은 지속적으로 감소하는 데 반해, 비지상파 유료방송 채널의 시청시간은 매년 증가한다. 지상파방송과 유료방송 간의 경쟁에서 유료방송의 경쟁력이 점차 증가함을 의미한다. 지난 10년 동안 지상파방송의 시청시간은 383분에서 272분으로 크게 감소했다. 한편, 같은 기간 비지상파 유료방송 채널의 시청시간은 152분에서 235분으로 크게 증가해 좋은 대조를 보인다. 조만간 비지상파 유료방송 채널의 시청시간이 지상파방송의 시청시간을 추월할 것으로 예상된다.

지상파 채널의 시청시간은 줄어드는 반면, 유료방송 채널의 시청시간이 늘어나는 것은 유료방송 채널이 경쟁력을 가짐을 의미한다. 이는 제작비 투자의 결과이다. 지상파와 유료방송 채널의 제작비 총규모는 전반적으로 꾸준히 증가하는 추세를 보이며, 특히 유료방송 PP의 제작비가 지상파 채널 제작비보다 빠르게 증가한다.

5. 유료방송의 광고

유료방송의 광고는 특정 시청자에게 소구할 수 있다는 점이 장점이다. 방송광고 구성에서도 지상파방송보다 비교적 자유롭다. 유료방송에서는 방영시간의 조정이 자유롭기 때문에 장시간의 방송광고로 제품에 대한 자세한 설명과 정보를 제공할 수 있다. 몇 분짜리 인포머셜(*informercial*) 광고도 가능하다. 유료방송은 지상파방송에서 금지하는 중간광고가 가능하고 광고에 대한 법적 규제가 지상파방송보다 약한 편이다. 유료방송의 광고는 저렴하다. 한편, 유료방송의 광고는 지상파방송보다 광고효과가 제한적이다. 유료방송은 지상파방송과 달리 시청률에 한계가 있어서 대다수 시청자에게 한 번의 광고로 광고메시지를 전달하려는 경우에는 적합하지 않다.

방송광고 중에서 가장 일반적 형태가 프로그램 광고이다. 〈방송법〉에 따르면 지상파방송의 프로그램 광고의 경우, 프로그램 방영시간의 1/10이내에서만 허용된다. 1시간짜리 프로그램의 경우 보통 방송광고가 15초 내외임을 감안할 때, 약 24편의 광고가 가능하다. 케이블TV의 광고는 1/6 이내까지 광고가 허용되어 한 시간에 10분 내외의 광고시간을 확보할 수 있다. 다만, 케이블TV는 PP와 SO가 광고시간을 분할해 사용하게 된다. SO에게 할당되는 광고를 큐톤(*cue-tone*) 광고라고 한다. 광고시간의 80%는 PP가, 20%는 SO가 사용하도록 한다.

유료방송 관련 쟁점

지상파 재송신 이슈는 모든 유료방송 매체와 관련된 중요한 사안이다. 위성방송, 위성DMB, IPTV가 등장할 때마다 재송신 문제로 논란이 있었으며 케이블TV는 방송을 중단함으로써 국가적 혼란을 초래했다. 그동안 지상파 재송신 정책은 일관성이 결여되었고 매체마다 차별적으로 시행되었다.

위성방송 출범 시 구방송위원회는 2001년 위성방송의 MBC, SBS의 재송신은 승인하면서 지상파방송의 당해 방송구역인 수도권을 벗어나는 재송신은 2년간 허용하지 않는다고 밝혔다. 이후 위성방송을 통한 재송신 허용방침은 지역방송 및 방송노조로부터 거센 반발에 부딪혔다. 이에 위성방송사는 사업자의 신뢰보호 침해, 시청자의 볼 권리침해 등을 이유로 헌법소원과 행정소송을 제기했다.

위성DMB는 KBS1TV조차도 재송신하지 못했다. 구방송위는 지상파 재송신을 사업자 자율에 맡기기로 했다. 2005년 지상파방송 4사의 사장과 노조, 전국언론노조가 위성DMB의 지상파방송을 재송신하지 않기로 합의했다. TU미디어는 위성DMB가 의무재송신에서 제외된 유일한 매체라면서 재송신 허용을 위한 법 개정을 요구했지만 결국 무위로 돌아갔고 TU미디어가 사업을 접는 요인으로 작용했다.

IPTV는 비교적 지상파방송 재송신 허용 자체는 큰 문제가 되지 않았지만 적정가격을 두고 논란이 일었다. IPTV의 지상파방송 재송신은 결국 케이블TV 사업자의 지상파 재송신과의 형평성 시비를 불러일으켰다. 그동안 케이블TV의 지상파 재송신 대가는 지불하지 않았기 때문이다.

지상파방송사와 케이블TV사 간의 재송신 갈등은 IPTV 등장 시점인 2008년에 시작되었다. 2009년 지상파 3사가 현대HCN 서초케이블TV사를 대상으로 형사소송을 제기했고 CJ헬로비전을 대상으로 민사가처분 소송을 제기했다. 지상파 측은 케이블TV 가입자 유치와 홈쇼핑 매출에 지상파 콘텐츠가 도움을 주었다고 주장했다. 케이블TV 측은 지상파 콘텐츠의 홈쇼핑 매출 기여는 인정하지만 지상파의 광고수익 확대에 케이블TV가 기여했다는 점을 주장했다. 2011년 케이블TV사에 의한 지상파방송의 무료제공 금지라는 법원 판결이 내려졌다. 해마다 적정한 지상파방송의 재송신료를 두고 유료방송 사업자와 지상파방송사 간의 협상에서 갈등이 발생한다(이상식, 2015).

유료방송의 미래 전망

세계 유료방송 시장은 2014년 약 2,553억 달러(한화 279조 원 상당) 규모에서 꾸준히 성장해 2018년에는 3,038억 달러(한화 332조 원 상당) 규모가 될 것으로 전망된다. 유료방송산업의 주요 재원인 광고의 경우, 2013~2018년 연평균 광고 증가율 전망은, 온라인 > 다채널 > 지상파방송 순으로 예측되어 광고에서조차 지상파방송보다 유료방송이 더욱 성장할 것으로 전망한다(PWC, 2014). 이러한 경향은 지금까지 국내에서도 나타난 경향이며 향후 계속 이어질 것으로 예상된다.

한편 인터넷, 모바일 중심으로 광고시장이 고성장함에 따라 해당 부문에서 방송영상 서비스의 신규사업자가 등장하고 이에 대응해 방송 사업자가 인터넷 기반 서비스에 진출하는 양상이 두드러질 것으로 보인다. 국내에서는 방송 사업자의 OTT서비스는 활성화될 전망이나 유료방송 서비스의 가격이 매우 저렴하기 때문에, 유료방송 가입자가 유료방송을 해지하고 OTT서비스로 전환할 가능성은 낮아 보인다.

그렇지만 인터넷으로 동영상을 소비하는 행위가 점차 늘어남에 따라 장기적으로 OTT서비스가 유료방송 시장, 채널시장, 방송프로그램 시장, 광고시장 등에 직·간접적 영향을 미칠 가능성은 있다. 2016년 국내 진출한 미국의 Netflix 등이 유료방송시장에서 주목받는다. 아직 많은 이용자가 유료방송 서비스와 OTT서비스가 유사하다고 생각하는 경향이 있다. OTT서비스를 사용하면서 유료방송 서비스도 계속 사용하겠다는 반응도 보인다. OTT를 유료방송의 보완재로 인식하는 경향이 나타난다. 현재 유튜브가 가장 광범위한 이용자층을 가졌다(정보통신정책연구원, 2014).

최근 VOD 시청이 급속하게 확산된다. VOD 시청으로 인해 지상파방송의 시청이 크게 감소한다. 유료방송인 IPTV 가입자와 OTS 가입자가 VOD 시청을 많이 하는 경향이 나타난다. 유료방송 플랫폼 중에서 IPTV가 VOD 시청을 가장 중요한 마케팅 전략으로 삼는다. VOD 시청 시 주로 이용하는 스크린은 TV, PC, 모바일기기 순으로 나타났다. VOD 서비스에 대한 전반적 만족도가 비교적 높은 편이고 유료방송 사업자의 VOD 매출액이 크게 증가하면서 주요 수입원으로 자리 잡을 전망이다(정보통신정책연구원, 2014).

유료방송과 지상파방송 그리고 유료방송사 간에 새로운 기술을 도입해 가입자 확보를 위한 경쟁이 점점 심해진다. HD, 3D, 나아가 UHD 기술경쟁이 본격화된다. 세계적으로 UHD시대로 넘어가는 추세를 반영해 유료방송사가 경쟁적으로 UHD 방송을 시작했다. 케이블TV 업계는 2014년 '세계 최초 UHD 전용채널'인 '유맥스'를 출범했다. 스카이라이프 역시 2015년 UHD 전용 3개 채널을 운영하기 시작했다. 현재 IPTV 업계가 가장 치열하게 UHD 가입자 경쟁을 벌인다. UHD 방송시장은 고가 수상기의 저가화, 콘텐츠 확보가 관건인데 수상기 가격인하는 많이 이뤄졌다. 향후 화질경쟁을 넘어 콘텐츠의 수와 시간, 가격, 부가서비스 경쟁에서 승패가 갈라질 것으로 예상된다. 2017년 지상파 UHD 방송이 시작될 예정이어서 유료방송과 무료 지상파방송이 초고화질 방송을 두고 경쟁할 전망이다.

토의

01. 유료방송 채널 배치에서 홈쇼핑 채널이나 종합편성채널이 논란이 되는 이유는 무엇인가.

02. 유료방송 플랫폼 중에서 가장 전망이 밝은 매체는 무엇이며 근거는 무엇인가.

03. 유료방송의 지상파 재송신에 대한 찬반 의견을 밝히고 자신의 입장을 논의하라.

스마트미디어 10

스마트미디어의 정의

과거에는 온 가족이 TV수상기 앞에 모여 함께 시청하는 모습이 일상적인 저녁 시간의 모습이었다. 그러나 최근에는 이런 모습을 찾아보기 어렵다. 가족구성원이 여러 명이더라도 제각기 각자의 스마트폰이나 태블릿을 이용해 원하는 프로그램을 시청하는 경우가 일반적이다. 더구나 실시간으로 TV프로그램을 시청하기보다는 원하는 프로그램을 골라 한꺼번에 몰아서 시청하는 경우도 많다. 앞으로 TV 주변에 옹기종기 모여 앉은 가족의 모습을 찾아보기란 더욱 어려워질 것이란 예상이 지배적이다.

심지어 TV가 아예 없는 가구도 과거보다 증가한다. 이른바 '제로TV'(*zero TV*)라는 재미있는 용어도 등장했다. TV가 아예 없거나 있더라도 TV를 통해 방송서비스를 이용하지 않는 가구를 의미한다. 집에 머무는 시간이 별로 없는 사람은 스마트 기기를 이용해 TV를 시청하는 경향이 높기 때문에 굳이 TV의 필요성을 느끼지 못하며 TV를 구입할 이유가 없다. TV가 있다고 하더라도 스마트 기

〈그림 10-1〉 코드커팅 이미지

출처: https://kinkeadtech.com/ultimate-guide-to-cord-cutting/

기를 이용한 비디오 시청이 훨씬 편리하고 만족감이 높기 때문에 TV를 통한 시청에 매력을 느끼지 못하는 것이다. 결국, 시간적, 공간적 제약 없이 언제 어디서나 원하는 콘텐츠를 원하는 기기에서 시청할 수 있는 이른바 '스마트미디어'라는 용어가 미디어 업계에서 주목받는다.

스마트미디어란 운영체제를 기반으로 유·무선 인터넷에 접속해 다양한 정보를 검색할 수 있게 하고 애플리케이션을 통한 다양한 콘텐츠와 서비스를 제공해 이용자가 언제 어디서나 편리하게 이용할 수 있게 하는 미디어를 말한다(송종길, 2015). 디지털 기술의 발전으로 인한 미디어 생태계의 변화는 스마트미디어의 범위를 스마트폰, 태블릿이나 스마트 TV 같은 스마트 기기를 넘어서 콘텐츠-플랫폼-네트워크-단말기(C-P-N-D)를 포괄하는 것으로 확장시킨다.

스마트미디어를 상징하는 것은 사용자가 인터넷에 연결된 스마트 기기를 통해 시간과 공간의 제약 없이 동영상 콘텐츠를 이용하는 행위일지 모르지만 사실상 스마트미디어 현상은 그보다는 범위와 깊이가 훨씬 넓고 깊다는 의미이다. 이런 맥락에서 스마트미디어의 범위를 살펴보면 서비스와 콘텐츠 영역에서는 웹, 애플리케이션, SNS, VOD, OTT, N스크린, 모바일 동영상이, 기술영역에서는 DRM(*digital right management*), 복사 방지(*copy protection*) 등 기술적 보호장치와 API(*application programming interface*), 사용자 경험(*user experience*·UX)이, 그리고 네트워크 영역에서는 클라우드 컴퓨팅 등이 포함된다(송종길, 2015).

이 장에서는 스마트미디어 중 가장 대표적인 OTT서비스를 중심으로 스마트미디어에 대해 살펴보고자 한다. 이를 위해 스마트미디어가 실제로 사업자에 의해 어떻게 제공되고 소비자가 사용하는지를 미국시장을 중심으로 살펴볼 것이다. 새로운 미디어 사업자의 시장진입은 기존 미디어 시장의 구조와 사업자의 시장행위와 전략에 큰 영향을 미친다. 따라서 스마트미디어 서비스의 확산으로 인해 위기감을 느낀 전통미디어 사업자가 어떻게 대응하는지 살펴봄으로써 미디어 시장의 변화를 예측해 봄은 무척 흥미로운 일이다.

스마트미디어 서비스 현황

만일 스마트미디어에 의한 비디오 시청이 일반화된다면 전통적인 TV 비즈니스 모델은 시장에서 사라질 것이라는 우려의 목소리도 있다. 지상파방송사, 케이블 TV 사업자, IPTV 사업자 등 전통적 TV 사업자는 스마트미디어의 확산이 전통적 TV 비즈니스 모델의 붕괴로 이어질 수 있다는 위기감으로 인해 다양한 서비스를 준비 중이거나 제공한다.

미국은 전 세계에서 스마트미디어 서비스 시장이 가장 발달된 국가이다. 기존 지상파방송 사업자인 뉴스코퍼레이션(News Corp.), NBC유니버설, 월트디즈니 등은 합작법인을 설립해 '훌루'라는 서비스를 OTT 방식으로 제공한다. 훌루의 경우 지상파방송 프로그램뿐만 아니라 A&E네트워크, MGM, MTV네트웍스, 코미디센트럴, 내셔널지오그래픽 등을 포함한 260개 이상의 콘텐츠 사업자가 제공하는 프리미엄 콘텐츠를 제공한다. CBS도 2015년부터 월 5.99달러의 가격에 CBS All Access라는 스트리밍 서비스를 제공하기 시작했다. 이 서비스는 다운로드 없이 스마트폰과 태블릿 등 인터넷에 접속할 수 있는 기기를 통해 CBS의 실시간 방송 서비스는 물론 CBS가 과거부터 축적한 대부분의 콘텐츠를 스트리밍 방식으로 제공한다.

넷플릭스(Netflilx)는 미국을 포함해 전 세계적으로 최대의 스마트미디어 서비스 가입자를 보유한 사업자로 유명하다. 넷플릭스는 원래 우편을 이용한 DVD 대여 서비스를 제공하는 사업자로 출발했다가 2016년 현재 미국에서 가장 강력한 스마트미디어 서비스 사업자로 성장했다. 넷플릭스는 2015년 7월 현재 캐나다, 남미와 중미, 유럽 등 전 세계 50여 국가에서 6천5백만 명이 넘는 가입자를 확보했다. 연평균 26%의 지속적인 성장세를 보이는 넷플릭스는 2015년 오리지널 콘텐츠 투자와 해외사업 투자규모가 증가하면서 순이익이 다소 감소했으나 오리지널 콘텐츠 투자로 인한 장기적 플랫폼의 경쟁력이 향상되고 세계시장에 대한 초기투자 비용이 회수되는 시점이 오면 현재보다 훨씬 강력해진 스마트미디어 사업자로서 변모할 가능성이 높다.

미국에서 가장 인기 있는 케이블채널 사업자 중 하나인 HBO는 2015년 4월부터 HBO Now라는 온라인 스트리밍 서비스를 월 14.99달러에 제공하기 시작했다. HBO Now를 구매하면 HBO가 보유한 모든 콘텐츠를 스트리밍 방식으로 시청할 수 있다. HBO가 OTT시장에 들어간 이유는 미디어 시장의 경쟁이 치열해지면서 채널 사업자의 시청률은 하락했고 광고수익도 줄어들었기 때문인 듯하다. HBO가 케이블TV와 같은 플랫폼을 통하지 않고 시청자에게 스트리밍 방

〈그림 10-2〉
넷플릭스

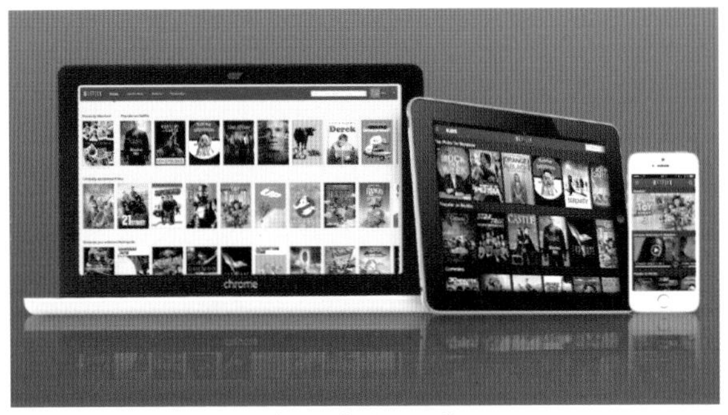

출처: http://www.techradar.com/reviews/audio-visual/av-accessories/netflix-1065801/review

식으로 직접 판매할 경우 시청자로부터 받은 요금을 플랫폼 사업자와 배분하지 않아도 되기 때문에 HBO의 수익은 지금보다 크게 증가할 수 있다.

한편 구글, 페이스북, 야후와 같은 인터넷 서비스 사업자도 동영상 콘텐츠를 직접 소싱해 이용자에게 유료로 서비스한다. 구글의 유튜브는 2005년 2월 출시 초기에 사용자 생성 콘텐츠(*user generated content*·UGC) 위주의 포털로 시작되었고 그 후 아마추어 또는 전문 콘텐츠 제작자가 제작한 콘텐츠를 제공하기도 했다. 유튜브는 그동안 동영상 콘텐츠를 이용자에게 무료로 제공했으나, 2015년 10월부터 한 달에 9.99달러에 '유튜브 레드'(YouTube Red)라는 이름으로 프리미엄 서비스를 제공하기 시작했다. 이 서비스를 이용하는 사람은 모든 유튜브 콘텐츠를 광고 없이 시청할 수 있을 뿐만 아니라 유튜브에서 독점적으로 제공하는 영화나 유튜브 스타가 만든 프로그램을 즐길 수 있다.

아이팟(iPod), 아이폰(iPhone), 아이패드(iPad) 등 디지털 기기 제조사인 애플도 편당 과금 방식으로 동영상 서비스를 제공하고 온라인 소매사업자인 아마존닷컴(Amazon.com)도 아마존 프라임(Amazon Prim)이라는 이름의 OTT서비스를 제공 중이다. 이와 같이 미국에서는 많은 사업자에 의해 OTT서비스가 제공되며 이들을 통해 다양한 수익모델을 시도한다. 망을 소유하지 못해 동영상 콘텐츠 서비스에 진출하지 못했던 사업자가 인터넷망을 통해 다양한 형태의 동영상 콘텐츠 서비스를 이용자에게 제공하는 것이다.

이미 동영상 OTT서비스를 제공하는 아마존은 최근 실시간 스트리밍 서비스를 준비 중이라 알려졌다. 아마존은 실시간 스트리밍 서비스를 제공할 수 있는 기술을 보유한 ETI(Elemental Technologies Inc.)라는 기업을 인수함으로써 실시간 스트리밍 서비스 제공을 위한 기술적 준비도 마친 듯하다. 그렇다면 아마존이 실시간 스트리밍 서비스에 관심을 갖는 이유는 무엇일까? 실시간 스트리밍 서비스 중에 가장 경쟁력 있는 콘텐츠는 스포츠이다. 아직 아마존의 정확한 입장이 공개되지는 않았지만 실시간 스포츠 중계에 관심이 있으리라는 점을 쉽게 짐작할 수 있다.

OTT사업자가 실시간 스포츠 중계에 관심을 갖는다는 증거는 최근 넷플릭스 CEO인 헤스팅스(Reed Hastings)와의 인터뷰에서도 드러난다. 그는 조만간 모든 스포츠 중계는 온디맨드(*on demand*) 방식으로도 제공될 것임을 강조했다. 이제는 시청자가 언제 어디서나 스포츠 중계를 시청할 수 있기를 원하고 스포츠 네트워크나 스포츠 구단도 온라인 비즈니스 모델을 적극으로 도입할 의향이 있기 때문이다. 사실 최근 야후도 미국에서 진행된 NFL 게임을 스트리밍 방식으로 전 세계에 중계함으로써 스트리밍 방식에 의한 스포츠 중계를 시도한 바 있다(Frankel, 2015. 10. 26).

이 게임을 시청한 이용자가 3,360만 명에 달했고 전 세계에서도 1,500만 명 이상이 이 경기를 지켜보았다는 통계 결과가 보여주듯이 스트리밍 방식에 의한 스포츠 중계는 앞으로도 여러 기업이 시도할 가능성이 높으며 성공가능성도 높아 보인다. 만일 스트리밍 방식에 의한 스포츠 중계가 인기를 얻을 경우, 기존 미

〈그림 10-3〉
N스크린 서비스 '푹'

출처: http://www.pooq.co.kr/

디어 사업자의 큰 자산이었던 스포츠 중계권마저 스트리밍 서비스 사업자에게 넘어갈 수 있다. 이렇게 되면 향후 전통미디어 사업자와 OTT 사업자의 경쟁구도는 더더욱 치열해질 것이다.

한편, 국내 스마트미디어 서비스는 2004년 10월 인터넷 방송 사업자인 판도라TV의 서비스를 시작으로 지상파방송사, 케이블TV 사업자, 통신사, 인터넷 포털사업자 등이 다양한 서비스를 제공한다. 지상파방송 사업자인 MBC와 SBS가 '푹', KBS는 'K플레이어'(Kplayer)를 통해 실시간 서비스와 TV 다시보기 서비스 등을 유료로 제공한다. CJ 헬로비전은 지상파 채널과 케이블 채널을 중심으로 한 2백여 개의 채널과 5만여 개의 VOD를 제공하는 '티빙'을 2010년 6월부터 제공한다. 그 밖에 KT, SKT, LG U플러스 등의 통신 3사는 모바일 IPTV를 스트리밍 서비스로 제공하고, 카카오와 네이버 등도 스마트미디어 서비스를 제공 중이다. 비록 많은 사업자가 스마트미디어 서비스를 제공하나 유료로 이용하는 사람의 수는 많지 않기 때문에 스마트미디어 서비스의 매출액은 저조한 편이다.

그러나 2016년에 넷플릭스가 국내에 진출했고 소비자의 미디어 이용패턴이 실시간 시청에서 주문형 시청방식으로 변화되는 상황임을 고려하면, 향후 국내 스마트미디어 서비스 시장의 성장 잠재력은 크다.

스마트미디어 환경과 기존 미디어기업의 대응전략

스마트미디어 환경에서 기존 유료방송 사업자는 소수 채널을 묶어서 제공하는 스키니 번들(*skinny bundle*) 전략, 'TV 에브리웨어'(TV everywhere) 서비스 제공, 소셜TV 기능 제공 등 다양한 서비스 제공을 통해 가입자 이탈방지를 위해 노력한다.

1. 스키니 번들

스마트미디어 서비스의 등장에 위기감을 느낀 기존의 유료방송 사업자는 스키니 번들 서비스를 제공해 변화하는 소비자의 미디어 이용행태에 대응한다. 예를 들어, 미국의 케이블TV 사업자인 타임워너케이블(Time Warner Cable)은 브로드밴드 서비스만 이용하는 사람을 대상으로 소수의 채널을 저렴한 가격으로 구성한 스키니 번들 상품을 OTT 앱을 통해 제공한다. '스타터'(Starter)로 명명된 스키니 번들은 한 달에 10달러만 내면 20개의 채널로 구성된 상품을 제공한다.

차터 커뮤니케이션(Charter Communications)도 스펙트럼TV(Spectrum TV)라는 스트리밍 서비스를 통해 인터넷 서비스만 이용하는 고객을 대상으로 OTT

서비스 제공을 실험한다. 한 달에 12.99달러만 지급하면 지상파 4개 채널과 소수의 케이블 채널로 구성된 스키니 번들 상품을 제공함으로써 저렴한 가격에 비디오서비스를 즐길 수 있는 상품을 만든 것이다.

디시 네트워크(Dish Network)의 슬링 TV(Slilng TV)도 한 달에 20달러의 가격으로 소수의 채널로 구성된 상품을 제공하고 컴캐스트도 1달에 15달러의 가격으로 지상파 채널과 HBO를 포함한 12개 채널로 구성된 상품을 제공하는 등 기존의 유료방송 사업자는 스마트미디어 환경에 대응하기 위해 다양한 실험을 한다.

2. TV 에브리웨어

TV 에브리웨어 서비스도 기존 유료방송 사업자가 가입자 이탈을 방지하기 위해 새롭게 도입한 서비스이다. TV 에브리웨어란 기존의 유료방송 서비스의 가입자가 TV, 스마트폰, 태블릿PC 등 다양한 인터넷 연결기기(*internet-connected device*)로 언제, 어디서나 유료방송 사업자가 제공하는 동영상 콘텐츠를 이용할 수 있도록 하는 서비스이다.

인터넷망의 전송 속도가 빨라지고 디지털 기기의 성능이 향상됨에 따라 동영상 콘텐츠를 TV뿐만 아니라 컴퓨터나 스마트폰, 태블릿 등을 통한 시청이 기술적으로 가능해지면서 기존 유료방송 사업자는 자신의 가입자가 언제 어디서나 원하는 기기를 이용해서 동영상 콘텐츠를 시청할 수 있는 환경을 마련하는 전략을 취하는 것이다. 예를 들어, 케이블TV의 가입자는 집에서 드라마를 보다가 약속시간이 되면 이동하면서 스마트폰으로 시청하던 드라마를 이어서 볼 수 있다. 실제로 미국의 대표적 케이블 TV 사업자인 컴캐스트와 타임워너는 유료방송 가입자에게 PC를 포함한 인터넷에 접속된 모든 단말기에서 시청할 수 있는 서비스를 2010년부터 본격적으로 제공했다.

3. 소셜TV

시청자는 좋아하는 TV프로그램을 시청할 때 소셜미디어를 통해 다른 사람과 해당 프로그램에 대해 공유하면서 시청의 만족도를 높인다. 예를 들어, 시청자는 TV프로그램 방송 중에 페이스북을 이용해 실시간 투표에 참여하거나 다양한 콘텐츠를 업로드할 수 있다. 또한 페이스북은 시청자가 가능한 쉽게 방송프로그램에 참여할 수 있도록 만들고 방송사도 시청자가 제공하는 콘텐츠를 아주 간단한 조작으로 TV를 통해 제공할 수 있도록 한다. 버라이즌(Verizon)도 모바일 앱 기반의 Go90이라는 스트리밍 서비스를 무료로 제공 중이다. Go90는 이용자로 하여금 소셜미디어를 통해 친구와 시청경험을 공유하도록 하는 소셜TV의 기능을 제공한다.

스마트미디어와 미디어 이용의 변화

전 세계적으로 스마트미디어 서비스를 이용하는 이용자가 늘고 스마트미디어 서비스를 이용하는 시간도 늘어나면서 스마트미디어 서비스가 다른 동영상 서비스, 예컨대 지상파 TV나 다채널 유료방송 서비스를 대체할 것인지에 대한 관심이 높아진다. 특히, 전 세계적으로 스마트미디어 서비스의 이용률이 가장 높은 미국에서는 스마트미디어 서비스 이용의 증가로 기존 케이블TV 가입자가 가입을 해지하는 '코드커팅'(*cord-cutting*)현상이 일어난다는 증거가 나온다. 예를 들어, 2010~2011년 시즌에 미국의 TV 보급률이 전체 가구의 99%였으나 2013~2014년 시즌에는 96%로 감소했는데, 이는 스마트미디어 서비스에 기인한 것으로 예측된다.

사실 커뮤니케이션 분야에서 미디어의 대체와 보완에 관한 논의는 새로운 미디어가 출현할 때마다 반복적으로 되풀이 되었다. 예를 들면, 학계에서도 TV가 등장했을 때 TV와 라디오와의 대체/보완 관계를, VCR과 같은 홈비디오가 등장했을 때 VCR과 TV의 대체/보완 관계를, 케이블TV 서비스가 등장했을 때 지상파방송과 케이블TV 서비스의 대체/보완 관계를 살펴보는 연구가 활발하게 수행되었다. 최근에는 인터넷과 TV, IPTV와 케이블TV 서비스, 스트리밍과 다운로드 방식의 음악 서비스 등 다양한 분야에서 기존 미디어와 새로운 미디어 간의 경쟁관계를 살펴보는 연구가 상당수 존재한다.

기존 미디어와 신규 미디어 간 경쟁적 대체 또는 보완관계가 나타난다면 소비자로서는 다양한 미디어를 즐길 수 있고 미디어기업 간에도 상호협력하면서 미디어 시장 전체의 파이를 키울 수 있다는 점에서 긍정적일 것이다. 그러나 신규 미디어가 전통미디어를 대체한다면 전통미디어기업이 사라짐을 의미하므로 관련 업계에 종사하는 사업자로서는 심각한 문제이다. 스마트미디어 서비스의 경우에도 스마트미디어 서비스가 기존 미디어를 대체할 것으로 예측한다면 기존 미디어 서비스와 관련 있는 다양한 이해관계자로서는 생존을 위협할 수 있는 심각한 문제이다.

미디어 대체와 보완은 학계에서도 매우 흥미로운 주제이다. 특히, 신규 미디어가 기존 미디어를 시간적으로 대체한다는 가설은 하루가 24시간으로 한정되고 이용자가 미디어를 이용하는 시간도 한정됨을 가정한다. 사람이 하루에 미디어를 이용할 수 있는 시간은 한정되기 때문에 어느 한 미디어를 이용하면 이전에 이용하던 다른 미디어는 이용시간을 줄인다는 것이다.

그러나 신규 미디어가 등장함에 따라 사람들의 미디어 이용시간은 꾸준히 증가한다는 연구도 있다. 비록 하루는 24시간으로 한정되지만 신규 미디어의 출현이 기존 미디어의 이용시간 감소에 직접적 영향을 미치기보다는 기존 미디어의 이용시간을 크게 줄이지 않은 채 다른 활동시간을 줄여 신규 미디어의 이용시간을 높이는 것이라면 전체 미디어 이용시간이 꾸준히 증가한다는 가설이 성립된다.

미국에서는 업계를 중심으로 스마트미디어 서비스의 이용이 증가함에 따라 이용자의 기존 유료방송 서비스 이용이 감소했다는 주장이 나타난다. 스마트미디어 서비스 이용으로 인해 유료방송 서비스의 가입을 해지하는 코드커팅이나 유료방송 서비스의 요금제를 더 낮은 가격의 요금제로 변경하는 코드셰이빙(*cord-shaving*)이 일어난다는 증거도 제시된다. 코드커터의 비율은 아직까지 놀랄 만한 수치는 아니지만 스마트미디어의 등장으로 전통미디어의 이용을 중단했다는 해석은 다소 과장된 측면이 있다는 주장도 있다. 이러한 시각에서 보면, 한 번도 전통적 유료방송을 이용해보지 않은 사람의 비율이 증가하고 이들 상당수가 스마트미디어를 이용한다는 것이 전통 유료방송 사업자가 고민해야 할 문제이다.

OTT의 등장에도 불구하고 미국 유료방송 가구 수는 변하지 않았다는 결과도 흥미롭다(Baumgartner, 2015. 8. 18). 이에 따르면, 미국 유료방송 가입자의 약 25% 정도가 지난 1년간 이용하는 상품을 변경한 것으로 나타났는데 흥미로운 점은 유료방송 가입자의 11%가 저렴한 상품으로 이동한 반면, 유료방송 가입자의 9%는 고가의 상품으로 이동했다는 것이다. 특별히 유료방송 가입자가 줄었다는 증거는 나타나지 않는다는 결과는 결국 OTT의 등장이 코드커팅으로 이어지기보다는 코드셰이빙을 결과함을 보여준다.

신규 미디어의 등장이 기존 미디어에 미치는 영향에 대해 수많은 학술적 연구가 진행되었다. 특히, 신규 미디어와 기존 미디어 간의 대체/보완 관계를 밝히려는 연구는 신규 미디어가 등장할 때마다 쏟아졌다. 예를 들어, 시간적 대체에 대한 연구는 미디어의 대체/보완 관계를 분석하는 데 상당히 자주 이용되었다. 이러한 연구에 따르면 하루가 24시간으로 한정되고 사람들이 미디어를 이용하는 시간 또한 한정되기 때문에 어떤 미디어의 이용시간이 증가하면 다른 미디어의 이용시간은 감소될 것임을 가정하고 이러한 가정이 맞는지를 실증적 자료에 기반을 두고 분석한다. 그러나 사람들이 미디어를 이용하는 시간은 점차 늘어난다는 연구도 있다. 이는 새로운 미디어의 등장이 기존 미디어를 이용하는 시간을 감소시키지 않았을 뿐만 아니라 미디어를 이용하지 않던 시간을 신규 미디어 이용시간으로 활용했기 때문일 수 있다.

스마트미디어 서비스의 이용이 기존 미디어 이용에 어떠한 영향을 미치는지를 분석하는 연구도 이미 발표된 바 있다. 이승엽과 이상우(Lee & Lee, 2015)의 연구는 온라인비디오서비스의 이용으로 인해 미디어를 이용하지 않던 시간이 감소했음을 밝혀냈다. 이는 스마트미디어 서비스가 등장하면서 이용자의 전체 미디어 이용시간이 증가함을 보여준다.

이들은 또 다른 연구에서 OTT 이용시간의 증가가 기존 미디어(지상파방송, 케이블TV, IPTV, 위성방송, DMB)의 이용시간에 통계적으로 유의한 수준에서 부(-)적 영향을 주었음을 밝혀냈다(Lee, Lee, & Kim, 2016). 이는 OTT서비스가 기존 미디어 이용을 시간적으로 대체함을 의미한다. 물론 국내에서 아직까지 OTT 이용시간이 그리 많지 않기 때문에 OTT 이용시간의 증가가 기존 미디어의 이용시간 감소에 미치는 영향은 제한적이지만 향후 OTT 이용시간이 늘어난다면 기존 미디어의 이용시간이 어느 정도 줄어들 것이다.

스마트미디어의 미래

시장조사 기관 액센츄어(Accenture, 2012)에 따르면 유료 스마트미디어 서비스 이용에서 소비자의 추가요금 지불의향에 주로 영향을 미치는 요인은 고화질(35%), 적은 양의 광고(35%), 고품질 동영상 콘텐츠(32%) 등인 것으로 조사되었다. FCC(2012)의 보고서에서는 양질의 콘텐츠 확보, 적은 양의 광고, 다양한 단말을 통한 콘텐츠 제공이 스마트미디어 서비스에 추가요금 지불의향에 영향을 미치는 요인으로 나타났다. 즉, 스마트미디어의 성장 여부는 차별화된 프리미엄 콘텐츠를 확보하고, 다양한 단말을 통해 콘텐츠를 제공할 수 있으며, 충분한 네트워크 용량을 확보할 수 있는가에 달렸다.

1. 프리미엄 콘텐츠의 확보

2015년 현재 넷플릭스는 코미디, 드라마, 만화 등 다양한 장르에 걸쳐 24개의 독점적 콘텐츠를 제작·제공하고 2016년도에는 30개의 독점적 콘텐츠 제작·제공할 계획을 밝혔다(Brustein, 2015. 11. 5). 훌루도 2015년도에 30분 분량의 코미디 시리즈 7개를 제작해서 제공 중이다. 유튜브 레드와 Go90도 독점적 콘텐츠를 구입해 제공한다. 흥미로운 점은 OTT사업자가 경쟁적으로 독점적 콘텐츠 확보 경쟁을 하면서 과거에는 존재하지 않았던 새로운 콘텐츠 제작시장이 활기를 띠기 시작했다는 점이다.

특히, OTT서비스는 스마트폰과 같은 이동성이 높고 언제 어디서나 시청할 수 있는 기기의 보급이 새로운 유형의 콘텐츠에 대한 수요를 높였고 이에 따라 OTT 이용자가 원하는 유형의 콘텐츠 제작시장에 많은 돈이 몰리게 된 것이다. 2014년까지만 하더라도 거의 존재하지 않았던 새로운 유형의 콘텐츠 시장에 이제는 많은 사업자가 몰리면서 스냅챗, 뉴폼디지털(New Form Digital), 엔드몰(Endemol)과 같은 사업자가 시장에서 주목받기 시작했다.

MCN(*multi channel network*)사업자
유튜브에서 자생적으로 나타난 새로운 비즈니스 모델로서 1인 크리에이터를 매니지먼트하는 회사를 말한다. 1인 크리에이터들에게 유튜브 채널에서의 광고수익 관련 업무, 해외시장 진출, 홍보 및 마케팅, 행정업무 등 다양한 서비스를 제공한다. 국내에서는 CJ E&M이 처음으로 'Creator Group'이란 이름으로 MCN사업을 시작했으며, 2015년 현재 트레저헌터 등 100여 개가 넘는 업체가 존재한다.

새로운 유형의 콘텐츠란 젊은 층의 수요를 충족시켜줄 수 있는 차별화된 콘텐츠를 의미한다. 단지 기존의 유료방송 콘텐츠를 재편집해서 제공하는 서비스가 아니라 기존 유료방송 서비스에서 제공되지 않았던 새로운 종류의 콘텐츠를 제작·전송하는 방식을 의미한다. 예를 들어, 디시의 슬링TV는 대표적인 MCN사업자인 메이커스튜디오(Maker Studio)의 콘텐츠를 제공함으로써 젊은 층의 콘텐츠 수요를 반영하려는 움직임을 보인다. 버라이즌도 최근 드림웍스가 소유한 MCN사업자인 어섬니스TV(Awesomeness TV)와 제휴해 2백여 개의 짧은 동영상 콘텐츠를 제공할 계획임을 밝혔다(Frankel, 2015. 3. 19). 컴캐스트도 메이커스튜디오를 포함한 여러 MCN사업자와 연합해 프로는 물론 아마추어 콘텐츠 제작자로부터 다양한 콘텐츠를 수급받아 서비스를 제공할 계획임을 밝혔다.

스마트미디어 환경에서는 콘텐츠 사업자와의 계약도 과거 무료 OTT모델과는 달라졌다. 과거 무료 OTT서비스의 선두 주자였던 유튜브 모델의 경우, 콘텐츠 제작자는 유튜브에 콘텐츠를 올려놓고 광고수익을 공유하는 것이었다. 이 경우, 콘텐츠 제작자는 유튜브로부터 콘텐츠 사용료에 대한 어떠한 선지급금도 받지 못했다. 그러나 유료 OTT모델은 전통적 TV비즈니스 모델과 동일하게 콘텐츠 제작자가 OTT사업자로부터 콘텐츠 이용에 대한 정당한 대가를 지불받는 구조이다.

2. 다양한 단말을 통한 콘텐츠 제공

스마트미디어 환경에서는 다양한 단말기를 통한 콘텐츠 시청이 일반화되면서 단말기별로 특화된 콘텐츠 제작과 광고 전략이 개발되어야 할 것이다. 휴대폰과 같이 작은 화면을 통해 콘텐츠를 시청할 경우에는 집중력을 요하지 않고 순간적으로 즐길 수 있는 짧은 동영상 콘텐츠가 유리할 것이다.

다양한 단말기를 통한 콘텐츠 시청이 일반화될 경우, 현재의 시청률조사 방식은 전면 수정되어야 할 것이다. 다양한 단말기를 통한 개인화된 TV시청이 일반화되는 현재의 시청행태를 제대로 반영할 수 있는 시청률조사 방식이 마련되어야 한다는 것이다. 미국의 대표적 지상파방송 사업자인 NBC의 주장에 따르면, 지상파 플랫폼 이외의 다른 플랫폼을 통해 NBC 방송프로그램을 시청하는 사람이 상당수인데 이들은 현재 닐슨의 시청률조사 방식에서 제대로 측정되지 않는다(Baysinger, 2015. 9. 22). 이런 문제를 해결하기 위해서는 OTT, VOD, 인터넷, 모바일, 게임기기, DVR 그리고 실시간 TV등 다양한 방식으로 TV 프로그램을 시청하는 이용자의 시청행위를 제대로 측정할 수 있는 방안이 마련되어야 한다.

만일 현재의 시청률조사 방식이 지속된다면, 제작된 콘텐츠에 대한 적절한 보상을 받지 못하게 될 미디어 사업자는 엄청난 광고수익에서의 손실을 입을 것이다.

> **DVR(*digital video recorder*)**
> 디지털영상 저장장치로서 비디오테이프에 영상을 저장하고 화질이 떨어지는 비디오카세트레코더(VCR)와 달리 영상을 디지털 신호로 HDD나 DVD 등에 저장한다. 아날로그보다 화질이 뛰어날 뿐 아니라 저장된 화면의 재생, 검색 및 편집 등이 용이하다.

예를 들어, 닐슨의 시청률조사 방식에 따르면, 젊은 세대의 TV 시청량은 최근 5년간 30%정도 감소한 것으로 나타났으나 비디오펄스(VideoPulse)의 조사에 따르면 젊은 세대는 비디오 시청의 25%를 DVR이나 OTT와 같은 스마트한 방식으로 즐긴다는 것을 발견했다. TV의 시청률만 측정한 수치와 TV를 통한 실시간 시청 이외에 DVR이나 OTT를 통한 시청행위까지 포괄한 시청률 수치에는 엄청난 차이가 있고 이는 곧 광고수익과 연결되기 때문에 스마트미디어 환경을 고려한 시청률 행위의 도입이 시급한 실정이다. 미국에서는 비디오펄스에 의한 시청률조사 방식이 이미 일부 광고주나 미디어기업에 의해 이용되고 NBC, 바이어컴(Viacom), 워너브라더스와 같은 미국의 거대 미디어기업이 비디오펄스의 시청률 측정방식을 테스트하는 것으로 알려졌다.

3. 네트워크 용량의 확보

소비자가 언제 어디서나 스마트미디어 서비스를 즐길 수 있으려면 스마트미디어 서비스가 원활히 제공될 수 있는 네트워크 환경이 마련되어야 한다. 국내에서 OTT서비스를 통한 비디오 시청이 주로 이루어지는 곳은 가정(집)이라는 조사결과는 소비자가 다양한 장소에서 OTT서비스를 통한 동영상 콘텐츠를 안정적으로 즐길 수 있을 만큼의 인터넷 환경이 아직까지 확보되지 않았기 때문인 듯하다.

대중교통을 이용하면서 또는 공공장소에서 와이파이를 이용한 동영상 콘텐츠 시청은 와이파이망이 구축된 특정한 구역에서만 가능하고 그나마도 와이파이에 접속한 이용자가 많을 경우에는 혼잡(*congestion*)으로 인해 원활한 동영상 시청이 쉽지 않을 수 있다. 물론 통신사에게 고가의 데이터 요금을 지불하면 언제 어디서나 동영상 서비스를 시청할 수 있지만 스마트미디어 서비스의 주 시청자 층인 젊은이가 이러한 비용을 감당하기란 쉽지 않다.

스마트미디어 서비스를 제대로 즐길 수 있는 네트워크 환경이 마련되지 않았다는 점은 국내에서 OTT서비스 시장이 활성화되지 않은 중요한 이유 중의 하나라고 볼 수 있다. 스마트미디어 서비스를 안정적으로 즐길 수 있는 네트워크 용량을 어떻게 확보할 것인가에 대한 고민이 필요한 시기이다.

토의

01. 스마트미디어 환경에서 생존하기 위해 미디어 사업자는 무엇을 준비해야 하는가.

02. 전통미디어와 스마트미디어는 공존할 것인가, 아니면
스마트미디어가 전통미디어를 대체할 것인가.

03. 스마트미디어 환경에서 변화해야 할 사업자의 전략과 정부정책은 무엇인가.

광고와 PR 11

숨겨야 주목한다

디지털미디어 시대는 매체범람 시대이자 광고범람 시대이기도 하다. TV, 신문, 온라인, 모바일 등 다양한 미디어를 통해 수없이 쏟아지는 뉴스만큼이나 광고도 우리 생활공간 모든 곳을 둘러싼다. 광고범람 시대는 수용자의 눈길을 사로잡기 위해 광고가 서로 경쟁하는 시대이기도 하다.

광고에 대한 주목도를 높이기 위해 소비자가 광고를 광고처럼 느끼지 않고 수용하게 하려는 기법을 다양하게 시도한다. 대표적으로 네이티브(*native*) 광고기법이 모든 매체광고에 확산되는데 신생 디지털미디어만이 아니라 기존 전통미디어도 도입한다. 네이티브 광고란 미디어에 제공되는 콘텐츠나 서비스에 광고가 자연스럽게 녹아들어 소비자의 거부감을 없애려고 시도하는 광고기법이다.

방송에서는 프로그램에 상품을 자연스럽게 노출시키는 간접광고(*productplacement*·PPL)와 디지털 기술을 활용한 가상(*virtual*) 광고로 구현된다. 신문업계에서는 〈뉴욕타임스〉와 같은 세계적 권위를 지닌 신문도 네이티브 광고를 주요 수

출처: 11번가 페이스북(https://www.facebook.com/11street.fb)

〈그림 11-1〉
페이스북
네이티브 광고

입원으로 도입했으며 〈워싱턴포스트〉(*The Washington Post*), 〈월스트리트저널〉(*Wall Street Journal*), 〈파이낸셜타임스〉(*Financial Times*) 등의 신문도 광고의 모습을 경쟁적으로 바꾼다.

온라인 광고에서도 배너광고의 클릭률 저하로 인해 사양길로 접어들었고 모바일 SNS를 이용해 마치 콘텐츠처럼 전달되는 네이티브 광고가 확산된다. 유명 연예인이 드라마에서 치킨을 먹는 장면, 테이블 위에 놓인 컴퓨터 그래픽 초콜릿, '20대에 배웠다면 좋았을 10개의 리더십 교훈'을 전해주는 기사, SNS 친구가 전해주는 재미있고 유익한 동영상으로 광고가 모습을 바꾸어 소비자에게 주목해달라고 호소한다.

네이티브 광고는 매체사의 주요 수익원으로 부상하지만 콘텐츠와 광고의 경계를 희미하게 해 뉴스 미디어에 대한 신뢰를 위협한다는 비판도 제기된다. 포장을 달리했지만 후원으로 제작된 '기사형 광고'라는 사실은 변하지 않기 때문이다. 광고를 주 수익원으로 삼는 모든 매체가 이용자의 신뢰를 잃지 않으면서 광고를 세련되게 전달하는 것이 디지털미디어 시대의 고민거리로 부상했다.

PR(*public relations*)의 모습도 변화한다. 정부, 정당, 기업, 개인 등의 마케팅 주체가 공중과의 호의적 관계를 구축하기 위해 PR활동을 전개한다. 사회적으로 문제가 되는 빈곤과 환경오염, 취약한 보건과 같은 사회적 이슈, 즉 코즈(*cause*: 명분, 동기부여의 이유)을 기업의 이익추구를 위해 적극 활용하는 PR전략을 시도한다. '착한 기업'과 '착한 소비자'를 연결시키는 '착한 마케팅'이라고 불리며 기업의 이익추구라는 목적이 뒤로 물러난 모습을 취한다.

탐스슈즈는 소비자가 한 켤레의 탐스슈즈를 사면 또 한 켤레의 탐스슈즈를 빈민국 아이에게 제공하는 'One for One' 코즈 마케팅을 실시해 사회적 공헌과 수익 향상이라는 두 마리 토끼를 잡았다. 국내 기업 CJ는 미네워터 브랜드를 출시하며 코즈 마케팅을 실시해 1년 동안 총 13억 2,500만 원을 기부받아 물 부족으로 생명의 위협을 받는 아프리카 어린이에게 식수 정화제를 전달했다.

디지털미디어 시대에 광고와 PR 메시지는 자신의 모습을 감추고 바꾼 다음 이용자에게 다가간다. 광고와 PR은 상품을 판매하고 기업 이미지를 높이려는 목적으로 이루어지는 전략적 커뮤니케이션이며 소비자의 인지, 태도, 행위를 변화시키려는 설득 커뮤니케이션이다. 또한 광고와 PR은 신문, 방송, 인터넷의 콘텐츠를 무료 혹은 저렴하게 이용하게 해주는 미디어 산업의 핵심적 역할을 한다. 이 장에서는 광고와 PR이라는 두 가지 미디어 산업의 특징과 역사 그리고 디지털화와 융합 시대에 그 두 산업이 어떻게 변화하는지를 개괄한다.

광고

광고(*advertising*)는 광고주(*advertiser*)가 제품이나 서비스에 관한 메시지를 미디어를 통해 소비자에게 제공해 구매하도록 설득하는 커뮤니케이션 행위이다. 광고주는 대부분이 기업이며 기업이 판매하는 상품이나 서비스에 대한 상업적 정보를 소비자에게 제공해 구매를 촉진시키는 영리목적으로 이루어진다. 또한 공공문제 해결을 지향하는 정보를 전달하는 공익광고(*public service announcement*)도 있는데, 광고주는 정부나 사회공익단체 등이며 사회적으로 바람직한 방향으로 공중의 의견이나 행동을 변화시키려는 목적에서 실시된다.

상업광고와 공익광고 모두 광고메시지를 전달하는 미디어에 광고비를 지불하며 광고비는 미디어 수입에 가장 주요한 재원이다. 광고주를 스폰서(*sponsor*)라고도 부르는데 방송 프로그램 제작을 후원하고 대가로 수용자에게 상품이나 서비스 구매를 설득하는 광고메시지를 전달하기 때문이다. 따라서 산업적 관점에서 보면 광고란 신문 독자, 방송 시청자, 인터넷 이용자 등의 미디어 수용자를 광고주에게 제공해 수익을 올리는 사업이다. 광고메시지가 노출되는 수용자의 규모가 클수록 미디어에 지불하는 광고비도 증가한다.

1. 광고의 역사

널리 알린다는 광의(廣義)의 의미를 갖는 광고는 대중매체가 등장하기 이전 시대, 그것도 아주 오래전 고대에서 찾을 수 있다. 예를 들어, 기원전부터 지중해의 도시국가 페니키아에서 상선이 항구에 도착하면 배의 도착과 배에 실린 상품의 내용을 적은 옷을 입은 '샌드위치맨'이 거리를 돌아다녔다는 기록이 있다(春山行夫, 1981/2007). 고대의 광고는 면 대 면, 구전 커뮤니케이션으로 수행되거나 이집트의 파피루스 광고물과 같은 필사 광고도 존재했다.

인쇄술이 발명된 15세기 이후에는 포스터나 전단지 형태의 광고물이 유럽의 주요 도시에 널리 퍼졌다. 하지만 이 시기의 광고는 선박 운행일정, 도망간 노예를 찾거나 분실물을 찾는 내용 등 개인적 사정을 알리거나 간단한 편의 서비스를 제공하는 것이 주를 이뤄 오늘날 우리가 이해하는 광고와는 꽤 거리가 있다. 오늘날의 광고는 기업경쟁을 위한 도구이며 기업이 경쟁할 수 있는 시장을 전제로 한다(양정혜, 2009).

대량의 상품이 거래되는 근대적 시장은 산업혁명이 탄생시킨 산물이다. 산업혁명이 진전되면서 기계의 힘을 빌려 대량생산이 가능해졌고 도시로 이주한 노동자는 소득을 얻어 소비하는 소비자로 등장했다. 대량생산과 대량소비가 이루어지는 경쟁시장에서 제조업자는 자신의 제품을 소비자에게 널리 알리는 핵심 수단으로 광고를 이용하기 시작했다.

산업혁명이 근대광고 출현의 필요조건이라면 충분조건은 대중매체의 발달이다. 대중매체 시대는 19세기 중엽 대중신문의 등장으로 시작되었으며 상품 소비자인 노동자가 손쉽게 구독할 수 있는 저렴한 가격으로 제공되었다. 광고주는 발행부수가 많은 대중신문을 통해 소비자에게 자사의 상품을 알리기 위해 신문 지면을 구입해 광고했다. 이때부터 기업이 지불하는 광고비는 신문을 대량으로 발간해 저렴하게 구독할 수 있는 경제적 기반이 되었다. 오늘날에는 광고비 수입이 구독료 수입보다 많은 신문사가 대부분이다.

1) 대중신문의 등장과 광고

미국과 유럽에서는 19세기 중반부터 1센트에 구입할 수 있는 대중신문이 등장했다. 1센트 신문을 '페니프레스'라고 했는데 이것은 1센트 동전을 1페니라고 불렀던 것에서 유래된 속칭이다. 이전의 신문은 1부에 5~6센트였고 연간 구독료는 8~10달러였다. 미국에서 1센트 신문으로 성공한 것은 1833년 뉴욕에서 데이(Benjamin Day)가 창간한 〈선〉(*The Sun*)이다. "광고가 늘어나면 지면을 늘리지만 신문가격은 올리지 않는다"는 데이의 말은 당시 대중지가 된 신문산업에 광고가 차지하는 비중을 명확하게 보여준다(春山行夫, 1981/2007).

2) 광고대행업과 시장조사

오늘날처럼 조직화된 광고대행업(*advertising agent*)은 미국에서 발달했다. 개별 신문사에 전속 고용되어 광고를 모았던 세일즈맨이 독립해 영업한 것이 시작이다. 광고대행업은 19세기 중엽부터 독립된 사업영역으로 성장했고 필라델피아에서 사업을 시작한 팔머(Volney Palmer)가 선구자로 알려졌다. 팔머는 광고를 낼 수 있는 유력 상점이나 사무소를 방문해 무료로 광고 견적을 내어주고 견적서와 더불어 자신이 추천하는 신문의 발행부수 그리고 광고카피 등을 제공해 계약을 성공시켰다. 팔머는 광고대행이 신문사에게 이익이 된다고 생각하고 광고주가 신문사에게 지급하는 요금의 25%를 대행수수료로 받았다. 광고산업의 장기적 성장을 위한 거래구조를 확립했다.

광고대행업자 사이의 경쟁이 심해지자 광고주에게 시장과 관련한 정보를 제공하는 조사가 시도되었다. 로웰은 1867년부터 신문 및 정기 간행물을 정리한 〈신문연감〉(*Rowell's American newspaper directory*)을 간행했다. 미국 전역의 신문명부와 각 신문의 정확한 발행부수를 조사해 광고주가 신문을 선택하는 데 참조하도록 했다.

당시 대부분의 신문은 과장된 발행부수를 발표하거나 숫자를 비밀로 했기에 로웰의 발행부수 추정에 불만을 표출하기도 했다. 또 다른 조사는 광고상품의 시장조사가 시작되었다. 에이어는 한 탈곡기 회사의 광고를 수주하기 위해 로웰의 회사와 경쟁을 벌였는데 1879년에 이 기계의 가장 좋은 시장이 되는 지역을 조사한 보고서를 작성했다. 광고주는 조사결과를 구입하겠다고 했지만 에이어는 광고를 주면 무료로 보고서를 제공하겠다는 조건을 내걸어 로웰과의 경쟁에서 승리했다. 또한 팔머의 대행수수료 모델을 기반으로 광고의 대행수수료는 전체 매체 수수료 가운데 15%로 표준화시켰다. 이 15%의 대행수수료는 지금도 그대로 적용된다.

3) 방송광고 시대로의 이행

1920년 전기회사인 웨스팅하우스가 KDKA를 개국하면서 라디오 방송시대가 열렸다. 웨스팅하우스는 라디오 수신기를 제조해 판매하려는 목적으로 재미있는 프로그램으로 청취자를 확보하기 위해 방송국을 개국했다. 이어 RCA, 제너럴 일렉트릭(General Electric)과 같은 관련 대기업이 방송을 시작한 것도 같은 목적이다. 라디오 수상기 제조업체는 방송으로 수입을 올리려고 하지 않고 수신기 판매를 위해 라디오 방송국을 개국했다.

라디오 방송사는 네트워크를 구축해 방송권역을 확대했다. 중앙의 라디오 방송국과 지역의 라디오 방송국이 제휴를 맺어 프로그램을 공유하는 관계를 네트워크라고 한다. 1926년에 RCA가 NBC라는 네트워크를 구축했는데 초기 19개 방송국에서 1929년에는 58개 방송국이 가입했다. NBC네트워크는 1943년 미국 연방정부의 명령으로 일부 네트워크를 분리 매각했는데 이 네트워크가 ABC

네트워크가 되었다. CBS는 1927년에 별도의 네트워크로 만들었다.

라디오 네트워크는 프로그램 제작비용을 공동으로 부담해 비용을 줄이고 광고주를 전국적으로 확대해 수익을 높이는 효과를 가져왔다. 제작비용은 늘어나지 않고 광고 지역이 전국으로 확대되며 광고수익이 극대화된다. 방송사의 네트워크는 이러한 목적으로 탄생한 것이다. 라디오 네트워크가 구축되면서 전국 광고가 급격히 늘어났는데 닷지 브러더스, 제너럴 모터스와 같은 자동차 대기업은 전국의 방송국에 동시광고를 진행했다. 당시 대기업이 1시간 오락 프로그램을 단독으로 스폰서했는데 1시간 가운데 직접광고 시간은 3분 내지 4분이었다. 라디오 네트워크 모델은 TV 시대로 접어들어서도 TV방송사 네트워크로 전환되었고 광고를 재원으로 하는 상업방송사의 경영모델로 자리 잡았으며 지금도 동일하다.

1950년에 들어서면서 TV산업이 급속하게 성장했다. NBC, CBS, ABC는 모두 라디오 방송에서 기반을 구축한 방송사로 TV방송은 라디오 방송과 겸영하는 형태로 발전하며 방송국의 수입 기반이 라디오에서 TV로 옮겨갔다. TV는 대중의 관심을 빠르게 흡수했고, 특히 중요한 밤 시간대를 TV가 차지하게 되었다. TV광고비는 라디오보다 월등하게 비싸 프로그램 전부를 1개 광고주가 지원하기 어렵게 되었고, 복수의 광고주가 TV프로그램을 지원하는 공동 스폰서 제도가 정착되었다.

상업TV에게는 광고가 절대적 수입원이므로 광고시간을 확대하려는 움직임을 지속적으로 시도했다. 미국에서는 1960년대에 TV방송사가 수익을 올리기 위해 프로그램 중간에 광고하는 중간광고(*commercial break*)를 도입하고 이어서 30분이나 1시간 동안 상품판매를 보여주는 정보형(*informacial*) 광고도 방송했다. 정보형 광고의 현재 모습은 홈쇼핑 프로그램이라 할 수 있는데 TV를 통해 상품을 광고하고 판매해 이익을 극대화하는 광고형태라 할 수 있다.

4) 온라인 광고 시대의 개막

지금은 인터넷이 가장 많이 이용하는 매체가 되었다. 인터넷도 비영리적 활동으로 탄생했지만 대중화는 신문, 라디오, TV처럼 광고를 기반으로 성장했다. 인터넷의 광고는 개인 이용자와의 상호작용이 가능하고 고객과의 시공간적 제약을 받지 않은 접촉이 이루어지며 개인정보를 활용한 타기팅 광고가 가능한 특징으로 인해 대중매체와는 확연히 차별화된 활용양식을 보인다. 이메일광고, 배너광고, 검색광고 등 소비자와의 다양한 상호작용과 구매행위까지 기업의 모든 마케팅 과정이 인터넷으로 가능하다. 스마트미디어 등장으로 모바일 인터넷이 보편화되어 말 그대로 시간과 장소의 제약을 완전히 극복하게 되었고 이용자가 있는 공간과 시간에 맞추어 광고를 제공하는 맞춤형 광고도 시도된다.

2. 국내 근대광고의 시작

국내에도 19세기 말 개화기에 신문이 발행되면서 근대광고가 게재되었다. 1886년 2월 22일자 〈한성주보〉(漢城週報)에 "'덕상' 세창양행 고백"('德商' 世昌洋行 告白, 독일상사 세창양행의 광고)이란 제목으로 24줄 광고가 게재되었다. 1896년 4월에 〈독립신문〉이 국문과 영문으로 발간되면서 상당한 광고가 신문지면에 등장했다. 〈독립신문〉 창간호 1면에 광고가 게재되었고 1899년 6월 1일자 〈독립신문〉에는 광고요금이 게재되기도 했다(마정미 · 신인섭 · 서범석 · 김대환 · 신기혁 · 김병희 · 이희복, 2009).

〈표 11-1〉〈독립신문〉의 광고요금

(단위: 원)

	28행(1단 전체)	14행(1/2단)	7행(1/4단)
1년 광고료	40	20	16
6개월 광고료	24	12	10
1개월 광고료	5	3	2
1주일(6일) 광고료	1.5	1	0.75
1회 광고료	0.50	0.30	0.20

출처: 마정미 · 신인섭 · 서범석 · 김대환 · 신기혁 · 김병희 · 이희복(2009).

1920년에 〈조선일보〉, 〈동아일보〉 두 신문이 창간되었다. 창간 초기에는 일제의 지배를 받는 민족의 목소리를 대변한다는 목적에서 출범해 광고에는 그다지 관심이 없었다. 또한 국내에는 대형광고를 지속적으로 할 수 있는 기업이 전무해 신문구독료만으로 경영할 수밖에 없었다. 1930년대에 들어와서는 일본 광고주와 직접 연결해 광고수입을 올리고자 시도했고 도쿄와 오사카에 광고모집지국을 설치해 광고유치를 위해 노력했다. 〈동아일보〉의 결산을 보면 1922년 판매수익 65%, 광고수익이 32%였는데 1938년 결산은 판매수익 53%, 광고수익 45%로 17년간 광고수입의 비중이 점점 늘어났다(신인섭 · 서범석, 1998, 109쪽).

해방 후에는 1940년에 강제 폐간된 〈조선일보〉와 〈동아일보〉가 복간되었고 많은 간행물이 나오기는 했으나 일제의 공출, 해방 이후의 혼란기, 한국전쟁으로 이어지는 경제암흑기 속에서 광고란 별 의미가 없었다.

1954년 창간된 〈한국일보〉는 우리의 신문광고 제도를 한 단계 발전시키는 데 공헌했다. 〈한국일보〉는 사내에 당시로서는 파격적인 광고상담소를 설치해 광고유치를 위한 대대적인 활동을 전개했으며 '바른 광고와 훌륭한 상품에 대한

〈그림 11-2〉 1930년대의 〈동아일보〉 광고

독자의 의견투고'를 받기도 했다. 또한 1959년에는 지면에 '광고윤리요강 및 게재 기준'을 발표하기도 했고 '한국광고작품상'을 창설했다. 이러한 일련의 활동은 신문 경영에 광고가 차지하는 중요성을 분명하게 인식해 광고를 제도화하려는 실천이었다고 평가할 수 있다.

라디오 상업방송은 MBC 라디오 부산방송국이 1959년에 국내 최초로 개국했고 1962년에는 CBS, 1964년에는 라디오 서울(TBS의 전신)이 개국했다. 이어 상업방송인 TBC(1964)와 MBC(1969)가 잇달아 개국했다. 라디오 방송과 TV 방송 모두 광고시간별 광고요금을 차등하는 시급(時給) 광고요금제를 실시했다.

1980년에 들어서면서 정치권력에 의해 미디어 구조의 변화가 강제적으로 이루어졌다. 이른바 5공화국의 언론통폐합법으로 불리는 〈언론기본법〉이 제정되어 신문과 방송의 겸영이 금지되고 TBC가 폐사되었으며 KBS와 MBC가 공영방송으로 전환되었다. 또한 방송광고의 판매를 담당하는 미디어랩인 한국방송광고공사(KOBACO)가 설립되어 방송광고의 거래를 독점적으로 담당했다. 신문사도 지방 1도 1개사로 한정하고 중앙지의 창간도 엄격하게 제한되었다. 1980년대는 경제가 매년 10% 전후의 성장률을 보이는 고도성장기이기도 해 기업의 광고수요에 비해 광고미디어가 부족한 상황이어서 신문사과 방송사 모두 급성장하는 시기이기도 했다.

1987년에 대통령 5년 단임제와 직접선거를 골자로 한 헌법 개정으로 6공화국 시대가 열렸고 〈언론기본법〉이 폐지되었다. 이후 앞다투어 일간신문을 창간하며 이전 21개 사에서 1992년에 100개 사가 넘었고, 지면 또한 16면에서 40면까지 증면되었다. 많은 잡지의 창간이 뒤를 이었고 라이선스를 받은 외국 잡지의 발행도 활발하게 진행되었다.

2000년대에 들어와서는 신문·잡지·TV·라디오 등의 전통매체와 더불어 인터넷이 주요 광고매체로 자리 잡기 시작했다. 해외에서는 야후와 구글 그리고 국내에서는 네이버와 카카오로 대표되는 포털 및 검색엔진이 온라인 광고를 주도했다. 최근에는 페이스북이나 트위터와 같은 SNS 그리고 모바일앱, 게임 등이 광고를 주 수입원을 삼고 콘텐츠를 무료제공해 가입자의 저변을 넓혀 사업을 전개한다.

국내 광고대행사의 기원은 1967년 합동통신사의 광고기획실, 1969년 만보사의 설립을 시작으로 볼 수 있다. 1970년대 '인하우스(*in-house*) 에이전시' 라고 통칭되는 대기업계열 광고대행사가 출현 이후 광고대행업이 하나의 사업분야로 자리 잡기 시작했다. 삼성그룹의 제일기획, 두산그룹의 오리콤, 롯데그룹의 대홍기획, 현대그룹의 금강기획, LG그룹의 LG에드가 1970년대와 1980년대 초에 걸쳐 설립되었다. 대기업계열 광고대행사의 출현은 당시 광고대행사에 관한 규칙에서 인정기준을 총매출액 100억 원 이상, 연간 50억 이상의 방송광고 대행실적, 30개 이상의 광고주 확보라는 매우 높은 단계로 설정했기 때문이다. 1990년대에 광고시장 개방 이후에는 외국대행사의 국내시장으로의 진출이 활발하게 이루어졌다. 외국대행사는 국내 대행사와 합작투자, 단독진출 혹은 지분투자 형태로 진출했다.

3. 브랜딩의 출현

브랜딩은 '굽다'(*burn*)라는 의미를 갖는 'Brandr'에서 유래된 것으로 상품에 특정 마크를 찍는 것을 의미한다. 기업이 광고를 활용해 동일 상품이 서로 경쟁하는 시장에서 자기 기업의 상품을 소비자가 차별화해 인식하도록 만들려는 목적에서 시도한다. 재료나 기능이 유사한 동일 상품군에서 자사 제품의 상표를 소비자가 기억할 수 있도록 반복적으로 광고하는 것이다. 광고에 반복적으로 접촉함으로서 소비자는 특정 제품에 대해 그 브랜드와 관련된 특정한 연상을 하는데 이러한 소비자의 반응을 브랜드 정체성(*brand identity*)이라고 한다.

19세기 후반 무렵부터 광고를 활용한 브랜드 정체성 구축에 성공한 상품이 나타났다. 영국에서는 19세기 후반에 상품을 상표명(*trade name*)으로 광고하는 것이 늘었는데 피어스(Pears)비누와 립톤(Lipton) 홍차가 세계적으로 유명해졌다. 앤드루 피어스가 제조한 비누를 광고로 널리 판매한 사람은 토머스 배럿이었다. 피어스의 공동경영자이기 한 배럿은 싫증이 날 정도로 광고했다. "비누의 철자는? 물론 피어스"(How do you spell soap? P-E-A-R-S, of Course)라는 표현으로 피어스라는 상표명과 비누라는 두 단어를 불가분 관계로 연상하도록 습관화시켰다.

홍차의 대명사인 '립톤 티'는 립톤의 대대적인 광고가 만들어낸 상표명이다. 립톤은 2백 명의 샌드위치맨에게 중국 전통의상을 입혀 립톤 티를 광고했고, 광고문과 포스터를 20개 국가의 언어로 만들에 세계 각국에 보내기도 했다. 립톤

〈그림 11-3〉
인터브랜드가 선정한
2015 글로벌 브랜드 50

순위	브랜드	변동	가치
01		+43%	170,276 $m
02	Google	+12%	120,314 $m
03	Coca-Cola	-4%	78,423 $m
04	Microsoft	+11%	67,670 $m
05	IBM	-10%	65,095 $m
06	TOYOTA	+16%	49,048 $m
07	SAMSUNG	0%	45,297 $m
08	GE	-7%	42,267 $m
09		-6%	39,809 $m
10	amazon	+29%	37,948 $m
11	BMW	+9%	37,212 $m
12	Mercedes-Benz	+7%	36,711 $m
13	Disney	+13%	36,514 $m
14	intel	+4%	35,415 $m
15	CISCO	-3%	29,854 $m
16	ORACLE	+5%	27,283 $m
17		+16%	23,070 $m
18	hp	-3%	23,056 $m
19	HONDA	+6%	22,975 $m
20	LOUIS VUITTON	-1%	22,250 $m
21	H&M	+5%	22,222 $m
22	Gillette	-3%	22,218 $m
23	f	+54%	22,029 $m
24	pepsi	+3%	19,622 $m
25	AMERICAN EXPRESS	-3%	18,922 $m
26	SAP	+8%	18,768 $m
27	IKEA	+4%	16,541 $m
28	Pampers	+8%	15,267 $m
29	ups	+2%	14,723 $m
30	ZARA	+16%	14,031 $m
31	Budweiser	+7%	13,943 $m
32	ebay	-3%	13,940 $m
33	J.P.Morgan	+10%	13,749 $m
34	Kellogg's	-6%	12,637 $m
35	VW	-9%	12,545 $m
36	NESCAFÉ	+7%	12,257 $m
37	HSBC	-11%	11,656 $m
38	Ford	+6%	11,578 $m
39	HYUNDAI	+8%	11,293 $m
40	Canon	-4%	11,278 $m
41	HERMÈS PARIS	+22%	10,944 $m
42	accenture	+9%	10,800 $m
43	L'ORÉAL	+6%	10,798 $m
44	Audi	+5%	10,328 $m
45	citi	+12%	9,784 $m
46	Goldman Sachs	+9%	9,526 $m
47	PHILIPS	-8%	9,400 $m
48	AXA	+14%	9,254 $m
49	NISSAN	+19%	9,082 $m
50	GUCCI	-14%	8,882 $m

출처: Interbrand(2015). Best Global Brands 2015.

의 광고는 지역을 넘어 전국 그리고 세계적 규모로 이루어졌으며 대대적인 광고로 립톤 티는 일반인의 일상어가 되었다.

1970년대에는 코카콜라와 펩시의 브랜딩 경쟁이 치열했고 최근 스마트폰 시장에서는 애플과 삼성의 경쟁이 주목을 끈다. 광고를 통한 브랜딩 전략에 가장 성공적 사례는 브랜드 이름이 상품 그 자체로 인식되는 것이다. 티슈분야에서 '크리넥스'(Kleenex), 복사기 분야에서 '제록스'(Xerox), 국내에서는 '초코파이' 등이 그러한 예이다.

오늘날 브랜드는 기업의 자산으로 거래할 수 있는 가치로 산정된다. 브랜드 제품의 이름, 로고와 심벌, 캐릭터, 슬로건, 디자인 등으로 소비자에게 회상되는데 가장 먼저 떠오르는 브랜드일수록 자산가치가 높은 것이라 할 수 있다. 애플, 구글, 코카콜라, 맥도널드, 삼성, 벤츠, BMW, 아마존, 나이키 등 전 세계적으로 유명한 브랜드의 가치는 상당한 액수에 달한다. 글로벌 1위로 평가되는 애플의 브랜드 가치는 1천억 달러 이상이고 경쟁자인 삼성은 8백억 달러 규모로 평가된다.

4. 소셜마케팅과 공익광고

광고는 상업적 목적으로만 활용하지 않는다. 브랜딩과 같은 광고기법은 정부의 이미지, 정책 아이디어, 정치 후보자의 캠페인 또는 올바른 습관의 형성 등의 목적을 위해 널리 활용되기도 한다. 이 가운데 비영리적이고 공익적 목적을 위해 광고기법을 활용해 전개되는 마케팅을 소셜마케팅(*social marketing*)이라고 부른다. 금연, 금주, 도박치유, 질병예방, 자동차사고 예방 등 개인과 사회에 해악을 초래하는 바람직하지 않은 행동을 캠페인을 통해 바람직한 방향으로 변화시키려는 목적에서 활용한다. 공익캠페인은 정부기관이나 공익단체 등이 주체가 되어 친사회적 목적의 정보를 제공하는 캠페인이고 이때 활용하는 광고를 '공익광고'라고 한다.

소셜마케팅이나 공익광고는 공중의 태도나 행동을 바람직한 방향으로 변화시키기 위해 충격적인 메시지를 사용하는 경우가 많은데 이를 위협소구(*fear appeals*)라고 한다. 금연광고에 '폐암 한 갑주세요' 등의 메시지나 음주운주 예방광고에 참혹한 사고 영상을 보여주는 것 등이 위협소구의 전형적 사례라 할 수 있다. 소셜마케팅이나 공익광고는 바람직한 행동으로 변화하기 위해 공중을 계몽하는 것이다. 금연이나 에이즈 감염예방을 위한 행동, 사고예방과 범죄예방을 위한 행동, 심장병 혹은 성인병 예방을 위한 행동 등 다양한 주제로 전개한다.

5. 광고미디어

산업화된 모든 매체는 콘텐츠와 광고로 구성된다. 광고도 콘텐츠와 동일하게 다양한 미디어 포맷에 맞추어 발전했다. 흔히, 신문·잡지·라디오·TV를 4대 매체로 부르며 이 4대 매체와 옥외광고가 더해져 전통 광고미디어를 구성했다. 이 전통 광고미디어는 대중매체의 특성을 공유하며 불특정 다수에게 같은 광고메시지를 일방향적으로 전달하는 데 효과적이라고 인식한다. 유무선 인터넷 그리고 디지털 기술이 활용된 미디어는 광고주가 원하는 표적집단 혹은 개인에게 광고메시지를 전달할 수 있으며 양방향 상호작용이 가능하며 광고메시지의 전달만이 아니라 구매에 이르는 마케팅의 모든 과정이 가능하다.

1) 전통 광고미디어

① 신문

신문은 지면에 활자와 사진 등 시각적 요소를 활용해 광고를 전달한다. 헤드라인이나 지면에서의 시선 움직임을 고려한 광고배치, 광고카피나 광고서체 등을 시각적으로 차별화하는 광고가 인쇄미디어인 신문광고의 특성 중 하나이다. 또 지면을 통해 많은 정보를 전달할 수 있으므로 상품의 상세한 정보를 전달할 수 있는 장점 때문에 정보형 광고전달에 유리하다. 광고의 도달범위는 넓지만 신문구독 시 대부분 광고를 읽지 않고 지나가기 때문에 주목도가 떨어진다. 신문지면에 등장하는 광고유형은 하나의 광고가 지면의 일정 부분에서 전면을 차지하는 '디스플레이 광고'와 많은 광고를 동일 지면에 제시하는 '안내광고'가 있다. 최근에는 광고가 실제 기사처럼 작성되고 광고 한쪽에 광고라고 표시하는 기사형 광고(*advertorial*)도 전면광고 형태로 자주 등장한다.

신문광고는 지면, 위치, 크기, 색상에 따라 광고가격이 다르다. 독자가 주목하기 쉬운 장소에 배치되고 단이라는 지면의 크기 기준에 의해 많은 단을 차지하면 가격이 상승한다. 각 신문사는 지면별 광고규격과 단가를 공지하는데 이를 광고단가표(*rate card*)라고 한다. 신문사 간의 광고유치 경쟁이 치열해져서 광고단가표를 기준으로 가격에 대한 협상이 이루어진다.

② 잡지

잡지는 특정 주제를 중심으로 전문화되어 특정 구독자를 대상으로 발행된다. 광고 또한 특정 구독자를 대상으로 하므로 타깃광고가 신문보다 훨씬 쉽다. 예를 들어, 잡지를 구독하는 독자층의 취향에 맞추어 스포츠, 음악, 레저, 자동차 등 선별적 광고가 가능하다. 고급스럽게 표현할 수 있어 화장품과 같은 색감과 자동차와 같은 높은 해상도가 중요한 제품광고에 선호되는 매체이기도 하다.

이러한 장점에 비해 소비자 규모가 너무 작아 광고의 효과가 매우 제한적으로 나타날 수 있으며 소비자에게 광고를 전달하는 데 드는 비용이 다른 매체보다 비쌀 수 있다는 단점이 있다.

③ TV광고

TV는 대중매체 가운데 가장 많은 사람이 이용하는 매체로 모든 사람이 TV의 시청자이고 모든 사람이 TV광고에 노출된다고 해도 과언이 아니다. 도달 범위가 가장 넓고 가장 이용하기 쉬운 매체라는 특징으로 광고주가 선호하는 매체이다. 광고가격이라는 측면에서 기업이 1회 지불하는 광고비용을 놓고 보면 가장 비싸다. 그 이유는 광고가 도달하는 범위, 다시 말해 광고를 접하는 사람의 수가 가장 많은 매체이기 때문이다. 프라임 타임의 전국 광고일 경우에 30초 1회에 1천만 원 정도의 비용이 들 수도 있다. 지불비용은 많지만 매체당 광고도달률을 비교하는 CPM(천 명당 드는 비용)은 적다.

TV광고는 다양하다. 프로그램 광고는 광고주가 스폰서가 되어 프로그램 전후에 전달하는 광고를 말하는데 30초, 20초, 15초 길이가 있다. 비율상으로 대부분의 광고가 프로그램 광고에 해당한다. 스테이션 브레이크라고 불리는 토막광고는 프로그램과 프로그램 사이에 방영하는 광고로 지역별로 광고를 다르게 한다. 자막광고는 방송국 이름고지나 방송순서 고지시간에 화면의 1/4 이내의 크기로 흔히 화면 하단에 제시한다. 시보광고는 시간을 고지하면서 광고하는 것으로 주로 뉴스 시간에 많이 활용한다.

TV광고의 가격은 시청자를 얼마나 확보하느냐에 따라 달라진다. 시간적 요소를 시급으로 구분하는데 SA, A, B, C의 4개 등급으로 구분하다. 지역요소는 전국인지 단일지역에 따라 요금이 다르다. 이 두 요소를 결합해 광고단가가 최종적으로 결정된다.

④ 라디오

라디오를 능동적으로 이용하는 청취자는 수적으로 매우 소수에 불과하다. 이러한 점에서 광고매체로서의 중요도는 낮은 편이다. 하지만 차량이동 중이나 특정 시간대에 청취하는 고정 청취자가 존재하므로 이들에게 소구하는 광고를 반복적으로 진행할 수 있다는 장점이 있다. 특히, 라디오광고는 비용이 저렴하므로 대기업의 전국적 광고는 아니지만 중소 광고주와 지역의 자영업 광고에는 적합해 지역밀착형 광고매체로 활용된다. 지역민에게 친숙한 편의시설이나 지역 병원 등이 라디오광고에 등장한다.

⑤ 옥외광고

옥외광고는 공중이 자유롭게 통행하는 장소에 일정기간 지속적으로 설치해 공중이 볼 수 있도록 하는 광고로 대표적인 형태의 빌보드 미디어, 교통수단 및 교통시설물을 이용한 트랜식 미디어, 스포츠 레저 쇼핑몰 등 시설물을 이용한 엔터테인먼트 미디어로 구분할 수 있다.

빌보드 미디어는 대표적이고 전통적인 광고물인데 흔히 도로변에 설치된 지주형 야립(野立)광고, 주요 건물의 옥상에 설치된 옥상광고, 전광판의 형태로 접한다. 트랜식 미디어는 교통광고로 교통수단 및 교통시설물에 광고물을 설치하는 것으로 역, 터미널, 공항 혹은 지하철, 버스, 택시 등의 교통수단을 이용할 경우 볼 수 있다. 엔터테인먼트 미디어는 쇼핑몰 시설물, 스포츠 경기장 시설물, 극

디지털 사이니지(*digital signage*)
디지털 정보 디스플레이에 각종 영상이나 정보를 게시하는 옥외광고 매체이다. 통신 네트워크를 통해 컨트롤 센터에서 원격으로 광고 내용을 제어할 수 있으며 지하철역이나 버스정류장 등 사람이 많이 모이는 장소에 설치함으로써 높은 주목도와 광고 효과를 올릴 수 있다.

장 시설 등에 설치된 광고물로 백화점, 전자상가, 복합 상업시설이나 경기장 간판, 놀이시설 등 리조트 시설물에 설치되는 경우가 많다.

디지털 기술의 발전으로 옥외광고도 스마트해진다. 대형 전광판의 동영상 광고와 같은 일방향적 광고물에서 온라인 네트워크가 결합되어 디지털 사이니지와 같은 양방향 광고서비스를 제공하는 형태로 진화한다. 소비자는 쇼핑몰에 설치된 디지털 사이니지를 통해 할인 쿠폰을 받거나 사진 찍기 및 퀴즈 이벤트 등의 인터렉티브 기능을 이용할 수 있으며 모바일미디어와 결합하면 모바일 커머스를 이용해 다양한 할인혜택도 받을 수 있다.

2) 디지털 세상의 광고

디지털 기술이 새로운 유형의 광고를 출현시킨다. 인터넷을 기반으로 PC와 모바일 단말기에 구현되는 디지털 광고는 단지 광고메시지만 전달하지 않는다. 양방향 특성을 활용해 소비자로부터 피드백되는 정보를 기반으로 소비자를 특정해 개인별 맞춤형 광고를 전달한다.

① 쿠키

대부분 웹사이트에는 이용자의 활동을 추적하는 도구가 있는데 쿠키(*cookie*)가 대표적이다. 쿠키는 이용자가 웹사이트를 처음 방문할 때 이용자의 하드디스크 드라이브에 자동으로 설치되는 파일이다. 웹사이트는 쿠키를 사용해 이용자의 활동기록을 수집하고 이용자가 다시 웹사이트에 접속하면 쿠키를 이용해 맞춤형 광고를 제공한다. 예를 들어, 소비자가 자신이 사고 싶은 상품을 검색하며 쇼핑몰 사이트를 돌아다니면 이 정보가 쿠키로 저장된다. 이후 그 소비자가 인터넷뉴스나 광고가 제공되는 사이트를 방문하면 그 상품과 관련한 광고를 제공한다. 근래에는 쿠키가 이용자 개인정보의 노출, 개인행태 정보수집 등과 같은 개인정보 관련 분쟁을 유발한다.

② 이메일 광고

이메일은 인터넷상에서 가장 많이 이용되는 애플리케이션이고 광고수단으로 많이 활용한다. 광고용 우편물처럼 이메일은 목표 이용자에 직접 도달할 수 있지만 너무 많은 수량으로 스팸메일로 처리되는 경우도 많다. 하지만 이용자가 웹사이트에 등록할 때 메일이나 마케팅 자료를 수신할 의사를 표시하는 옵트인(*opt-in*) 체크를 하도록 해서 이용자가 원하는 광고메시지를 전달할 수 있다.

이메일광고는 제작과 송신 비용이 저렴하다. 특히, 텍스트로만 제작된 광고는 비용이 저렴하지만 이용자의 주목을 끌기는 어렵다. 이미지 광고를 이용자에게 보낼 수는 있으나 수신자가 화면에 표출을 하지 않을 때는 소비자에게 광고가 노출되지 않는다.

③ 배너광고

웹이 등장한 초기에 대부분 광고는 전통적 광고 포맷에 따르는 경향이 있었다. 배너광고는 신문지면처럼 웹페이지에 위치가 정해진 광고이며 인터넷의 가장 전형적인 광고형태이기도 하다. 배너는 현수막처럼 웹페이지 위에 걸친 광고로, 이용자가 클릭하면 광고주의 웹사이트로 이동하게 된다. 오늘날에는 다양한 모양과 크기의 배너광고가 있으며 이용자가 하단으로 이동하는 경향을 이용한 타워광고(*tower advertisement*)도 등장했다.

우리가 포털 메인 페이지에 접속하면 검색창 하단에 표출되는 광고를 만난다. 로그인 화면에서는 정중앙에 배너광고가 있다. 배너광고의 가격 역시 이용자의 시선을 많이 유도할수록 비싸진다. 고정비용으로 광고가격을 책정하거나 검색 광고와 연동해 노출된 횟수로 광고가격을 책정하는 방식이 있다.

최근 인터넷 이용자를 추적한 연구는 50% 이하의 주목률과 더불어 매우 낮은 클릭률을 지적한다. 이는 배너광고의 효과에 비해 광고단가가 부풀려졌다는 지적으로 이어진다.

④ 팝업과 영상

배너광고에 이어 튀어나온다는 의미의 팝업광고가 등장했다. 처음에는 온라인 광고를 구원해주리라 기대했던 팝업은 현재 스크린 일부 혹은 전부를 덮기 때문에 이용자가 원래 원했던 웹사이트를 보기 위해 광고 창을 닫아야 하는 불편함을 초래했다. 하나 이상의 팝업창이 열리는 다중 삽입광고는 다수의 창을 닫아야 하기 때문에 처음부터 회피하는 행동을 보인다.

온라인에서 제공하는 다양한 영상 앞에 광고를 배치하는 영상광고도 일반화되었다. 하지만 온라인 이용자가 짧은 영상을 보기 전에 표준적인 30초 광고를 보고 싶어 하지 않기 때문에 최대 10초 혹은 15초로 제공하는 경향이다. 유튜브는 네트워크 TV에서 방영될 프로그램을 스크린 아래에 배치해 홍보효과를 시험하기도 한다.

⑤ 안내광고와 옥션 사이트

온라인 안내광고는 온라인의 장점으로 활용해 신문 안내광고를 흡수한다. 온라인 광고는 정해진 글자 수에 맞추기 위해 문장을 줄일 필요가 없고 비용한계도 없다. 또한 광고상품을 배송할 수 있는 한 지리적 한계도 문제가 되지 않는다. 이러한 장점이 잠재적 수용자를 대폭 증가시켰다. 미국 온라인 생활정보 사이트 '크레이그리스트'(Craigslist)의 각종 안내광고 서비스로 인해 2000~2007년 미국 신문사의 수입이 최소한 50억 달러는 줄어든 것으로 알려졌다. 크레이그리스트와 같은 온라인 안내광고 웹사이트는 소규모 기업체에게 인기가 있으며 간접비용 혹은 기반시설 비용을 들이지 않고 전국적 혹은 국제적 사업을 창출할 수 있다.

이베이(ebay)를 필두로 한 옥션 사이트도 같은 이유에서 인기를 얻는다. 판매자 평가 및 리뷰 시스템, 쉬운 지불방법 그리고 많은 수의 판매자와 구매자가 시장을 활성화시켰으며, 특히 작은 사업과 집에서 일하는 사람에게 유용하다. 경매 및 공동구매 중심에서 온라인 마켓을 사업모델로 운영 중인데 해외상품 직접구매에서 중고상품 판매까지 아우른다.

⑥ 검색엔진 광고

세계적으로 구글, 빙, 야후와 같은 인기 검색엔진은 최근 광고주의 관심이 집중되는 광고유형이고 성장세 또한 주목받는다. 국내에서는 네이버와 카카오와 같은 토착 검색엔진의 광고가 우세를 점한다. 검색엔진 광고는 이용자가 특정 키워드를 검색할 때 첫 번째 혹은 상위에 제시되도록 하는 광고기법이다. 검색결과 첫 번째 혹은 상위에 나오면 방문자가 늘어나기 때문에 광고주 입장에서 보면 가장 많은 고객을 모을 수 있는 광고기법이 되는 셈이다.

검색엔진 광고기법은 검색엔진 최적화(*search-engine optimization*·SEO)와 검색엔진 마케팅(*search-engine marketing*·SEM)이라는 용어로 표현된다. SEO 기법은 웹 검색 결과 첫 페이지, 즉 자연검색 결과의 10위 안에 게재되도록 수행하는 최적화 작업을 말한다. 검색엔진은 웹페이지의 관련성 순위를 정하는 랭킹알고리즘이 있고 구글은 약 2백 개 이상의 지표를 사용해 순위를 정하는 것으로 알려졌다. 검색엔진 마케팅은 이용자가 키워드 검색 시 마케팅 대상 웹사이트를 해외 주요 검색엔진(구글, 야후, 빙 등)에 노출되게 해서 해당 사이트로 잠재고객의 방문을 증대시킴으로써 구매자를 발굴하고 온라인 인지도를 향상시키기 위한 온라인 마케팅 기법이다. 광고주는 옥션에서 판매되는 관련 키워드를 구입해 그 키워드가 검색된 후 사이트를 클릭할 때 정해진 액수를 검색엔진 회사에게 지불하는 클릭당 과금(*cost per click*·CPC) 방식이다.

⑦ 모바일미디어

2000년 이후 모바일미디어의 도약은 광고의 모습도 근본적으로 바꾸었다. 특히, 젊은 이용자는 문자메시지를 음성통화보다 많이 이용한다. 전 세계적으로 10억 명 이상의 스마트폰 이용자가 있으며 국내에서도 4천만 명 이상의 이용자가 있다. 이용자가 많으면 광고미디어로서의 잠재력이 커지는데 모바일미디어는 새롭고 강력한 광고 채널로 부상했다. 모바일광고란 모바일폰 등 모바일 기기상에서 보여주는 광고를 의미해 모바일 마케팅 수단으로 활용되며 시간과 장소의 제약 없이 타깃 고객을 대상으로 음성, 문자, 동영상 광고 등 다양한 형태의 광고가 가능하다. 페이스북은 이용자의 주목을 얻는 뉴스피드(Newsfeeds) 사이에 모바일광고를 삽입해 성공했다. 글로벌 차원에서도 구글과 애플 등 글로벌 기업이 애드몹(AdMob), 콰트로 와이어리스(Quattro Wireless)와 같은 관련 회사를 인수해 모바일 플랫폼을 운영한다.

⑧ 행태 맞춤형 광고

행태 맞춤형 광고(*behavioral advertising*)는 인터넷 이용자의 이용행동을 추적해 이용한 주제와 관련성이 높은 배너광고를 이용자가 방문하는 웹사이트에 삽입한다. 광고주는 이용자가 원하는 웹 광고를 제공해 편의성을 제고했다고 주장하지만 많은 이용자가 자신의 사생활을 침해한다고 인식한다. 개인의 행동을 누군가가 지켜보는 상태에 불만을 제기하며 소비자 단체와 공기관이 급격히 확장하는 행태 맞춤형 광고를 비판적으로 주시한다.

2011년 미국 연방거래위원회는 이용자가 광고주로 하여금 쿠키로 자신을 추적하도록 동의하거나 동의하지 않는 시스템인 거짓 옵트아웃(*deceptive opt-out*) 메커니즘을 이용했다고 의심받은 치티카(Chitika)에 대해 소송을 제기하고 승소했다.

⑨ 바이럴 마케팅

온라인에서 체계적인 광고대행사나 광고 캠페인의 형태가 아니라 일반 이용자의 평가 행위를 확산시키는 방법으로 효과적인 마케팅을 전개하는 사례가 많다. '버즈 (*buzz*) 마케팅'이라고도 불리는 바이럴(*viral*) 마케팅은 전통적 광고와 마케팅 방법을 이용하지 않고 일반적으로 온라인 토론그룹, 채팅, 이메일을 통한 구전

버즈 마케팅(*buzz marketing*)

버즈 마케팅이란 브랜드나 상품에 대해 자발적으로 이야기하며 알리는 마케팅 기법이다. 버즈는 벌 따위가 '윙윙거리다'라는 의미이다. 보통 구전 마케팅이나 입소문 마케팅이라 불린다. 전통적인 마케팅이 대중매체를 통해 불특정 다수에게 메시지를 전달하는 방식인 데 반해, 버즈 마케팅은 주위의 개인을 활용하는 방식이다. 소비자가 특정 상품을 사용해보고 이에 대한 후기를 블로그나 SNS에 올림으로써 친구 등 주위 사람이 자연스럽게 제품을 구매하도록 유도한다.

등 온라인상에서 상품, 서비스 혹은 브랜드를 홍보한다.

일반 이용자는 대가를 받지 않고 자신이 자발적으로 상품과 관련한 메시지를 전파한다. 많은 사람에게 재미를 줄 수 있거나 기묘한 영상이 전파에 효과가 있다. 하지만 일반인이 제작한 영상은 세련되지 않은 아마추어적 특성이 있어 반드시 모든 브랜드에 기여하는 것은 아니다. 어떤 콘텐츠가 실제로 전파될지 예측하는 것은 매우 어렵고 기대하는 효과와 다른 역효과가 발생할 수도 있는 위험성이 있다.

6. 광고매체 효과

광고를 전달하는 매체 효과를 평가하는 지표로서 도달률, 효과도달률, CPM 등을 활용한다. 도달률(*reach*)은 광고에 1번 이상 노출된 표적 소비자의 비율인데 광고의 실질 접촉 여부와는 관계없이 광고물이 전달되는 시점에 그 매체 앞에 물리적으로 존재하는 소비자의 비율을 측정하는 것이다. 광고효과가 발생한 비율이 아니라 광고효과가 발생하기 위한 필요조건을 측정한다. 방송에서는 시청률과 청취율, 인쇄매체에서는 열독률, 인터넷에서는 클릭률로 측정한다.

효과도달률(*effective reach*)은 광고에 수 회 이상 노출된 표적 소비자의 비율로, 광고물을 충분히 이해하는 데 필요한 반복횟수를 효과빈도(*effective frequence*)라고 한다. 효과빈도의 횟수는 상품, 메시지 내용, 수용자 특성, 광고의 주목도 등에 따라 가변적이지만 광고업계에서는 3회 이상 노출된 소비자의 비율을 효과도달률로 산정한다.

CPM(*cost per mill*)은 천 명의 소비자에게 광고물을 노출시키는 데 드는 비용으로 광고매체 간의 효율성을 판단하는 지표로 활용한다.

7. 광고효과

광고효과로서 먼저 광고를 반복적인 노출만으로도 광고제품에 대해 긍정적 태도를 증가시킨다는 단순노출 효과를 들 수 있다. 반복노출은 새로운 자극에 대한 친숙함을 가져와 긍정적 반응을 증가시키는 데 이를 '긍정적 습관화'라고 한다. 하지만 긍정적 습관화는 적정수준을 넘으면 지루함을 초래해 역효과를 가져올 수 있다. 긍정적 습관화와 지루함이라는 두 요인이 중심이 되므로 이를 두 요인 이론(*two-factor theory*)이라고 한다(Berlyne, 1970).

카시오포와 페티(Cacioppo & Petty, 1979)는 긍정적 습관화와 지루함의 작용 방식을 인지반응개념을 도입해 설명한다. 소비자가 새로운 광고메시지에 노출될 때 메시지의 내용을 배우려고 시도하고 대부분의 생각은 메시지 내용에서 주장하는 것과 일치하는 경향이 있다. 그러나 일정 노출 수준을 넘어서면 지지주장이나 정보원 지지는 고갈되고 반대로 메시지에 대한 반박주장과 정보원 격하가 부상한다.

유명한 연예인이나 스포츠 스타에게 거액을 지불하고 광고모델로 사용하는 이유는 유명인을 통해 광고에 대한 소비자의 주목도를 높이고 유명인에 대해 소비자가 갖는 매력이나 호감이 광고제품으로 전이되는 긍정적 효과가 있다고 믿기 때문이다. 하지만 유명인 모델이 중복적으로 여러 브랜드에 출현하는 경향이 있기 때문에 브랜드 정체성 형성에 도움이 되지 않는 경우도 있고 유명인 모델이 예상치 못한 스캔들을 일으킬 경우 브랜드 이미지를 손상시키는 손실을 가져올 수도 있다.

8. 광고산업

광고산업은 매체광고비를 중심으로 분석한다. 매체에 집행된 광고비의 규모가 광고산업의 현황을 보여준다. 대체적으로 대분류의 경우 방송·인터넷·인쇄·옥외 4분야로 집계하거나 이를 세분해 지상파TV·온라인·신문·모바일·잡지·케이블TV·IPTV 등 10여 개의 매체별로 분류하기도 한다.

대분류에서는 방송 40%, 인터넷 40%, 옥외 10%, 인쇄 10%의 비율을 보인다. 이 비율은 약간의 차이는 있지만 전 세계 광고산업과 국내 광고산업이 유사하다. 매체별로 세분할 경우에는 TV와 온라인이 다른 미디어에 비해 매체광고비 전체의 40% 전후를 차지한다. 이어 모바일미디어, 케이블TV, 옥외광고가 치열한 순위 다툼을 벌인다. 신문은 경쟁에서 점점 힘을 잃어 이제는 광고산업에서 차지하는 위상이 우려할 정도로 낮아졌다. 그 속도도 매우 빨라서 미국의 경우 신문의 점유율이 2014년 약 20%에서 2015년에 약 16%로 하락했다. 국내에서도 매체별 순위에서 모바일광고가 이미 신문광고 규모를 앞선다.

광고산업을 견인하는 매체는 인터넷으로 온라인 광고와 모바일광고 모두 성장한다. 온라인 광고에 대한 지출은 오늘날 신문광고 지출보다 크고 옥외광고, 영화광고, 라디오광고, 잡지광고 지출을 합친 것보다 크다. 특히, 모바일광고 지출이 계속 상승하고 광고산업 전문가는 2~3년 내에 광고비 비율이 두 배로 늘 것이라고 믿는다. 광고산업의 고민은 광고시장의 규모가 성장하지 못한다는 것이다. 광고산업은 경제동향과 밀접한 관계를 갖는데 경제성장 속도가 둔화되면 광고산업의 성장도 둔화되거나 정체될 수밖에 없다. 모바일 같은 새로운 매체에 대한 광고비 증가는 일반적으로 신문 같은 다른 매체의 감소를 의미한다. 광고시장 규모의 확장 없이는 매체 간의 경쟁이 치열해질 수밖에 없다.

〈그림 11-4〉 세계와 국내의 주요 광고대행사

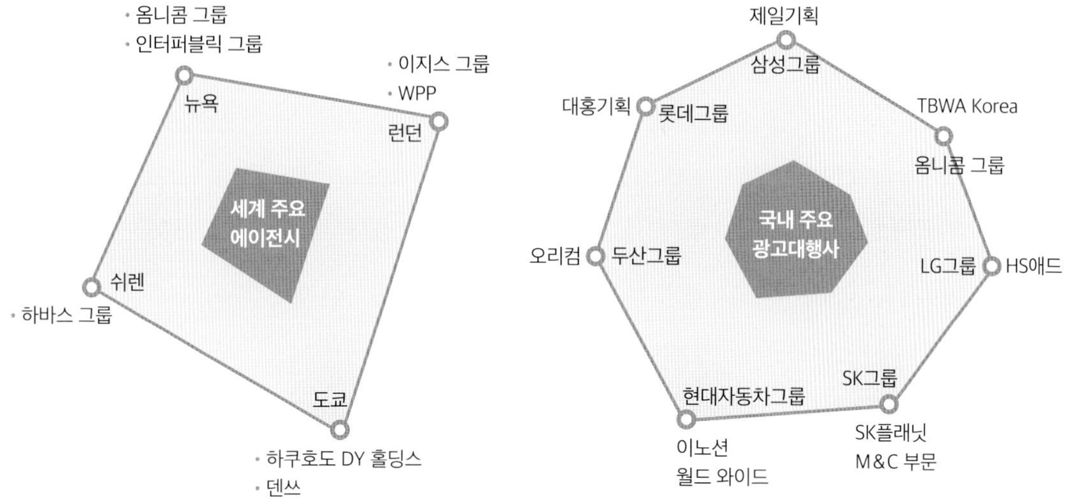

9. 광고대행사

광고대행사는 중요한 기능을 수행하는데 광고를 만들어 판매하는 한편, 상품이나 서비스를 팔려는 많은 기업을 다양한 미디어와 연결한다. 국내에서는 현황조사에서 50여 개 주요 광고대행사로 활동하는 것으로 파악되었고 미국에서는 5백 개 이상이 사업을 전개한다.

온라인 광고를 전담하는 광고대행사도 1990년대 후반에 나타났다. 일부 회사는 부티크 혹은 전문기업으로 살아남았지만 대부분이 온라인 광고 분야로 진출하는 전통 광고대행사에 의해 인수되었다. 오늘날 광고대행사는 글로벌화가 급격히 진행되어 세계의 주도적인 상위 1백 개 기업 중 90개가 국제적으로 활동한다. 이러한 기업 대부분은 광고와 PR을 함께한다. 이러한 포괄적 서비스 기업은 캠페인 계획부터 창조적 실행과 미디어 구매에 이르기까지 커뮤니케이션 사업의 모든 측면을 다룬다.

2013년에 옴니콤(Omnicom)과 퍼블릭시스(Publicis)가 합병해 세계 최대의 광고대행사가 되었다. WPP와 인터퍼블릭(Interpublic)은 각각 두 번째와 세 번째이다. 이러한 대행사는 모두 글로벌 기업으로 전 세계에서 폭넓게 활동한다. 도쿄에 기반을 둔 덴쓰는 글로벌 기업이지만 주로 일본에 초점을 맞추고 일본의 광고산업을 지배한다. 국내에서는 제일기획(삼성그룹), 이노션 월드 와이드(현대자동차그룹), HS애드(LG그룹), 대홍기획(롯데그룹), SK플래닛 M&C 부문(SK그룹)이 대표적이며 모기업에 속한 인하우스 형태로 자리 잡았다.

PR

PR은 기업, 정부, 정당, 개인 등이 공중과 상호 호혜적 관계를 형성하기 위해 전개하는 다양한 커뮤니케이션 활동을 말한다. 홍보(*publicity*)는 미디어를 활용해 공중과 호의적 관계를 형성하기 위한 커뮤니케이션 활동으로 PR의 일부분이다. 홍보 이외에도 기업이 NGO와 같은 비영리단체에 무언가를 기부하거나 불우이웃돕기 등 자선행사를 주최하는 활동처럼 미디어를 통하지 않고 전개하는 방식도 있다. 국내에서는 미디어를 통한 PR이 주요한 위치를 점해 일반적으로 PR을 홍보활동이라고 인식하는 경향도 있다.

PR은 미디어와 밀접한 관련을 갖고 발전했다. 공중이 가진 기업의 이미지를 긍정적으로 형성하기 위해서는 대중매체가 가장 효과적이라 인식되었다. 다만 광고와는 다르게 PR은 관련 콘텐츠를 미디어에 배치하기 위해 신문지면이나 방송시간을 구매하지 않으며 상품의 직접적 판매를 목적으로 하지 않는다. PR전문가는 편집자, 저널리스트 혹은 영향력 있는 블로거와 같은 주요 게이트키퍼를 설득해 해당 기업에 관한 정보를 게재하거나 방송하기에 충분한 뉴스 가치가 있다고 설득한다.

광고대행사처럼 PR을 전문적으로 기획하는 PR대행사가 있다. 최근 PR대행사는 소셜미디어를 적극 활용한다. 자신의 고객인 기업의 부정적 정보를 완화시키고 긍정적 정보를 널리 알리고자 노력한다. 기업이 소셜미디어를 통해 전파하는 것을 돕고, 페이스북 페이지를 갖도록 하고, 유튜브 채널을 만들고, 팬 페이지 또는 트위터에서 소비자와 이야기하도록 기업을 안내한다.

PR은 기업과 미디어의 공생관계를 말해준다. 미디어는 기업 관련 뉴스를 직접 취재하지 않고도 기업이 제공하는 보도자료를 활용해 시간과 비용이 절약할 수 있다. 반면 기업이 전달하는 보도자료는 기업에 유리한 방향으로 편향될 수밖에 없다. 기업은 특정 미디어가 지닌 신뢰성을 활용해 기업의 이미지를 높이려는 목적에서 PR활동을 하는 것이다. 이처럼 PR은 기업과 미디어의 상호이익을 매개하는 미디어 산업영역이라고 볼 수 있다. 미디어의 뉴스를 전문적으로 기획하는 PR 전문회사를 언론대행사(*press agent*)라고 한다.

PR에서의 공중은 매우 폭넓은 개념이다. 공중은 기업의 종사원, 소비자, 이해관계자, 특정한 기업 정책을 반대하는 시민활동가, 규제자를 포함한다. 이를 외부공중과 내부공중으로 분류하기도 한다.

1. 근대 PR의 전개

근대적 PR은 19세기 중엽부터 대중매체 산업의 성장과 기술적 진전에 힘입어 빠르게 발전했다. 특히, 미국에서 가장 빠른 속도로 전파되었는데 여론을 중시하는 미국 사회의 정치, 사회, 문화 그리고 경제 특성이 영향을 미쳤다.

현대적 의미의 PR은 19세기 중엽 언론대행업자(*press agentry*)가 홍보기사를 작성해 미디어의 관심을 끄는 '뉴스 만들기' 활동이 시작이라고 말할 수 있다. '뉴스 만들기'는 사실을 전달하기보다는 공중의 주목을 끌기 위해 기묘한 이야기를 만들어 신문에 기사화하는 것이 주목적이다. 가장 대표적 인물이 바넘이다(Phineas Taylor Barnum)이다. 바넘은 미국의 서커스단을 만들어 언론의 관심을 끌기 위해 여러 가지 기묘한 이벤트를 고안했다. 백 년 전에 조지 워싱턴을 양육한 흑인 노예가 생존했다는 사기극을 벌였고 사기도 자신의 이름을 알리기 위한 수단으로 활용했다. 덧붙이자면, 그의 신조는 바로 '나쁜 홍보라는 것은 없다'(There is no such thing as bad publicity)였다.

20세기에 들어 PR의 새로운 모델을 구축한 인물이 리(Ivy Lee)이다. 20세기로 접어들며 미국의 대기업 시대가 완성되었다. 대기업은 시민의 건강과 안전보다는 이익만을 추구한다는 비판을 받았고 기업의 횡포를 제한하는 법률 제정 등의 개혁요구가 쇄도했다. 기업이나 정치인의 추문을 비판하는 기사를 개척한 기자가 퓰리처(Joseph Pulitzer)이다. 퓰리처는 사설에서 '공중은 정보를 받을 권리가 있다'는 유명한 말을 개진하기도 했다. 20세기 추문폭로기자는 기업비리를 폭로해 독점금지 법안이나 식품과 약품의 관련법 등의 제정을 이끌었다. 이러한 상황에서 사실이든 아니든 기업의 관심만 끌자는 언론대행업자의 PR방법은 더는 효과가 없었다.

퍼블리시티 회사 출신인 리는 완전하고 정확한 정보만 제공되면 공중은 올바른 결정을 내리는 합리적 인간집단이라고 생각했다. 이러한 PR정책을 오늘날 공공정보 모형이라고 부른다. 리는 당시 조금의 윤리도 없는 자본가로 비난받던 록펠러를 설득해 공개정책을 펼치게 했고 자선사업에 많은 기부를 하는 록펠러를 공중에게 널리 알림으로써 공중의 인식전환을 가져오게 했다. 미디어를 다루는 리의 능력은 당시 너무 전설적이어서 1930년대 초반 독일 나치는 리를 고용해 미국에서 "새로운 독일"에 대한 더 호의적인 모습을 발표하도록 했다.

제1차 세계대전 중 PR은 전쟁참여에 대한 미국 국민의 지지를 얻어내는 데 큰 역할을 했다. 당시 미국 정부의 PR활동을 총 지휘한 사람은 공공정보위원회(Committee on Public Information) 위원장인 조지 크릴(George Creel)이었다. 국민에게 전쟁의 목적과 이상을 반복해서 전달해 그들이 믿고 듣기 원하는 것에 소구했다. 크릴위원회의 이 방법은 대량설득의 심리학적 원칙을 이용한 것으로 국민 사이에 이미 널리 퍼진 생각을 표준화시켜 국민적 감정에 힘을 부여하는 것이었다.

이를 기점으로 PR이 '공중은 알아야 한다'는 공공정보 모형에서 '공중을 이해해야 하며 공중의 욕구가 고려되어야 한다'는 쌍방향불균형 모형으로 변화하기 시작했다. 공중을 이해하기 위한 방법으로 쌍방향불균형 모형에서는 여론조사를 많이 활용한다. 여론조사를 통해 일반 대중이 원하고 수용하는 것이 무엇인지를 알아내어 PR의 방향을 제시할 수 있다.

1960년대와 1970년대에는 그루닉이 제시한 쌍방향균형 모형이 3가지 PR모형보다 개선된 모형으로 제시되었다. PR을 행하는 목표는 조직이 공중과의 상호이해와 신뢰를 넓히는 것이 되어야 한다는 주장이다. 조직과 미디어 간의 이해갈등은 자주 발생한다. 이때 PR 전문가는 공중의 이익을 위해 조직체의 경영진을 설득해 조직체가 공익우선주의와 공공봉사정신을 중시해 진실을 알려야 공중의 신뢰를 획득할 수 있다는 것이다. 공중이 기업을 이해하는 정도 그리고 공중에 대해 기업경영자가 이해하는 정도를 양방향으로 상승시켜가는 것이 쌍방향균형 모형이 제기하는 PR의 효과이다.

시민이 기업 및 그 이해관계자와 쌍방향 혹은 다방향 커뮤니케이션에 참여할 수 있는 힘을 갖게 됨에 따라 트위터, 페이스북, 블로그 공간 같은 소셜미디어는 참여적 PR이라는 더욱 유기적 형태로 발전시켰다. 2000년에 발족해 신랄한 대중매체 메시지와 페이스북, 트위터, 유튜브와 같은 소셜미디어와의 금연대화에 공중을 참여시킨 미국유산재단(American Legacy Foundation)의 전국 "진실" 캠페인은 매우 효과적이었다.

2. PR과 미디어 관계

PR 전문가는 광범위한 활동에 참여하지만 저널리스트, 프로듀서 그리고 콘텐츠를 만드는 사람을 포함한 미디어 종사자와 밀접한 관계를 구축하려고 한다. 미디어 종사자와의 관계를 발전시키고 유지하면 자신의 조직에 대한 공정한 혹은 긍정적 보도를 얻을 수 있는 가능성이 커진다. 부정적 보도가 일어날 때 PR 전문가가 해당 미디어에 명확하고 책임 있게 커뮤니케이션할 가능성이 더 크다.

1) 의사 사건

근대적 PR이 성립한 초기로부터 뉴스거리를 만들어 공중의 주목을 받기 위해 의도적으로 실행하는 PR활동이 정착했다. 뉴스보도의 기회를 얻기 위해 개인 혹은 조직이 의도적으로 뉴스거리를 만들어내는 것을 의사 사건(*pseudo-event*) 제공이라고 한다(*media convergence*). 기자회견, 시위, 행진, 심지어는 시상식까지 이 모든 것을 일종의 의사 사건으로 볼 수 있으며, 정보를 제공하는 조직이 미디어를 대하는 오래된 행동방식이라 할 수 있다. 세계적으로 권위를 가진 미디어도 각종 보도자료에 의존해 의사 사건의 영향을 받지 않는 미디어는 없다고 할 수 있다.

PR 전문가가 제공하는 의사 사건이 뉴스로 완성되기 위해서는 뉴스의 취사선택권을 가진 기자를 통과해야 한다. 이를 저널리즘에서는 관문(*gate keeping*)이라고 하는데 보도자료의 홍수 속에서 관문을 통과하는 것이 PR의 최초 목표가 된다.

2) 디지털시대의 PR

디지털미디어 환경에서는 PR 방식도 변화한다. 신문과 방송 같은 대중매체를 중시하는 경향에서 블로그, 페이스북, 트위터와 같은 소셜미디어를 적극적으로 활용하는 쪽으로 이동한다. 기업이 블로그와 페이스북을 운영하는 경우도 있지만 개인이 운영하면서 온라인 구전의 발원지와 전달체가 되는 경우도 많다. 특히, 젊은 소비자를 중심으로 신문기사나 광고보다도 소셜미디어와 블로그 등을

〈그림 11-5〉
소셜미디어와
PR 이미지

출처: http://www.bluefountainmedia.com/blog/social-media-marketing-pr-strategy/

통해 친구나 전문가의 추천을 더 신뢰하는 경향이 있다. 소셜미디어는 유저와 상호소통하며 트위터의 '팔로워'나 페이스북의 '좋아요'와 같은 반응으로 PR 메시지의 효과를 간접적으로 파악할 수 있다.

하지만 소셜미디어와 블로그에는 언제든지 속임수가 개입될 수 있다. 예를 들어, 페이크 블로그(*fake blog*)와 같은 문제가 부각되기도 한다. 페이크 블로그는 기업이나 기관이 정체를 숨기고 개인 블로거를 사칭해 운영하는 블로그를 가리키는 용어이다. 2006년 코카콜라가 '코크 제로'를 알리기 위해 '제로 무브먼트'(The Zero Movement)라는 페이크 블로그를 운영했음이 밝혀졌다. 월마트로부터 대가를 받은 두 명의 블로거가 미국을 횡단하는 가운데 월마트를 방문한 사진 등을 블로그에 게시해 페이크 블로그라는 비난을 받았다.

3) 온라인에서 전문가 정보원 제공하기

최근 온라인에서는 기자에게 전문가 정보원을 안내하는 서비스가 활성화된다. 미국의 프로프넷(ProfNet)과 영국의 CVCP's 엑스퍼트넷(ExpertNet Service)이 기자에게 전문가 정보원을 제공하는 대표적 웹사이트이다. 이 서비스에는 주요 대학, 병원 등 의료기관, 연구소, 비영리기관, 정부기관 등 전문적 정보를 사회에 발신하는 권위 있는 조직이 등록되었다. 미디어 기자가 원하는 전문가의 내용을 해당 사이트의 검색 요구사항에 알려주면 등록된 회원기관에 배포하고 회원기관의 PR 담당자가 전문가를 선정해 통보해주는 과정으로 운영한다. 온라인의 편리성을 이용해 미디어와 PR의 정보교환 관계를 효율적으로 발전시킨 사례로 볼 수 있다. 국내에서는 전문가의 인명사전을 등록하는 서비스는 있으나 미디어와 전문조직의 연결을 중계하는 수준까지 발전하지 못했다.

3. PR대행사와 PR산업

PR대행사는 고객을 위해 전문적 서비스를 제공하는 기업이다. 일반적으로 기업 내에 PR을 담당하는 홍보실 혹은 PR부서가 있지만 PR업무를 외부 PR대행사에 의뢰하는 것이 일반적이다. PR산업은 일반적으로 전문PR 서비스를 제공하는 산업을 의미한다.

글로벌 시장을 주도하는 글로벌 커뮤니케이션 기업은 광고, PR, 마케팅을 동시에 실행하는 그룹을 구성한다. 옴니콤 그룹은 인컴 브로더(Incomm Brodeur), 플레시먼힐러드(Fleishman-Hillard), 케첨(Ketchum), 포터 노벨리(Porter Novelli) 등의 PR기업을 소유했다. WPP 그룹에는 버슨 마스텔러(Burson Marsteller), 힐 앤 놀튼(Hill & Knowlton), 한국의 HS애드가 이에 속한다. 인터퍼블릭 그룹에는

〈표 11-2〉 세계 10대 PR회사

순위	PR사	본사	2013년 수익 (단위: 1천 달러)
1	에델만	미국	746,672
2	웨버 샌드윅	미국	697,468
3	플레시먼 힐러드	미국	554,190
4	MSL그룹	프랑스	547,040
5	케첨	미국	490,000
6	버슨 마스텔러	미국	454,500
7	힐 앤 놀튼	미국	386,100
8	오길비	미국	297,000
9	브런스윅	영국	210,000
10	하바스	프랑스	209,000

출처: www.holmesreport.com

웨버 샌드윅(Weber Shandwick) 등이 있다.

국내에도 글로벌 커뮤니케이션 그룹에 속한 PR대행사 그리고 국제적 명성을 지닌 독립 다국적 PR대행사가 국내에 다수 진출했다. 에델만(Edelman)과 같은 세계 최대의 독립PR대행사가 국내에 진출해 사업을 전개한다. 국내 PR대행사도 시장에서 경쟁을 펼치는데 규모가 큰 광고회사 내에 PR 서비스를 전문적으로 대행하는 사업부서의 형태로 운영되거나 독립적인 PR 서비스만을 대행하는 기업 형태이다. 국내 PR산업의 규모는 아직 명확한 통계자료를 산정하지 못했다.

PR산업도 광고산업처럼 경제동향과 밀접하게 연동한다. 재정적 어려움을 겪는 기업은 광고와 PR을 줄이는 경향이 있다. 하지만 경영상황이 어려울 때일수록 기업이 PR을 적극적으로 전개해야 경기회복기에 더 많은 효과를 얻을 수 있다는 주장도 있다. PR기업의 수익은 다양한 서비스에 기반을 둔다. 컨설팅 서비스, 연구와 소비자 커뮤니케이션, 종업원 커뮤니케이션, 제작 서비스와 다른 미디어 자료에 대한 서비스에서 매출을 올린다.

광고와 PR의 미래

광고와 PR 사이의 전문직업적 구분이 사라진다. 아날로그 시대에는 PR전문가가 브랜드 전략이나 광고에는 관심을 갖지 않고 주로 미디어 관계를 다루었다. 하지만 오늘날의 PR전문가와 광고전문가는 캠페인의 효율성을 최대화하기 위해 서로의 업무영역을 숙지해야 한다.

최근 광고와 PR에 널리 적용되는 통합 커뮤니케이션(*integrated communication*)

은 블로그, 웹사이트 그리고 다른 소셜미디어에서 공중이 나누는 특정 브랜드에 관한 이야기를 알아가면서 여러 대중매체 채널을 통해 브랜드 이미지를 관리하는 최고의 방법을 찾는 것이다. 광고대행사는 PR 전문가가 주장했던 청중반응을 정확하게 반영하지 않은 기업 메시지는 어떤 효과도 만들어 낼 수 없음을 인정한다. 마찬가지로 PR 전문가도 기업의 이미지나 기업의 브랜드 역시 다양한 공중에게 기업의 메시지를 더 잘 전달하는 데 도움이 된다는 것을 잘 안다.

기업은 디지털미디어 환경에서 공중에 대한 신뢰가 가장 중요하다는 사실을 안다. 거짓으로 연출된 광고나 블로그를 통한 속임수는 해당 기업 제품의 브랜드와 기업 이미지에 치명적인 상처를 줄 수 있는 강한 반발을 불러온다. 지금의 공중은 온라인을 통해 효율적으로 결집해 기업을 상대로 한 집단행동을 손쉽게 할 수 있다. 기업은 포럼, 블로그 그리고 기타 미디어를 활용해 고객이나 공중과의 대화가 신뢰형성에 중요하다는 사실을 알고 양방향적이고 대등한 대화를 적극 추진한다. 이제 기업의 광고와 PR의 전략이 메시지를 일방적으로 전달하는 방식에서 공중과의 대화를 유도하는 방식으로 바뀐다.

소셜미디어는 광고대행사와 PR기업 그리고 기업 내부에 마케팅이나 PR부서에 새로운 도전 기회를 만든다. 자기 기업에 관해 공중이 무엇을 말하는지를 지속적으로 관찰해 소셜미디어를 통해 공중에게 메시지를 발신한다. 페이스북, 트위터, 카카오톡 같은 특정한 소셜미디어 공간에 기업이 적극적으로 진입하는 것도 점점 중요해진다.

토의

01. 네이티브광고, PPL, 가상광고 등 광고가 미디어 콘텐츠의 일부로 변화하는 현상과 관련해 제기되는 윤리적 문제는 무엇인가.

02. 지상파방송의 중간광고 도입을 둘러싸고 전개되는 논점을 정리하고 자신의 생각을 논의하라.

03. 국내에서 PR의 성공과 실패 사례를 찾아 그 과정을 분석하고 논의하라.

12 글로벌 미디어

글로벌 미디어 특성

글로벌 미디어는 자국 이외의 국가에서 미디어 비즈니스를 행하는 사업자를 의미한다. 대부분의 미디어 산업은 자국 시장을 중심으로 이루어지는 경우가 많다. 그러나 최근에는 통신 등 글로벌 네트워크가 발전하는 동시에 콘텐츠의 유통이 늘어나면서 해외 콘텐츠 수요가 증가하는 추세이다. 이와 같은 환경변화를 바탕으로 기존의 미디어기업은 추가비용 투입을 최소화하면서 자국 시장에서 생산된 미디어 생산품을 해외시장으로 넓히는 과정에서 글로벌 미디어기업으로 진화했다.

글로벌 미디어의 탄생은 미디어 산업에 내재된 경제적 속성을 살펴봄으로써 이해할 수 있다. 글로벌 미디어로의 변화는 자국 내 시장이 포화상태로 경쟁이 치열하거나 또는 해외시장을 통해 추가수익을 확보하기 위한 목적에서 이루어진다. 한류의 경우에도 국내 지상파방송을 중심으로 제작된 드라마와 오락 프로그램이 아시아 시장을 중심으로 유통되면서 상업적으로도 성공한 현상이다. 이처럼 제작비 투입규모가 높은 미디어 콘텐츠 상품의 경우에는 비용을 분산하거나 수익을 다변화시키기 위해 해외시장 개척이 필요하다.

대부분의 글로벌 미디어기업은 콘텐츠 자산을 바탕으로 비즈니스의 규모와 범위를 해외시장으로 확대하는 추세이다. 콘텐츠는 별다른 물리적 시설이나 장비, 상품의 속성 없이도 최소비용으로 다른 국가에 저작권 등의 권리가 이전되는 것이기 때문이다. 특히, 영화와 드라마 등 대중적 콘텐츠의 경우에는 문화적으로 수용가능성이 높기 때문에 양질의 콘텐츠를 제작한다면 해외시장으로 유통할 수 있는 기회가 확대된다.

글로벌 미디어기업이 콘텐츠 자산을 바탕으로 해외시장을 개척하거나 진출하는 만큼 해당 해외국가의 미디어 시장환경은 매우 중요하다. 특히, 광고시장이나 유료방송 시장이 활성화된 국가일수록 글로벌 콘텐츠 수요가 증가할 수 있기 때문이다. 광고시장이 활성화된 국가는 방송을 포함해 유료방송이나 콘텐츠 유통시장이 동시에 발전된 특성이 있다. 게다가 유료방송 시장이 활성화된 국가는 국내외 콘텐츠 수요가 늘어난다.

글로벌 미디어기업이 시장을 해외로 넓히는 과정은 대체로 3단계로 구성된다. 첫 번째는 단순히 제작된 방송영상 또는 음악 콘텐츠를 해외에 판매하는 방식이다. 해외의 방송사나 유통사업자는 글로벌 미디어기업의 콘텐츠를 개별적으로 구매해 방송 프로그램으로 다시 제작해 편성하거나 VOD나 영화사 등에서 유통하는 방식으로 소비가 이루어진다.

두 번째 방식은 글로벌 미디어기업이 소유한 채널이나 미디어 콘텐츠 자산을 해외국가에 직접 론칭하는 방식이다. 콘텐츠를 개별적으로 판매하는 것보다는 안정적인 콘텐츠 유통채널을 활용하는 만큼 더욱 적극적인 해외진출 방식의 특성이 있다. 가령 CNN이나 디즈니 채널이 해외국가에서 채널 단위로 직접 이용할 수 있게 된다는 것이다. 그러나 이 같은 방식은 적지 않은 투자비가 소요될 뿐만 아니라 해당 국가의 광고시장이 유료방송 시장을 바탕으로 활성화되어야 가능하다.

세 번째 방식은 글로벌 미디어기업이 해외국가에 직접 투자하는 방식이다. 이는 현지기업을 설립해 본격적으로 글로벌 미디어 비즈니스를 확대하는 것이다. 디즈니(Disney)가 일본이나 중국, 홍콩 등에 테마파크를 설립하기 위해 다양한 방식으로 직접 투자하는 것 등이 대표적이다. 비즈니스가 성공하면 큰 수익을 안정적으로 확보할 수 있지만 과감한 투자에 따르는 위험도 적지 않다는 점에서 철저한 현지화 연구와 진출전략이 필요하다.

글로벌 미디어는 문화적 속성이 다른 국가에 표준화된 콘텐츠를 유통시킨다는 점에서 문화적으로 갈등이나 저항을 야기할 수 있다. 따라서 특정 국가 중심의 가치가 반영된 표준화된 콘텐츠의 수출보다는 각 국가에서 수용가능한 지역 가치가 혼합된 콘텐츠의 수출이나 유통이 필요하다. 글로벌 미디어기업이 기존 콘텐츠 제작뿐만 아니라 글로벌 유통과정에서 문화적 다양성이나 독특성에 대해 신중한 접근이 필요한 부분이다.

다만 글로벌 시장에서 적극적으로 수요가 발생하고 선호도가 유지될 수 있는 콘텐츠를 기획·제작·투자할 수 있는 기업은 한정적이다. 국내에서도 지상파방송사를 중심으로 한류 드라마 등을 수출했지만 그 소비대상은 아시아 등으로 비교적 제한적이었다. 반면, 미국 할리우드의 영화사가 소유한 글로벌 미디어기업은 영화에서부터 드라마, 애니메이션, 다큐멘터리, 뉴스 등 다양한 콘텐츠에 대한 투자를 통해 이를 글로벌 시장으로 유통하는 독점적 경쟁력이 있다. 물론 미국을 제외한 일본이나 독일, 영국, 프랑스 등의 글로벌 미디어기업이 있지만 이들은 미국 기업보다 규모도 적고 영향력도 적다. 미국은 거대 내수시장을 바탕

〈그림 12-1〉 미국계 글로벌 미디어기업 소유구조

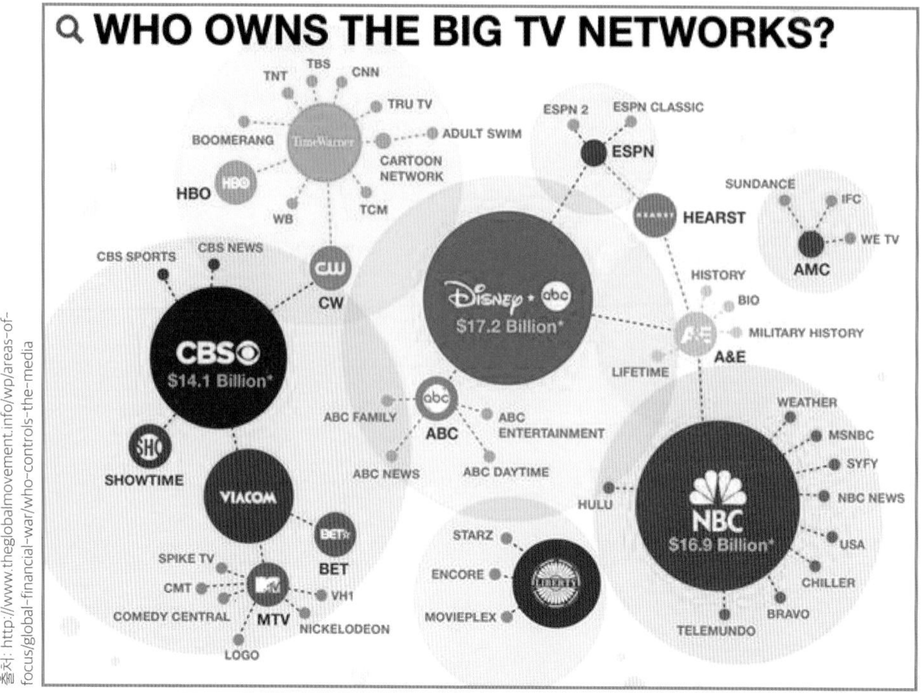

출처: http://www.theglobalmovement.info/wp/areas-of-focus/global-financial-war/who-controls-the-media

으로 막대한 제작비를 투입해 콘텐츠를 제작한 다음 이를 해외시장에 판매함으로써 글로벌 미디어 문화를 획일화시킨다는 비판을 받기도 한다. 미국 중심의 글로벌 콘텐츠 소비가 늘어나면서 지역적으로 생산되는 다양한 국지적 콘텐츠 소비가 줄어드는 현상도 글로벌 미디어기업의 시장 확대에 따른 문제점 가운데 하나로 평가받기도 한다.

글로벌 미디어기업의 진화

미국에서는 지상파방송사를 중심으로 미디어기업의 규모가 크게 늘어나는 역사적 과정이 있었다. 미디어 기술의 발전역사와 같이 지상파방송사를 소유한 미디어기업의 다각화와 대규모 성장이 글로벌 미디어를 만들어내는 바탕이 된 것이다. 특히, 미국의 3대 지상파방송사의 역사를 살펴보면 성장과정이 유사하게 나타난다.

NBC(The National Broadcasting Co.)는 1926년 라디오 방송사인 RCA로부터 시작되었다. TV 방송은 1939년부터 시작되었다. 이후 TV 시대를 거쳐 케이블TV, 온라인 채널 등으로 미디어 환경변화에 따라 미디어 자산의 규모가 늘어났다. NBC는 유니버설영화사 소유의 채널로 운영되다가 최근에는 미국 최대 규모의 케이블TV 방송국사업자 '컴캐스트'(Comcast)의 소유가 되었다. 컴캐스트는 플랫폼 및 콘텐츠 서비스를 수직적으로 결합해 강력한 미디어기업 자산을 만들었다. 이를 바탕으로 지상파를 포함해 케이블TV 채널 등 인기 콘텐츠를 제작·유통하며 이를 해외시장에까지 판매하는 네트워크를 만들었다.

다른 미디어도 이와 같은 과정을 거쳐 글로벌 미디어로 성장하기 시작했다. ABC(The American Broadcasting Co.)는 1943년 라디오 방송사로 설립되었으며 1948년부터는 TV채널을 운영했다. ABC 채널은 월트디즈니 그룹의 미디어 채널 사업분야인 디즈니-ABC 텔레비전그룹(Disney-ABC Television Group)이 소유·운영한다. ABC는 1950년대 중반에 '유나이티드 파라마운트 극장'과 합병한 이후에 1980년대에는 케이블TV 스포츠 채널인 ESPN을 인수했다. 후에 채널 전체가 캐피털 시티 커뮤니케이션즈(Capital Cities Communications)와 합병한 이후 디즈니가 인수하게 된 것이다.

CBS(Columbia Broadcasting System) 방송사 역시 1927년 라디오 방송사로 설립되었으며 이후 1941년부터 TV채널을 운영했다. 1995년 웨스팅하우스 전기가 CBS를 인수한 이후에 1997년에 CBS로 이름을 변경했다. 2000년에는 1971년 CBS로부터 분할된 바이어컴의 소유로 바뀌었다. 2005년에는 다시 바이어컴으로부터 CBS를 분리했다.

한편, 유럽의 대표적인 글로벌 미디어기업은 1835년 설립된 독일의 '베르텔스만'(Bertelsmann)이다. 베르텔스만은 11만 2천 명의 직원에 50개 국가 이상에 진출한 미디어기업이다. 랜덤하우스와 RTL 그룹, BMG 등이 대표적인 소유기업이다. 출판기업으로 시작한 베르텔스만은 1950년대에는 북클럽이나 음악, 영화사업 분야에 진출했으나 이후 영화 자산은 매각했다. 1980년대부터 음악 및 출판사업을 발판으로 해외시장을 개척하기 시작했다. 이와 함께 해외의 주요 음악 레이블이나 출판사를 인수하기도 했다.

아시아 시장에서는 일본 '소니'가 하드웨어 전자제품을 해외에 판매하기 위해 콘텐츠 시장에 진입하면서 글로벌 미디어기업으로의 성장발판을 마련했다. 비디오와 DVD, TV 등 콘텐츠 디바이스를 개발·판매했던 소니는 디바이스 판매를 늘리기 위해 영화콘텐츠 산업에 참여했다. 미국의 영화사를 인수해 미국 영화시장에 진입했으며 아직까지도 대표적인 할리우드 영화사 자산을 소유하고 있다. 이외에도 플레이스테이션 등의 게임기 판매를 위해 게임 소프트웨어를 개발하는 등 소니는 미국의 글로벌 미디어기업의 진화와는 다른 방향으로 발전하고 있다.

호주에서는 '뉴스코퍼레이션'이 독자적인 글로벌 미디어기업으로의 진화를 보여주었다. 머독이 소유한 뉴스코퍼레이션은 호주 신문 및 출판시장을 장악

〈그림 12-2〉
뉴스 코퍼레이션 그룹의
글로벌 채널 및 사업 부문

출처: https://namu.wiki/w/뉴스%20코퍼레이션

한 뒤에 영국시장으로 진출해 역시 영국의 신문 및 출판, 위성방송 플랫폼 자산을 인수했다. 특히, '비스카이비'(BskyB)라는 영국 최대 유료 위성방송 플랫폼을 통해 영국 프리미어리그 축구 중계권을 결합해 글로벌 미디어로서의 규모를 확보했다. 이후, 유럽의 이탈리아와 독일 등의 시장에도 진출해 유럽 미디어 시장에 적지 않은 영향을 미쳤다. 한편, 뉴스코퍼레이션은 미국 시장에도 진출해 폭스 채널을 포함해 21세기 폭스 영화, 다이렉티비(DirecTV) 등 다양한 미디어 자산을 인수하면서 미국 내에서도 디즈니, 바이어컴, 컴캐스트에 이은 최대 규모의 미디어기업으로 성장했다.

뉴스코퍼레이션의 글로벌 확장은 최종적으로 아시아 시장으로까지 연계되고 있다. 특히, 중국은 뉴스코퍼레이션이 공을 들이는 핵심시장으로 평가된다. 그러나 중국은 자국 이외의 해외 글로벌 미디어기업에 대한 강력한 규제로 시장진입을 최소한도로만 허용하는 정책을 펼친다. 해외 미디어 진입규제로 인해 뉴스코퍼레이션이 중국을 포함하는 아시아 시장을 단기간 내에 지배하기는 쉽지 않을 것이다.

글로벌 미디어기업과 비즈니스

글로벌 미디어기업 순위는 다양한 기준에 따라 결정할 수 있지만 대체로 미디어 분야 매출을 기준으로 정한다. 2014년 기준으로 글로벌 미디어기업 순위 1위는 '컴캐스트'라는 미국 케이블TV MSO 기업이다. 컴캐스트는 미국 내 최대 규모의 유료방송 사업자로 지역 케이블TV 방송사를 계속 인수하는 동시에 GE가 소유하던 유니버설영화사 등을 인수해 기업 규모를 확대시켰다. 컴캐스트는 케이블 TV라는 플랫폼 사업과 미국 할리우드 영화사와 방송 콘텐츠 자산을 수직적으로 결합시킨 복합 미디어기업인 셈이다.

글로벌 미디어기업 순위 2위는 글로벌 인터넷 검색 기업인 '구글'이다. 구글은 유튜브나 다양한 동영상 콘텐츠의 검색 및 유통을 담당하는 의미에서 미디어기업으로 진화했다. 3위는 '디즈니' 기업으로 영화사를 포함해 ABC와 같은 지상파 방송사, ESPN 등의 글로벌 스포츠 채널 등을 소유·운영하고 있다. 4위는 머독 소유의 뉴스코퍼레이션과 21세기 폭스 영화사이다. 이들은 미국 지상파방송사인 폭스 채널을 비롯해 아바타와 같은 영화를 제작했던 21세기 폭스 영화사, 기타 다양한 유료방송 채널을 소유했다.

글로벌 미디어기업 순위 5위는 미국 내 최대 규모의 위성방송 사업자인 '다이렉TV'로 나타났다. 다이렉TV는 매출의 대부분을 미국 시장에서만 의존하는 내수기업으로 글로벌 미디어기업으로 보기는 어렵다. 다만, 매출규모 측면에서 다른 복합적인 글로벌 미디어기업보다 크다는 특성이 있다. 6위는 '바이어컴' 및 CBS로 이들은 별도의 기업으로 분리되었지만 소유주는 섬너 레드스톤이라는 개인이다. 바이어컴은 영화와 테마파크 등을 핵심 자산으로, CBS는 미국 지상파 방송사인 CBS와 기타 유료방송 채널 자산 등을 소유·운영하고 있다. 7위는 '타임워너'로 영화사와 CNN 등의 뉴스 채널, 방송사 및 출판, 신문 자산을 복합적으로 소유했다.

8위는 일본 '소니 엔터테인먼트'(Sony Entertainment)로 영화 및 게임 디바이스와 소프트웨어 등을 소유했다. 9위는 독일의 유료방송 및 출판시장을 장악한 '베르텔스만', 10위는 세계 최대 모바일 디바이스 제작자인 '애플'이 차지한 것으로 나타났다.

이외에도 11위부터 25위까지 순위에 포함된 글로벌 미디어기업은 대체로 미국의 기업이 많은 편인데 케이블TV 방송사를 포함해 유료방송 채널이나 위성방송 등의 미디어 비즈니스를 운영하는 기업이다. 미국 이외 기업으로는 14위

〈표 12-1〉 글로벌 미디어기업 순위

(2014년 기준)

순위	미디어기업	국적	주요 비즈니스
1	컴캐스트	미국	케이블TV, NBC
2	구글		인터넷
3	디즈니		영화, ABC
4	뉴스코퍼레이션/21세기 폭스		영화, FOX
5	다이렉TV		위성방송
6	바이어컴/CBS		영화, CBS
7	타임워너		영화, CNN
8	소니 엔터테인먼트	일본	영화, 게임
9	베르텔스만	독일	출판, 유료방송 채널
10	애플	미국	모바일 디바이스
11	콕스 엔터프라이즈(Cox Enterprise)		케이블TV
12	리버티 미디어(Liberty Media)		유료방송 채널
13	디시 네트워크		위성방송
14	비방디	프랑스	유료방송 플랫폼, 채널
15	텐센트	중국	인터넷
16	톰슨 로이터(Thompson Reuters)	미국	경제정보, 뉴스
17	페이스북		소셜 네트워크
18	로저스 커뮤니케이션	캐나다	케이블TV
19	허스트(Hearst)	미국	신문, 방송
20	마이크로소프트		컴퓨터
21	라가데르 미디어	프랑스	신문, 방송
22	리드 엘세비어	영국	출판
23	차터 커뮤니케이션즈	미국	케이블TV
24	블룸버그(Bloomberg)		경제정보, 뉴스
25	ARD	독일	공영방송

출처: http://www.statista.com/statistics/272469/largest-media-companies-worldwide/

프랑스의 '비방디'(Vivendi)와 15위 중국의 '텐센트'(Tencent), 18위 캐나다 '로저스 커뮤니케이션'(Rogers Communications), 21위 프랑스 '라가데르 미디어'(Lagadere Media), 21위 영국의 '리드 엘세비어'(Reed Elsevier), 25위 독일의 ARD 등이 있다.

글로벌 미디어기업 순위를 통해 살펴볼 수 있는 핵심내용은 다음과 같다. 첫째, 글로벌 미디어 시장을 장악한 국가는 바로 미국이라는 점이다. 10위까지의 순위에서 미국 미디어기업이 차지하는 비율은 80%로 나타났다. 25위의 순위까지는 미국 미디어기업이 차지하는 비율이 68%로 나타났다. 미국 미디어기업은 다양한 미디어 비즈니스 영역에서 글로벌 시장을 통제할 수 있을 정도의 규모의 경제를 갖는 것으로 나타났다.

둘째, 해외시장에 진출하는 대부분의 미디어기업은 플랫폼 기업보다는 영화와 유료방송 채널 등과 같은 콘텐츠 자산을 소유한 기업이라는 점이다. 케이블 TV 방송사나 위성방송 등은 해외진출보다는 내수시장에 의존하는 기업이다. 다만, 이들 플랫폼 기업이 안정적인 비즈니스 운영을 위해 핵심적인 콘텐츠 기업을 인수, 합병해 수직적으로 플랫폼과 콘텐츠를 소유·운영하는 추세가 나타나기 시작했다.

셋째, 미국을 제외한 글로벌 미디어기업 국가를 살펴보면 독일 및 프랑스가 각각 2개, 영국 1개, 일본 1개, 중국 1개 등이다. 이는 미국을 제외할 때 미디어 시장이 대체로 유럽 국가에 의해 점유된다는 점, 아시아 기업은 글로벌 시장에 진출하기가 쉽지 않다는 것을 의미한다. 아시아 미디어기업이 해외시장을 적극적으로 개척하기 위해서는 글로벌 수준에 맞는 콘텐츠의 기획·투자·제작 시스템을 강력하게 갖출 필요가 있다.

글로벌 미디어기업이 생산하는 서비스와 상품 대부분이 콘텐츠 기반이다. 콘텐츠를 처음 제작하기에는 비용이 많이 투입되지만 일단 제작된 이후에는 유통채널을 통해 지속적으로 매출 및 수익성을 올릴 수 있는 이점이 많다. 통신이나 케이블TV, 위성방송 등의 플랫폼 서비스는 해외시장에 진출하기도 쉽지 않을 뿐만 아니라 수익성도 높지 않은 편이다. 따라서 대부분의 글로벌 시장 진출업종은 플랫폼보다는 콘텐츠로 접근하는 것이 효율적이다.

글로벌 미디어기업은 대체로 영화, 드라마, 애니메이션 등과 같이 '문화적 할인율'이 낮은 보편적 콘텐츠를 집중적으로 생산한다. 문화적 할인율이 높을수록 다른 국가에서의 선호도가 감소하고 매출이 줄어들 가능성이 높기 때문이다. 뿐만 아니라 MTV와 같은 음악채널이나 니켈로디언(Nickelodeon) 등과 같은 어린이 채널도 글로벌 시장을 넓혀가는 효율적인 장르로 평가된다. 다큐멘터리 장르 역시 문화적 차이가 거의 영향을 미치지 않는 보편적 콘텐츠 장르이다. 반면, 코미디 프로그램이나 시사토크 쇼 프로그램, 다큐멘터리를 제외한 교양 프로그램은 문화적 할인율이 높은 만큼 해외시장에서의 소구력이 높지 않다. 글로벌 미디어기업 대부분이 영화, 드라마, 애니메이션, 음악, 어린이 대상 콘텐츠를 집중적으로 제작·유통하는 이유인 셈이다.

글로벌 미디어기업이 문화적 할인율이 낮은 콘텐츠를 전략적으로 기획·투자·제작하다 보면 기업 간 경쟁이 치열해진다. 같은 콘텐츠 시장을 놓고 유사한 콘텐츠를 투입해 경쟁하기 때문이다. 따라서 이들 기업은 콘텐츠 장르를 구분해 시장경쟁의 정도를 낮추기도 한다. 가령, 애니메이션이라도 성인 대상의 애니메이션을 집중적으로 제작·유통하는 글로벌 미디어기업도 있으며 어린이 대상의 애니메이션을 중심으로 채널을 늘려 해외로 진출하는 기업도 있다. 일본의 경우에는 미국 애니메이션과는 차별화된 독자적인 애니메이션 장르를 개발하기도 한다. 이와 같은 노력이 모두 글로벌 콘텐츠 시장을 점유하기 위한 전략적 세분화의 시도이다.

전략적 제휴
기업 소유지분을 공유하거나 지분출자 등의 방식에 따라 서로 다른 기업 간의 공통의 목표를 달성하기 위한 전략적 행동을 나타낸다.

인수합병
다른 기업의 소유지분 중 통제 가능한 지분을 모두 인수해 계열사 또는 자사 기업으로 변환시키는 방식의 전략적 행동을 나타낸다.

최근에는 디지털미디어로의 진화에 따른 환경 변화가 글로벌 미디어기업에게 적지 않은 영향을 미친다. 구글이나 애플, 페이스북 등 기존에는 살펴볼 수 없었던 새로운 미디어기업이 글로벌 시장을 장악한다. 이들은 온라인 콘텐츠의 제작에서부터 유통·교환에 이르는 커뮤니케이션 과정에 개입한다. 게다가 모바일 디바이스와 다양한 플랫폼을 결합한 N플레이 서비스를 강화해 콘텐츠 유통채널을 디지털로 통합한다.

특히, 넷플릭스와 같은 기업은 인터넷을 통해 세계 대부분의 국가에 미국의 영화를 포함해 다양한 영상 콘텐츠를 제공한다. 이와 같은 기업의 등장으로 기존 지상파방송사도 적극적으로 새로운 인터넷 콘텐츠 플랫폼을 만든다. 훌루와 같은 서비스를 통해 독점적으로 소유한 콘텐츠의 유통을 효율적으로 통제하겠다는 것이다.

뉴스가 유통되는 방식도 페이스북 등의 소셜 네트워크 서비스를 통해 이루어지는 비율이 늘어난다. 새로운 변화에 따라 기존의 글로벌 미디어기업이 체질변화를 이룰 때가 된 것이다. 이에 따라 기존 글로벌 미디어기업은 새로운 디지털 서비스 자산을 인수, 합병하거나 독자적으로 개발하기도 한다. 반면 새로운 성장 미디어기업은 기존 틀과는 다른 방식으로 새로운 미디어 시장을 만드는 데 집중한다.

글로벌 미디어의 진화와 미래

글로벌 미디어의 역사는 미디어 기술의 발달과 연계되어 이루어졌다. 영화 기술이 만들어질 때 영화를 중심으로 거대 영화사가 설립되었고 라디오 방송이 시작되면서 새로운 방송사가 설립되었다. 라디오 방송사가 TV 기술을 활용해 라디오와 방송을 동시에 송출하는 방송그룹으로 진화되었으며 이후에는 인터넷을 통해 콘텐츠를 유통시키거나 판매하는 방식으로 확대되었다. 게다가 최근에는 모바일 디바이스를 활용한 단계까지 진화한다. 이 모든 변화가 미디어 기술이라는 기술적 속성이 영향을 미친 것이다. 그만큼 글로벌 미디어의 시작도 미디어 기술과 같이 연동됨을 이해해야 한다.

다음으로는 미국이라는 거대 미디어 시장의 변화가 글로벌 진출에 적지 않은 영향을 미쳤다는 점을 살펴봐야 한다. 미국은 미디어 기술이 발달했을 뿐만 아니라 이용자 규모가 큰 내수시장으로 미디어기업이 규모의 경제를 활용할 수 있었다. 다시 말해, 적은 비용으로 콘텐츠를 제작하더라도 이를 거대 지리적 시장에서 다양한 방식으로 유통할 수 있어 추가수익을 늘리는 데 도움이 되었다는 것이다. 이와 같은 거대 미디어 시장은 광고시장을 활성화하는 데 핵심요인으로 작용했다. 이는 미국 미디어기업이 광고와 이용자를 바탕으로 보다 공격적이고 적극적으로 콘텐츠를 기획·제작·투자하는 기반이 된 것이다.

한편, 미국은 미디어 내수시장이 큰 편이라서 여러 가지 글로벌 미디어 기업이 동시에 존재할 수 있었다. 디즈니, 바이어컴, 타임워너, 뉴스코퍼레이션, 컴캐스트 등과 같은 상위 미디어기업은 사업 다각화를 통해 소유·운영하는 미디어 비즈니스도 서로 비슷했다. 이들은 대부분 영화, 지상파방송사, 케이블TV 방송사, 유료방송 채널, 테마파크, 신문, 출판 등의 사업에 진출했으며 같은 시장에서 경쟁했다. 경쟁이 치열해지면서 이들 대규모 미디어기업은 해외로 눈을 돌리기 시작했다. 미국 미디어기업에게 해외시장은 자신이 제작한 콘텐츠를 쉽게 유통시켜 많은 수익을 확보하던 원천이었다.

미국계 글로벌 미디어기업은 유럽을 비롯해 중남미, 아시아 등 잠재성이 높은 미디어 시장에 다양한 방식으로 콘텐츠를 유통시키거나 판매했다. 물론 이들 지역에서도 지역을 거점으로 하는 중간 규모의 미디어기업이 성장했다. 유럽에서는 영국을 포함해 프랑스, 독일 등이 자국 시장을 바탕으로 유럽 여러 국가에 미디어 콘텐츠를 판매하는 미디어기업이 등장했다. 영국의 피어슨 그룹이나 BBC, 리드 엘세비어를 포함해 프랑스의 카날 플뤼, 비방디, 라가르디에 그룹, 독일의 베르텔스만이나 ARD, ZDF 등이 대표적이었다.

결과적으로 글로벌 미디어 시장은 미국계 미디어기업이 세계시장을 장악한 가운데 지역적으로 이에 경쟁하는 지역 기반 미디어기업 그리고 지역 내 하청을 담당하는 중소규모 미디어기업이 서로 공존하거나 경쟁하는 구조이다. 그러나 최근에는 디지털미디어와 인터넷, 모바일, 소셜 네트워크 등에 바탕을 둔 새로운 뉴미디어 기업이 등장하면서 글로벌 미디어 시장의 판도 역시 변화한다.

기존의 TV나 유료방송 채널에 의존하지 않고 인터넷을 통해 실시간으로 콘텐츠를 유통시킬 수 있는 사업자가 등장했고 인터넷포털 등에서는 다양한 방송

〈그림 12-3〉
한류의 진화

출처: 해외문화홍보원(http://www.kocis.go.kr/promotionContent/view.do?seq=1378).

영상 미디어 콘텐츠 서비스를 제공한다. 게다가 모바일 디바이스를 통해 음원이나 뉴스 정보에 값싸고 쉽게 접근, 이용할 수 있는 시스템이 만들어진다. 디바이스는 서로 연결되고 세계 핵심 콘텐츠에 대한 접근성은 향상되는 추세이다. 이와 같은 환경에서 페이스북이나 구글 등의 글로벌 인터넷, 소셜 네트워크 서비스 사업자가 기존 글로벌 미디어 시장을 재편하고 시장점유율을 확보하는 트렌드가 나타난다.

이 모든 것이 미디어 콘텐츠를 이용하는 이용자의 선호도와 취향이 반영된 결과이다. 최근의 미디어 이용자는 기존 콘텐츠 이용보다 시공간 제약 없이 다양한 콘텐츠를 다양한 디바이스를 통해 쉽게 소비하는 특성이 있다. 게다가 선호하는 콘텐츠 취향이나 장르도 바뀌는 중이다. 신문이나 출판 등의 인쇄 기반 정보보다는 모바일을 통해 영상이나 정보를 소비하는 방식으로 변화하는 중이다.

국내 미디어기업도 한류를 바탕으로 해외시장에 적극적으로 진출하기 위해 노력 중이다. 글로벌 시장 진출의 경우에 지상파방송사을 비롯해 CJ 계열 콘텐츠기업이 다른 기업보다 유리해 보인다. 이외에도 홈쇼핑 채널의 해외시장 개척도 적지 않게 추진된다. 국내 한류 콘텐츠는 대체로 지상파방송사에서 방송된 드라마와 오락 프로그램, 기타 음악 프로그램 및 음원 등이다. 큰 시장은 아니지만 틈새시장을 바탕으로 글로벌 시장 진출공략을 위한 지속적이고 다양한 전략이 필요한 시점이다. 게다가 넷플릭스와 같은 글로벌 인터넷 동영상 사업자이 해외에 진출한 만큼 이들 글로벌 플랫폼을 활용해 국내 콘텐츠를 유통시키고 이후 규모를 확대해 우리도 글로벌 미디어기업다운 기업을 확보해야 한다.

이를 위해서는 국내 양질의 콘텐츠가 지속적으로 제작·투자될 수 있는 시스템 마련이 가장 중요하다. 이와 함께 해외시장의 문화적 특성을 이해하고 다양한 네트워크를 통해 콘텐츠 유통창구를 확보해야 한다. 게다가 스마트 디바이스를 활용한 새로운 콘텐츠 포털 등에 대한 가능성도 함께 살펴봐야 한다.

토의

01. 글로벌 미디어기업이 출현하게 된 사회적 · 경제적 배경은 무엇인가.

02. 글로벌 미디어기업이 미국 및 유럽 중심으로 구성된 이유는 무엇인가.

03. 글로벌 콘텐츠와 플랫폼 기업 중 시장을 확대하는 데 어느 기업이 이점을 가지는가.

04. 글로벌 미디어기업이 신규시장을 개척하기 위해 활용하는 핵심전략은 무엇인가.

05. 기술발전에 따라 글로벌 미디어기업은 어떻게 변화하는가.

3
부
디지털시대의
이론과 정책

미디어 이론 13

미디어의 변화 속도와 영향력의 범위가 인간의 이해와 설명의 능력을 넘어설 지경이다. 자고 나면 새로운 미디어가 등장하고 쉬고 나면 새로운 기능과 효과를 볼 수 있다. 가장 오래된 미디어라 할 수 있는 '인간 얼굴의 표정'에서부터 가장 대중적 미디어인 신문과 방송에 이르기까지 새로운 양상으로 변화한다. 이 때문에 미디어 현상을 설명했던 과거 미디어 이론의 적절성과 타당성이 문제가 된다. 예컨대, 휴대전화 문자 창이나 페이스북에 사용하는 이모티콘을 보면서 과거 비언어적 커뮤니케이션 이론에 등장했던 '표정'에 대한 논의를 적용할 수 있을지 고민한다. 20세기 소비자 대중을 상대로 한 일 대 다 커뮤니케이션을 설명하기 위한 전통적 미디어 효과 이론이 디지털미디어의 다 대 다 커뮤니케이션에도 적용할 수 있을지 염려한다.

이 장에서는 미디어 현실의 변화에 따른 미디어 개념의 확장과 분화를 논의하고 미디어 이론은 어떻게 변화할지 검토한다. 이를 위해 먼저 전통적 미디어 개념을 정리해서 제시한 뒤, 미디어의 확장과 분화에 따른 미디어 개념의 확장과 분화를 논의한다. 또한 전통적 대중매체 사회의 미디어 이용과 효과를 설명했던 이론이 스마트미디어 사회에서 어떻게 발전할 수 있는지 논의한다. 마지막으로 가장 중요한 기능 중 하나인 '공중형성' 기능을 인터넷 시대에 어떻게 이해해야 할지 검토한다. 이런 논의와 검토를 통해 스마트미디어에 대한 새로운 이론화의 가능성을 모색할 수 있기를 기대한다.

미디어 개념에 대한 다양한 접근

미디어 현실의 확장과 분화에 따라 미디어 개념도 변화한다. 과거에는 ①미디어를 커뮤니케이션의 도구로 보는 관점이 지배적이었다. 인간이 책, 전화, 영화, 신문, 방송 등 미디어를 수단으로 삼아서 소통에 성공한다는 식의 이해였다. 그러나 미디어 현상이 전사회적으로 확장되면서 ②미디어를 사회적 제도로 보는 관점이 등장하고 심지어 ③미디어를 인간의 모든 소통적 활동이 이루어지는 환경으로 보는 시각도 등장한다. 결국 미디어는 이 중 하나를 지칭하기도 하고 동시에 모든 것을 지칭하기도 하는데 이 때문에 미디어에 대한 이론화가 어렵기도 하지만 동시에 흥미롭다.

1. 미디어는 소통을 위한 도구

커뮤니케이션학에서 오래되었으며 일반적인 미디어 개념은 '소통을 위한 도구'라는 것이다. 예를 들어, 소식을 전하기 위해 사람을 보내거나, 편지를 쓰거나, 전자통신을 사용할 경우, 사람 · 편지 · 전자통신이 정보전달을 위한 도구인 미디어가 된다. 요컨대, 미디어는 소통이라는 목적을 위한 수단이 된다. 수단으로서 목적에 맞게 얼마나 효과적이고 효율적으로 역할을 했느냐의 여부가 미디어를 평가하는 기준이 된다. 또한 소통의 목적에 따라 다른 수단이나 방법으로 대체할 수 있지만 실제로 그렇게 대체한다고 하더라도 목적에 따른 기능을 제대로 수행한다면 단순한 '기능적 대체'가 일어난 것일 뿐이다.

섀넌과 위버(Shannon & Weaver, 1949)가 제시한 커뮤니케이션 모형은 커뮤니케이션을 일련의 선형적 과정으로 제시한 고전적 모형이다. 이 모형은 커뮤니케이션을 ①정보원-송신기-채널-수신기-목적지라는 구성요소 간 연결을 통해 전체가 성립하는 과정으로 제시하며, ②내용(*content*)을 부호화해서 미디어라는 용기(*vehicle*)에 실어나른다는 '전달'(*transmission*)이라는 커뮤니케이션의 직관적 의미를 보여주는 강점이 있다. 또한 이 모형은 ③구성요소의 변화에 따라 결과가 달라지는 통제적 관점에서 커뮤니케이션을 이해할 수 있게 도와준다. 따라서 비록 단순해 보이지만 이 모형은 많은 함의를 전달한다는 의미에서 훌륭한 커뮤니케이션 모형 중 하나라고 말할 수 있다.

섀넌과 위버의 모형에 '채널'(*channel*)이라는 구성요소가 있다. 이 구성요소는 모형의 왼편에 속하는 정보원, 메시지 생산자 또는 송신자를 오른편에 속하는 목적지, 메시지 소비자 또는 수신자에 연결해서 커뮤니케이션하는 통로의 역할을 수행한다. 이 통로가 얼마나 복잡한 신호를 얼마나 효과적으로 전달하는지 그리고 잡음 없이 안정적으로 전달하는지에 따라 정보원과 목적지 간의 소통의 성공여부가 달라진다. 이 모형을 기준으로 보면, '채널' 또는 '경로'라 불리는 이 중간자(*intermediaries*)가 곧 미디어이다. 따라서 전달의 용량, 효율성, 안정성 등과 같은 요인이 미디어의 중요한 속성이 되며 이런 속성이 변화하고 발전함에 따라 커뮤니케이션 전체가 어떻게 달라지는지 살피는 것이 중요한 과제가 된다.

〈그림 13-1〉 섀넌과 위버의 커뮤니케이션 모형

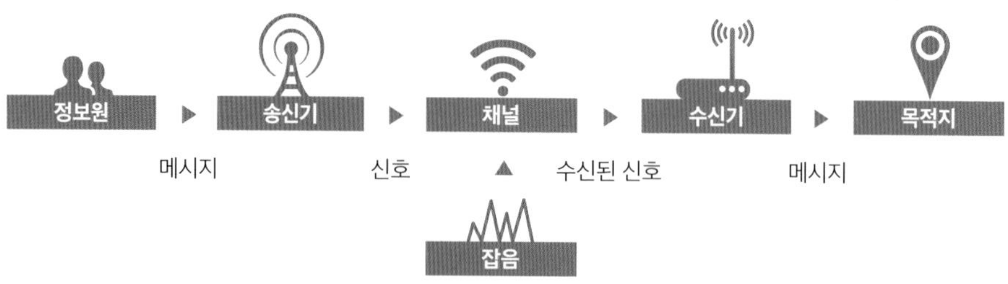

섀넌과 위버의 모형을 영화에 적용해서 미디어의 용량(*capacity*)의 효과를 검토한다고 해보자. 영화 커뮤니케이션 과정에서 미디어의 용량은 ①필름의 정세도, ②영화관의 크기, ③배급망의 규모, ④다중적 창구화(*multiple windowing*) 수준 등이며 이 가운데 무엇으로라도 개념화할 수 있다. 그리고 이렇게 미디어 용량이 변화했을 때 영화 생산과정, 산업화, 소비양식 등의 변화가 초래되는지 검토할 수 있다.

편지와 같은 사적 통신미디어의 기술적 발전에 적용해도 마찬가지이다. 편지, 이메일, 문자서비스, 메신저, SNS 등 서비스의 발전과 그런 서비스를 전달하는 통신기기(*communication devices*)의 기술적 발전을 생각하면 가족이나 친구 또는 지인 간 사적 소통에서도 미디어의 정세도, 효율성, 안정성, 선택가능성 등 변수들의 값이 변하는 방향으로 통신기기도 많이 발전했음을 알 수 있다. 전화와 화상채팅을 비교해 보고 편지와 메신저를 비교해 보면 알 수 있다.

2. 미디어의 확장과 분화

수단으로서의 미디어 개념은 제유법(*synecdoche*)을 통해서 확장한다. 미디어는 동시에 세 층위, 즉 ①스마트폰이나 PC와 같은 기기를 의미하기도 하고, ②플랫폼과 같은 전달서비스를 의미하기도 하고, ③특정 신문사나 방송사와 같은 내용제공자(*content provider*)를 지칭하기도 한다. 이런 제유법적 용어사용은 과거에도 정도만 달랐을 뿐 마찬가지였다. 과거 전통적 미디어 중에는 정보원, 송신기, 채널 등이 하나의 기기에 결합된 미디어가 대부분이었기 때문이다.

예컨대, 신문은 물리적 매개체인 신문 1부, 즉 판형대로 잘라서 접은 종이뭉치일 뿐이다. 그렇지만 보통 신문이라고 하면 이런 물리적 매개체로서 신문일 뿐만 아니라 내용제공자인 신문사를 포함한다. 신문미디어란 매개체만을 지칭하는 것이 아니라 내용을 포함하는 경우가 대부분이며 내용을 생산하는 과정과 조직까지 함께 지칭하기도 한다. 그렇다면 포털이나 검색엔진을 통해 특정 신문사의 기사를 보거나 메신저와 SNS 사이트에서 신문기사를 읽는 것도 '신문을 본다'고 해야 할까? 미디어의 확장이 진행되다 보니 경계가 애매해진 경우이다.

〈뉴욕타임스〉나 BBC와 같은 내용제공자는 통상 '편성 및 편집권을 행사하는 미디어'를 뜻한다. 따라서 우리가 BBC라면 방송 채널을 의미할 뿐만 아니라 해당 채널을 통해 전달하는 프로그램 그리고 웹사이트에 제시된 내용도 포함한다. 그리고 앞서 강조했듯이 이런 내용을 생산하는 취재, 제작, 편집 과정을 모두 포함한다. 최근 〈뉴욕타임스〉는 웹페이지, 이동형 애플리케이션 서비스, 페이스북 계정 등 다양한 서비스를 제공하며 심지어 동영상 플랫폼을 통해서 영상 뉴스와 피처를 제공하는 등 사실상 '방송 채널'처럼 작동하기도 한다. 이제 〈뉴욕타임스〉 동영상도 당연히 〈뉴욕타임스〉 미디어의 일부로 간주된다. 결국 미디어란

〈그림 13-2〉 방송미디어의 확장과 분화 사례

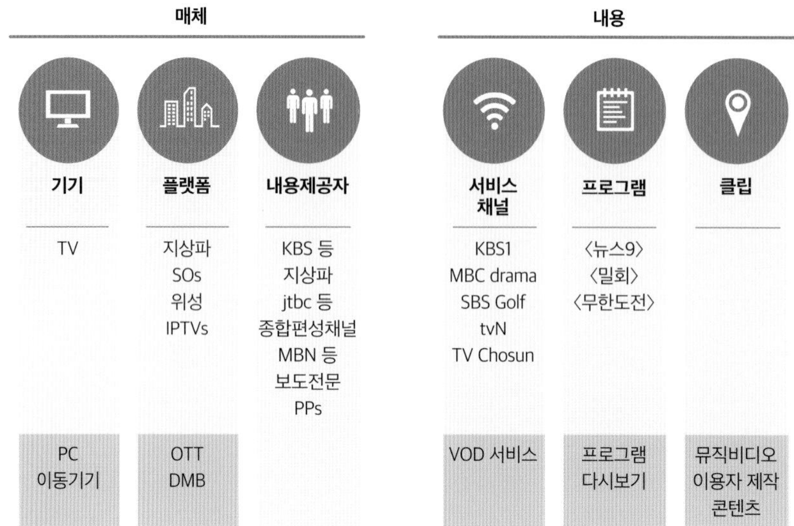

물리적으로 확장되고, 서비스적으로 분화되고, 브랜드로 통합된 것을 각각 지칭하기도 하고 전체를 아울러 지칭하기도 한다.

확장된 미디어 개념을 적용할 때, 가장 어려운 과제가 매체와 내용을 구분할 수 있을지 여부이다. 앞서 말했듯, 전통적으로 미디어는 기기, 전달서비스, 내용제공자라는 세 층위를 의미했다. 그리고 미디어를 내용으로부터 구분하는 것이 가능했다. 그러나 이제 사정이 많이 달라졌다. 예컨대, 5년 전 BBC에서 방영했던 드라마 〈셜록〉(*Sherlock*)의 비디오 클립을 구글과 같은 검색포털이나 넷플릭스와 같은 유료방송 플랫폼을 경유해서 스마트폰으로 시청하는 경우라면 어떤 미디어를 이용한다고 말해야 하는가? 스마트폰, 검색포털 또는 OTT, BBC 채널, 〈셜록〉 시리즈 그리고 '〈셜록〉 비디오 클립' 등 모두가 관련된다.

과거에 BBC는 플랫폼 사업자이자, 내용제공자이자, 채널이자 프로그램의 저작권자로 통합된 존재였지만 이제는 이 모든 것이 분화하며 BBC는 지상파 플랫폼 사업자이기도 하고, 내용제공자이기도 하고, 채널이기도 한 미디어가 된다. 그러나 이렇게 분화된 미디어에 대해 BBC라는 통일성을 제공하면서 하나의 정체성을 통합해주는 것은 이 모든 미디어 수준에서 BBC가 고유의 프로그램을 제작해서 전달한다는 사실이다. 즉, 내용이 다양한 미디어 수준에 걸친 BBC에게 정체성을 준다. 이렇게 다양한 차원에서 다중적 의미로 사용가능한 미디어 개념을 명료하게 이해하고 적절하게 적용해서 사용해야 한다.

미디어의 확장과 분화를 유념해서 보아야 하는 이유는 미디어 이론을 전개하기 전에 도대체 어떤 미디어의 어떤 속성 그리고 어떤 효과를 지칭하는지 먼저 분명히 해야 이론적으로 의미 있는 논의를 시작할 수 있기 때문이다. 예를 들어, '21세기에 방송의 영향력이 감소한다'는 주장을 검토해 보자. 이 주장만 보면 방송의 영향력 감소는 다음 중 어떤 하나를 의미할 수도 있고 두 개 이상을 동시에 의미할 수도 있다. TV나 셋톱박스 이용이 감소했다는 것일 수도 있고, 유료방송 플랫폼의 매출이 줄었다는 것일 수도 있고, 특정 방송사의 수익이 감소했다는 것일 수도 있고, 방송사의 평균시청률이 떨어졌다는 것일 수도 있고, 방송뉴스의 의제설정 효과가 예전만 못하다는 것일 수도 있다. 또한 이 중 어느 하나를 의미할 때, 다른 미디어 차원의 영향력은 증가할 수도 있다는 데 유의해야 한다. 즉, 특정 방송사의 평균시청률은 감소했지만 해당 방송사 프로그램이 다른 미디어 플랫폼을 경유해서 시청자에게 도달하는 경우는 증가하며 따라서 그 방송사의 뉴스 프로그램의 의제설정 효과는 같은 수준이거나 오히려 증가할 수도 있다.

실제로 스마트미디어 시대에 '동영상 내용'의 중요성은 증가하는 추세이다. 전통적 방송의 위상은 약해지지만 '방송과 같은 역할을 수행하는 동영상'이 각종 플랫폼에서 수행하는 역할은 중요해진다. 미디어 개념과 하위개념을 명료하게 구분해서 사용함으로써 이와 같은 다중적 의미가 초래할 수 있는 혼란을 방지할 수 있다.

3. 사회적 제도 또는 환경으로서 미디어

미디어의 확장을 제도적 관점이나 생태계적 관점에서 이해할 수도 있다. 미디어를 물리적 매개체나 내용을 생산하고 전달하는 주체에 한정하지 않고 더 폭넓은 관점에서 보는 것이다. 이렇게 보면, 방송은 소통의 도구에 머물지 않는다. 그 자체가 사회를 구성하는 한 방식이며 사회 내의 다른 하위체제에 영향을 미치는 독립된 영향력의 담지자가 된다.

첫째, 미디어를 사회적 제도로서 이해하는 관점이 있다. 방송과 같은 미디어는, 특히 방송주파수 면허 제도, 공영방송 제도, 시청률 제도, 시청점유율 규제 제도 등에 대한 법적 조항과 제도적 장치에 따라 운영된다. 따라서 같은 방송미디어라 할지라도 공영방송이나 상업방송 주파수사용 면허갱신이 어떻게 이루어지는지에 따라서 방송편성의 품질이 달라질 수 있다. 공영방송사의 이사장과 사장은 어떻게 선임하는지에 따라서 공영방송의 편성의 독립성이 영향을 받는다. 또한 시청률에 재방송 및 다시보기를 별도로 처리하는지 아니면 합산해서 처리하는지에 따라서 광고수익률이 달라질 수 있다. 요컨대 제도적 배열과 제도의 규칙을 따른 실천방식에 따라서 같은 방송이라도 다른 결과를 낼 수 있다.

신문을 포함한 전통적 언론미디어도 제도적 기초에 의존한다. 예를 들어, 언론자유에 대한 법적 보호, 언론인 윤리규정, 언론 전문직주의 규범 등과 같은 제도적 기초는 언론인의 활동과 내용을 결정하는 미디어 제도이다. 인터넷 미디어도 마찬가지이다. 인터넷이라면 자유롭게 사업하는 미디어기업만 있는 것처럼 보이지만 실은 경쟁관련법, 망중립성 법규, 내용규제(또는 면책) 법규, 개인정보 보호 관련 정책 등 다양한 규제가 작용하며 이런 규제의 범위 내에서 미디어 활동이 이루어진다.

미디어를 제도로 이해하면 특정 국가나 사회의 미디어가 다른 국가나 사회의 미디어와 어떻게 다른지 그리고 그런 차이가 어떤 결과를 초래하는지 파악할 수 있다. 예컨대, 언론의 전문직화 수준이 높은 나라의 방송사는 그렇지 않은 방송사보다 방송에 대한 정치적 개입의 수준이 낮을 것을 예상할 수 있다(Hallin & Mancini, 2004). 언론의 전문직화는 언론이 사회의 다른 집단으로부터 얼마나 자율성을 행사하고 차별화된 전문적 규범을 가졌으며 공적 역할을 수행하는지를 의미한다. 따라서 언론의 전문직화가 발전한 나라의 방송사에 정부나 정당이 개입하거나 관여하기가 어려울 것이라고 예상할 수 있기 때문이다.

다른 예를 들면, 공영방송 제도가 발전한 나라의 시민이 그렇지 않은 나라의 시민보다 공적 사안에 대한 지식수준이 높다는 연구결과가 있다(Curran et al., 2009; Soroka et al., 2012). 공영방송 제도가 발전한 북유럽 국가의 시민이 상업방송 제도가 발전한 미국 시민보다 공적 사안에 대해 더 많이 안다는 것이다. 미디어의 제도적 배열에 따라 시민적 능력에 차이가 발생함을 보여주는 연구결과이다.

둘째, 미디어의 개념을 확장해서 일종의 체계나 환경으로 보는 관점이 있다. 미디어를 사회체계를 구성하는 하위체계로 개념화해서 하위체계의 속성에 따라 미디어 시장의 발전정도, 국가의 미디어에 대한 관여의 방식, 언론의 전문직화의 발전, 정당과 언론 간의 관계를 의미하는 정치병행성(*political parallelism*)의 정도가 다르다는 식의 이론화가 가능하다(Hallin & Mancini, 2004). 이런 이론화가 의미 있는 이유는 미디어 체계의 특성에 따라 미디어 산업의 발전방식은 물론 구체적인 미디어 내용의 특성도 달라질 것이라고 예상할 수 있기 때문이다. 예컨대, 영미식 자유주의 미디어 체계가 성숙한 나라에서 인터넷 미디어는 최소한의 국가규제를 받으면서 산업적으로 발전하기 쉽지만 영미식 자유주의와 상반된 미디어체계에서는 그럴 가능성이 상대적으로 낮아질 것이라고 예상할 수 있다.

셋째, 미디어를 인간적이거나 비인간적인 행위자가 커뮤니케이션하는 환경으로 이해하는 개념화도 가능하다(Peters, 2016). 과거에는 미디어 생태계니 미디어 환경이니 하는 용어를 비유적으로 사용했지만 이제 모든 것이 인터넷으로 연결되고 모든 행위가 기록되어 정보로 활용되는 시대에 이 용어는 비유적이지 않다. 생존에 필요한 몇 가지 기초적 행위를 제외하고는 거의 모든 인간적 활동을 인터넷과 단말기를 통해서 할 수 있어 보인다. 또한 개별 기기, 서비스, 서비스 제공 사업자, 플랫폼, 제도를 모두 미디어라 부를 수 있기에 이런 하위수준 미디어의 중첩된 미디어를 생각할 수 있고, 이런 중첩된 미디어의 전체집합인 미디어 생태계도 생각할 수 있다.

그러나 이런 미디어 환경론적 또는 생태계적 개념화가 미디어를 이론화하고 연구하는 데 어떤 도움을 주는지는 불분명하다. 모든 것이 미디어라면 어떤 것도 특별히 미디어라 지칭한다고 해서 도움주지 않을 것이다. 즉, 미디어라고 개념적으로 규정하고, 미디어의 특성을 변수화하고, 그리고 해당 변수 값의 변화에 따라 어떤 의미적 차이가 있고, 어떤 사회적 효과를 낳는지 설명하지 못한다면 미디어라는 개념을 이용해 현상을 이해하고 설명할 도리가 없다. 미디어 확장의 시대에 미디어 이론의 발전에 대해 오히려 염려할 일이 생긴다.

미디어 이론의 변화

전통적 미디어 이론이 대부분 '효과 이론'이라는 것은 우연이 아니다. 미디어가 개인이나 집단 그리고 사회에 미치는 영향을 탐구함으로써 미디어와 인간 간의 관련성을 이해할 수 있기 때문이다. 스마트미디어 시대에 미디어의 영향력은 과거보다 증가했을까 아니면 감소했을까? 얼핏 생각하기에 미디어가 발전하면서 인간과 접점을 확대하는 가운데 영향력도 증가한다고 봄이 당연하다. 그러나 너무 많은 미디어가 다양한 방식으로 서로 영향력을 행사하면서 미디어 영향력 간의 상쇄나 혼란이 발생하는 것은 아닌지 의심해봐야 한다. 이 절에서는 전통적 미디어 효과 이론을 소개하면서 스마트미디어 시대에 미디어 이론이 갖는 함의를 논의한다.

1. 미디어 효과 이론의 확장

미디어 효과를 내용의 효과를 구분하는 가장 기본적 방법은 같은 내용이라도 다른 미디어를 통해 전달되었을 때 효과가 달라지는지 탐구하는 것이다. 만약 탐구결과, 같은 내용임에도 불구하고 미디어의 차이에 따라 다른 효과가 발생했다면 미디어가 원인이 되어 발생한 차이라고 말할 수 있다. 이른바 '차이법'을 이용해 인과관계를 탐구하는 방법이다.

반대로 '일치법'을 이용해서 미디어 효과를 검토할 수도 있다. 서로 다른 내용임에도 불구하고 하나의 미디어를 경유해서 이용자에 도달해 같은 효과를 초래한다면 일치법에 의거해 서로 다른 내용의 효과라기보다 그 내용을 전달한 공통

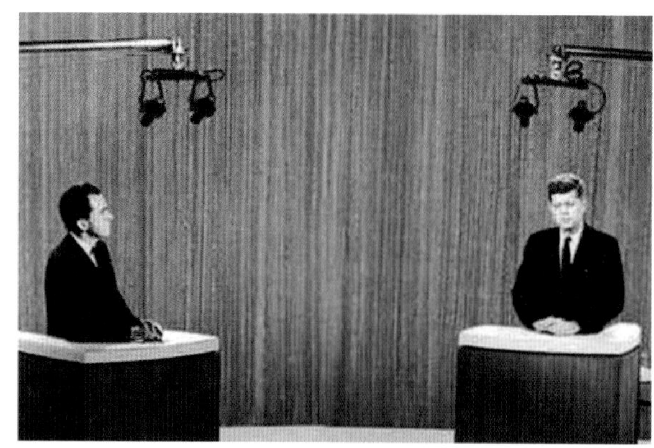

〈그림 13-3〉
닉슨과 케네디의 TV토론

된 미디어의 효과라 할 수 있다.

차이법을 적용한 대표적 사례로 1960년 미국 대통령 선거토론의 효과에 대한 논의를 들 수 있다. 당시 유권자는 대통령 선거 1차 토론을 각각 TV 또는 라디오 중 어떤 미디어로 접했느냐에 따라 닉슨과 케네디 후보에 대한 평가가 달라졌다고 한다. TV를 통해 선거토론을 시청한 유권자는 젊고 당당하고 똑똑해 '보이는' 케네디가 진땀을 흘리며 혼란스러워 '보이는' 닉슨보다 잘했다고 평가한 반면, 라디오를 통해 선거토론을 청취한 유권자는 깊고 권위 있는 목소리를 지닌 닉슨이 젊은 케네디보다 잘했다고 평가했다(Kraus, 1962; Lang & Lang 1968).

이는 엄밀한 조사방법론을 적용하지 않은 여론조사의 결과일 뿐 체계적 연구 결과라고는 할 수 없지만(Schudson, 1995; Vancil & Pendell, 1987) 같은 내용이라도 어떤 미디어를 경유하느냐에 따라 강조되는 부분이 다르고, 따라서 유권자에 대해 다른 영향을 미칠 수 있다는 논지를 보여준다.

'같은 내용, 다른 미디어'란 주제는 쉽게 확장해 볼 수 있다. 대인적 갈등을 겪은 후 상대방에게 사과해야 할 때 직접 만나러 가는 게 좋은가, 전화나 문자를 하는 게 좋은가, 아니면 이메일이나 편지를 하는 게 좋은가? 같은 내용이라도 미디어에 따라 다른 효과가 발생하리라 기대할 수 있다.

〈표 13-1〉은 대표적인 현대 미디어 효과 이론을 정리한 것이다. 표에서 제시하듯, 각 이론은 특정 미디어의 효과를 탐구하는 과정에서 발전된 것들이지만 새로운 미디어가 등장하는 가운데 다른 미디어에도 적용해 이론영역을 확장할 수도 있다.

이용과 충족 이론(*uses and gratifications theory*)은 가변성이 뛰어난 이론이다. 원래 다양한 미디어 이용동기에 따라 다양한 미디어 이용패턴이 형성되고 그에 따라 미디어 효과가 발생하는 것을 설명하는 이론이기 때문이다. 예컨대, 외국어를 배워야겠다는 요구를 가진 이는 그런 내용을 편성하고 최적화된 포맷으로 제공하는 미디어, 즉 책 또는 인터넷 강의를 찾아서 이용할 것이다. 마찬가지로 몰입적 오락을 하고 싶어 하는 사람은 서로 경쟁하는 다양한 미디어 가운데 오락요구를 충족하기에 적절한 미디어를 찾기 마련이다. 이들은 과거에는 주로 모험드라마나 추리소설 등을 이용하겠다는 동기에 따라 해당 미디어를 이용하고 그에 따른 효과를 경험했겠지만 이제 수많은 종류의 게임과 인터넷 서비스가 경쟁하는 가운데 몰입적 오락요구를 충족할 방법이 더 많아졌다고 할 수 있다.

결국 미디어 이용동기에 따라 미디어 이용양상도 분화되고 효과 또한 그렇게 될 것이다. 이용과 충족 이론이 스마트미디어 시대에 특별한 이론처럼 보인다. 인간의 수많은 미디어 이용동기를 확인하는 데 도움을 주며 동시에 세분화된 이용동기에 따른 효과를 구분할 수 있도록 돕기 때문이다.

의제설정 효과(*agenda-setting effect*)는 미디어가 특정 사안을 현저(*salient*)하게 다루면 결국 시민도 그 의제를 중요하게 간주하게 된다는 간단한 명제로 출발한 이론이다. 이 효과는 미디어의 공중의 '집합적 인지상태'에 미치는 인지적 효과를 문제 삼기 때문에 다른 영역으로 확장할 수 있다. 공중이 중요하다고 생각하

〈표 13-1〉 현대 미디어 효과 이론의 확장

	주요 가정	핵심 주장	효과의 확장
이용과 충족 이론	• 미디어는 서로 경쟁함 • 이용자는 자신의 요구를 알고 그것을 충족하기 위해 능동적이며 목적지향적으로 행동함	• 이용자는 다양한 요구(정보, 관계, 오락, 회피 등)를 충족하기 위해 미디어 특성을 고려해서 선택함 • 이용자 동기와 미디어 선택에 따라 다른 효과 발생	• 새로운 미디어 등장에 따른 동기 목록의 확장 • 다중미디어 환경에서 다중적 요구 충족과정 탐구
의제설정 이론	• 미디어는 현실을 반영하지 않고 형성함 • 미디어가 '현저하게' 집중해서 다루는 사안이 있음	• 공중은 미디어가 현저하게 다루는 사안을 중요하다고 인식함 • 미디어 의제가 공중 의제의 형성에 영향을 미침	• 공중 의제가 미디어 의제에 영향을 미치기도 함 • 미디어 확장과 분화로 다양한 수준의 의제설정 발생
틀 짓기 이론	• 내용구성 요소 중 일부를 선택적으로 강조함으로써 내용의 전체적 전개방향을 결정할 수 있음 • 특정 요소가 강조되는 방식을 '내용의 틀'이라 함	• 미디어는 단순히 자료나 정보를 제공하는 것이 아니라 특정 사태에 대한 인식의 틀을 결정함 • 같은 정보를 지닌 메시지라도 내용의 틀이 달라지면 그것을 접한 이용자의 이해와 해석이 달라짐	• 내용의 틀과 미디어 특성의 결합에 따른 효과 • 다중적 틀 간의 경쟁과 융합 효과
침묵의 나선 이론	• 대중은 파편화되고 주로 미디어를 통해서 정보습득 • 미디어는 '의견기후'를 제시함. 즉, 공중은 미디어를 통해 다수의견을 확인함	• 소수파가 강경한 목소리로 미디어의 주목을 받기도 함 • 미디어에서 의견기후를 파악한 시민은 소수의견을 다수파로 인식하고 의견표명을 자제함 • 다수가 의견표명을 자제하면서 소수의견이 다수파가 될 수 있음	• '의견기후'의 모호성, 즉 인터넷 미디어에서 의견반영의 파편화 • 극단적 소수의견 표명자 간 네트워킹 가능성
문화계발 효과 이론	• TV는 다른 미디어와 다름. 지속적이며 반복적 시청으로 상징적 현실을 구성함 • 개별 시청의 효과는 제한적이지만 누적적 효과를 봐야 함	• 미디어가 제시하는 세계는 '상징적 세계'로서 현실과 다름(폭력, 범죄, 인종 등의 묘사) • 미디어를 많이 이용하는 이용자는 '상징적 세계'가 제시한 것을 현실로 인식함	• 인터넷과 휴대기기 등 새로운 미디어가 TV의 편재성을 대체함 • 다양한 미디어가 계발하는 다중적인 상징적 현실

는 바는 수많은 미디어의 수많은 내용에 따라 다르게 형성될 수 있기 때문이다. 만약 '핵발전소 폐기물의 문제'와 같은 사안을 신문, 방송, 인터넷 공동체나 SNS에서 중요하게 다루기 시작한다면 의제설정 효과는 미디어에 따라 달리 나타날 것인지 탐구할 수 있다. 그런데 문제는 그 다른 효과의 발생 및 지속시간, 효과의 범위, 효과의 규모 그리고 개인이나 집단별 양상이라 할 수 있다. 신문과 방송 저널리즘 효과를 설명하기 위해 발전된 의제설정 효과 이론은 이제 모든 미디어의 모든 내용이 유발하는 효과를 포괄한다.

의제설정 이론

미디어가 특정 사안을 현저(*salient*)하게 다루면 결국 시민도 그 의제를 중요하게 간주하게 된다는 간단한 명제로 출발한 이론이다. 이 이론에서는 미디어가 현실을 단순하게 반영하지 않고 현실을 만들어내며, 특히 집중해서 다루는 사안이 있다는 점을 가정한다. 미디어의 의제가 공중의 의제에 영향을 미친다는 인지적 효과에 주목하는 이론이다.

틀 짓기 이론(*framing theory*)은 원래 메시지 내용의 구성방식에 따라 이용자의 이해와 해석이 달라진다는 점을 강조하는 '내용효과'에 대한 이론이다. 복잡한 사회적 현실을 전달할 때 신문이나 방송뉴스는 이야기 구성(*narrative construction*)의 방식을 사용해 주요 행위자와 사건을 이해하기 쉽게 제시한다. 특히, 방송뉴스의 경우에는 틀에 짜인 듯한 도식적 이야기 줄거리를 제시하기도 하는데 이런 이야기 구성이 이용자가 해당 사안을 이해하는 데 영향을 미친다고 한다.

그런데 이야기 구성방식은 인터넷 게시판의 게시글을 작성할 때도 적용되고 유튜브의 동영상 클립을 올릴 때도 적용된다. 인터넷 시대에 이야기를 특정한 방향으로 틀 짓기 할 수 있는 방식은 텍스트의 구성은 물론 시각적 장치, 음향과 음악의 사용 그리고 다중적 감각양식 모두를 동원할 수 있다. 따라서 내용적 틀과 미디어 특성의 결합이 일반적 현상이 된다. 또한 한 시점에 유력한 여러 개의

틀 짓기 이론

틀 짓기 이론은 메시지 내용의 구성방식에 따라 이용자의 이해와 해석이 달라진다는 점을 강조하는 '내용효과'에 대한 이론이다. 복잡한 사회적 현실을 전달할 때 신문이나 방송뉴스는 이야기 구성방식을 사용해 주요 행위자와 사건을 이해하기 쉽게 제시한다. 이 이론은 뉴스의 경우 틀에 짜인 듯한 도식적 이야기 줄거리를 제시하기도 하는데 이런 이야기 구성이 이용자가 해당 사안을 이해하는 데 영향을 미친다고 주장한다.

미디어 틀이 경쟁하면서 상호대체하기도 하고 상호침투해서 새로운 '융합적 틀'을 만들어내기도 한다.

문화계발 효과 이론(*the cultivation theory*)은 태어나서 TV와 함께 자라는 현대 시청자를 관찰해서 만든 이론이다. 이 이론의 핵심가정 중에는 TV드라마나 뉴스에 담긴 내용이 실제 현실과 다른 '상징적 현실'을 구성해서 제시한다는 주장이 있다. 예를 들어, TV드라마는 현실보다 빈번하게 범죄나 폭력적 상황을 묘사한다고 한다. 이 때문에 TV를 많이 보는 시청자는 그렇지 않은 시청자보다 '상징적 현실'에 가까운 인식, 즉 세상에 범죄가 만연하고 폭력적으로 문제를 해결하는 사람이 많다는 인식을 갖는다는 것이다.

그렇다면 인터넷과 함께 자라는 젊은 이용자에게는 '인터넷 문화계발 효과'가 일어날 것인가? 인터넷 서비스, 플랫폼 그리고 내용제공자가 제시하는 상징적 현실이란 어떤 현실인지, 특히 획일적인지 아니면 다중적인지, 그런 상징적 현실 속에서 자라는 인터넷 세대 이용자는 어떤 현실인식을 갖게 될지 확장된 연구가 필요하다.

침묵의 나선 이론은 여론지각과 여론형성을 설명하는 이론으로 출발했다. 그렇지만 대중이 여론형성의 근거가 되는 '의견기후'(*opinion climate*)를 인식하는 데 미디어에 의존한다는 점을 강조하기에 미디어 이론으로 볼 수도 있다. 대중은 파편화되어 서로 상호작용하지 못하고 미디어가 제시하는 여론의 분포, 즉 의견기후에 따라 자신이 소수파에 속하는지 다수파에 속하는지 가늠한다. 대중은 강경한 소수의 목소리를 반영하는 미디어를 접하면서 소수파의 의견을 다수파에 속한다고 생각할 수 있으며, 만약 자기 의견이 이와 다르면 의견표명을 자제한다는 것이다. 그 결과 다수의 의견은 침묵의 소용돌이를 일으키며 오히려 소수파로 전락하는 것처럼 보일 수 있다.

그런데 인터넷과 스마트미디어 시대에 의견기후는 대중매체 시대의 의견기후와 다른 양상을 보인다. 파편화된 의견, 국지적 의견 그리고 변화무쌍한 다수의견이 교차하는 양상을 보인다. 또한 소수의 극단적 의견을 갖는 사람이 인터넷을 통해 쉽게 동료를 발견하고 집단을 형성함으로써 서로 지지하고 후원하는 모습을 보이기도 한다. 이런 점을 고려한 후에도 침묵의 나선 이론을 적용한 설명을 계속할 수 있는지, 아니면 새로운 여론형성에 대한 이론을 만들어야 할지 고민해야 할 시점이다.

2. 미디어 효과 자체의 확장

스마트미디어 시대에 미디어 효과도 확장된다. 신문, 잡지, 라디오, TV 등 전통적 분류방식에 따른 미디어 효과뿐만 아니라, TV 내에서도 다른 미디어 효과를 기대할 수 있다. 예를 들어, 전통적 의미에서 드라마 시청은 지상파방송의 편성시간에 맞추어 가족이 함께 모여 드라마를 보는 것을 뜻했다. 따라서 전통적인 드라마 효과란 이런 미디어 이용행태와 구분해서 생각하기 어렵다.

그런데 이제 이용자가 드라마를 시청하는 경로는 지상파방송만이 아니다. 다른 방송 플랫폼에서 다른 채널을 통해 재방송이나 다시보기 방송을 볼 수도 있고 아예 처음부터 유료방송 서비스에서 '몰아보기'(*binge viewing*)의 형식으로 볼 수도 있다. 공동시청도 여전히 많지만 단독시청도 많으며 그것도 TV스크린이 아닌 스마트폰이나 태블릿으로 보는 이들이 많다. 이 모두 방송 드라마 시청이라 할 수 있다. 그러나 이런 새로운 방송시청이 과거 지상파 채널만 시청할 수 있던 때의 방송 드라마 시청과 같은 효과를 낳으리라 기대하기 어렵다.

뉴스의 경우 한층 복잡하게 전개된다. 뉴스를 전달하는 채널, 플랫폼, 서비스는 계속 증가한다. 뉴스는 논조를 결정하는 편집과정을 통해 내용을 형성하기 때문에, 편집권을 행사하는 범위가 결정적으로 중요하다. 전통적으로 편집권의 범위는 '제호'에 일치한다. 예를 들어, 〈뉴욕타임스〉라는 제호가 붙은 논설, 칼럼, 뉴스, 피처 등은 내용과 장르에 따른 차이에도 불구하고 모두 '〈뉴욕타임스〉 기사'가 되는데 그 이유는 이 기사는 모두 〈뉴욕타임스〉 편집권의 범위에 속하기 때문이다. 이런 개별 기사가 〈뉴욕타임스〉 영향력의 담지자이다. 마찬가지로 BBC라는 제호를 시각적 로고로 담은 모든 뉴스와 시사 프로그램은, BBC의 편집 및 편성권의 범위에 있는 한 모두 'BBC 프로그램'이 되며 그런 이유로 BBC라는 제호의 영향력의 주체가 된다.

그런데 최근 〈뉴욕타임스〉는 텍스트 기사뿐만 아니라 동영상 뉴스를 제작해서 전달하며 그것도 자신의 웹사이트를 넘어서 다양한 디지털플랫폼을 통해서 유통한다. BBC도 마찬가지로 방송 프로그램뿐만 아니라 웹 뉴스, 메신저 뉴스, SNS 뉴스를 제작한다. 이런 경향은 미디어 효과론에 대해 심각한 함의를 갖는다. 이제 신문미디어의 고유한 영향력과 방송미디어의 고유한 영향력이 따로 있는 것처럼 생각하는 것이 부적절한 듯하다. 미디어 간 효과의 차이를 맞비교해서 이런저런 차이를 논의하는 게 과연 의미 있는 일이냐는 근본적 질문을 던져봐야 한다.

내용제공자가 특정 미디어에 특화된 내용을 제공해야 한다는 생각 자체가 고정관념이다. 개별 미디어의 기술적, 감각적, 양식적 특성을 넘어서 이용자가 원하는 것이면 어떤 채널, 어떤 플랫폼, 어떤 기기를 통해서라도 전달할 수 있다. 미디어 마케팅, 광고, 캠페인을 주도하는 전략적 커뮤니케이션 전문가는 이 경향을 이미 파악한다. 이들은 개별 미디어 전략만으로 목표로 삼은 이용자 집단에 영향을 미칠 수 없다는 것을 잘 안다. 공식 및 비공식, 일 대 다 및 일 대 일, 고정형 및 이동형 그리고 인터넷의 모든 채널, 서비스, 플랫폼을 통해 메시지를 전달하기 위해 노력한다.

결국 미디어가 확장하고 분화하면서 발전하는 시기에 역설적으로 개별 미디어 간 차이가 갖는 의미는 점차 사라진다. 미디어 전문가는 미디어 간 차이는 물론 미디어 내 차이도 고려해서 연구하고 전략도 수립하지만 이런 전략은 결국 미디어 이용자가 미디어 간 차이를 느낄 수 없도록 유연하게 내용을 전달하기 위한 것이다. 이용자의 입장에서 보면 미디어는 점차로 따로 구분해서 인식할 필요가 없는 배경 또는 환경으로 변한다.

3. 미디어와 공중의 변화

흔히 미디어의 사회적 기능은 ①환경감시 기능, ②상관조정 기능, ③문화전수 기능을 의미한다. 각각 사회에 어떤 일이 일어나는지 알려주고 사회적 갈등을 인식하고 해결하기 위한 의미를 제공하고 후속 세대에게 가치와 규범을 전달한다는 것을 뜻한다. 여기에 ④오락기능을 덧 붙여 미디어의 4가지 사회적 기능이라고 한다.

그런데 미디어의 좀더 근원적인 사회적 기능으로 '공통의 대상에 대한 담론적 관여'를 낳는 것을 들 수 있다. 둘 이상의 사람이 같은 미디어로 연결되는 데서의 연결이란 곧 대상에 대한 대화와 토론을 의미한다. 결국 담론적 관여란 광장이나 시장에서 사람들이 교제하고 거래하는 것을 포함하지만 가장 유명한 사례로는 18세기 말에서 19세기 중반까지 이어진 인쇄혁명으로 도시에 책과 신문이 등장하면서 이런 인쇄물에 담긴 사안에 대해 읽고 토론하는 시민을 형성한 것을 들 수 있다. 이른바 근대 정치적 공론장(*the public sphere*)의 형성이란 바로 이 사태를 이르는 말이다(Habermas, 1962/2001).

미디어를 통한 공중의 형성이 중요한 이유는 공중이 바로 여론형성의 주체가 되기 때문이다. 여론은 시민의 사회적 취향의 표현이며, 경제적 소비의 배경이며, 정치적 권력정당화의 근원이다. 여론이 없으면 이른바 민의의 내용과 방향을 알 수 없으며, 입법부는 물론 행정부도 누구를 대변해서 무엇을 해야 할지 모르게 된다. 여론이 없으면 근대 민주주의가 작동하기 어렵다.

미디어는 여론을 형성하며 여론의 담지자인 공중을 낳는다. 근대 정치적 공론장이 인쇄미디어를 중심으로 형성되었다면 20세기 초 TV는 소비자 대중과 함께했다. TV를 통해 정보와 오락을 접하지만 동시에 광고시청으로 소비활동을 통해 광고주에게 간접적으로 보상하는 소비자 대중을 도왔다. 소비행위를 통해 욕구를 충족하면서 경제적 순환의 한 축을 담당하는 소비자란 실은 TV방송을 통해 현실과 동떨어진 '상징적 현실'에 대한 인식을 갖는 방송미디어 시청자였다. 그렇다면 스마트미디어 시대에 담론 공중은 어떻게 형성이 되며 그들은 어떤 역할을 수행하는가?

인터넷 시대의 빠른 정보유통과 공유 덕분에 사안별로 빠르게 의견을 교환해서 집단적 행동을 조직하기도 하는 자들을 일컬어 '현명한 군중'(*smart mobs*)이라 부르기도 한다(Rheingold, 2002). 이들은 서로 직접 알지도 못하고 친교를 맺은 것도 아니지만 정보를 교환하고 공유하는 가운데 자발적으로 행동에 나서기도 한다. 이들은 인터넷 게시판, 블로그, 인터넷 언론, 메신저, SNS 등의 미디어를 통해 형성된다. 특히, 인터넷 '커뮤니티'는 말 그대로 인터넷을 기반으로 공통의 의제, 정보교환과 공유, 글쓰기 양식 그리고 멤버십을 공유하면서 자발적으로 형성하고, 확장하고, 분화한다. 물론 인터넷에는 약자와 소수자를 공격하는 이들, 역사적 범죄집단 가입자들 그리고 실제 범죄를 음모하는 이들도 있으며 인터넷 미디어 자원을 이용해서 상업적 기회를 극대화하기 위한 기회주의적 장사치도 있다. 요점은 새로운 미디어가 이런 서로 다른 종류의 행위자 집단을 끊임없이 만들어내는 것처럼 보인다는 데 있다.

미디어의 주요 기능 중 하나가 '공통의 대상에 대한 담론적 관여'를 낳는 것이라면 인터넷에서 이렇게 쉽게 관여 공중을 만들어내는 것으로 보인다. 인터넷 공간에 때로는 느슨한 연대로, 때로는 강한 유대감으로 존재하는 군중, 집단, 공동체 등이 형성하는 것을 주시해야 하는 이유는 이들이 곧 시민적 능력과 덕성을 지닌 공중 그 자체일 가능성이 높기 때문이다. 어차피 자신의 삶에 몰두해 인터넷 담론활동을 할 여유가 없는 이들은 공적 사안에 대해 관심을 갖거나, 필요한 순간에 의견을 표명하거나, 심지어 선거일에 투표하러 갈 여유도 없는 사람일 가능성이 높다. 현대인 중에 공적으로 의미 있는 삶을 사는 이는 새로운 미디어를 이용하고 활용하는 사람이다. 인터넷에서 연대하고, 인터넷으로 활동하고, 인터넷처럼 무정형한 사람이 얼마나 정확하게 정보를 갖추고, 정의롭게 판단하며, 공적 사안에 적극적으로 참여하느냐에 따라 해당 사회의 민주주의의 품질이 결정될 것이다.

스마트 미디어 시대에 새로운 미디어도 많지만 새로운 미디어 이론도 계속 등장한다. 미디어 생산, 이용, 효과를 설명하기 위한 수많은 이론이 각축한다. 물론, 이런 이론의 증가는 급속하게 발전하는 미디어 현실을 반영한 것이다. 스마트미디어 공급 쪽에서는 시간과 공간을 이동하며 더 많은 미디어를 이용할 수 있도록 기술적 혁신을 거듭하면서 미디어 서비스를 다각화한다. 이용자 쪽에서는 활용 가능한 미디어를 파악하고 장단점을 파악해서 자신의 필요에 맞게 미디어를 '스마트하게' 선택해서 이용하는 양상을 보인다.

제도적으로도 오래된 미디어 법제 관련 사안과 더불어 새롭게 반독점 사안, 개인정보 보호 사안, 잊힐 권리 사안, 안보 관련 사안, 정보공개법 관련 사안 등 끊임없이 새로운 정책적 사안이 제기되면서 법적, 제도적 환경을 갱신한다. 새롭게 등장하는 미디어 이론은 미디어에 대한 인간적 관심이 얼마나 큰지 보여준다.

그러나 이론은 제한적일 수밖에 없다. 이론을 정립하기 위해서는 이론의 대상이 되는 현상의 경계를 규정하고 그 현상을 구성하는 요소를 특정할 수 있어야 한다. 그래야 대상의 범위와 한계를 정해서 무엇이 발생하고 있는지 또한 어떤 결과를 초래하는지 관찰해서 이론화할 수 있다.

모든 연구자가 그렇듯, 미디어 연구자도 현상에 대한 관찰을 기반으로 이론을 만들면서 현상을 설명하고 예측하려 한다. 문제는 이 시대의 미디어가 관찰, 개념화, 이론화의 속도보다 빠르게 변하고, 특히 미디어 현실에 대한 관찰을 통해 새로운 이론을 만들어 검증할 여유를 허락하지 않을 정도로 변한다는 것이다. 그러나 이론이 없으면 설명도 없고 예측도 없다. 즉, 왜 이런 미디어 현상이 발생하는지 납득할 수 없으며 향후 어떤 방향으로 미디어가 발전할지 짐작할 수도 없다. 빠르고 복잡하게 변화하는 미디어 현실을 보면서 더욱 미디어 이론에 목말라 하는 이유가 바로 이 때문이다.

결국 이론과 현실은 상호자극하며 공진화한다. 미디어 이론이 변화하는 이유는 사회가 변화하면서 미디어의 구성과 행동 자체가 변하기 때문이다. 미디어 현실은 또한 새롭게 발전한 이론적 인식을 기초로 인간이 자신의 감각을 확장하고 분화하기 위해 노력하는 가운데 발전한다. 이런 상호의존적 발전은 일종의 긴장관계를 전제로 한다. 요컨대, 미디어 현실과 미디어 이론 간에는 미묘하게 일치하지 않으며 갈등하는 긴장이 계속된다는 것이다.

일견 미디어 현실의 빠른 확장과 발전에 전통적 미디어 이론의 적실성과 타당성이 못 미치는 것처럼 보일 때가 있다. 미디어를 소통의 수단으로 보는 관점은 물론, 다중적 관점에서 미디어를 재규정하거나 제도나 환경으로 확장해서 보는 시각마저 불안정해 보일 때가 있다. 결국 미디어에 대해 이론적으로 접근하기 전에 먼저 눈앞에 있는 미디어 개념이 미디어 현실을 얼마나 잘 포착하는지, 잘 반영하는지, 특성을 잘 드러내는지 검토하고 또 검토하는 수밖에 없다. 때로는 이와 반대로 미디어 이론이 제시하는 이상과 규범에 미디어 현실이 못 미치는 것처럼 보일 때도 있다. 21세기 미디어의 발전은 규모와 속도 면에서 대단하지만 우연적이고 조건적이기도 하며 발전이 아니라 후퇴처럼 보일 수도 있기 때문이다.

결국 미디어의 확장과 분화를 미디어라는 유적 존재의 다양성의 증가와 최적 적응자의 생존이라는 진화론적 관점에서 설명하는 것이 필요할지도 모른다. 그렇다면 사회과학적 연구는 물론 자연과학적 원리를 적용해서 개념화하고 연구해야 할 것이다.

토의

01. 최근에 경험하거나 관찰한 '재미있는' 사건 가운데 미디어와 관련한 사건을 골라 그 사건을 설명하는 원인이 무엇인지 추론해 보자. 이렇게 추론한 원인과 그 '재미있는' 사건을 연결해서 새로운 미디어 이론을 만들어볼 수 있는가.

02. 틀 짓기 이론에 대한 문헌을 찾아보자. 스마트미디어 시대에 미디어 틀 짓기는 여러 수준에서 다양한 방식으로 전개된다. 특히, 서로 다른 미디어가 제시한 틀 간에 경쟁이 일어나고 결합하는 양상을 관찰할 수 있다. 미디어 틀의 경쟁과 융합의 사례를 찾아 제시하고 이런 사례를 기초로 틀 짓기 이론에 대해 어떤 일반적 주장을 할 수 있는지 논의하라.

03. 인간과 동물 간 커뮤니케이션은 대면적 차원에서 발생하는 것이 일반적이다. 그래서 더욱 친밀하지만 동시에 제한적이기도 하다. 인간과 동물 간 커뮤니케이션을 질적으로 변화시키는 미래의 미디어는 어떤 모습이며 어떤 기능을 수행할지 논의하라.

미디어 법제 14

미디어의 발전과 법의 탄생

1450년경 구텐베르크는 독일 마인츠에서 금속활자를 이용한 인쇄공장을 설립했다. 새로운 인쇄기술은 유럽 전역으로 퍼져나갔다. 사람들은 자기 생각을 글과 그림으로 표현한 후 이를 인쇄해 다른 사람에게 전파하는 새로운 미디어를 즐겼다. 교권과 왕권 등 기존 권력을 비판하고 조롱하는 출판물도 늘었다. 유럽의 군주들은 출판물과의 전쟁을 시작했다.

정부가 처음 사용한 무기는 허가제(*licensing*)와 검열제(*censorship*)였다. 정부의 허가를 받지 아니하고는 출판할 수 없도록 하고 정부는 내용 검열권과 허가취소권을 보유했다. 영국의 존 밀턴이 1644년《아레오파지티카》(*Areopagitica*)에서 허가제와 검열제를 반대한 것은 이러한 역사적 배경에서 나왔다.

1695년 영국에서 허가제는 폐기되었다. 그렇다고 정부 검열이 사라진 것은 아니다. 정부는 명예훼손(*libel*)을 새로운 무기로 활용했다. 진실이든 아니든 정부를 비판하는 표현물의 출판을 금지했다. 진실에 따른 비판일수록 기존질서를 무너뜨릴 위험성이 더 크다고 보았다. 1733년 미국 뉴욕에서 잡지를 발간하던 젱어(John Peter Zenger)는 식민지 총독을 비판하는 기사를 냈다가 그다음 해 명예훼손 혐의로 체포되었다. 젱어의 변호사는 진실은 명예훼손의 면책사유라고 주장했고 1735년 배심원은 그에게 무죄를 선언했다. 새로운 〈명예훼손법〉이 틀을 잡기 시작했다.

미국은 1787년 세계 최초로 성문헌법을 제정했다. 당시 헌법은 국가기관의 권력관계만 규정했다. '권리장전'(*Bill of Rights*)이라 불리는 국민의 권리가 헌법에 규정된 것은 1791년 개정 때이다. 언론의 자유는 국민의 권리 중 가장 앞에 자리 잡았다. 미국에서 수정헌법 제1조(the First Amendment)를 언론의 자유의 대명사로 사용하는 이유가 여기에 있다. 그러나 언론의 자유가 헌법전이 아닌 일상생활에서 실질적으로 보호받기 시작한 것은 미국에서도 20세기 중반이다.

1890년 미국 하버드대학의 법률잡지에 워렌(Samuel Warren)과 브랜다이스(Louis Brandeis)가 공동으로 작성한 "프라이버시에 대한 권리"(*The right to privacy*)라는 논문이 실렸다. 미국 법학계에서 가장 많이 인용되는 논문이다. 사진기 등 새로운 기술과 황색저널리즘이 맞물려 과거에는 볼 수 없었던 새로운 유형의 사생활 침해가 등장하자 '프라이버시권'이라는 새로운 권리가 필요하다고 강조한 논문이다. 정보통신기술이 발전하면서 프라이버시 침해의 위험은 날로 커진다. 새로운 유형의 프라이버시 침해가 나타날 때마다 프라이버시권의 개념은 확장되는 중이다.

20세기 초 지상파방송이라는 새로운 미디어가 등장했다. 지상파방송은 주파수의 한계로 누구나 방송할 수 없다는 점에서 신문과 큰 차이를 보인다. 법적 규제가 느슨했던 당시 미국에서는 무허가 방송국이 난립했다. 허가받은 방송국은 송출력을 높여 신규 방송국의 진입을 막으려 했다. 결과는 대혼란이었다. 모두가 방송 중인데 아무도 들을 수 없는 상황이 벌어졌다. 1927년 미국은 라디오법을 개정해 방송허가를 받은 자만 지정된 주파수에서 지정된 시간에 방송하도록 규제했다. 당시 방송규제 논거는 공익성이었다. 소수의 허가받은 방송사만 방송할 수 있게 되면서 정부는 방송의 내용에 대해서도 간섭할 수 있다는 논리가 등장했다. 신문보도는 경향성을 띠더라도 언론의 자유로 보호되지만 방송보도는 경향성을 띨 수 없으며 공정해야 한다는 것이다.

1990년대 중반 미국에서 신문시장이 독과점화되면서 신문에 대해서도 방송과 마찬가지로 강한 규제를 할 수 있다는 논리가 나타났다. 1967년 배론(Jerome Barron) 교수는 "언론사에 대한 접근권"(*Access to the press*)이라는 논문에서 사상의 자유시장은 실패했으며 독점적 신문에 적극적 책임을 부과해야 한다고 주장했다. 많은 나라에서 언론의 독과점화와 이를 해소하기 위한 정부규제의 정당성을 놓고 논란이 벌어졌다.

1990년대 중반 인터넷 이용이 활발해지면서 미디어 시장은 급변했다. 사람들이 인터넷을 통해서 정보를 주고받으며 이를 중개하는 인터넷 서비스 제공자(*internet service provider*·ISP)의 역할이 커졌다. 뉴스 역시 이를 직접 생산하는 신문사보다 이를 중개하는 인터넷포털을 통한 소비가 더 많아졌다. 전통미디어를

〈그림 14-1〉

출처: 위키미디어커먼즈(https://commons.wikimedia.org/)

출처: 언론중재위원회(http://www.pac.or.kr/)

통한 뉴스소비는 일방향이지만 인터넷을 이용한 뉴스소비는 댓글과 펌 글 등을 통해 다방향으로 이루어진다는 점에서 차이가 크다. 새로운 뉴스소비는 새로운 법적 문제를 야기했다. 인터넷포털에서 이용자가 작성해서 올리거나 타인의 글을 퍼 옮기면서 저작권 침해, 프라이버시 침해, 명예훼손 등이 급속하게 늘었다. 피해자는 이용자 외에 인터넷포털 등 ISP에게도 책임론을 제기한다. 세계 각국은 인터넷 언론의 자유와 피해자의 권리보호 사이에서 조화를 이룰 수 있는 방법을 찾기 위해 고심하는 중이다.

정부규제와 사전검열금지의 원칙

1. 표현의 자유에 대한 제한 및 제한의 정당성

1) 과잉금지의 원칙

표현의 자유는 누구나 누릴 수 있는 인권이다. 1948년 12월 10일 UN에서 채택된 세계인권선언(the Universal Declaration of Human Rights)은 인간은 누구나 박탈할 수 없는 권리를 갖는다고 하면서 표현의 자유를 인권의 하나로 열거한다. 우리 헌법도 제21조에서 언론·출판의 자유와 집회·결사의 자유를 국민의 기본적 권리, 즉 기본권으로 보장한다. 국가마다 표현의 자유를 보호하는 방식과 정도는 다르다. 특히, 다른 기본권, 다른 헌법적 가치와 표현의 자유가 충돌하는 상황에서 어느 쪽을 더 중시하느냐는 해당 국가의 헌법질서 속에서 이해해야 한다. 미국처럼 최고의 헌법적 가치를 자유에 두고, 수정헌법 제1조에서 의회는 언론의 자유를 제한하는 법률을 제정할 수 없다고 규정하는 나라에서는 언론의 자유가 더 중시되는 경향을 보인다. 하지만 독일처럼 최고의 헌법적 가치를 인간의 존엄성에 두는 나라에서는 인간의 존엄성에서 도출되는 일반적 인격권과 언론의 자유가 충돌할 경우 일반적 인격권을 더 중시하는 경향을 보인다. 우리 헌법 역시 최고의 헌법적 가치를 인간의 존엄성에 두기 때문에 미국에서 형성된 표현의 자유 보호 법리를 그대로 적용하기 어렵다.

우리 헌법은 미국과 달리 국민의 모든 자유와 권리를 제한할 수 있다는 형식을 취한다. 헌법 제37조 제2항은 "국민의 모든 자유와 권리는 국가안전보장·질서유지 또는 공공복리를 위하여 필요한 경우에 한하여 법률로써 제한할 수 있(다)"고 규정한다. 따라서 표현의 자유를 정부가 규제하는 일은 언제나 가능하지만 그러한 규제가 헌법적으로 정당화되는지 따져보는 일이 필요하다. 헌법이 규정하는 제한의 정당성은 ①국가안전보장·질서유지 또는 공공복리라는 목적을 위하여, ②필요한 경우에 한하며, ③국회가 제정한 법률로써만 가능하다는 점이다. 이 중 ①은 거의 대부분 충족된다. 주로 ②와 ③이 문제가 된다.

'필요한 경우'란 규제로 달성하고자 하는 공익이 그러한 규제로 제한되는 사익보다 큰 경우를 의미한다. 공익과 사익 사이의 비례원칙이 적용되어야 한다. 만약 그렇지 않고 필요한 경우가 아닌데도 규제한다면 과잉제한이 되어 헌법에 위반된다. 이를 과잉금지원칙 또는 비례원칙이라고 한다.

과잉제한의 여부는 일반적으로 목적의 정당성, 수단의 적합성, 침해의 최소성, 법익의 균형성이라는 4가지 기준을 적용해 판단한다. 가장 논란이 되는 것은 침해의 최소성 기준이다. 침해의 최소성 기준은 일반적으로 같은 목적을 달성하기 위해 달리 덜 제한적 수단이 없는지(*less restrictive alternatives*·LRA)를 검토하는 것이다. 정부가 선택한 수단이 입법목적을 달성하기에 적합하더라도, 즉 수단의 적합성이 충족되더라도 이보다 덜 제한적인 다른 수단이 있을 경우 이를 선택하지

표현의 자유

사람은 누구나 하고 싶은 말을 할 수 있는 자유가 있다. 이를 '표현의 자유'라고 한다. '언론의 자유'라는 말과 혼용해서 쓰는 경우가 많다. 하고 싶은 말은 곧 자기의사를 의미한다. 남의 말을 전파하는 것 역시 자기의사를 표명하는 것과 마찬가지로 표현행위이다. 표현의 자유는 자유로운 의사의 형성, 즉 사상의 자유를 전제로 한다. 의사표현은 구두로도 가능하고, 문자나 그림으로도 가능하고, 행동으로도 가능하다.

않았다면 침해의 최소성 위반으로 위헌이다. 이 기준을 엄격히 적용하면 정부규제는 위헌이 될 가능성이 높다.

헌법재판소는 정치적, 시민적 표현행위에 침해의 최소성 기준을 엄격히 적용하지만 상업광고의 경우에는 완화된 기준을 적용한다. 즉, 정부가 선택한 수단이 입법목적을 달성하기 위해 필요한 범위 내의 것인지를 심사하는 데 그친다. 이 경우 정부는 표현행위를 규제하면서 달리 덜 제한적인 방법이 무엇이 있는지 고민할 필요 없이 입법목적을 달성할 수 있는 수단을 선택한 후 목적달성에 필요한 범위를 넘어가는 규제만 제거하면 위헌성을 피할 수 있다.

미국의 경우 표현의 자유를 제한하는 규제가 표현하고자 하는 내용기반규제(*content-based regulation*)인지, 내용중립규제(*content-neutral regulation*)인지에 따라 위헌심사 기준을 달리 적용한다. 전자에 대해서는 LRA를 적용하지만 시간, 장소 및 방법 제한(*time, place and manner restriction*)과 같은 내용중립규제는 구체적이고 명확하기만 하면 헌법에 위반되지 않는다고 본다.

우리의 경우 미국처럼 확립된 기준은 없다. 하지만 표현내용을 살펴보는 규제가 그렇지 않은 규제보다 표현의 자유를 침해할 소지가 더 크므로 더 엄격히 심사해야 한다는 점에 대해서는 별 이의가 없다.

2) 명확성의 원칙과 위축효과

국민의 기본권 제한은 국회가 제정한 법률에 의해서만 가능하다. 여기서 파생되는 원칙이 '명확성의 원칙'과 '포괄위임금지의 원칙'이다. 전자는 국민의 자유와 권리를 제한하는 법률은 그 내용이 명확해 건전한 상식과 통상적 법 감정을 가진 국민이 그 의미를 이해할 수 있어야 한다는 것이다. 명확성의 정도는 모든 법률에서 같은 정도로 요구되는 것은 아니다. 언론의 자유를 제한하는 법률은 명확성의 원칙이 엄격히 요구된다. 명확하지 않은 법률로 표현의 자유를 제한할 경우 법률을 위반할까 두려워 표현행위를 자제하는 위축효과(*chilling effect*)가 발생할 수 있기 때문이다.

포괄위임금지의 원칙은 국민의 자유와 권리를 제한하는 법률이 부득이하게 제한내용을 하위규범인 시행령에 위임하려면 구체적으로 범위를 정해서 시행하라는 내용이다. 명확성의 원칙이나 포괄위임금지의 원칙을 위반하면 위헌이다.

2. 사전검열금지의 원칙

법률로도 언론의 자유를 제한할 수 없는 특수한 경우가 있다. 우리 헌법은 제21조 제2항에서 검열을 금지한다. 여기서 말하는 검열은 행정권이 주체가 되어 사상이나 의견 등이 발표되기 이전에 예방적 조치로서 그 내용을 심사, 선별해 발표를 사전에 억제하는 것을 말한다. 헌법재판소는 헌법이 금지하는 사전검열은 법률에 의하더라도 불가능하다고 한다. 언론의 자유는 자기가 하고 싶은 말을 하는 자유인데 사전검열은 이를 원천적으로 금지하고 검열자의 뜻과 일치하는 말만 하도록 허용한다는 점에서 언론의 자유를 본질적으로 침해한다. 여기서 허가자란 결국 집권자가 될 것이므로 사전검열은 민주주의 원리에 반하는 것이다.

사전검열금지의 원칙이 적용되는 범위는 제한적이다. 헌법재판소에 따르면, 절대적으로 금지되는 사전검열 행위는 ①일반적으로 허가를 받기 위한 표현물의 제출의무, ②행정권이 주체가 된 사전심사절차, ③허가받지 아니한 의사표현의 금지, ④심사절차를 관철할 수 있는 강제수단 등 4가지 요건을 갖춘 경우에만 해당한다. 따라서 법원이 특정 TV 프로그램에 대해 방영금지 가처분 결정을 내리는 것은 검열에 해당하지 않는다. 법원의 심사는 행정권이 주체가 된 사전심사가 아니기 때문이다.

과거 공연윤리위원회의 심의는 검열이지만 현재 영상물등급위원회의 등급제는 검열이 아니다. 등급제 그 자체는 허가를 받지 아니한 의사표현의 금지가 아니기 때문이다. 하지만 영상물등급위원회가 등급분류를 보류한 후 등급을 받지 못한 영화를 상영하지 못하게 하고 이를 위반할 경우 제재한다면 검열에 해당된다. 심사기관이 비록 민간기관이라고 행정청이 주체가 되어 검열절차를 형성하고 검열기관의 구성에 지속적으로 영향을 미칠 수 있는 경우라면 검열기관이라 할 수 있다.

명백하고 현존하는 위험의 원칙
(*clear and present danger doctrine*)

미국의 홈즈(Oliver W. Holmes, Jr.) 대법관이 주창한 이론으로, 언론의 자유를 제한하기 위해서는 명백하고 현존하는 위험이 있어야 한다는 것이다. 즉, 표현과 위험 사이의 인과관계가 명백하고(*clear*) 위험발생이 시간적으로 근접해서 그 위험이 현존할 때(*present*) 비로소 언론의 자유를 제한하는 법률이 정당성을 가진다는 내용이다.

상업광고의 경우 판례가 엇갈려 헌법재판소는 건강기능식품의 허위·과장 광고를 사전에 예방하기 위한 기능성 표시·광고에 대한 사전심의의 경우 사전검열금지의 원칙을 적용하지 않았으나(헌재 2010. 7. 29, 2006헌바75), 의료광고 사전심의에 대해서는 사전검열금지의 원칙을 적용했다(헌재 2015. 12. 23, 2015헌바75).

〈명예훼손법〉의 발전

1. 명예훼손과 인격권 보호

명예훼손은 전통적으로 표현의 자유에서 한계를 설정하는 중요한 내용이다. 명예는 그 사람에 대한 사회적 평가를 의미한다. 명예권은 인격권의 구체적인 모습이다. 누구나 마음대로 떠들 수 있는 자유가 있지만 다른 사람의 명예를 훼손하는 표현까지 허용되지는 않는다. 하지만 말하다 보면, 또 글을 쓰다 보면 알게 모르게 다른 사람의 명예를 훼손하는 일이 발생하기 마련이다. 어느 정도의 명예훼손까지 법적으로 허용되는지, 그 선을 긋는 일이 어렵다. 명예훼손으로 피해를 보는 쪽은 명예를 중시할 테지만 그 상대방은 표현의 자유를 주장할 것이다. 결국 명예보호와 표현의 자유 중 어느 쪽을 더 중시하는지 비교형량의 결과에 따라 불법과 적법이 결정될 것이다. 이는 구체적 상황에 따라 다르게 나타난다.

일반적으로 명예를 중시하는 사회인가, 표현의 자유를 중시하는 사회인가에 따라 비교형량의 결과가 달라질 수 있다. 우리 헌법은 제21조 제4항 제2문에서 "언론·출판이 타인의 명예나 권리를 침해할 때에는 피해자는 그에 대한 배상을 청구할 수 있다"라고 규정한다. 이 조항의 의미를 놓고 언론의 자유의 한계를 규정한 것이라는 설명, 언론의 책임을 강조한 것이라는 설명, 당연한 법리를 확인한 것에 불과하다는 설명 등 다양한 해석이 나올 수 있다. 중요한 것은 언론의 자유를 절대적으로 보호하는 미국 헌법 해석과 달리 우리나라에서는 명예보호와 언론의 자유가 충돌할 때, 더 나아가 인격권과 언론의 자유가 충돌할 때 일반적으로 언론의 자유가 우월하다고 평가하기 어렵다는 점이다.

명예훼손이 발생하면 민사적으로 불법행위가 되고 형사적으로 범죄가 된다.

민법 제750조는 불법행위에 관한 일반조항으로 "고의 또는 과실로 인한 위법행위로 타인에게 손해를 가한 자는 그 손해를 배상할 책임이 있다"고 규정했다. 이어 제751조는 "타인의 신체, 자유 또는 명예를 해하거나 정신적 고통을 가한 자는 재산 이외의 손해에 대해서도 배상할 책임이 있다"고 규정했다. 형법은 제307조에서부터 제312조까지 명예에 관한 죄를 규정했다. 2010년 영국이 명예훼손죄를 폐지하는 등 국제적으로는 명예훼손에 대한 형사처벌을 반대하는 움직임이 있다. 국내에서는 진실적시에 의한 명예훼손을 처벌하는 형법 제307조 제1항이 표현의 자유를 과도하게 제한해 위헌이라는 주장이 있다.

우리나라는 명예훼손의 인정여부에 대한 민법과 형법의 법리는 거의 동일하다. 판례로 형성된 내용을 정리하면 ①공연, ②사실을 적시해 ③타인의 ④명예를 훼손한 자는 ⑤그에 대한 책임이 있다. 그러나 ⑥공공의 이익을 위한 경우로 ⑦그 내용이 진실이거나 또는 ⑧진실이라고 믿을 상당한 이유가 있는 때에는 그러하지 아니한다. 뒤의 3가지 요건을 흔히 위법성 조각사유라고 한다.

①명예훼손은 공연히 할 때, 즉 다수의 사람에게 전파할 때 성립한다. 한 사람에게만 말한 경우 공연성은 없다. 그러나 법원은 그 한 사람이 다수인에게 전파할 가능성이 있으면 공연성이 있다고 본다.

②사실의 적시란 반드시 사실을 직접적으로 표현한 경우에 한정하지 않는다. 간접적이고 우회적인 표현을 사용했더라도 전체 취지에 비추어보았을 때 어떤 사실의 존재를 암시하고 이로써 특정인의 사회적 가치 내지 평가가 침해될 가능성이 있을 정도의 구체성이 있으면 충분하다. 그러나 의견을 개진한 것은 사실의 적시가 아니므로 명예훼손이 성립하지 않는다. 의견의 개진인지 사실의 적시인지 구분하기 어려운 경우가 많다. 한편 모욕죄는 사실의 적시가 없다는 점에서 명예훼손죄와 다르다. 모욕죄는 욕설처럼 경멸적 감정이나 추상적 평가를 표

현함으로써 타인의 사회적 평가를 저하시킬 때 성립한다.

③타인은 특정인을 의미한다. 자연인뿐 아니라 법인도 포함한다. 서울사람과 같은 집합적 명사를 사용한 경우 특정인을 가리키는 것이 아니므로 명예훼손이 성립하지 않는다. 그러나 '대전지방 특수부 검사들'처럼 집단의 규모가 작아 상황에 따라 특정인을 가리키는 것으로 볼 수 있으면 집단표시에 의한 명예훼손이 성립한다. 우리나라에서는 죽은 사람에 대한 명예훼손도 가능하다. 명예란 일신전속적인 것이어서 죽은 사람에 대한 명예를 인정하지 않는 나라도 있다.

④명예훼손이란 품성, 덕성, 명성, 신용 등 인격적 가치에 대해 사회로부터 받는 객관적 평가를 침해하는 것이다.

⑤책임이란 민사상 불법행위책임과 형사상 명예훼손죄를 말한다. 법원은 민사상 명예훼손이 성립해 손해배상책임이 발생하는 요건과 형사상 명예훼손죄의 경우를 동일하게 취급한다. 형법 제310조는 진실적시에 의한 명예훼손이 성립하더라도 그 행위가 진실한 사실로서 오로지 공공의 이익을 위한 때에는 처벌하지 아니한다고 규정했다. 이를 위법성 조각사유라고 한다. 민법에는 이러한 규정이 없지만 법원은 손해배상의 책임을 면하게 하는 사유로 위 조항을 유추적용한다.

⑥공공의 이익 요건은 폭넓게 인정된다. 행위자의 주요한 동기 내지 목적이 공공의 이익을 위한 것이라면 부수적으로 다른 사적 목적이나 동기가 내포된 경우라도 인정된다.

⑦진실성은 전체의 취지를 살펴볼 때 중요한 부분이 객관적 사실과 합치되는 사실이면 인정된다.

⑧상당성 요건은 형법에 명문으로 규정되지 않지만 대법원이 1988년 판례를 통해서 인정한 것이다. 진실을 입증하기 어려운 사안이 많은데 진실성 요건을

엄격히 해석하면 사회적 부조리에 대해서 의혹을 제기하는 일이 위축되기 때문이다. 법원은 상당성 요건을 탄력적으로 적용해 표현의 자유에 대한 과도한 제한을 막는다.

2. 공인 이론

명예훼손적 보도를 한 행위자에게 보도내용의 진실성을 입증하라는 요구보다 진실이라고 믿을 만한 타당한 이유가 있었는지 입증하라는 요구는 표현의 자유를 크게 제고하는 결과를 낳았다. 하지만 어떠한 경우 진실이라고 믿을 만한 상당한 이유가 있는지를 결정하는 것은 사안별로 해결할 수밖에 없는 한계가 있다. 이에 대해 공인과 사인을 구분해 공인에 대해서는 명예훼손을 쉽게 인정하지 말자는 이론이 있다. 공인 이론이나 상당성 이론이나 인격권과 표현의 자유가 충돌하는 사안에서 표현의 자유를 중시하자는 목적은 같지만 접근방법이 서로 다르다. 상당성 이론은 구체적 사안을 살펴보자는 것이고 공인 이론은 공인에 대한 자유로운 비판을 허용하자는 것이다.

공인 이론은 1964년 미국 〈뉴욕타임스〉 사건에 그 기원을 둔다. 공직자의 공적 활동에 대해서는 자유로운 비판이 가능해야 하므로 공직자가 자기의 공무에 대한 비판에 대항해 낸 소송에서는 일반 사건보다 훨씬 엄격한 요건을 요구해야 한다는 것이다. 그 후 판례에서 공직자가 공적 인물로 확대되었다. 공인도 공무원처럼 잘못된 보도에 대응할 수 있는 수단이 있고 공인은 공적 관심사에 영향을 미치려는 욕구가 사인보다 더 크고 그럴 능력도 더 있기 때문에 공적 비판을 더 받을 수밖에 없다는 것이다.

공인 이론은 우리나라에도 큰 영향을 미쳤다. 첫째, 범죄사건의 보도에서 공인일 경우 그 신원을 명시하는 것이 가능하다. 법원은 범죄사건에서 익명보도를 원칙으로 하고 실명보도는 예외적으로 인정한다. 피의자가 공적 인물로서 그 업무 내지 활동과의 연관성 때문에 공공에 중요성을 갖게 될 경우 실명보도가 허용된다.

둘째, 상당성 요건의 판단에서 공인과 사인이 서로 다르다. 대법원은 2002년 판례에서 "공적 존재에 대한 공적 관심사안과 사적 영역에 속하는 사안 간에는 심사기준에 차이를 두어야 (한다)"고 판시했다. 그 후 "공직자의 도덕성 · 청렴성이나 그 업무처리가 정당하게 이루어지는지 여부는 항상 국민의 감시와 비판의 대상이 되어야 한다는 점을 감안하면 이러한 감시와 비판 기능은 그것이 악의적이거나 현저히 상당성을 잃은 공격이 아닌 한 쉽게 제한되어서는 아니 된다"는 판례가 확립되었다.

다만 "어떠한 정보에 접한 언론이 그 주요 내용의 정확성에 미심쩍은 부분이 있음을 충분히 알 수 있음에도 불구하고 가능한 방법을 다해 그 의문점을 해소함으로써 진실이라고 믿을 만한 상당한 근거가 있는지 여부를 합리적으로 판단하지 아니하고 단지 손쉬운 몇 가지 미진한 조사에 의해 이를 진실이라고 속단한 채 보도했다면 그 후 그 내용이 허위로 드러난 경우" 현저히 상당성을 잃은 것이라고 보아 그 책임을 면하기 어렵다고 한다.

〈프라이버시법〉의 발전

1. 프라이버시 침해와 구제

'프라이버시권'은 비교적 새로운 개념이다. 프라이버시의 법적 보호 필요성을 처음 제기한 것이 1890년 워렌과 브랜다이스의 논문 "프라이버시에 대한 권리"이다. 그러나 프라이버시권이 무엇인지 그 개념을 정의하는 것은 쉽지 않다. 기술의 발전과 사회변화에 따라 프라이버시의 보호 필요성이 날로 커지자 프라이버시권의 개념을 정립하기도 전에 사용한다. 그때그때 필요에 의해서 사용하다 보니 프라이버시권의 적용대상은 광범위하다. 그 모든 사항을 체계적으로 꿰어 맞추는 일은 점점 더 어려워진다.

처음 프라이버시권이 등장하던 19세기 말, 20세기 초에는 사생활의 보호가 중시되었다. '혼자 있을 권리'(the right to be let alone)라고 표현하기도 한다. 1960년 프로서(William Prosser) 교수는 워렌과 브랜다이스의 논문 이후 70년 동안 결정된 법원 판례를 분석한 후 프라이버시 침해를 ①사적 공간 또는 사항의 침입, ②난처한 사적 사항의 공개, ③잘못된 인상을 심어주는 행위, ④성명 또는 초상 등의 도용 등 4가지로 유형화했다. 이 중 ④는 최근 초상권 또는 퍼블리시티권이라는 독자적 법리로 형성 중이고 ②와 ③은 우리나라에서 명예훼손 법리로 해결된다.

우리나라에서는 진실 적시에 의한 명예훼손이 인정되기 때문에 공개를 원하지 않은 사적 사항이 공개될 경우 명예훼손소송을 제기할 수 있다. 공개한 사람은 공개해야 할 공익성을 입증하지 못하면 법적 책임을 져야 한다. 잘못된 인상을 심어주는 행위는 당사자의 사회적 평가가 저하시키는 행위라고도 볼 수 있으므로 명예훼손이 될 수 있다.

위의 ①이 전형적인 프라이버시 침해유형이다. 여기서는 공개는 문제가 아니라 침입 그 자체가 문제이다. 허락 없이 개인의 사적 영역에 침범하거나 도청할 경우 프라이버시 침해가 된다. 민사상 불법행위 책임을 지는 것은 물론이고 형법 〈통신비밀보호법〉 등 실정법 위반으로 형사처벌의 대상이 된다.

언론보도를 위해 취재하다가 주거침입, 도청 등 실정법을 위반하는 경우에도 민·형사상 책임을 모면하기는 어렵다. 예컨대 아동학대의 제보를 받고 어린이집에 몰래 들어가 가혹행위 장면을 카메라로 촬영해 보도했다면 사회적으로 의미 있는 일을 한 것이지만 그렇다고 주거침입이나 몰래카메라의 위법성이 조각되는 것은 아니다. 언론의 자유가 취재과정의 위법성을 조각시키는지를 놓고 논란이 있지만 부정하는 것이 타당하다. 다만, 취재 후 보도의 가치는 범행의 동기로 참작되어 피고인의 양형 산정이나 손해배상액의 산정에 반영될 수는 있다.

우리나라 판례 중에는 취재행위가 형사처벌을 받을 정도는 아니지만 사생활의 평온을 침해하는 사안에서 보도의 사회적 가치를 고려해 불법행위를 인정하지 않는 경우도 있다. 보도내용이 공공의 이해와 관련되어 공중의 정당한 관심사라면 이를 고려할 수 있다는 태도이다. 그러나 공중의 정당한 관심사라는 사회적 가치는 사적 사항의 '공개'에서 발생하는 것이다. 사적 영역의 '침입'은 그 자체로 판단하는 것이 타당하다. 사적 영역의 침입이 사회통념상 일반적으로 인정되는 수인가능성을 넘어서면 위법한 것이고 그렇지 않으면 적법한 것이다.

2. 프라이버시권, 사생활의 비밀과 자유 그리고 인격권

미국에서 프라이버시권은 사생활에 관한 의사결정의 자유를 의미하기도 한다. 낙태가 그 대표적 예이다. 1973년 미국 연방대법원은 임신한 여자에게 낙태의 권리가 있다고 판결하면서 그 논거를 프라이버시권에서 찾았다. 연방대법원은 임신기를 셋으로 구분해 임신 초기에는 임부가 낙태를 결정할 수 있는 권리가 태아의 생명권보다 우월하므로 이 시기에 낙태를 금지하는 법률은 위헌이라고 결정했다. 자기결정권은 피임·임신·아이 교육 등 다른 사생활 영역에서도 인정된다. 미국에서 자기결정권으로서의 프라이버시권은 헌법이 명시적으로 인정하지는 않았지만 연방대법원에 의해서 헌법상 권리로 인정된다.

우리나라는 미국의 프라이버시권에 관한 내용이 헌법 제17조(사생활의 비밀과 자유), 헌법 제16조(주거의 자유), 헌법 제18조(통신의 비밀 불가침)로 나뉘어 구체적으로 명시한다. 또 헌법 제10조는 인간으로서의 존엄과 가치 및 행복추구권을 명시하는데 헌법재판소는 헌법 제10조에서 개인의 자기운명결정권을 도출한다. 임부의 낙태권은 개인의 자기운명결정권의 한 내용이다.

미국의 프라이버시권에 해당하는 유럽의 권리는 인격권이다. 유럽 국가는 사생활의 비밀과 보호를 위한 권리를 인격권으로 이해한다. 우리나라의 경우 인격권은 헌법 제10조가 보장하는 인간의 존엄과 가치에서 유래한다고 이해한다. 우리나라는 인격권, 자기결정권, 사생활의 비밀과 자유, 주거의 자유, 통신의 불가침 등 프라이버시권의 구체적 내용을 헌법에 직접 규정하거나 헌법 해석을 통해서 헌법상 권리로 이해한다.

3. 프라이버시와 개인정보 보호

프라이버시권은 개인정보 보호권으로 이해되기도 한다. 이른바 정보 프라이버시(*information privacy*) 영역이다. 처음 시작은 컴퓨터의 등장이다. 20세기 중반 컴퓨터를 이용해 데이터베이스(DB)를 구축하고 이를 처리하는 작업이 행정에 활용되기 시작했다. 낱개로 흐트러진 개인에 관한 정보는 별 가치가 없지만 개인에 관한 수많은 정보가 한 곳에 모이고 이를 빠른 시간 안에 처리할 수 있게 됨으로써 새로운 가치가 창출되었다. 그러나 동시에 자신에 관한 정보를 자신도 모르게 모아서 처리하고 그 처리결과를 정보 주체도 알 수 없는 일이 과연 타당한 것인지 의문을 품는 사람도 늘어났다. 개인정보가 모여서 나타나는 인격상은 정보 주체가 스스로 생각하는 인격상과 다를 수도 있다.

1967년 웨스틴(Alan Westin) 교수는 프라이버시를 "개인, 집단 또는 기관이 자신에 관한 정보를 언제, 어떻게, 또 어느 범위에서 다른 사람에게 전달할 것인지 결정할 수 있는 요구"라고 정의했다. 그의 자기정보에 대한 통제권 법리는 미국과 유럽의 프라이버시권 입법에 영향을 끼쳤다. 미국은 1974년 〈프라이버시법〉을, 독일은 1977년 〈연방정보 보호법〉을, 프랑스는 1978년 〈정보처리 · 축적 · 자유에 관한 법률〉을 각각 입법했고 경제협력개발기구(OECD)는 1980년 '개인정보의 국제적 유통과 프라이버시 보호에 관한 가이드라인'을 공포했다. 우리나라는 1994년 〈공공기관의 개인정보 보호에 관한 법률〉을 제정했다가 2011년에 공공부문과 민간부문에 모두 적용되는 〈개인정보 보호법〉을 제정해 시행 중이다.

개인정보에 대한 통제권, 헌법재판소가 사용하는 용어에 의하면 개인정보 자기결정권의 성격과 비중은 나라마다 다르게 나타난다. 유럽 국가는 대체로 개인

정보의 보호를 인격권 보호의 관점에서 접근한다. 따라서 개인정보의 활용보다 보호를 중시한다. 이에 반해 미국은 개인정보 자기결정권을 정보의 관리 차원에서 인정하는 경향이 있다. 정보 보호와 다른 권리, 특히 표현의 자유와 충돌하는 사안에서 일반적으로 다른 권리를 더 중시한다. 미국은 개인정보 침해가 문제되면 이를 해결하기 위한 법률을 제정하는 개별법 체계인 데 반해 유럽 국가는 개인정보 침해를 우려해 모든 영역에 적용되는 일반법을 시행한다. 유럽연합은 1995년 개인정보 보호지침(Directive 95/46/EC)을 제정했다.

1990년대 중반 이후 인터넷이 일상화되면서 정보 프라이버시는 새로운 국면을 맞았다. 과거 개인정보 침해는 주로 정부로부터 발생했다. 인구조사, 주민등록 전산화, 의료기록 전산화, 학교전산망 통합 등에서 보듯이 정부가 개인에 관한 정보를 수집, 보관, 처리하면서 개인은 정부 감시로부터 벗어날 수 없게 된 것이다. 그러나 인터넷 이용이 보편화되면서 인터넷기업도 개인정보를 일상적으로 수집, 보관, 처리하게 된 것이다. 개인은 인터넷기업을 이용하면서 자신에 관한 정보를 자발적으로 제공한다. 구글, 페이스북, 네이버, 카카오와 같은 인터넷기업이 가진 개인정보는 정부가 가진 개인정보보다 많을 수 있다. 최근 유럽연합은 현행 개인정보 보호지침을 인터넷 시대에 걸맞게 개정하는 작업을 마쳤다. 정보 주체의 권리를 더욱 강화하고 인터넷기업에 대한 감독을 더욱 엄격히 하는 방향이다.

방송의 자유와 공정성 심의

1. 방송의 특성과 방송의 자유

언론의 자유도 제한받을 수 있으며 제한의 허용범위는 미디어에 따라 다르다. 신문, 잡지, 책과 같은 출판물에 대한 규제보다 방송에 대한 규제가 더 강력하다. 그 이유는 방송의 특수성 때문이다.

첫째, 방송은 신문과 달리 주파수의 한계로 인해 누구나 운영할 수 없다. 국가가 주파수를 할당해서 특정 사업자에게 나눠주는 절차를 거친다. 태생적으로 독과점이 발생한다. 방송사업을 허가받은 사람은 다른 사람이 누릴 수 없는 특혜를 누리기 때문에 자신만을 위해 방송할 수 없다. 방송은 시청자가 사회적 관심사에 대해 다양한 의견에 접해서 의사를 형성할 수 있도록 도와야 한다. 독일에서는 방송의 자유를 '봉사하는 자유'라고 설명한다. 그렇기 때문에 국가가 방송사업자에게 공공의 이익을 위해 방송하도록 의무를 부여하는 것은 정당하다.

헌법재판소도 "방송매체에 대한 규제의 필요성과 정당성을 논의함에서 방송사업자의 자유와 권리뿐만 아니라 수신자의 이익과 권리도 고려되어야 (한다)"고 판시했다. 다만, 이러한 논리는 주파수의 한계라는 지상파방송을 전제로 하므로 케이블이나 IPTV와 같은 유료방송에도 지상파방송과 같은 논리가 적용되기는 힘들다.

둘째, 방송의 또 다른 특징은 침투성이다. 신문은 내가 구독신청을 해야 배달되지만 방송 주파수는 나의 의사를 묻지 않고 내 집 거실로 들어온다. TV수상기를 틀면 바로 영상이 나온다. 어떤 내용이 나올지 알 수 없는 상태에서 내 집 거실까지 방송프로그램이 들어오기 때문에 해당 프로그램의 내용에 대한 규제가 정당하다는 논리가 나온다. 특히, 청소년 보호를 위해 프로그램의 내용을 심의할 필요성이 커진다. 그러나 앞서 본 바와 같이 지상파방송이 아닌 유료방송의 경우 침투성 논리의 설득력이 떨어진다. 신문처럼 가입신청에 의해 프로그램이 배달되며 프로그램의 내용을 사전에 알 수 있기 때문이다.

셋째, 방송은 강한 시청각적 효과로 인해 영향력이 크다. 그렇기 때문에 프로그램에 대한 심의 등 정부규제가 정당하다는 견해도 있다. 하지만 영향력이 크다는 이유만으로 규제가 정당하다는 논리는 타당하지 않다. 이러한 논리라면 시청률이 높은 프로그램은 낮은 프로그램보다 더 엄격히 규제되어야 하는데 이는 합리적이지 못할 뿐 아니라 언론의 자유를 침해할 수 있다.

현행 〈방송법〉은 2000년 종전의 〈방송법〉, 〈종합유선방송법〉, 〈유선방송관리법〉 및 〈한국방송공사법〉으로 분산된 〈방송법〉 관련 법체계를 통합해 만든 것이다. 2008년 IPTV가 시작되면서 〈인터넷 멀티미디어 방송사업법〉이 따로 제정되었다. IPTV법도 〈방송법〉에 통합될 예정이다. 〈방송법〉은 통합법이기는 하지만 규제의 틀은 여전히 지상파방송 중심이다. 제1조 방송의 목적에서 방송의 공적 책임과 시청자의 권익보호가 강조된다. 제3조는 시청자가 방송프로그램의 기획 · 편성 또는 제작에 관한 의사결정에 참여할 수 있도록 해야 한다고 규정한다. 이런 내용은 언론의 자유에 대한 침해적 성격이 크기 때문에 신문 등 다른 미디어에서는 도입을 상상하기 어려운 조항이다. 〈방송법〉은 또 제5조에서 방송의 공적 책임을, 제6조에서 방송의 공정성과 공익성을 상세히 규정한다.

2. 방송의 공정성 심의

방송규제에서 가장 특이한 점은 공정성 원칙이다. 방송에서 공정성 원칙이란 방송 사업자가 공적으로 중요한 논쟁거리를 보도할 때 이해관계인에게 평등하게 기회를 제공해야 하며 균형 잡힌 방식으로 방송해야 한다는 것이다. 공익성을 이유로 한 규제는 방송뿐 아니라 다른 미디어에서도 쉽게 찾아 볼 수 있다. 하지만 공정성은 표현의 자유와 상충될 우려가 있기 때문에 법으로 강제하기 어려운 내용이다. 표현의 자유는 자기 생각을 마음대로 이야기할 수 있는 자유인데 공정성을 강요받는다면 자기 생각과 다른 의견까지 이야기해야 하기 때문이다.

우리나라는 공정성 원칙을 법으로 강제하는 것이 특징이다. 〈방송법〉은 "방송에 의한 보도는 공정하고 객관적이어야 한다"고 규정한(제6조 제1항) 후 방송통신심의위원회로 하여금 방송의 공정성을 심의하고(제32조), 심의규정을 제정하도록(제33조) 권한을 부여하고 방송 사업자가 심의규정을 위반할 경우 방송통신위원회가 적절히 제재하도록 한다(제100조). 현재 방송의 공익성 확보와 관련된 전반적 직무는 방송통신위원회의 권한이지만 방송내용의 공정성 및 공공성에 관한 심의업무는 방송통신심의위원회의 고유한 권한이다.

공정성 원칙은 신문에 적용되지는 않는다. 미국의 경우 1974년 마이애미 헤럴드 사건(Miami Herald v. Tornillo)에서 공정성 원칙이 언론사의 편집권을 침해해 위헌이라고 판시한 바 있다. 우리나라 역시 〈신문 등의 진흥에 관한 법률〉에 공정성 조항이 없다. 노무현 정부 때인 2005년 제정된 〈신문 등의 자유와 기능보장에 관한 법률〉은 공정성 조항을 두었으나 강제규정도 아니었고 언론의 자유를 침해한다는 비판도 많아 결국 삭제되었다.

미국에서 진행된 공정성 원칙의 변천사는 우리에게 시사하는 바가 크다. FCC

는 당초 방송 사업자가 주관적 견해를 표명하지 못하도록 금지했다가 1949년 견해를 수정해 공정성 원칙을 채택했다. 방송 사업자가 공공의 이익에 관련된 사안에서 대립적인 견해와 함께 자신의 견해를 밝히는 것이 공익을 효율적으로 제고한다고 판단한 것이다.

FCC는 공정성 원칙이 상호 관련되는 두 가지 의무로 구성된다고 해석했다. 방송 사업자는 지역사회에서 매우 중요한 관심사안을 다루어야 하며 이를 다루는 데 대립적 견해가 표출되도록 합리적 기회를 제공해야 한다는 것이다. 또 공정성 원칙에서 파생되는 규칙도 제시했다. 하나는 평등기회 규칙이고 다른 하나는 인신공격 규칙이다. 전자는 공직선거에서 특정 후보자에게 방송시간을 유상 또는 무상으로 제공한 경우 다른 후보자에게도 동등한 기회를 제공해야 한다는 것이고 후자는 방송에서 본인도 모르는 채 공격을 받은 자가 이에 대항할 수 있도록 기회를 제공해야 한다는 것이다.

미국 연방대법원은 1969년 레드 라이언 사건(Red Lion Broadcasting v. FCC)에서 공정성 원칙이 헌법에 위배되지 않는다고 판결했다. 레드 라이온 방송사는 방송에 대한 정부규제가 수정헌법 제1조에 위반된다고 주장했으나 미국의 연방대법원은 방송의 경우 주파수의 희소성 때문에 언론의 자유가 그대로 적용하기 어렵다고 설명했다.

하지만 FCC는 1987년 공정성 원칙을 폐기했다. 주요 이유는 ①공정성 원칙을 강요할 경우 방송 사업자는 오히려 사회적으로 중요한 공적 문제를 다루지 않으려 한다, ②공정성 원칙으로 방송은 대립하는 주요 의견만 다루고 대중의 지지를 받지 못하는 소수견해를 소개하지 못하는 모순의 상황이 발생한다, ③공정성 원칙이 강행규범의 성격을 가짐으로써 정부가 이 원칙을 남용할 가능성이 있다. 권력자가 공정성 원칙을 남용해 자신의 정치적 주장을 방송하게 하고 반대의견을 옥죄도록 영향력을 행사할 수 있다, ④공정성 원칙을 준수하기 위해 방송 사업자와 FCC가 부담하는 행정비용과 소송비용 등 경제적 비용이 크다 등이다.

미국과 비교할 때 우리나라 공정성 심사는 과도하다. 방송통신심의위원회가 적극적으로 방송의 공정성을 심사하고, 방송 사업자에게 법적 제재를 내리고, 그 결과를 방송사업의 허가나 승인에 고려하기 때문에 언론의 자유를 침해할 소지가 크다. 정부가 소수의 사업자에게 방송사업을 허가 또는 승인하는 이상 방송 사업자가 자기 마음대로 방송할 수 없는 것은 분명하다. 하지만 방송통신기술의 발달로 방송의 기술적 한계가 극복되고, 실제로 다수의 방송 사업자가 존재하는 현실을 고려할 때 지금처럼 정부가 개별 프로그램의 공정성을 심사하고 제재하는 구조는 개선되어야 할 것이다.

인터넷의 등장과 ISP 책임론

1. 인터넷 규제와 사상의 자유시장

인터넷은 표현행위에 혁명을 가져왔다. 과거 대중매체 시대에는 정보가 일방적으로 제공되어 시민은 정보를 받아보는 소극적이고 수동적 주체일 뿐, 스스로 의견을 표현하는 주체가 아니었다. 하지만 인터넷의 발달로 시민은 정보를 수용할 뿐 아니라 그 정보를 바탕으로 자기 생각을 표현하는 주체로 바뀌었다. 인터넷이 쌍방향 표현행위를 가능하게 한 것이다. 그렇기 때문에 인터넷은 표현의 자유의 이론적 기초인 사상의 자유시장(the marketplace of ideas)을 가능하게 하는 매체라고 평가받는다. 인터넷은 방송처럼 태생적 한계로 인해 국가의 간섭이 필요한 영역이 아니고 신문처럼 자유를 누릴 수 있는 미디어인 것이다.

헌법재판소는 2002년 〈전기통신사업법〉 제53조에 대한 헌법소원 심판사건에서 인터넷을 '가장 참여적인 시장', '표현촉진적인 매체'라고 평가하고 "인터넷상의 표현에 대해 질서위주의 사고만으로 규제하려고 할 경우 표현의 자유의 발전에 큰 장애를 초래할 수 있다"고 판시했다.

하지만 인터넷의 부정적 영향도 크다. 누구나 표현의 자유의 주체로서 활동할 수 있는 가능성과 누구나 명예훼손이나 사생활 침해의 피해자가 될 수 있는 우려가 동시에 공존한다. 컴퓨터 뒤에 숨어서 올리는 표현은 상대방을 직접 만나 하는 말보다 가혹하기 쉽다. 신속한 정보확산이라는 인터넷 환경은 명예훼손적 표현이 급속히 전파되도록 돕는다. 또 인터넷에 한 번 게재된 글은 지워지지 않고 남는다.

인터넷이 일상화되면서 표현의 자유와 인격권이라는 두 가치 간 조화와 균형을 이루기 위해 마련된 〈명예훼손법〉 등 기존의 법과 제도가 여전히 적정한 것인지 의문이 생긴다. 표현의 자유의 보호 정도는 그 표현을 전달하는 미디어의 성격에 따라 달라질 수 있다. 즉, 어떤 미디어가 야기하는 피해의 정도가 다른 미디어와 다르다면 그 미디어를 달리 취급할 수 있다. 형법이 일반 명예훼손죄보다 출판물에 의한 명예훼손죄를 가중처벌하는 이유가 여기에 있다.

우리나라는 인터넷의 특성 중 부정적 측면을 중시해 새로운 피해구제 제도를 법제화하는 데 적극적이다. 인터넷의 신속한 확장성을 고려해 불법정보의 유통을 저지함으로써 피해 확산을 조속히 구제하기 위해서 2001년 〈정보통신망 이용촉진 및 정보 보호 등에 관한 법률〉에 임시조치 제도가 도입되었으며 2008년 〈방송통신위원회의 설치 및 운영에 관한 법률〉에 통신심의 및 시정요구 제도가 도입되었다. 또 인터넷의 익명성의 폐해를 막기 위해 2007년 〈정보통신망 이용 촉진 및 정보 보호 등에 관한 법률〉에 인터넷 본인확인제가 도입되었다.

새로운 제도는 도입 초기부터 인터넷의 속성을 제대로 파악하지 못했거나 부정적 측면을 과장해 인터넷 표현의 자유를 과도하게 제한해 위헌이라는 지적에 직면했다. 특히, 인터넷 본인확인제와 통신심의 제도는 다른 나라에서 유사한 사례를 찾기 힘들어 국제사회에서 우리나라를 인터넷 탄압국으로 비추는 주된 원인이 되었다.

그러나 헌법재판소는 2012년 임시조치 제도와 통신심의 및 시정요구 제도에 대해 합헌 결정을 내렸다. 10년 만에 인터넷의 역기능을 더 우려하는 태도로 바뀐 것이다. 헌법재판소는 인터넷이 신속성, 확장성, 복제성을 가져 불법정보가 확대 재생산될 가능성이 높기 때문에 이를 막기 위해서 어느 정도 유연한 해석이 필요하다고 판단한 것이다. 다만 인터넷 본인확인제는 인터넷 주소 등의 추적 및 확인, 당해 정보의 삭제·임시조치, 손해배상, 형사처벌 등 인터넷 이용자의 표현의 자유나 개인정보자기결정권을 제약하지 않는 다른 수단에 의해서도 충분히 달성할 수 있기 때문에 과도한 제한이라고 보아 위헌이라고 결정했다.

2. ISP 책임론

인터넷은 ISP를 통해 이용하게 된다. ISP는 인터넷을 이용한 서비스를 제공하는 모든 종류의 사업자를 광범위하게 일컫는 말이다. 인터넷포털은 대표적 ISP이다. 네이버, 다음과 같은 인터넷포털은 종합정보센터이자, 종합문화센터이자, 종합오락센터이자, 종합쇼핑센터이다. 외국의 ISP와 달리 정보, 문화, 오락, 쇼핑의 소재를 인터넷포털이 직접 제공한다. 특히, 뉴스제공에서 우리나라 인터넷포털은 다른 나라에서 유사한 사례를 찾기 힘들 정도로 거의 모든 언론사의 뉴스를 종합해 적극적으로 제공한다. 이에 반해 구글과 같은 외국의 ISP는 뉴스검색 결과만 제공하거나 극히 일부 언론사와 계약을 맺고 뉴스를 제공한다.

ISP 책임론은 인터넷포털과 같은 인터넷 공간에서 명예훼손과 같은 불법행위가 발생했을 경우 불법행위를 직접 한 사람은 물론이고 그 불법행위가 발생한 인터넷 공간의 관리자에게도 책임을 물릴 수 있는가하는 문제다. 그동안 이와 유사한 문제가 발생하면 발행인(*publisher*)과 배포인(*distributor*)의 구분에 따라 해결했다. 예컨대 명예훼손의 내용을 담은 신문이나 책이 발행되면 그 내용을 직접 쓴 사람은 물론이고 그 신문이나 책을 발행한 사람도 책임져야 하지만 그 신문이나 책을 배포한 신문 가판대 주인이나 서점 주인은 책임지지 않는다는 논리다.

인터넷포털과 같은 ISP의 경우 발행인에 해당하는지, 배포인에 해당하는지를 놓고 국내외에서 많은 논의가 있었다. 논란의 핵심은 ISP에게 어떤 근거로 책임을 부과할 것인지와 책임 부과로 예상하지 못했던 부작용, 즉 표현의 자유에 대한 위축효과가 발생할 경우 이를 어떻게 최소화할 것인지에 있다. ISP에게 과도하게 책임을 부과할 경우 ISP는 자기 책임을 경감하기 위해 명예훼손적 발언을 색출하려고 편집을 통제하기 쉽고 이로 인해 표현의 자유가 위축될 가능성이 있다.

우리나라 대법원은 2009년 전원합의체 판결을 통해 ISP 책임론에 대한 견해를 밝혔다. 먼저 일반론으로 ISP는 인터넷 게시공간이라는 위험원을 창출·관리하면서 그로 인한 경제적 이익을 얻으므로 위 게시공간에서 발생된 위험에 효과적으로 대처할 수도 있어 위와 같은 위험으로 인해 피해가 발생하지 않도록 상황에 따라 적절한 관리를 해야 할 주의의무가 있다고 보는 것이 합리적이고 공평 및 정의의 관념에 부합한다고 설명했다. 이어 대법원은 ①명예훼손적 게시물의 불법성이 명백하고, ②피해자로부터 게시물의 삭제 및 차단요구를 받았거나 그렇지 않았더라도 그 게시물의 존재를 인식할 수 있었음이 외관상 명백히 드러나며, ③그 게시물에 대한 관리·통제가 기술적·경제적으로 가능한 경우에는 ISP에게 불법행위 책임이 있다고 판시했다.

최근 유럽에서는 ISP를 상대로 자신에 관한 글을 삭제해달라고 요청하는 일이 자주 발생한다. 이를 '개인정보 삭제요청권'이라고 부른다. 개인정보는 식별가능한 개인에 관한 모든 정보를 의미하므로 개인에 관한 글도 개인정보이다. 여기서 문제는 자신에 관한 글이 자신이 스스로 작성한 것만 있는 것이 아니라는 데 있다. 다른 사람이 작성한 나에 관한 글도 개인정보에 해당하므로 개인정보의 주체는 정보삭제권을 행사할 수 있다. 그러나 그 글을 작성한 사람 입장에서 보면 자신의 표현물이 남에 의해 삭제되는 결과이기 때문에 받아들이기 어렵다.

결국 개인정보 주체의 삭제권과 게시자의 표현의 자유가 충돌하게 된다. 그 사이에 ISP가 낀 상황이다. 개인정보 주체가 요구가 정당하다면 해당 게시물은 삭제하는 것이 타당할 것이다. 게시물이 오래전의 정보라는 이유로 삭제를 요구한다면 그 요구는 정당한 것인가. 이른바 잊힐 권리(right to be forgotten)의 요구다. 예전에는 잊고 살아갈 수 있었지만 요즘은 정보가 디지털화되고 인터넷을 통한 검색이 일상화되면서 과거의 정보도 현재처럼 생생하게 드러나면서 발생한 문제이다. 미디어의 발전은 끊임없이 새로운 법적 문제를 야기한다.

토의

01. 우리나라에서는 진실을 공개하더라도 명예훼손죄로 처벌받을 수 있다. 형법상 명예훼손죄는 폐지되는 것이 바람직한가? 진실 적시에 의한 명예훼손죄의 긍정적 효과는 무엇인가.

02. 간통죄는 2015년 2월 26일 헌법재판소에서 위헌 결정을 받아 폐지되었다.
유명 탤런트 A는 간통이 더는 죄가 아니기 때문에 자신의 간통사건을 보도한 과거 신문기사를 삭제하라고 주장한다. 과거 적절했던 언론보도가 현시점에서 부적절하다면 삭제해야 하는가.

03. 이슬람교를 모욕했다는 이유로 이슬람 극단주의자들이 2015년 1월 7일 프랑스 주간지 〈샤를리 에브도〉(*Charlie Hebdo*) 사무실에 침입해서 편집장을 비롯해 12명을 살해하는 테러가 발생했다.
표현의 자유는 어디까지 허용되는가? 폭력을 유발하는 표현까지 허용되어야 하는가.

미디어 정책 15

미디어 정책의 개념

행정학 사전에 따르면, 정책은 "공공문제를 해결하고자 정부에 의해 결정된 행동방침을 말한다"(이종수, 2009). 이는 정책이 사적 문제보다는 모두에게 공통적으로 적용되는 쟁점을 해결하기 위한 정부의 기본 해결방향이라고 이해할 수 있다. 따라서 정부가 제시하는 정책은 우리 사회가 직면한 다양한 문제를 우선적으로 해결하려는 목적이다.

미디어 정책 역시 미디어와 연계된 다양한 문제나 쟁점을 해결하기 위한 정부의 행동방침을 의미한다. 미디어라는 개념에 포함된 영역은 적지 않다. 방송에서부터 통신, 콘텐츠, 잡지, 출판, 신문 등 다양한 영역에 속하는 미디어를 포함할 수 있다. 따라서 이들 정책을 검토하고 제시하는 정부기관 역시 다양하다. 가령, 신문이나 출판, 잡지 등의 정책은 문화체육관광부가 정책을 만든다. 방송 및 통신은 미래부와 방송통신위원회가 정책을 입안한다. 콘텐츠의 경우에는 각각의 콘텐츠 유형에 따라 정책담당 행정부서가 중복되기도 한다.

출처: 미래창조과학부(http://www.msip.go.kr/)

출처: 방송통신위원회(http://www.kcc.go.kr/)

〈그림 15-1〉 국내 방송통신 정책 및 규제 기구

미디어 정책이 다양한 미디어 산업요소를 포괄하지만 그럼에도 방송분야의 정책 분야의 특성이 더욱 중요하다. 방송은 다른 일반 재화나 서비스와는 다르게 국가 자산인 주파수를 이용해 여론을 환기하고 오락물을 제공하는 등 다양한 기능을 담당하기 때문이다. 최근 방송 및 통신의 융합을 포함해 시장경쟁이 증가하면서 방송의 사적 활용에 대한 중요성이 증가하지만 그럼에도 방송시장은 공공성이 중요한 의미를 갖는 독특한 시장 특성이 있다. 따라서 방송시장에서의 정책결정이나 정책형성 과정은 국민 모두에게 미치는 영향이 가장 큰 편이다.

방송시장은 공공성이나 공익성의 중요성이 크기 때문에 시장경쟁이나 효율성 등과 같은 정책방향으로는 포괄할 수 없는 특성이 있다. 가령, 난시청 지역의 시청자에게 TV 프로그램을 제공하는 것 등은 경제적 비용을 넘어서는 방송 서비스의 보편적 활용에 근거한다. 방송 서비스는 이용자의 경제적, 사회적, 문화적, 정치적 차이를 넘어 모두에게 공평하고 공정하면서도 자유롭게 이용할 수 있는 가치가 있다.

방송공익론
방송은 국가 자산인 주파수를 활용하는 서비스인 만큼 공공적 특성이 강하다는 시각을 나타낸다. 방송국의 설립이나 방송의 운영 등 모두는 사적 이익보다는 공적 가치가 우선되어야 한다는 접근 방식이다.

방송분야의 미디어 정책은 역사적으로

'공익론'과 '산업론'의 관점으로 나뉘어 시행되었다. 방송분야 미디어는 '공익성'이라는 사회적 목표도 지니지만 동시에 콘텐츠를 제작·편성·유통하는 '산업'으로서의 경제적 목표도 지닌다. 따라서 미디어 정책은 복합적 성격을 갖는다. 미디어 정책은 공익론과 산업론 중 어느 관점으로 접근하느냐에 따라 추구하는 정책의 목표, 규제 접근방식, 실현방법 등이 달라지며 이러한 이유로 정부의 정책 결정 과정에서 첨예한 대립현상이 나타나기도 한다.

방송미디어 정책 유형

방송과 관련된 국내 미디어 정책은 크게 규제정책(*regulatory policy*)과 진흥정책(*promotion policy*)으로 구분할 수 있다. 규제정책은 정부가 그 사회 내의 개인이나 집단의 활동을 제한하는 형태이다. 예를 들면, 정부가 사업자에게 면허, 특허, 허가를 부여하거나 의무 또는 금지와 관련된 정책을 말한다. 규제정책은 정부의 핵심 정책을 추진하기 위해 필요한 시장 및 사업자 규제 등을 포함한다.

한편, 진흥정책이란 규제정책과 반대로 개인이나 집단의 활동을 더욱 장려하거나 촉진하는 정책이다. 국가예산을 투입해 산업을 성장시키거나 사업자를 육성할 수 있도록 지원함으로써 국가경쟁력을 강화하려는 목적을 갖는다. 국내 방송미디어에 대한 규제정책 및 진흥정책을 살펴보면 다음과 같다.

1. 규제정책

대표적 방송미디어 규제정책으로는 소유·겸영 규제, 진입 규제(허가·승인·등록 규제), 경쟁 규제, 편성 규제, 채널 규제, 심의 규제, 주파수·표준화 정책 등이 있다. 특히, 이 같은 규제는 여론형성에 영향을 미치는지의 여부와 시장점유율 여부에 따라 차별적으로 적용한다. 국내 방송미디어 규제정책은 사업자별로 차별화된다. 다시 말해, 지상파방송 또는 종합편성 사업자 등 미디어 사업자는 다른 방송 사업자보다 엄격한 규제정책을 적용받는 편이다. 이들 사업자는 정부 또는 국가로부터 주파수 자원 또는 채널 사업권을 부여받은 만큼 혜택을 받은 기업이다. 이에 따라 그만큼 공적 의무 등이 부여된다. 이들에 대해 보다 구체적으로 살펴보면 다음과 같다.

첫째, 소유·겸영 규제이다. 소유 규제정책의 경우 1인 지분 소유 제한, 신문사·뉴스통신사·대기업의 지분 제한, 외국자본 제한 등이 있다. 지상파방송의 경우, 외국자본 투자는 금지되었다. 종합편성 및 일반 PP 채널은 차등적으로 제한된다. 신문사의 방송보도채널 소유 제한(SO, 위성 포함)이나 정당의 방송사업 소유 제한 등도 있다. 소유 겸영제한 정책은 지상파방송 사업자, 종합유선방송 사업자, 위성방송 사업자의 시장점유율과 사업자 수를 고려해 규제하고 방송채널 사용 사업자(PP)의 경우 매출액 제한 등이 있다. 특정 인터넷 멀티미디어 방송제공 사업자(IPTV)의 시청점유율 제한 등도 살펴볼 수 있다.

둘째, 진입 규제정책이다. 진입 규제정책은 허가·승인·등록 등의 방식이 있다. 가령, 국내에서 지상파방송 및 공동체 라디오방송 사업을 하려면 방송통신위원회의 허가를 받아야 하며 그 외 위성방송, 케이블방송은 미래창조과학부 장관의 허가를 받아야 한다. 또 홈쇼핑 채널은 미래창조과학부장관의 승인을 받아야 한다. 반면 종합편성채널과 보도전문PP는 방송통신위원회의 승인을 받아야 한다. 그 밖의 PP채널, 전광판방송, 음악유선방송 사업의 경우는 미래창조과학부에 '등록'해야 한다. 이처럼 특정 사업자가 방송사업에 참여하기 위해서는 정부의 심사기준을 충족해야 한다.

셋째, 경쟁 규제정책이다. 경쟁 규제정책은 방송 사업자 간의 공정경쟁을 보장하고 방송의 공적 책임을 담보하기 위한 규제정책이다. 공정거래위원회와 같이 특정 사업자가 시장을 독과점하거나 불공정한 경쟁을 야기하는 등의 쟁점을 해결하기 위한 목적이 있다. 구체적으로 경쟁 규제는 방송분쟁조정(방송분쟁조정위원회 설치), 미디어 다양성 정책(미디어다양성위원회 구성), 방송시장 경쟁상황 평가(경쟁상황평가위원회) 그리고 금지행위 정책(〈방송법〉 제85조의2 제1항) 등이 포함된다.

미디어의 다양성 보장을 위한 시청점유율 제한 규제도 있다. 시청점유율 규제정책이란 '전체 텔레비전 방송에 대한 시청자의 총 시청시간 중에서 특정 방송사업자의 시청시간이 100분의 30을 초과할 수 없게 하는' 정책이다. 한 사업자가 일방적으로 여론을 주도할 수 없도록 제한하고 여론의 다양성을 보장하려는 목적을 지닌다. 이와 같은 규제 역시 특정 사업자의 활동이나 방향을 제약할 수 있는 특성이 있다.

넷째, 편성 규제, 채널 규제, 심의 규제정책 등도 있다. 편성 정책은 보도, 교양, 오락 등 다양한 장르의 프로그램들을 균형 있게 편성하고 지나치게 오락 프로그램 위주로 편성하는 것을 방지하기 위한 규제정책이다. 이 규제에 따라 지상파방송사가 편성하게 될 오락 프로그램은 매월 전체 방송시간의 50% 이하(〈방송법〉 시행령 제50조 제1항)여야 한다. 장르별 편성 규제를 통해 지상파방송사의 지나친 오락화 방지와 동시에 교양 프로그램 등과 같이 시장에서 활성화되지 않은 장르의 프로그램 편성을 이끌기 위한 목적이 있다. 공영방송인 KBS는 시청자가 직접 제작한 시청자 참여 프로그램도 매월 100분 이상 편성해야 한다.

편성 규제정책에는 외주제작 편성 규제, 국내 제작물 편성 규제 등이 있다. 지상파방송 사업자는 프로그램 중 일정 부분 이상(40% 이내 범위)을 외주제작사가 제작한 프로그램으로 편성해야 한다. 국내 제작물은 지상파방송, 케이블 · 위성 · IPTV 등 유료방송 사업자가 의무 편성비율을 차등적으로 적용하는 정책이다. 그 외에도 편성 규제정책으로 지역 방송의 해당 지역과 관련한 자체 프로그램의 의무편성, 국내 영화 · 애니메이션 · 대중음악 등 프로그램 의무 편성비율 등이 있다.

채널 정책에는 다채널 사업자인 케이블SO, 위성방송, IPTV 종합편성채널과 보도전문채널 등을 의무전송해야 하는 규제가 있다. 이들 방송 사업자는 공공채널, 종교채널, 장애인복지채널도 의무전송해야 한다. 의무재송신 정책은 시청자가 반드시 접근해야 하는 중요 채널에 대한 전송권을 보장하기 위한 목적이 있다. 그 외에도 케이블SO는 각 지역별로 지역정보 및 방송 프로그램 안내와 공지사항을 방송하는 지역채널을 1개씩 의무전송하도록 규제한다.

한편, 위성 DMB사업자는 지상파방송 채널과 라디오방송 채널 및 데이터방송 채널을 모두 포함하되 종합편성채널과 보도채널 중 1개 이상을 포함해, 총 15개 이상의 채널을 운용해야 한다. 이러한 채널 규제정책을 규율하는 목적은 채널의 다양성을 구현하며 사회적 약자를 배려하고 공익을 추구하는 방송의 사회적 역할을 구현하기 위함이다.

방송심의 정책은 방송통신심의위원회가 주로 담당한다. 방송은 다른 매체보다 까다로운 내용 심의규정을 가졌다. 방송심의의 목적 자체가 방송내용 규제와 연계되기 때문이다. 방송의 심의규정은 공정성과 공익성(보도), 윤리성(내용), 상업성(자본, 광고) 등을 고려한다. 매체 간 심의등급이 차별화된 데다 채널 간 형평성 문제도 고려해야 하기 때문에 규제조항이 매우 많고 복잡하다. 게다가 심의는 계량화된 지표를 활용하기보다는 심의위원회 등의 구성을 통해 합의제 결론을 유도하는 방식을 활용하는 편이다.

다섯째, 주파수·표준화 정책이다. 주파수·표준화 정책의 방송의 기술적 측면과 관련된 규제다. 방송사업의 (재)허가 여부를 결정할 때, 방송은 주파수사용에 대한 기술적 사항에 대해 〈전파법〉의 규율을 받기 때문이다. 여기에는 중파, 초단파, TV 방송국의 개설조건, 방송 구역, 방송 표준 방식, 위성방송 사업을 위한 무선국 개설 허가, 유선방송 설비기준 및 준공검사 등 방송국 개설허가 및 준공 등의 기술적 사항이 모두 포함된다.

국내 〈방송법〉에서 주파수는 공공재이며 국민의 재산으로 규정하기 때문에 공공의 이익과 복지를 위해 사용되는 것을 기본으로 한다. 그에 따라 지상파방송 사업자는 주파수사용에 대해 다른 방송 사업자보다 훨씬 높은 수준의 규제를 받으며 유료방송을 시청하기 어려운 경제적·사회적 취약 계층에게는 일정 수준 이상의 무료 미디어 복지제도를 시행한다.

2. 진흥정책

방송 진흥정책은 크게 외주지원과 예산지원으로 구분된다. 구체적으로 살펴보면 다음과 같다. 첫째 외주지원 정책이다. 외주지원 정책은 앞서 편성 규제에서 다뤘듯이 국내 제작물과 외주제작물의 의무편성을 통해 국내 프로그램 및 제작사의 안정적인 방송유통망과 수입을 보장하는 정책이다. 그러나 외주제작사 프로그램의 의무편성 제도가 1991년에 도입되었음에도 불구하고 방송사와 제작사 간의 불공정 거래는 개선되지 않는다. 이에 방송통신위원회는 2004년 표

방송산업론
방송이 국가 자산을 활용하지만 이에 따른 규제와 경제적 이익의 환원이 이루어지는 만큼 방송의 공공적 역할을 최소한도로 부여하되 이외에는 방송의 산업적 가치를 자유롭게 인정하자는 접근 방식이다.

준계약서를 도입하고 2005년 외주제작물의 공정 거래에 대한 법률도 제정되었다.

외주지원 정책과 관련해 국내 업계는 미국처럼 외주정책을 폐지해야 한다는 주장과 유럽처럼 외주정책의 보완장치를 추가로 마련해 실효성을 보다 강화해야 한다는 주장이 대립한다. 각각의 입장은 외주제작업체를 다양화하고 육성함으로써 방송산업의 경쟁력을 높이려는 접근과 거래비용이 많이 투입되는 외주제작 방식보다는 방송사의 효율화와 집중투자를 뒷받침하려는 접근이 갈등하는 것이다.

둘째 예산지원 정책이다. 방송통신위원회는 4대 진흥전략으로 ①제작지원 예산 규모 지속적 확대 및 서비스 활성화 R&D 추진, ②콘텐츠 제작 전문인력 인프라 확충, ③방송 콘텐츠 경쟁력 제고 및 국내외 유통인프라 확대, ④플랫폼-콘텐츠 시장의 건전한 생태계 조성을 등을 수립한 바 있다. 국가예산을 통한 사업자 지원은 우수 방송 콘텐츠의 제작이나 국제 경쟁력 확보, 다양성 증가 등의 정책 목표를 갖게 된다.

구체적인 예산지원 정책은 크게 ①프로그램 제작비 지원, ②세금감면, ③전문인력 교육, ④프로그램 해외수출 지원으로 구분할 수 있다. 제작지원은 프로그램 및 파일럿 프로그램의 제작비 지원 또는 제작지원 시설을 지원하는 것이 해당된다. 여기에는 경제적 제작지원뿐만 아니라 신기술 도입 및 창의력 계발사업 지원도 포함된다.

수출지원은 해외 견본시장 참가를 지원하거나 프로그램 해외유통망 지원 또는 홍보마케팅을 지원하는 정책이다. 또한 인력교육 진흥정책은 작가나 PD를 포함한 전문인력 양성 및 해외연수 프로그램 참가지원 등이 있다.

이외에도 3D 콘텐츠 활성화 지원, 스마트 모바일 앱 개발 지원센터 구축 확대, 미래유망 차세대 콘텐츠 기반기술 연구개발 강화, 세제지원, 투자유도, 콘텐츠 시장의 경쟁력 제고와 재원확보를 위한 제도개선 등 시장 활성화 등의 제작지원 정책이 시행된다.

미디어 정책 패러다임의 변화

국내의 방송미디어 산업은 지상파방송 사업자(라디오 포함), 유선방송(종합유선, 중계유선)사업자, 위성방송 사업자(스카이라이프), 프로그램 제작·공급사업자, 기타 방송(지상파 DMB 등) 등으로 구성된다. 하지만 디지털 기술이 가져온 전반적인 방송산업의 변화로 인해, 방송정책 패러다임 역시 디지털미디어 환경에 적합한 방향으로 변화한다.

해외의 미디어 시장환경도 디지털시대를 맞아 급변한다. 세계 미디어 정책은

〈그림 15-2〉
TV의 모바일화

여론과 문화의 다양성을 보장하며 국제 경쟁력을 갖출 수 있도록 자유경쟁을 지원하는 방향으로 변화한다. 그러나 국가마다 고유한 미디어 시장환경과 산업구조를 갖기 때문에 미디어 정책 기조는 국가별로 다르게 나타난다. 미국은 규제완화를 통한 자유경쟁을 유도하는 정책을 펼치는 반면, 유럽은 중소사업자 보호를 위한 규제정책을 펼친다.

특히, 미국은 표현의 자유 원칙을 담은 '수정헌법 제1조'를 기반으로 다양성과 자유경쟁을 보장하는 차원에서 미디어 정책을 집행한다. 현재 미국의 미디어 정책은 특정 매체의 시장 지배력 또는 점유율, 방송 서비스 가격, 방송 서비스 사업자 수(채널·매체 수) 등에 중점을 둔 산업적·경제적 측면을 고려한 정책이 대부분이다.

반면 유럽은 중소 독립제작사를 보호하기 위한 다양한 규제정책을 펼친다. 가장 강력한 규제정책을 실시하는 국가는 프랑스로, 문화다양성과 자국 프로그램의 정체성을 매우 중시하는 고유의 문화적 배경을 바탕으로 세계에서 유일의 제작지원 정책을 펼치는 중이다.

프랑스와 함께 영국도 강력한 규제정책을 펴는 국가인데 프랑스가 문화의 다양성을 강조한다면 영국은 미디어의 공영성을 강조한다는 점이 조금 다르다. 영국은 미디어 사업자 간의 교차소유 허용 등 부분적으로 규제완화 정책을 펼치지만 공익성 심사제도 등 미디어의 공익적 측면을 엄격히 감시한다. 독일은 프랑스와 영국보다는 규제를 완화하는 정책을 펼치지만 시청점유율 제한정책 등 일부 규제정책은 계속 유지한다.

미디어 정책의 미래

방송미디어를 중심으로 미디어 정책의 특성들을 살펴보았다. 미디어 정책은 미디어를 이용하는 시청자 또는 이용자 모두가 영향을 받는 공공 쟁점을 해결하기 위한 국가의 방향을 포함한다. 따라서 미디어 정책은 고정된 것이 아니라 미디어 환경에 따라 적응하고 변화하는 특성이 있다. 미디어 정책의 가장 중요한 본질 중의 하나는 이와 같은 정책결정을 통해 국민 모두가 영향을 받는 공공 쟁점의 해결을 추구하는 것이다. 이는 정책의 효과가 국민 모두에게 돌아가는 동시에 사업자의 이익도 중요한 영향을 받을 수 있다는 것이다.

최근에는 미디어의 디지털화와 글로벌화에 따라 미디어 정책의 복잡도는 더욱 증가하는 추세이다. 다채널 미디어 플랫폼의 등장, 다양한 콘텐츠 산업자의 시장진입으로 시장경쟁은 더욱 치열해진다. 사업자의 소유구조가 다른 탓에 사업권이나 거래 과정에서 나타나는 불공정 경쟁이나 거래 거부 등 다양한 문제가 등장한다. 가령, 지상파방송사의 방송 프로그램 재송신이나 VOD와 연계된 쟁점은 시청자의 시청권, 방송사의 재산권 행사와 맞물려 갈등이 촉발된다.

게다가 미디어 시장의 글로벌화를 통해 해외 사업자의 국내시장 진입이 늘어나며 이에 따른 효율적인 규제 방식에 대한 논의도 증가한다. 가령, 글로벌 OTT 사업자인 넷플릭스가 국내시장에 진입하면서 국내 유료방송 플랫폼 사업자와의 경쟁이나 사업추진에 따른 여러 가지 쟁점의 모색이 필요해진 것 등이 대표적이다. 게다가 구글이나 애플 등 해외 인터넷이나 디바이스 사업자의 국내 콘텐츠 시장으로의 진입에 따른 규제도 모색해야 할 시점이다.

미디어 정책은 미디어를 이용하는 누구에게나 영향을 미치는 만큼 그 정책의 방향이나 결정 과정은 합리적이고 공론화된 방식으로 이루어지는 것이 필요하다. 시장이 복잡해지고 기술이 발전할수록 미디어 시장에 대한 규제를 단순화시키는 것은 쉽지 않은 일이다. 그럼에도 미디어 정책 방향이나 규제 방식을 결정하기 위해서는 시청자의 여론과 사업자에게 미치는 영향 등을 감안해 공공의 이익을 극대화할 수 있는 방향이 우선되어야 할 것이다.

토의

01. 미디어 정책에는 무엇이 있으며 방송미디어에 더욱 많은 규제정책을 적용하는 이유는 무엇인가.

02. 규제정책이 이루어지는 이유는 무엇인가.

03. 국가예산을 통해 특정 미디어 산업이나 시장을 활성화하는 이유는 무엇인가.

04. 미디어 정책이 국내외의 환경변화에 따라 바뀌는 이유는 무엇인가.

미디어 리터러시 16

커뮤니케이션 기술과 리터러시

1. 문자해독으로서 리터러시

정보의 생산과 소비 그리고 사람들 간의 의사소통에 커뮤니케이션 기술이 미치는 영향이 점점 커진다. 커뮤니케이션 기술인 미디어를 활용하는 능력 역시 중요해진다. 미디어를 이해하고 이용하며 미디어를 통해 창의적으로 활동할 수 있는 능력을 '미디어 리터러시'라고 한다. 오늘날과 같은 디지털 환경에서 미디어 리터러시 개념은 점점 중요해진다.

미디어 리터러시는 커뮤니케이션 기술발달에 따라 다양한 관점에서 논의되었다. 인쇄기술이 발명되고 책이 대량으로 보급되면서 글을 읽고 쓸 수 있는 능력이 인간의 기본 능력으로 중요시되었다. 전파 미디어가 등장하기 전에 리터러시라는 개념은 '글을 읽을 수 있는가?'를 문자해독력과 같은 개념으로 사용되었다. 리터러시는 근대 사회에서 시민이 살아가는 데 가장 중요한 조건이 되었다.

산업사회가 등장하고 학교 공교육 시스템이 확대되면서 리터러시 개념은 점점 설명범위가 넓어졌다. 단순한 언어적 능력을 넘어서 숫자를 계산하고, 이미지를 이해하고 창조하며, 컴퓨터 등 정보기기를 다루는 능력으로 확대되었다. 또한 다양한 커뮤니케이션 수단을 통해 지식을 습득하고 문화적 생활을 영유하는 능력으로 확대되었다.

2. 영상매체와 리터러시 개념 확장

영상언어에 대한 해독력이 부각되기 시작하면서 본격적으로 미디어 리터러시 개념이 발전했다. 영상언어는 문자언어와는 다르게 해석되어야 했다. TV 시대의 미디어 리터러시 능력은 비판적 시청기술의 개념으로 주로 사용되었다. 미디어 리터러시가 비판적 시청기술에 초점을 맞춘 것은 영상미디어가 갖는 영향력과 수용자의 상대적 수동성에 있다.

1960~1970년대 영화가 대중적으로 보급되면서 유럽에서는 이를 교육용으로 활용하려는 시도가 나타났다. 뒤이어 1970년대와 1980년대 초반부터는 TV를 중심으로 자본주의 소비문화에 대한 비판적 시각이 유럽을 중심으로 일어나면서 미디어 콘텐츠와 광고에 대한 비판적 비평이 대두되었다. 1980년대 말부터 1990년대 초에는 전 세계적으로 미디어 규제완화가 일어나면서 공영방송 체제가 변화하고 상업적 민영방송이 주류가 되기 시작했다. TV의 상업화는 폭력성과 선정성, 어린이에 대한 부정적 영향, 소비지상주의, 광고의 과도한 영향력 등이 사회문제를 대두시켰다. 이러한 영상미디어의 영향에 대한 반작용으로 주로 비판적 수용에 초점을 맞춘 미디어 리터러시 논의가 확대되었다.

초기 미디어 리터러시는 미디어 교육과의 연계성 속에서 주로 시청각 교육이나 교육방송 등의 용어와 혼돈되면서 TV라는 새로운 미디어를 수용하는 능력,

즉 'TV 시청기술'(*television viewing skill*) 혹은 '수용기술'(*reception skill*), '미디어 리터러시'(*media literacy*), 'TV 이해훈련'(*television awareness training*)등과 같은 개념과 혼용해서 사용되었다. '영상미디어가 전달하는 영상을 언어의 개념에서 어떻게 읽고 평가할 것인가?', 즉 미디어 리터러시의 또 다른 형태로 '시각적 해독'으로서의 리터러시(*visual literacy*), '비판적 TV 시청기술'(*critical viewing skill*) 등의 용어가 등장했다.

이처럼 TV의 대중화는 읽는 능력에서 보는 능력으로 리터러시 개념을 확대시켰다. 문자언어에 대한 해독능력으로서의 리터러시는 학교교육을 통해 이루어졌으나 영상언어의 등장은 새로운 정보전달 방식과 해독능력을 필요로 했다. 영상언어가 등장하기 이전의 리터러시 개념은 '문자화된 기록물을 통해 지식과 정보를 획득하고 이해할 수 있는 능력'으로 정의될 수 있으나 영상미디어 시대의 '리터러시'는 단지 언어만을 의미하는 개념이 아니라 '시대적 혹은 문화적으로

〈표 16-1〉 시대별 미디어 리터러시 개념의 변화

	인쇄물	영화, TV	컴퓨터, 인터넷
시대별 리터러시 개념	언어 리터러시	시각 리터러시, TV 시청기술	컴퓨터 리터러시, 네트워크 리터러시
사회 환경	농업경제시대	산업경제시대	지식경제시대
미디어 리터러시의 개념적 특징	• 인쇄술, 활자발명 • 글을 읽고 쓰는 능력 • 문자텍스트에 대한 리터러시 능력요구	• 영상언어의 등장 • 미디어 리터러시 개념의 본격적 등장	• 컴퓨터와 관련된 다양한 리터러시 개념 등장 • 이용자 개념의 등장 • 디지털 격차를 둘러싼 접근성 강화 개념이 리터러시에 도입

통용되는 언어'에 의해 규정되는 것으로 폭넓게 이해하는 것이 적절할 것이다.

TV와 같은 영상미디어를 중심으로 논의되던 미디어 리터러시는 1990년대 웹의 등장으로 새로운 국면을 맞았다. 정보를 수용하는 신문이나 TV와 다르게 인터넷은 능동적으로 정보를 수집, 활용, 변형, 생산하고 이를 통해 다양한 사회참여가 가능한 매체이다. 인터넷을 필두로 디지털 기술은 전통매체에서 구현하지 못했던 상호작용성, 네트워크화를 통한 연결성, 정보와 서비스의 융합을 구현해낸다. 또한 컴퓨터가 미디어로 진화하면서 전통매체와 다른 보다 복합적인 능력이 요구되었다. 네트워크나 컴퓨터에 접근해서 이를 다룰 수 있는 도구적 능력에서, 콘텐츠를 이용하고 새로운 가치를 부여하는 능력, 정보나 지식을 공유하는 능력, 정보를 생산하는 능력, 다른 사람과 상호작용하는 능력 등 보다 복합적이고 통합적인 리터러시 능력이 중요시되었다.

미디어 리터러시 교육의 태동과 발전

1. 초기 유럽의 미디어 리터러시 교육

다양한 미디어가 등장하고 디지털미디어가 급속도로 확산되는 가운데 지난 1990년대 말에서 2000년대 초를 기점으로 미국, 캐나다 및 유럽의 여러 국가는 자국의 시민이 미디어에 접근해 활용할 수 있는 미디어 능력 함양을 위한 미디어 리터러시 교육을 본격화했다.

그러나 미디어 교육의 종주국으로 보는 영국에서는 이미 아주 오래전인 1960년대부터 미디어 교육을 주목했다. 영국의 미디어 교육에 대한 보고서 가운데

> **미디어 리터러시 교육**
> 미디어 리터러시 교육은 미디어, 이용자 그리고 교육이라는 3가지 요소와 밀접하게 관련되었다. 미디어 기술발달에 따라 새로운 미디어가 등장하면서 미디어의 특성이 새롭게 인식되고 이에 따라 이용자의 개념이 변화하고 미디어 리터러시가 인간의 커뮤니케이션 능력과 연관성을 가지면서 교육에도 영향을 미친다.

는 그 기원을 1930년대까지 거슬러 올라가 리비스(Frank Leavis)와 톰슨(Dennis Thompson)이 저술한《문화와 환경: 비판적으로 깨어나기 위한 훈련》(*Culture and Environment: The Training of Critical Awareness*, 1933)에서 "대중매체를 비판적으로 해석하는 일은 아이들을 저속한 대중문화의 영향으로부터 보호하는 데 효과적이다"라고 말한 데서 시작을 찾기도 한다.

1930년대 당시 영국은 인쇄기술의 향상이라는 기술의 진전과 산업화의 가속화에 따라 서민 사이에서 황색저널리즘이나 대중소설이 유행했는데 이러한 사회 현상에 대해 지식인은 대중매체가 전통적 문화유산을 훼손하고 저속한 대중문화를 확산시킨다는 비판적 입장이었다. 리비스는 싸구려 모럴을 확산시키고 고전문학의 이탈을 가속화하는 대중매체의 위협으로부터 아이들을 보호하고 아이에게 비판적 사고(*critical thinking*)를 몸에 익히게 하는 문화능력을 길러야 한다고 역설했다.

1940년대로 접어들면서 히틀러가 독일 나치를 찬양하는 프로파간다 다큐멘터리를 만들어 보급함에 따라 영국 미디어 교육의 중심은 영화, TV 등 영상매체로 이동했다. BBC는 이 시기 프로파간다를 시청자가 비판적으로 해석할 수 있도록 다양한 프로그램을 만들어 보급했다. 그러나 1960년대와 1970년대를 거치면서 미디어가 전달하는 메시지는 정치, 경제, 이데올로기 등의 다양한 요인으로 구성된 혼합물이며 사람은 미디어에 의해 일방적으로 영향받을 만큼 단순하지 않으며 자신의 경험과 사회적 맥락에 따라 미디어를 다양하게 해석할 수 있

〈그림 16-1〉

출처: 위키미디어커먼즈(https://goo.gl/5Z4vyh).

는 존재라고 인식해 이전의 절대 방어적 정책에서 변화해 미디어와 인간의 상호작용을 주목하며 복합적이고 중층적 교육방식으로 발전했다.

1985년 출판된 마스터만(Len Masterman)의 《미디어를 가르친다》(*Teaching in Media*)는 미디어 교육의 필요성과 실천적이면서도 이론적인 틀을 제시해 세계 각국의 미디어 교육에 큰 영향을 주었다. 마스터만의 기초 이론은 '미디어가 보여주는 세계는 현실을 그대로 거울처럼 반사하는 것이 아니라 현실을 기호화해 재구성한 것이다'이다. 미디어가 전달하는 정보나 오락은 누군가의 목적에 의해 만들어진 것이며 누가 어떤 목적으로 만들었는가를 살펴보면 그 메시지에 숨은 의도를 알게 된다고 주장했다. 그는 대중문화는 저속하다는 개념에서 출발한 영국의 방어적 미디어 교육을 주체적인 해석능력, 활용능력의 함양으로 진일보시켰다고 평가받는다. 이러한 기본 개념 틀에서 실시된 미디어 교육은 국어교육의 일환으로 진행되었으며 정부 차원의 지침이나 교재 보급 없이 교사의 자율적 방식에 의해 영화, 광고, TV프로그램 등의 텍스트 분석 중심으로 진행되었다.

캐나다는 TV의 상업화에 대한 비판으로 시작해 1987년 세계 최초로 국어 과목 속에 미디어 리터러시를 공식화한 나라이다. 이는 긴 세월에 걸쳐 미디어 교육을 발전시킨 종주국 영국이 1988년에 정규 커리큘럼을 제정해 전국적인 미디어 교육을 제도화한 것보다 1년 앞선 시점이다. 캐나다의 미디어 교육은 영국의 영향을 많이 받은 것은 사실이지만 영국과는 달리 교육기관이나 조직의 후원에서 시작한 것이 아니고 교사의 자발적 실천에 의해 시작되었다는 특징이 있다.

캐나다의 교사가 미디어 교육에 앞장선 것은 다름 아닌 미국 문화로부터의 보호에서 시작되었다. 미국과 인접한 지역적 특성 때문에 미국 TV프로그램이 아무런 제재 없이 방영되어 어린이는 그 차이를 구분하지 못하고 미국에서 일어난 일을 캐나다에서 일어난 일로 혼동하기 일쑤였다. 예를 들어, 미국과 캐나다는 노예제 등 흑인의 역사가 전혀 다름에도 미국과 동일하다고 생각하는 학생이 있었다.

따라서 캐나다의 미디어 교육은 캐나다인의 정체성을 대중문화로부터 찾아내는 것에 출발점이 있었다. 캐나다의 미디어 교육은 이후 TV 프로그램, 광고 등의 텍스트 분석을 통해 미디어가 전달하는 메시지의 정확한 이해를 목적으로 진행되었으며 사회적 맥락의 이해를 바탕으로 한 인성교육의 일부로 평가되었다.

유럽에서는 스웨덴, 덴마크, 핀란드, 독일, 프랑스 등에서 다양한 미디어 교육이 개별적으로 실시되었다. 대부분의 유럽 국가가 비슷했지만 독일이나 프랑스는 영국의 1950~1960년대 미디어 교육이 그러했듯이 대중매체, 특히 영화에서 받게 될 나쁜 영향에 대한 보호에 집중했다. 1970년대로 접어들면서 대중의 자의식이 부각되고 근본적으로는 대중매체에 의한 조작을 경계하는 비판적 수용(시청)이 등장하면서 미디어 교육은 민주사회의 시민으로서의 성숙을 위한 의식교육에 집중했다. 그러나 1980년대로 넘어오면서 미디어 기술의 발전이 현저히 부각되고 미디어 환경에서 기술이 중요한 요소로 부각되면서 기술-기능적 수업이 부상했으며 제작 중심의 경험교육이 강조되었다. 특히, 할리우드 블록버스터로부터 자국의 문화를 보호하기 위해 영화제작 과정에서 미디어 교육에 중심을 두었다.

2. 미국과 일본의 미디어 리터러시 교육

한편, 미국은 미디어 리터러시 교육에 유럽 국가보다 상대적으로 적극적이지 않았다. 각 국에서 미디어 리터러시를 도입한 목적은 미디어에 대한 이해 이외에 자국 문화의 육성과 보호, 종교를 배경으로 한 도덕 유지, 민주화가 진전되는 국가에서의 민주주의 확립, 다문화 사회에서 다양성의 실현 등으로 다양한데 미국은 1970년대 TV 폭력물이 청소년에게 악영향을 끼친다는 사회적 우려가 팽배한 가운데 미디어 교육의 중요성이 제기되었다.

대중문화 및 미디어 연구자에 의해 TV 폭력 프로그램이 자녀에게 악영향을 준다는 조사결과가 나오자 교육당국에서 미디어를 비판적으로 읽고 이해하도록 하는 교육 프로그램을 개발해 미국 전역의 학교에 배포했다. 그러나 정부 주도의 일방적 움직임이었고 교원 교육 등의 지원이 병행되지 않아 넓게 확산되지 못했다.

미국의 미디어 교육이 확산된 것은 캐나다나 유럽 국가와는 달리 PTA, NPO들을 중심으로 한 미디어 단체의 자발적 활동을 중심으로 정규 교과과정이 아닌 방과 후 특별활동의 형태로 진행되었다. 대표적인 NPO 미디어 교육단체를 들자

〈그림 16-2〉 CE 메인 페이지

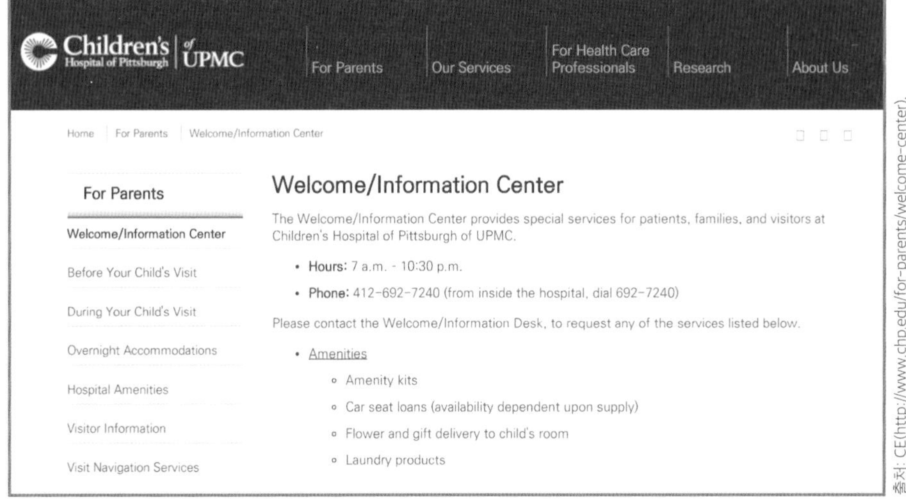

출처: CE(http://www.chp.edu/for-parents/welcome-center).

면 칠드런 익스프레스(Children Express, 이하 CE)를 들 수 있다. CE는 1975년 뉴욕의 한 변호사가 사회적 약자인 아이들의 목소리를 사회에 전달해야 한다고 느껴 자택을 거점으로 활동을 시작했다. 8세에서 18세까지 자원봉사 저널리스트가 방과 후나 방학을 이용해 취재에서 집필, 프로그램 제작까지 교육해 학교 교육과는 다른 틀 속에서 어린이 저널리스트 활동을 전개했다. 또한 TV 및 영화 등 영상미디어가 전달하는 메시지의 객관적, 비판적 해석을 목적으로 한 미디어 제작경험 교육을 펼쳤다. CE는 아이들이 뉴스나 TV 프로그램을 직접 제작한 경험을 통해 미디어에 대한 비판적 사고능력을 갖출 수 있다고 보고 제작수업 중심으로 미디어 리터러시 교육을 활성화했다.

1980년대 들어서면서 유럽이나 아시아 국가가 미국 미디어의 지나친 상업주의로부터 자국민을 보호하기 위해 국가 차원에서 미디어 리터러시 정책을 적극적으로 추진한 데 반해 미국 내에서는 다국적 미디어기업이 번성하는 가운데 미디어 산업이 호황을 누렸기 때문에 보호와 규제가 중심이 되어야 하는 리터러시 정책에서 상대적으로 소극적이었다. 그러나 자녀의 미디어 접속시간이 증가하고 동시에 미디어의 상업화나 TV와 영화의 성과 폭력에 대한 묘사의 급증이 문제시되면서 미디어 학습에 대한 사회적 관심이 커졌다.

마침내 1994년 미국에서는 처음으로 뉴멕시코 주가 미디어 리터러시를 고등학교 커리큘럼에 도입했다. 이후 1999년에 이르면 미국 50개 주 가운데 46개 주가 TV 프로그램 등의 영상미디어를 학습 내용에 포함시켰고 이와는 별도로 30개 주에서는 사회, 역사, 시민 교육 프로그램에 미디어 리터러시를 도입했다. 이와 함께 NPO들이 적극적으로 참여하는 가운데 미국은 2000년대 이후 디지털미디어 교육을 중심으로 미디어 리터러시 교육을 추진한다.

한편, 영국, 독일 등 유럽 선진국보다는 미디어 교육이 취약했던 일본은 2002년부터 교과과정 외의 창의적 학습의 중요성을 수용하면서 '종합적 학습'의 일환으로 미디어 리터러시 교육을 시행한다. 종합적 학습은 수업보다 스스로 공부하고 생각하는 힘의 육성을 목적으로 하는 학습으로서 미디어를 활용한 자기주도 학습으로 설계해 학습자의 미디어 능력을 키운다. 또한 미디어 리터러시에 관심을 갖고 있는 교사에 의해 네트워크가 만들어졌으며 비영리 시민단체에 의한 미디어 리터러시 교육도 실시되나 유럽, 캐나다 등의 활발한 미디어 리터러시 교육에 비하면 미흡한 상태이다.

〈뉴스위크〉(*Newsweek*) 일본판에서 일한 경험이 있는 저널리스트이자 일본 미디어교육 연구에 앞장선 스카야 아키코는 일본의 교육현장에서는 미디어 교육이 매우 어렵다고 지적한다. 이는 미디어 리터러시 학습은 개인의 주체성이나 자유로운 발상을 중요시하는데 일본에서는 암기식, 주입식 공부가 일반적이어서 스스로 생각하고 표현하는 학습이 진행되지 않기 때문에 비판적 사고를 바탕으로 한 미디어 리터러시 교육에서 학습자의 능력을 끌어내기가 어렵다고 말한다. 또한 개인이 자유롭게 미디어를 사용해 표현할 수 있는 퍼블릭 액세스와 같은 사회시설 및 지원단체가 부족한 것도 원인에 포함시켰다.

디지털 기술과 리터러시

1. 생활기술로서 디지털미디어

디지털 리터러시는 미디어 리터러시로부터 확장된 개념이다. 인터넷과 같은 융합미디어 기술의 등장은 미디어 자체가 정보를 단순히 재현하는 매개체가 아니라 커뮤니케이션 환경으로 이해되기 시작했다. 전통적 매체의 수용자는 이제 수동적 존재가 아니라 스스로 미디어 환경을 구성하고 미디어를 통해 사회적 참여를 하는 능동적 존재가 되었다.

인터넷과 같은 디지털 공간에서 일어나는 수많은 상호작용적 결과물은 그 자체가 미디어의 산물이지만 동시에 한 사회의 사회적 실제를 구성한다. 또한 인터넷 이용자의 다양한 미디어 참여행위는 단순한 미디어 글쓰기나 수용행위를 넘어서 고유한 효과나 영향을 지니는 '시민적 활동 또는 시민참여'적 성격을 갖는다.

따라서 디지털 리터러시는 주어진 텍스트를 비판적으로 읽고 이해하는 능력 그리고 자신의 사고를 표현하는 능력뿐 아니라 사회를 구성하는 다양한 구성원의 다양한 의견과 그 가치를 식별하는 동시에 존중하며 다양한 사회를 구성하는 시민으로서 소통하고 관계할 수 있는 능력이자, 문화적 능력이며 시민적 능

디지털 시민성

디지털 시민성은 디지털 커뮤니케이션 기술을 통해 정보를 습득하고 사회적으로 소통하며 공공사안에 참여하는 시민의 권리와 지위, 민주사회의 구성원으로서의 참여의지와 능력을 포괄적으로 의미한다. 디지털미디어 이용자는 '특정 미디어의 단순한 소비자(*consumer*)'로 머무는 것이 아니라 복합적인 커뮤니케이션 환경 속에 참여적 행위자인 '시민'(*citizen*)으로 존재한다. 궁극적으로 디지털미디어 이용을 통한 디지털 시민능력이 높은 사회가 되면 시민의 사회적 참여가 활발해지고, 사회적 다원성이 확장되며, 다양한 의견이 교류하는 숙의적 민주주의를 구현할 수 있을 것이다. 따라서 현대 사회에서 디지털 시민능력은 숙의적 민주주의 구현에 필수요소로 고려되어야 한다.

력을 포함하는 개념으로 이해되어야 한다. 다시 말해, 디지털 리터러시는 단순히 어떤 도구적이고 기술적 능력의 함양에 관한 문제가 아니라 디지털 공간에 존재하는 다양한 시민 간의 소통에 관한 문제로 이해되어야 한다.

디지털 시민성은 이러한 디지털 리터러시를 통해 온라인에 존재하는 다양한 목소리를 접하고, 소화하고, 토론하고, 관계하는 과정을 통해 함양될 수 있는 것이다. 따라서 디지털 리터러시를 구성하는 주요한 요소는 표현하고 읽는 능력뿐 아니라 듣는 능력과 때로 필요에 따라 커뮤니케이션의 속도와 페이스를 늦추는 능력 등을 포함하게 된다.

2. 디지털 리터러시와 유사 개념

1) 컴퓨터 리터러시

컴퓨터에 대한 이해와 지식(인지 영역), 컴퓨터에 대한 태도(정의적 영역), 컴퓨터 활용능력(심동적 영역), 태도의 3가지 구성요소로 분류할 수 있다. 컴퓨터 리터러시의 개념에 포함된 구성요소는 대부분 컴퓨터의 이해와 활용능력을 포함한다.

2) 정보 리터러시

정보를 다룰 수 있는 매체의 활용, 정보이해, 정보탐색과 선택, 정보평가, 정보조직과 종합, 정보활용 능력(문제해결, 지식획득, 지식전달), 정보화 사회 이해능력, 정보윤리 의식으로 분류한다. 이는 정보를 다루는 기술의 이해 및 활용 능력을 전제로 한다.

3) ICT 리터러시 개념

첫째, 건전한 정보윤리 의식을 갖고 정보통신기술을 활용해 필요한 정보가 무엇인가를 인식하고 적절한 곳에 접근해 찾아 가공하고 효과적으로 활용함으로써 문제를 해결하는 능력이라고 정의한다. 둘째, 정보기기의 하드웨어 및 이들 기기의 운영 및 정보관리에 필요한 소프트웨어 기술과 이를 이용해 정보를 수집, 생산, 가공, 보존, 전달, 활용하는 능력과 셋째, ICT 소양능력과 활용능력을 포함한다. 넷째, 지식정보화 사회에서 윤리적으로, 합법적으로 디지털 기술, 의사소통 도구, 네트워크를 이용해 정보에 접근해 이를 관리할 뿐 아니라 통합하고, 평가하고, 창조하고, 의사소통할 수 있는 능력이다.

〈그림 16-3〉
기술의 진화

출처: 픽사베이(https://pixabay.com/).

여기에서 컴퓨터 리터러시라 함은 컴퓨터에 대한 이해 및 지식, 컴퓨터를 활용하는 능력, 컴퓨터에 대한 태도를 구성요소로 하므로 초기 컴퓨터가 생겼을 때는 네트워크 리터러시의 개념은 포함하지 않았지만 인터넷의 발달과 확산으로 인해 현대사회에서 컴퓨터 리터러시는 네트워크 리터러시를 포함한다. 또한 정보통신기술의 발달로 인해 디지털 리터러시라는 개념을 사용하지만 이 개념은 컴퓨터 리터러시를 포함하고 그 외에 정보의 필요성 인식, 탐색 및 선택, 평가, 조직 및 종합, 활용 등의 능력이 부가된 개념이다.

ICT 리터러시는 인지적 수행능력과 기술적 수행능력을 통합해 측정하고자 정의 능력, 접근 능력, 관리 능력, 통합 능력, 평가 능력, 창조 능력, 의사소통 능력이라는 평가요소가 설정되었다. 이 평가는 실제 학생이 학교나 직업세계에서 연구하고 정보를 조직·평가·의사소통하기 위한 도구로서 기술을 활용하는 능력에 초점을 맞춘다. 또한 정보의 접근이나 활용에서 윤리적 혹은 합법적인 논쟁거리를 근본적으로 이해하는 것을 포함한다.

이런 개념의 유사성과 차이점을 생각할 때 ICT 리터러시는 인터넷 리터러시(*internet literacy*)와 유사한 측면이 있으며 인터넷 리터러시는 인터넷 세계를 이해하고, 분석하고, 새로운 문화를 생산해낼 수 있는 능력으로 기능적이고 도구적인 관련개념에서 문화적 개념을 포함한 것으로 판단할 수 있다.

3. 디지털 리터러시의 중요성과 국가적 관심

1990년대 말부터 급속하게 발달한 정보통신기술은 기존의 미국, 영국 및 유럽 국가들의 미디어 교육에 큰 변화를 가져왔다. 국가별로 '미디어 리터러시'라는 포괄적 정의 내에서 디지털 리터러시 혹은 정보리터러시, 컴퓨터리터러시, 인터넷리터러시 등으로 개념을 구체화한 경우도 있다. 영국의 〈디지털 영국 보고서〉(*Digital Britain*), 뉴질랜드의 〈디지털 전략 2.0〉(*Digital strategy 2.0*), 호주의 〈미래 방향〉(*Future direction*) 그리고 미국의 〈내셔널 브로드밴드 계획: 미국의 연결〉(*National broadband plan: Connecting America*) 등 선진국의 보고서에 의하면 디지털 리터러시는 지식경제의 결정적 구성요소이며 평생 배워야 할 핵심적 생활기술로 정의한다.

2009년 영국의 '오프컴'은 디지털영국 프로젝트 출범과 함께 디지털미디어 리터러시는 미디어 리터러시의 하위개념으로서, 디지털미디어와 커뮤니케이션을 이용, 이해하며 창작할 수 있는 능력으로 현대생활과 근로에 필요한 기술과 비판적 사고력이라 정의했다(Ofcom, 2009). EU는 영국이 정의한 개념에서 한 발 나아가 미디어를 효과적이며 안전하게 사용할 수 있는 기술, 지식습득과 이해, 정보의 선택, 새로운 기술이 제공하는 기회를 이용할 수 있는 능력으로 좀더 구체적인 정의를 내리기도 했다(EU, 2007).

덴마크는 디지털 리터러시는 정보사회에서 살아가기 위한 기술을 의미하며 이는 컴퓨터 활용능력에 기초한다고 보았다. 따라서 컴퓨터를 활용해 정보에 접근해 획득, 저장, 생산, 분배, 교환 등이 가능한 기술이며, 인터넷을 통해 사람들과 소통하고 협조할 수 있는 능력이라 정의한다(Danish Technological Institute, 2010).

뉴질랜드는 미디어 리터러시를 미디어에 대한 접근, 이해, 분석, 평가, 커뮤니케이션, 창의 등의 핵심개념을 바탕으로 시민이 미디어를 통제할 수 있는 능력이라 정의했다(BSA, 2007). 호주에서는 디지털미디어 리터러시란 디지털 경제구조에 효과적으로 참여할 수 있도록 하는 도구이며 접근능력, 이해 및 참여, 디지털미디어를 활용한 콘텐츠의 창작능력이라 정의한다(ACMA, 2010).

캐나다는 디지털 리터러시를 다양한 디지털미디어(소프트웨어 및 하드웨어 기기)에 접근하고 이용할 수 있는 기술, 디지털미디어가 생산한 콘텐츠를 비판적으로 이해할 수 있는 능력 그리고 디지털 기술을 활용해 창작할 수 있는 능력으로 정의한다(DESC, 2010).

디지털 리터러시는 각 국가별로 추진체계나 강조점에서 다소 차이가 있지만 기본적으로는 디지털이라는 새로운 매체환경에 대한 시민의 접근권 보장을 출발점에 둔다. 또한 디지털미디어는 이전의 미디어와는 달리 이용에서 기본적 기술이 필요하며 그 기술을 바탕으로 참여가 가능한 참여형 미디어라는 특성이 있기 때문에 기존의 미디어 리터러시 교육과는 달리 기술(*technology*)교육을 강조한다.

디지털미디어 리터러시는 디지털 경제구조에서의 생산 및 소비활동, 정보통신산업사회에서의 소통과 통합을 위한 자산으로서 국가 경쟁력과 직결되는 핵심요소로 개념화한다. 유럽 국가의 경우 각 나라별로 리터러시 정책을 추진하는 한편, EU차원에서 통합적 정책을 추진한다. 2010년까지 EU를 세계에서 가장 경쟁력 있는 지식기반경제로 만들겠다는 리스본 어젠다(Lisbon Agenda) 달성에 미디어의 역할이 중요함을 인지해 2000년대 후반부터 지식기반경제 구축에 필수적인 ICT와 시민의 인터넷 이용 등에 대한 비판적 능력을 갖추도록 통합적인 EU 미디어 리터러시 정책을 내놓았다. 그러나 회원국의 정책을 통합하려 하기 보다는 개별적으로 수행하기 어려운 부문을 보충하려는 정책을 입안한다. 즉,

EU의 문화정책은 각 회원국의 문화정책을 대체하는 것이 아니라 이를 보충하고 지원하는 측면에서 입안되고 집행되기 때문에 미디어 리터러시 정책 역시 EU가 강력한 중심역할을 하기 보다는 적극적인 시민정신 함양의 한 차원에서 그리고 다양한 문화를 지닌 회원국 간의 소통수단으로서 리터러시에 관심을 갖는다(안병억, 2009).

한편, 미국은 2002년 〈아동낙오방지법〉(No Child Left Behind Act·NCLB)을 제정해 디지털 사회에서 학생의 성취도 향상과 이에 대한 학교의 책임, 학부모의 학교 참여기회 확대 등을 추진한다. 〈아동낙오방지법〉의 실행을 위해 미국 비영리 보안기관인 국가사이버보안연맹에서는 모든 학교에서의 온라인 윤리교육, 온라인 안전, 사이버 보안을 통합한 교육을 강조하고 이를 위해 가정, 학교, 대학, 기업에서 안전한 온라인망을 이용하기 위한 자원과 도구를 제공한다. 디지털미디어 리터러시 정책 입안에 자국민의 접근권 및 기회 균등을 강조하는 유럽 국가의 정책과는 달리 바르고 안전한 사용을 위한 윤리교육에 초점을 둔다.

4. 디지털 시민의 조건으로서 리터러시

커뮤니케이션 기술과 시민성은 밀접한 연관관계를 갖는다. 여기서 말하는 시민성(*citizenship*)은 시민(*citizen*)과 자질, 조건, 자격 등을 의미하는 'ship'이 결합된 용어로서 '시민으로서 요구되는 자질 혹은 자격'을 말한다. 따라서 디지털 시민성이라고 하면 디지털 커뮤니케이션 기술을 통해 정보를 습득하고 사회적 소통을 하며 공공사안에 참여하는 시민의 권리와 지위, 민주사회의 구성원으로서의 참여의지와 능력을 포괄적으로 의미한다.

디지털미디어 리터러시는 오늘날의 정보사회에서 시민권 보장을 위한 전제조건의 하나로 간주된다. 기존의 미디어 리터러시 교육이 미디어로부터 시민을 보호하기 위한 교육이었다면 디지털미디어 리터러시, 인터넷 리터러시 교육은 포괄적인 지식사회에서 사회와의 소통, 지식습득, 대인활동, 문화향유 등의 능력을 갖추게 하는 교육이다. 즉, 디지털미디어 리터러시는 지식정보사회에서 삶의 질을 결정하는 핵심적 기술 혹은 디지털 경제사회로의 참여도구라 할 수 있다.

미디어의 수용환경에서 논의되던 리터러시 개념이 디지털 기술을 만나면서 시민의 삶에서 필수능력으로 해석되기 시작한 것이다. 실제로 디지털 시민성에 대해 모스버거 등(Mossberger, Tolbert, & McNeal, 2008)은 시민이 커뮤니케이션 기술에 접근해서 이용할 수 있으며 정보와 기술을 갖추는 것은 시민이 디지털시대에 권리와 의무를 행사하기 위한 핵심적 조건이라고 보았다.

따라서 디지털 리터러시는 주어진 텍스트를 비판적으로 읽고 이해하는 능력 그리고 자신의 사고를 표현하는 능력뿐 아니라 사회를 구성하는 다양한 구성원의 다양한 의견과 가치를 식별하는 동시에 존중하며 다양한 사회를 구성하는 시민으로서 소통하고 관계할 수 있는 능력, 즉 문화적 능력이자 시민적 능력을 포함하는 개념으로 이해해야 한다.

다시 말해, 디지털 리터러시는 단순히 어떤 도구적이고 기술적 능력의 함양에 관한 문제가 아니라 디지털 공간에 존재하는 다양한 시민 간의 소통에 관한 문제로 이해해야 한다. 디지털 시민성은 이러한 디지털 리터러시를 통해 온라인에 존재하는 다양한 목소리를 접하고, 소화하고, 토론하고, 관계하는 과정을 통해 함양될 수 있는 것이다. 따라서 디지털 리터러시를 구성하는 주요한 요소는 표현하고 읽는 능력뿐 아니라, 듣는 능력과 때로 필요에 따라 커뮤니케이션의 속도를 늦추는 능력 등을 포함하게 된다.

디지털 리터러시의 요소

1. 디지털 리터러시의 개념

디지털 리터러시에 대한 개념정의는 다양하게 이루어졌다. 홉스(Hobbs, 2010)는 디지털 리터러시 논의에 포함되어야 할 미디어 능력을 민주적 시민성의 개념을 토대로 설명했다. 그는 시민성 함양이 개인의 미디어 능력축적의 궁극적 목표가 되어야 함을 역설하고 이러한 능력개발을 위해 권장되는 다양한 온라인 활동을 제안했다. 이는 미디어의 수동적 수용을 넘어서서 미디어를 통한 정보와 네트워크와의 상호활동을 기반으로 두는 다양한 활동으로 '시사문제에 대해 가족이나 친구와 토론하기', '자신의 생각을 다른 사람과 공유하는 것'과 같은 협업에서부터 '온라인뉴스 기사에 답글 달기', '온라인 커뮤니티 네트워크에 직접 참여하기'와 같은 능동적 참여의 영역을 포함한다.

건강한 시민참여를 증진시키기 위해서 디지털 리터러시가 중요한 이유는 커뮤니케이션 능력과 밀접하게 연관되며 사회적이며 정치적 커뮤니케이션에서 '참여'와 밀접하게 연관되기 때문이다. 디지털미디어 기술은 참여, 다원성 그리고 의견의 다양성을 증진해 민주주의를 지지해주지만 동시에 정제되지 않은 정보, 잘못된 정보, 불건전한 이용 등과 같은 새로운 문제를 야기한다. 이는 공적 담론에 효과적으로 기여하고 비판적 정보소비자가 될 수 있게 하는 디지털 리터러시의 문제가 여전히 중요하다는 것이다.

2. 디지털 리터러시의 구성요소

디지털 리터러시는 다양한 차원에서 논의될 수 있다. 첫 번째 요소는 디지털 기술에 접근하고 다룰 수 있는 능력이다. 정보 리터러시(*information literacy*)라 할 때는 주로 이 부분에 대한 접근능력을 의미했다. 컴퓨터 활용법을 교육하고 컴퓨터 네트워크를 사용하는 기회와 방법을 제공하는 것이 정보 리터러시 교육의 주요 영역을 이루었다. 이러한 하드웨어 부분은 정보에 대한 접근을 보장하는 가장 기초적인 부분으로서 매우 중요하다.

두 번째는 콘텐츠 활용능력이다. 이는 정보 내용을 이해하고 활용하는 능력을 말한다. 필요한 정보가 무엇이고 그것이 어디에 있으며 어떻게 찾을 것인가(검색능력)에 대한 노하우가 디지털 리터러시에서 핵심이다. 사실 우리 사회의 경우, 기술적 액세스에 대한 과도한 강조로 인해 마치 컴퓨터 망보급과 하부 설비만 갖추면 디지털 리터러시가 자동적으로 이루어지리라는 환상도 적지 않다. 따라서 개인 차원에서 컴퓨터 사용법이나 몇 가지 주요 소프트웨어 사용법을 학습하는 것이 디지털 리터러시의 전부인 것처럼 오인되기도 했다. 그러나 디지털 리터러시에서 정작 중요한 것은 네트워크 액세스나 컴퓨터 소프트웨어, 인터넷을 통해 무엇을 해야 하고, 정보를 어떻게 수집하며, 어떻게 자신의 삶에 적용할 것인가의 능력이다.

세 번째 요소는 디지털 리터러시의 또 다른 중요한 구성요소는 디지털 기술을 이용해서 공동체에서 시민적 참여를 이루는 능력이다. 많은 학자는 민주적 시민으로서 필요한 시민능력(*civic competence*)과 디지털 기술의 활용능력을 결합해서 설명했다.

셀롯(Celot, 2009)은 온라인을 통한 민주적 시민성 확립과 참여증진을 위한 시민주의 능력을 네트워킹에 중점을 두어 설명했다. 2003년 대중의 관심을 받기 시작한 마이스페이스를 비롯해 페이스북(Facebook, 2004), 비보(Bebo, 2005), 트위터(Twitter, 2006) 등의 소셜 네트워크 사이트는 미디어 사용자에게 사이버공간에서 자신의 정체성을 표현하고 타인과 관계를 맺고 사회참여에 공헌할 수 있는 기회를 부여했다. 셀롯은 이러한 네트워킹을 중심으로 한 온라인 활동들을 의사소통 능력이라고 정의하고 이를 사회적 관계와 참여의 유형으로 구분했다. 온라인을 통해 형성된 공동체 가입을 통해 네트워크상의 다른 사람과 협동해 독창적 미디어를 제작하고 네트워크화된 시민활동에 참여하며 전자정부 시스템을 통해 공적 영역에 참여하는 모든 행위를 미디어를 통한 의사소통과 사교활동 능력이라고 보았다.

젠킨스는 미국 맥아서재단(The MacArther Foundation)의 연구보고서 〈참여형 문화의 당면과제: 21세기를 위한 미디어 교육〉에서 새로운 디지털미디어 환경에서의 리터러시와 관련한 주요 역량을 제안했다(Jenkins, Clinton, Purushotma, Robison, & Weigel, 2006). 이 보고서는 디지털환경에서 시민참여의 기회 및 참여를 위해 요구되는 사회적 기능 및 문화적 역량을 다룬다. 여기서 참여형 문화란 예술적 표현, 시민참여, 개인 창작과 공유에 대해 상대적으로 장벽이 낮은 친근한 멘토링 문화라 할 수 있다. 또한 구성원이 자신의 의견 표현의 중요성을 알고 다른 사람과 사회적 연결을 느끼는 문화를 가리킨다. 참여형 문화의 형태를 소속감, 표현, 협동적 문제해결, 배포 등 4가지로 구분할 수 있다. 뉴미디어 리터러시는 전통적 조사방법과 테크닉적 기술, 비평적 분석능력을 기초로 협동과 네트워킹을 통해 발달되는 사회적인 것으로 맥아서 재단의 연구보고서에서는 디지털 리터러시에서 고려해야 할 다음과 같은 11가지의 새로운 역량을 제시한다. ①놀이(*play*), ②시뮬레이션, ③퍼포먼스, ④적용, ⑤멀티태스킹(*multi-tasking*), ⑥인지의 분산(*distributed cognition*), ⑦집단지성(*collective intelligence*), ⑧판단, ⑨트랜스미디어 내비게이션(*transmedia navigation*), ⑩네트워킹, ⑪협상 등이다.

이 가운데 시민적 관여를 위한 사회적 스킬과 문화적 능력을 강조하며 절충(*negotiation*)은 "다양한 공동체를 넘나들며 여러 관점을 식별, 존중하며 대안의 규범을 알아내고 따르는 능력"이라고 개념적으로 정의한다(Jenkins, 2009, p.4). 젠킨스는 인터넷을 통해 다양한 사람을 알고 이해하며 새로운 문화를 개방적으로 받아들이는 태도적 차원에서의 능력에 해당하는 절충(Jenkins, 2006, 2009)도 새로운 방통융합 환경에서 요구되는 시민주의 능력이라고 주장했다.

따라서 디지털시대에 커뮤니케이션 기술을 이용하는 사람은 단순한 미디어 수용자가 아니라 생활세계에서 기술을 매개로 정치, 사회, 경제적 참여를 이루는 시민이다. 디지털 기술활용에 뒤처진다는 것은 시민으로서 기본적 권리를 누리지 못하는 것과 다를 바 없다.

토의

01. 리터러시 개념은 커뮤니케이션 기술발달에 따라 어떻게 변화했는가.

02. 미디어 리터러시 교육은 국가별, 시기별로 어떤 특성을 지녔는가.

03. 디지털 기술환경에서 미디어 리터러시 개념이 시민성과 결합되어 논의되는 이유는 무엇인가.

04. 디지털 리터러시의 하위 구성개념은 무엇인가.

참고문헌

금희조 · 조재호 (2015). "미디어를 통한 뉴스 이용과 대화가 정치 지식, 효능감, 참여에 미치는 영향: 미디어의 종류와 대화 채널의 차별적 효과를 중심으로", 〈한국언론학보〉, 59권 3호, 452~481.

김성철 외 (2015). 《미디어 경영론》. 파주: 한울아카데미.

김양은 (2013). 《디지털시대 미디어 리터러시》. 서울: 커뮤니케이션북스.

김영석 (2002). 《디지털미디어와 사회》. 서울: 나남.

김해원 · 박동숙 (2012). 소셜 네트워크에서 사진으로 말 걸기 (333~383쪽). 한국방송학회 방송과 수용자 연구회 (엮음). 《소셜미디어 연구》. 서울: 커뮤니케이션북스.

김현정 · 원영아 (2015). "전통적 미디어에 대한 신뢰가 정치적 참여에 미치는 영향", 〈언론과학연구〉, 15권 4호, 57~78.

김희경 (2015). 《유료 방송 산업의 이해》, 서울: 커뮤니케이션북스.

나은영 (2012). "심리학적 관점에서의 소셜미디어". 한국언론학회 (편), 《정치적 소통과 SNS》 (제2장, 49~74쪽). 파주: 나남.

라도삼 (1999). 《비트의 문명 네트의 사회》. 서울: 커뮤니케이션북스.

마정미 · 신인섭 · 서범석 · 김대환 · 신기혁 · 김병희 · 이희복 (2009). 《광고라 하는 것은: 1876-2008 신문광고와 사회변화》. 서울: 커뮤니케이션북스.

문재완 (2008). 《언론법: 한국의 현실과 이론》. 서울: 늘봄.

미디어미래연구소 (저) · 대한민국 유료방송 50년사 편찬위원회 (편) (2015). 《대한민국 유료방송 50년사》, 대전: 한미디어북.

미래창조과학부 · 방송통신위원회 (2015). 〈2015년 방송산업실태조사보고서〉. 과천: 미래창조과학부.

박선영 (2015). 〈라디오 이용행태 추이분석〉. 〈KISDI STAT Report〉, 15~8쪽. 진천: 정보통신정책연구원.

박성철 · 이승엽 (2014). 《스마트TV》, 서울: 커뮤니케이션북스.

박소라 (2003). "경쟁 도입이 텔레비전 프로그램 장르 다양성에 미치는 영향에 관한 연구: 1989년 이후 지상파 방송편성표 분석을 통하여". 〈한국언론학보〉, 47권 5호, 222~250.

박용상 (2008). 《명예훼손법》. 서울: 현암사.

박용상 (2013). 《언론의 자유》. 서울: 박영사.

방송통신위원회 (2014). 〈2014년 방송매체 이용행태조사 보고서〉. 과천: 방송통신위원회.

송종길 (2015). 스마트미디어 생태계의 출현. 김영석 외 (편), 《스마트미디어: 테크놀로지 · 시장 · 인간》 (31~53쪽). 파주: 나남.

신인섭 · 서범석 (1998). 《한국광고사》. 서울: 나남.

신지형 · 하형석 (2014). 〈2011-2014년 미디어 보유와 이용행태 변화〉, 〈KISDI STAT Report〉, 14-12-01. 진천: 정보통신정책연구원.

양정혜 (2009). 《광고의 역사: 산업혁명에서 정보화 사회까지》. 파주: 한울.

언론진흥재단 (2014). 〈2013 언론수용자 의식조사〉. 서울: 한국언론진흥재단.

여론집중도조사위원회(2016). 〈2015 여론집중도조사 보고서〉. 서울: 한국언론진흥재단.

오세욱 · 이재현 (2013). 소프트웨어 "페이스북의 알고리즘 분석: 행위자 네트워크 관점". 〈언론과 사회〉. 21권 1호, 136-183.

윤석민 (2007). 《커뮤니케이션의 이해》. 서울: 커뮤니케이션북스.

윤준수 (1998). 《인터넷과 커뮤니케이션 패러다임의 대전환》. 서울: 커뮤니케이션북스.

이민웅 (2003). 《저널리즘: 위기 · 변화 · 지속》. 서울: 나남.

이상식 (2008).《한국 케이블TV 산업정책론》. 파주: 나남.

이상식 (2015).《유료 방송 정책》. 서울: 커뮤니케이션북스.

이인희 · 한균태 · 홍원식 · 이종혁 · 채영길 (2014).《현대사회와 미디어》. 커뮤니케이션북스: 서울.

이종수 (2009).《행정학사전》. 서울: 대영문화사.

전경란 (2015).《미디어 리터러시의 이해》. 서울: 커뮤니케이션북스.

정보통신정책연구원 (2015). "2015년 미디어보유와 이용행태 변화". 〈KISDI STAT Report〉, 15~17쪽. 진천: 정보통신정책연구원.

정지영 · 유세경 (2015). "적소이론의 관점에서 본 종합편성채널의 편성행위에 관한 연구: 프로그램 장르 의존전략을 중심으로". 〈한국방송학보〉, 29권 4호, 357~390.

조은영 · 유세경 (2014). "종합편성 채널 도입과 방송 뉴스보도의 다양성: 철도노조파업 이슈에 대한 지상파 채널과 종합편성 채널 보도내용 분석을 중심으로". 〈한국언론학보〉, 58권 3호, 433~461.

조익환 · 이상우 (2012). "경쟁 환경에 따른 신규 미디어와 기존 미디어의 프로그램 다양성 연구: 기존 지상파 방송과 신규 종합편성 채널의 다양성 비교". 〈한국방송학보〉, 26권 6호, 177~213.

차배근 (1986).《커뮤니케이션학개론 상》. 서울: 세영사.

최민재 · 양승찬 (2009).《인터넷 소셜미디어와 저널리즘》. 서울: 한국언론재단.

한국방송진흥원 (2000).《국내 인터넷방송 컨텐츠 연구: 15개 주요 인터넷 방송국을 중심으로》. 서울: 한국방송진흥원.

한국방송통신전파진흥원 · 방송통신진흥본부 · 미디어산업진흥부 (2014.9.)〈확인 부탁드립니다.〉

한국언론정보학회 (2000).《현대사회와 매스커뮤니케이션》. 서울: 한울.

한국언론진흥재단(2014). 〈2013 언론수용자 의식조사〉. 서울:한국언론진흥재단.

한국콘텐츠진흥원(2014). 〈2013 음악산업백서〉. 서울: 한국콘텐츠진흥원.

한상기 (2014).《한상기의 소셜미디어 특강》. 의왕: 에이콘.

한진만 (2014). 《한국방송의 이해》. 서울: 한울.

황용석 (2013). 《온라인저널리즘》, 서울: 커뮤니케이션북스.

황용석 (2014). “디지털시민능력과 리터러시”. 한국언론학회 (편). 《디지털사회와 커뮤니케이션》. 서울: 커뮤니케이션북스.

황용석 · 정동우 · 김대경 (2012). “뉴스룸의 내외적 자원융합에 관한 연구: 통합뉴스룸과 수용자 참여를 중심으로”. 《언론정보연구》, 49권 1호, 73~106.

Doopedia (2016). 《두산백과》. http://terms.naver.com

FKII(2008). “소셜미디어(Social Media)란 무엇인가?”. 〈정보산업〉, 242호, 52~55.

KISDI (2015). 〈2015년 미디어 보유와 이용행태 변화〉. 〈KISDI STAT Report〉, 15-11-30. 진천: 정보통신정책연구원.

Accenture (2012). Accenture Video-Over-Internet Consumer Survey.

Barnes, S. B. (2002). *Computer-mediated communication: Human to human communication across the Internet*. Boston: Allyn and Bacon.

Baumgartner, J. (2015. 8. 17). Comcast nearing launch of TV-mix. *Multichannel News*. available from http://www.multichannel.com/news/next-tv/comcast-nearing-launch-tv—mix/393018

Baumgartner, J. (2015. 8. 18). Pay TV: The only constant is change. *Multichannel News*. available from http://www.multichannel.com/news/technology/pay-tv-only-constant-change/393068#sthash.nQuVE1G5.dpuf

Baym, N., & Burnett, R. (2009). Amateur experts. *International Journal of Cultural Studies*, 12(5), 433-449.

Baysinger, T. (2015. 9. 22). This new measurement tool shows millennials are watching as much TV as ever can it solve TV's digital dilemma?. *Adweek*. available from http://www.adweek.com/news/television/new-measurement-tool-shows-millennials-are-watching-much-tv-ever-167082

Berlyne, D. E. (1970). Novelty, complexity, and hedonic value. *Perception & Psychophysics*, 8(5), 279-286.

Biagi, S. (1988). *Media/impact: An introduction to mass media*. Belmont, Calif: Wadsworth Pub. Co.

Brustein, J. (2015. 11. 5). The Netflix effect: More streaming means better shows. *Bloomberg Businessweek*. available from http://www.bloomberg.com/news/articles/2015-11-05/the-netflix-effect-more-streaming-means-better-shows

Cacioppo, J. T., & Petty, R. E. (1979). Effects of message repetition and position on cognitive response, recall, and persuasion. *Journal of Personality and Social Psychology*, 37(1), 97-109.

Campbell, R., Martin, C. R., Fabos, B., & Campbell, R. (2002). *Media & culture: An introduction to mass communication*. Boston: Bedford/St. Martin's.

Crowley, D., & Heyer, P. (1991). *Communication in history: Technology, culture, society*, New York: Longman.

Curran, J., Iyengar, S., Lund, A. B., & Salovaara-Moring, I. (2009). Media systems, public knowledge and democracy: A comparative study. *European Journal of Communication*, 24(1), 5-26.

FCC (2012). Annual assessment of the status of competition in the market for the delivery of video programming. MB Docket No. 07-269, FCC 12-81.

Fidler, R. (1997). *Mediamorphosis: Understanding new media*. 조용철 (역) (1999).《미디어모포시스》. 서울: 커뮤니케이션북스.

Frankel, D. (2015. 10. 26). NFL's OTT debut on Yahoo a success: 33.6M streams, 15.2M unique viewers. *Fierce Cable*. available from http://www.fiercecable.com/story/nfls-ott-debut-yahoo-success-336m-streams-152m-unique-viewers/2015-10-26

Frankel, D. (2015. 3. 19). Pay-TV's revolutionary services are coming up short on revolution. *Fierce cable*. available from http://www.fiercecable.com/story/pay-tvs-revolutionary—services-are-coming-short-revolution/2015-03-19

G. gurdjieff (1933). The herald of coming good. The book was privately published in Paris in 1933.

Habermas, J. (1962/2001). *The structural transformation of the public sphere*. 한승완 (역) (2001). 《공론장의 구조변동》. 서울: 나남.

Hallin, D., & Mancini, P. (2004). *Comparing media systems: Three models of media and politics*. Cambridge: Cambridge University Press.

Hayles, K. (1999). *How we became posthuman: Virtual bodies in cybernetics, literature, and informatics*. 허진 (역) (2013). 《우리는 어떻게 포스트 휴먼이 되었는가: 사이버네틱스와 문학, 정보과학의 신체들》. 서울: 플래닛.

Heim, M. (1993). Hypertext heaven (Ch3). *The metaphysics of virtual reality*. New York: Oxford University Press.

Hobbs, R. (2010). *Digital and media literacy: A plan of action*. A White Paper on the Digital and Media Literacy Recommendations of the Knight Commission on the Information Needs of Communities in a Democracy.

Innis, H. A. (1951). *The bias of communication*. Toronto: University of Toronto Press.

Interbrand (2016). Best Global Brands 2015. URL: http://interbrand.com/best-brands/best-global-brands/2016/ranking/

Jenkins, H. (2006). *Convergence culture: Where old and new media collide*. 김정희원 · 김동신 (역) (2008).《컨버전스 컬처 : 올드 미디어와 뉴 미디어의 충돌》. 서울: 비즈앤비즈.

Jenkins, H., Clinton, K., Purushotma, R., Robison, A. J., & Weigel, M. (2006). *Confronting the challenges of participatory culture: Media Education for the 21st Century*. The MacArthur Foundation.

Juul, J. (2005). *Half-real: Video games between real rules and fictional worlds*. 장성진 (옮김) (2014).《하프 리얼: 가상 세계와 실제 규칙 사이에 존재하는 비디오게임》. 서울: 비즈앤비즈.

Kraus, S. (1962). *The great debates*. Bloomington: Indiana University Press.

Kuhn, T. S. (1970). *The structure of scientific revolutions* (2nd ed). Chicago: University of Chicago Press.

Lang, K., & Lang, G. E. (1968). *Politics and television*. Chicago: Quadrangle.

Lee, S., & Lee, S. (2015). Online video services and other media: Substitutes or *complement*. *Computers in Human Behavior*, 51, 293-299.

Lee, S., Lee, S., & Kim, C. (2016). Time displacement effect of online video services on other media in South Korea. *Telematics and Informatics*, 33(2), 247-255.

Mayer, P. A. (1999). *Computer media and communication: A reader*. New York: Oxford University Press. pp.160-187.

McLuhan, M. (1964). *Understanding media: The extensions of man*, 김상호 (역) (2011).《미디어의 이해: 인간의 확장》. 서울: 커뮤니케이션북스.

McNair, B. (1998). *The sociology of journalism*. London: Arnold.

McQuail, D. (2005). *McQuail's mass communication theory* (5th ed.). London: Sage.

Morris, M., & Ogan, C. (1996). The internet as mass medium. *Journal of Communication*, 46(1), 39-50.

Mossberger, K., Tolbert, C. J., & McNeal, R. S. (2008). *Digital citizenship: The internet, society, and participation*. Cambridge, Mass.: MIT Press.

Nass, C., Steuer, J., & Tauber, E. R. (January 01, 1994). *Computers Are Social Actors. Chi Conference-*, 72.

Negroponte, N. (1995). *Being digital*. 백욱인 (역) (1996). 《디지털이다》, 서울: 커뮤니케이션북스.

Nelson, T. H. (1965). *A File Structure for the Complex: The Changing and the Indeterminate. ACM 20th National Conference*.

NMAH (2013). The "Pony" press and the patent model collection, Smithsonian. URL: http://americanhistory.si.edu/blog/2013/01/the-pony-press-and-the-patent-model-collection.html

Pavlik, J. V. (1997). The future of online journalism: Bonanza or black hole?. *Columbia Journalism Review*, 36(2), Retrieved from http://www.cjr.org/year/97/4/online.asp(2003, April 1)

Pavlik, J. V. (2003). The multimedia framework: Requirements from journalism, [On-line].Available: http://mpeg.telecomitalialab.com/events/mpeg-21/Pavlik/ppframe.htm (20016, Jan1)

Pavlik, J. V., & McIntosh, S. M. (2015). *Converging media* (4th ed.). New York: Oxford University Press.

Peters, J. D. (2016). *The marvelous clouds: Toward a philosophy of elemental media*. Chicago: University of Chicago Press.

PWC (2010). *The rise of generation C: Implications for the world of 2020*. Booz & Company.

PWC (2014). *Global entertainment and media outlook 2014-2018*. New York: Price Waterhouse Coopers.

Rafaeli, S. (1988). Interactivity: From new media to communication. In R. Hawkins, J. M. Wiemann, & S. Pingree, (Eds.), *Advancing communication science: Merging mass and interpersonal processes*. Newbury Park, Calif: Sage Publications.

Rafaeli, S., & Sudweek, F. (1997). Networked interactivity. Journal of Computer Mediated Communication. [Online], 2:4 http://www.ascusc.org/jmc/vol12/issue4/rafaeli.sudweeks. html.

Rheingold, H. (2002). *Smart mobs: The next social revolution*. New York: Basic Books.

Rogers, E. (2003). *Diffusion of innovations* (5th ed.). 김영석 · 강래원 · 박현구 (역) (2005).《개혁의 확산》. 서울: 커뮤니케이션북스.

Rogers, E. (1986). *Communication technology: The new media in society*, 김영석 (역) (1988).《현대사회와 뉴미디어: 커뮤니케이션 테크놀로지》, 서울: 나남.

Schudson, M. (1995). *The power of news*. Cambridge: Harvard University Press.

Schudson, M. (2003). *The sociology of news*. New York: Norton.

Shannon. C., & Weaver, W. (1949). *The mathematical theory of communication*. Urbana: University of Illinois Press.

Smith, A. (1983). *The newspaper: An international history*. London: Thames & Hudson Ltd.

Soroka, S., Andrews, B., Toril, A., Shanto, I., Curran, J., Coen, S., Hayashi, K., & Jones, P. (2013). Auntie knows best? public broadcasters and current affairs knowledge (pp.719-739.) Cambridge University Press.

Standage, T. (2013). *Writing on the wall: Social media-the first 2,000 years*. 노승영 (역) (2015).《소셜 미디어 2000년: 파피루스에서 페이스북까지》. 파주: 열린책들.

Straubhaar, J., LaRose, R., & Davenport, L. (2016). *Media now: Understanding media culture and technology*. Boston: Cengage Learning.

Thurlow, C., Lengel, L., & Tomic, A. (2004). *Computer mediated communication: Social interaction and the internet*. 권상희 (옮김) (2011).《사이버커뮤니케이션 2.0》. 서울: 성균관대출판부.

Tuten, T. L., & Solomon, M. R. (2015). *Social media marketing* (2nd ed.). Los Angeles, CA: Sage.

Vancil, D. L., & Pendell, S. D. (1987). The myth of viewer-listener disagreement in the first Kennedy-Nixon debate. *Central States Speech Journal*, 38(1), 16-27.

Vellar, A. (2012). The recording industry and grassroots marketing: From street teams to flash mobs. *Journal of Audience and Reception Studies*, 9(1), 95-118.

Ward, M. (2002). *Journalism online*. Oxford: Focal Press.

Williams, R. (2003). *Television: Technology and cultural form*. Middletown, Conn.: Wesleyan University Press.

春山行夫 (1981).《西洋廣告文化史》. 강승구 · 김관규 · 신용삼 (역) (2007).《서양광고문화사》. 서울: 한나래출판사.

Nielsen-Traditional-TV-Viewing-by-Age-Q12011-Q32015-Dec2015

www.marketingcharts.com

찾아보기

ㄱ

ㄴ

ㄷ·ㄹ

ㅁ

ㅂ

ㅅ

ㅇ

ㅈ

ㅊ

ㅋ

ㅌ

ㅍ

ㅎ

A·B·C

D·E·F

I·K·L

M·N·O

P·R·S

T·U·V

기타

저자약력

김영석

연세대 신문방송학과 학사
스탠퍼드대 커뮤니케이션 석사 · 박사
커뮤니케이션연구소 연구위원
한국언론학회 회장
연세대 언론홍보대학원장
영상대학원장
대외협력처장

현) 연세대 언론홍보영상학부 명예교수

권상희

서울대 언론정보학과 학사
캘리포니아주립대 Radio-Television-Film 석사
남일리노이대 Mass Communication & Media Arts 박사
아칸소주립대 신문방송학과 조교수
소통학회회장

현) 성균관대 신문방송학과 교수
언론정보대학원장
미디어재단발전위원
방송통신위원 방송평가위원

김관규

연세대 신문방송학과 학사
게이오대 사회학연구과 석사 · 박사
한국언론정보학회 총무이사
〈한국언론학보〉 편집이사
〈언론과학연구〉 편집위원

현) 동국대 미디어커뮤니케이션학과 교수

김도연

서울대 언론정보학과 학사 · 석사
텍사스대 Radio-TV-Film 박사
정보통신정책연구원 연구위원
한국미디어경영학회 회장

현) 국민대 언론정보학부 교수

나은영

서울대 영어영문학과 학사, 심리학과 석사
예일대 사회심리학 박사
한국방송학회 부회장
서강대 대외협력처장
현) 서강대 신문방송학과 교수
언론문화연구소장
한국헬스커뮤니케이션학회장

문상현

서울대 언론정보학과 학사·석사
인디애나대 텔레커뮤니케이션 석사
오하이오주립대 커뮤니케이션 박사
한국언론정보학회 이사
한국방송학회 총무이사
현) 광운대 미디어영상학부 교수

문재완

서울대 법대 공법학과 학사
인디애나대 로스쿨 석사·박사
헌법재판소 헌법연구위원
사이버커뮤니케이션학회 회장
한국언론법학회 회장
현) 한국외대 법학전문대학원 교수
국제방송교류재단 사장

송종길

중앙대 신문방송학과 학사·석사
앨라배마대 Telecommunication & Film 석사
오클라호마대 Mass Communication 박사
방송영상산업진흥원 연구팀장
영화진흥위원회 위원
아리랑국제방송 이사/사장 직무대행
현) 경기대 미디어영상학과 교수

양승찬

서울대 언론정보학과 학사
펜실베이니아대 커뮤니케이션 석사
위스콘신대 언론학 박사
숙명여대 입학처장
한국언론학회 부회장
한국언론재단 선임연구위원

현) 숙명여대 미디어학부 교수

이상식

한국외대 홍보학과 졸업
연세대 대학원 신문방송학과 석사·박사
영국 셰필드대 역사학 박사
방송통신위원회 법률자문위원

현) 계명대 언론영상학과 교수
언론중재위원회 중재위원

이상우

연세대 화학과 학사·석사
미시간주립대 Telecommunication 석사
인디애나대 Mass Communication 박사
정보통신정책연구원 연구위원
한국미디어경영학회 총무이사
〈사이버커뮤니케이션학보〉 편집이사

현) 연세대 정보대학원 교수

이준웅

서울대 언론정보학과 학사·석사
펜실베이니아대 커뮤니케이션 박사

현) 서울대 언론정보학과 교수

전범수

한양대 신문방송학과 학사 · 석사
뉴욕주립대 커뮤니케이션 박사
여론집중도조사위원
현) 한양대 신문방송학과 교수

조성호

연세대 및 오하이오대 신문방송학 석사
뉴욕주립대 매스커뮤니케이션 박사
한국방송개발원 책임연구원
〈한국언론학보〉 편집이사
현) 경북대 신문방송학과 명예교수
〈커뮤니케이션 이론〉 편집위원장

황용석

동아대 사회학과 학사
성균관대 신문방송학 석사 · 박사
한국언론학회 · 한국방송학회 연구이사
현) 건국대 미디어커뮤니케이션학과 교수
〈사이버커뮤니케이션학보〉 편집위원장
경쟁상황평가위원회 위원

뉴미디어와 정보사회 개정 2판

이 책은 정보사회를 살아가는 데 필요한 지식으로서 매스미디어를 이해하려는 사람들에게 체계적인 이해의 틀을 제공하는 목적에 충실하였으며, 전문적 이론보다는 매스미디어의 실제 현상을 쉽게 이해할 수 있도록 서술하였다. 개정판에서는 기존의 구성을 유지하면서 최근의 다양한 변화, 특히 뉴미디어의 도입에 따른 변화와 모바일 웹, 종합편성채널, 미디어산업에서의 빅데이터 활용 등에 초점을 맞추었으며, 매스미디어의 실제 현상 역시 최신의 사례로 업데이트하였다.

오택섭(고려대) · 강현두(서울대) · 최정호(울산대) · 안재현(KAIST) 지음
크라운판 | 528면 | 28,500원

설득 커뮤니케이션 2019년 판

저자는 이 책을 통해 다양한 설득 연구들을 모아 설득의 역사, 심리학적 원리기법들을 커뮤니케이션 관점에서 체계적으로 분석하고 있다. 심리학, 정치학, 사회학, 커뮤니케이션학, 스피치학, 광고홍보학 등의 여러 분야에서 다루는 설득관련 이론 및 방법을 종합적으로 제시해, 설득의 개별사례들에 대한 단순한 이해가 아니라 이면에 담긴 심리학적 원리를 이론적으로 고찰해 소개하고 있다.

김영석(연세대) 지음 | 신국판 | 744면 | 38,000원

현대언론사상사

이 책은 '밀턴'에서 '맥루한'까지 미국 저널리즘의 근간을 이룬 서구 사상가들을 다루고 있다. 현대언론사상의 백과사전이라고 할 수 있을 정도로 300년간의 서구 사상가와 사상들을 집합시켰다. 저널리즘은 오로지 눈앞의 현실이며 실천일 뿐이라고 믿는 사람들에게 그 현실과 실천의 뿌리를 살펴볼 것을 촉구하고 역사성을 회복하라고 호소하고 있다.

허버트 알철 | 양승목(서울대) 옮김 | 신국판 | 682면 | 35,000원

사회과학 통계분석 개정판

SPSS/PC+ Windows 23.0

문항 간 교차비교분석, t-검증, ANOVA, 상관관계분석, 회귀분석, 통로분석, 인자분석, Q 방법론, 판별분석, 로지스틱 회귀분석, 반복측정 ANOVA, ANCOVA, MANOVA, LISREL(AMOS), 군집분석, 다차원척도법, 신뢰도분석, 생존분석(생명표), Kaplan-Meier 생존분석, Cox 회귀분석 등 사회과학 통계방법을 총망라했다. 각 장에는 논문을 쓸 때 필요한 절차와 내용을 설명한 논문작성법을 제시했으며 개정판에서는 분석력이 강화된 SPSS/PC+ 23.0의 실행방법을 설명했다.

최현철(고려대) 지음 | 4×6배판 변형 | 844면 | 38,000원

융합과 통섭
다중매체환경에서의 언론학 연구방법

'융합'과 '통섭'의 이름으로 젊은 언론학자 19명이 모였다. 급변하는 다중매체환경 속 인간과 사회를 능동적으로 이해하고 설명하는 것은 언론학 연구의 임무이자 과제다. 이를 위해서는 관례와 고정관념을 탈피하려는 다양한 고민과 시도가 연구방법으로 이어져야 한다. 38대 한국언론학회 기획연구 워크숍 발표자료를 엮은 이 책은 참신하고 다양한 언론학 연구방법을 고민하는 이들에게 소중한 지침서가 될 것이다.

한국언론학회 엮음 | 크라운판 변형 | 520면 | 32,000원

정치적 소통과 SNS

뉴스, 광고, 인간관계에까지 우리 일상 어디에나 SNS가 있다. 그렇다면 과연 우리는 SNS에 대해 얼마나 알고 있을까? 커뮤니케이션 연구와 교육의 최전선에 있는 한국언론학회 필진이 뜻을 모아 집필한 이 책은 SNS에 관한 국내외의 사례와 이론을 폭넓게 아우른다. 왜 우리는 SNS를 사용하게 되었나부터, 어떻게 사용하고 있나, 또 앞으로 어떻게 사용해야 하나까지 과거, 현재, 미래에 대한 통찰이 담겨 있다.

한국언론학회 엮음 | 크라운판 변형 | 456면 | 27,000원

한국사회 소통의 위기와 미디어

학문과 실천 양 방면에서 활발하게 활동하고 있는 언론학자 윤석민 교수가 심각한 위기의 양상을 보이는 한국사회의 소통과 미디어의 실태를 진단하고, 위기의 구조적 원인 및 극복 방안을 제시한 책이다. 소통 및 소통자의 개념, 이상적 사회 소통의 상태, 미디어의 본질과 변화방향을 소개하고, 미디어 정책의 혼선과 이를 해결하기 위한 미디어 정책의 그랜드 플랜을 제시한다.

윤석민(서울대) 지음 | 신국판 | 656면 | 32,000원

SNS 혁명의 신화와 실제
'토크, 플레이, 러브'의 진화

요즈음 전성기를 구가하고 있는 소셜미디어는 사람들 간 진지한 관계나 대화를 담보할 수 있는가? 인류의 오래된 희망인 관계의 수평화·평등화를 가능케 할 것인가? 이 책은 내로라하는 커뮤니케이션 소장학자들이 발랄하면서도 진지한 작업 끝에 내놓은 결과물이다. 소셜미디어의 모든 것을 분해하고, 다시 종합하는 이 책을 통해 독자들은 소셜미디어 혁명의 허와 실을 간파하게 될 것이다.

김은미(서울대)·이동후(인천대)·임영호(부산대)·정일권(광운대) 지음
크라운판 변형 | 320면 | 20,000원

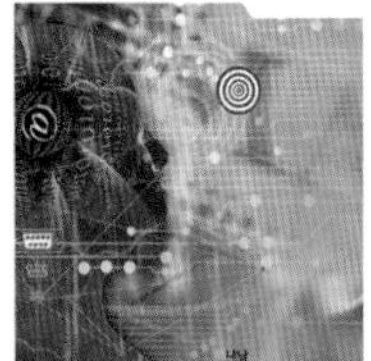

미디어 효과이론 제3판

이 책은 이용과 충족이론, 의제 설정이론, 문화계발효과이론 등 고전이론의 최신 업데이트된 연구결과를 비롯해 빠르게 진화하는 미디어 세계의 이슈들에 대해서도 다뤘다. 미디어 효과연구 영역을 폭넓게 다룬 포괄적인 참고도서이자 최근의 미디어 효과연구의 진행방향을 정리한 보기 드문 교재로 미디어 이론 연구를 위한 기준을 제공할 것이다.

제닝스 브라이언트 · 메리 베스 올리버 편저 | 김춘식(한국외대) · 양승찬(숙명여대) · 이강형(경북대) · 황용석(건국대) 옮김 | 4×6배판 | 712면 | 38,000원

매스 커뮤니케이션 이론 제5판

제5판(2005년)에서는 특히 인터넷시대의 '뉴미디어'가 출현과 성장 과정 속에서 기존의 매스미디어 이론과 연구결과를 토대로 이야기했던 것을 수정 · 보완하는 데 주력했다. 또한 저자는 변화하는 미디어 환경 속에서 기존 매스 커뮤니케이션이 어떻게 변화할지에 관심을 두고 내용을 전개한다. 새로운 이론적 접근에 대한 소개가 추가되었고, 각 장에서의 이슈는 뉴미디어 현상과 연관하여 다루어진 특징이 있다.

데니스 맥퀘일 | 양승찬(숙명여대) · 이강형(경북대) 공역 | 크라운판 변형 | 712면 | 28,000원

커뮤니케이션 이론

연구방법과 이론의 활용

매스 커뮤니케이션의 기본개념부터 다양한 이론적 논의와 연구방법, 연구사례에 이르기까지 언론학 전반을 조감해 주는 교과서이다. 다른 책과 구별되는 큰 장점은 제반 이론을 소개하면서 과학의 특성인 실용성과 누적성이 절로 드러나도록 하는 뚜렷한 관점을 가지고 있다는 것이다. 우선, 소개되는 이론에 관련한 실제 연구사례들을 수집해 제시한다. 더불어 이론이 등장해 어떻게 비판되고 지지되고 발전되었는지 역사적으로 추적한다.

세버린 · 탠카드 | 박천일 · 강형철 · 안민호(숙명여대) 공역 | 크라운판 변형 | 548면 | 22,000원

디지털 시대와 미디어 공공성

미디어, 문화, 경제

이 책은 한국사회의 방송 공영성 회복과 관련된 14개의 글을 담았다. 머독 교수는 오늘날의 방송과 뉴미디어 현상에서 공익성을 최우선으로 강조한다는 점에서 우리에게 중요한 시사점을 던져준다. 그는 방송과 뉴미디어가 사회 공동의 자원으로 공익성을 부여받지만 사적 소유에 의해 왜곡된 현실을 비판하고, 공공성과 공익성의 복원을 주장한다.

그레이엄 머독 | 이진로(영산대) 외 옮김 | 신국판 | 432면 | 22,000원

현대 정보사회이론 개정 2판

'정보'는 현대사회를 특징짓는 중요한 요소 중 하나이다. 저자는 이론가들이 사용하는 '정보사회'의 의미에 대해 회의적 시각을 견지하면서 정보적 발전을 바라보는 주요 현대사회이론을 비판적으로 검토한다. 특히, 이번 개정판의 핵심 주제는 민주주의, 정보 그리고 신기술 간의 관계이다. 저자는 '아랍의 봄', 최악의 세계금융위기, 소셜미디어와 블로그의 급성장 등 최근의 사회, 기술적 변화를 검토한 후, 그러한 변화에 맞추어 주요 이론가의 작업을 재평가한다.

프랭크 웹스터 | 조동기(동국대) 옮김 | 신국판·양장본 | 848면 | 38,000원

공론장의 구조변동

부르주아 사회의 한 범주에 관한 연구

여론이 형성되는 공론장의 발생과 그 작동구조에 대한 사회학적이며 역사학적인 연구서이다. 또한 어떤 한 가지 개별분과의 연구영역이나 방법론에만 의존하지 않은 접근법의 통합적 성격이 이 책의 철학성을 담보한다. 각 분야의 연구성과를 일관된 체계성으로 통합한 통찰력이 현대 민주주의의 가장 근본적인 저력을 관통한다는 점에서 철학성이 부각된다. 부르주아의 생존방식으로 성립된 공론장은 과연 현대사회와 국가의 민주주의적 통합을 유지하는 가장 확실한 안전판인가?

위르겐 하버마스 | 한승완(국가안보전략연구원) 옮김 | 신국판 | 456면 | 18,000원

의사소통행위이론 1·2

이 책은 하버마스 개인의 대표 저작이자 20세기 현대 사회이론을 대표하는 저작이다. 하버마스는 이 책에서 마르크스, 베버, 뒤르켐, 미드, 파슨스에 이르는 사회학의 이론사를 체계적으로 수용하고 다른 한편에서는 인지심리학부터 언어이론, 행위이론, 문화인류학, 체계이론에까지 이르는 그야말로 현대사회이론을 총망라했다. "가장 체계적인 철학자"(리처드 로티), "정직한 철학자"(자크 데리다)라는 하버마스의 대표저작에서 순수하고 치밀한 철학자의 면모를 엿볼 수 있다.

위르겐 하버마스 | 장춘익(한림대) 옮김 | 신국판·양장본 | 각 권 592, 672면 | 각 권 35,000원

감시와 처벌 번역 개정판

감옥의 탄생

이성적 시기로 알려진 고전주의 시대, 이성에 의해 비이성/광기가 감금·배제되는 과정을 현란한 문체로 써내려 간 푸코의 역작! 오역이나 미흡한 번역을 갈고 다듬은 지 20년, 새로운 번역 개정판으로 나왔다. 권력에 저항하는 주체적이고 자유로운 삶은 무엇인가? 이 질문은 오늘도 여전히 유효하다. 우리는 지금, 이곳에서 자유롭고 주체적인 삶은 무엇인지, 그리고 그것은 어떻게 가능한지를 계속해서 새롭게 질문해야 한다.

미셸 푸코 | 오생근(서울대 명예교수) 옮김 | 신국판·양장본 | 568면 | 25,000원

미디어 공정성 연구

이 책은 미디어 공정성이라는 이론과 개념의 토대와 함께 미디어의 세부 영역별로 공정성이 어떻게 구축되어 왔고 또 그들이 처한 현실은 무엇인지 살펴본다. 미디어 공정성의 원칙은 소극적인 미디어 내용규제의 원칙을 넘어 21세기 선진시민사회가 요청하는 자유롭고 가치 있는 사회적 소통을 지켜내고 꽃피우기 위한 미디어 저널리즘의 기본 원리로서 바르게 인식되고 실천되어야 한다.

윤석민(서울대) 지음 | 신국판 | 896면 | 38,000원

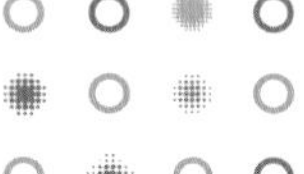

훈민과 계몽

한국 훈민공론장의 역사적 형성

공론장이란 도덕적 공간 안에서 공동체 구성원이 자신의 삶을 추구할 수 있는 방향적 준거기준을 토론하고 숙의하는 곳이다. 그런데, 이 책에서 제시하는 한국적 공론장, 즉 훈민공론장에서는 도덕적 공간의 방향타를 설정할 때 국가와 민족의 번영이 기준이 된다. 또한 동서남북 어디로 가야하는지, 그 방위를 설정하는 주체가 주로 파워엘리트 지식인에게 집중된다. 훈민공론장은 어떠한 시대적 배경을 통해 발전했으며 특성은 무엇인가?

강명구(서울대) 지음 | 신국판 | 508면 | 25,000원

스마트미디어

테크놀로지·시장·인간

이 책은 테크놀로지, 시장, 인간의 방향으로 스마트미디어에 접근한다. 이를 위해 15명의 언론학자가 각자 연구 분야에서의 다양한 물음을 정리하고 답변을 찾는 방식으로 스마트미디어가 야기하는 시장 경쟁, 규제, 이용자 이슈 등을 논한다. 기술의 현재와 사례를 주로 다루는 기존의 스마트미디어 관련 도서에 비해 테크놀로지, 시장, 인간에 대한 고민과 탐색, 전망에 중점을 두어 스마트미디어 사회에 대한 깊은 이해와 다양한 논의점을 제공한다.

김영석(연세대) 외 지음 | 신국판 | 472면 | 22,000원

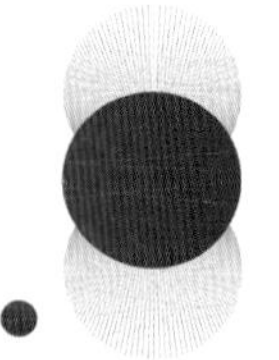

융합 미디어와 공익

방송통신 규제의 역사와 미래

방송과 통신이라는 양대 전자 미디어 현상은 각기 다른 사회적 가치, 즉 공익의 개념 아래 사회적 규제와 지원으로 성장했다. 그러나 기술이 발전하고 정치경제적 조건이 변화하면서 양자는 융합되며 사회는 이러한 융합 미디어 현상에 맞는 공익 모델을 필요로 한다. 이에 따라 이 책은 방송 및 통신 영역에서 공익 개념이 출현한 배경과 발전 과정을 분석하고 이를 토대로 새로이 등장하는 융합 미디어 현상이 가져오는 새로운 공익의 가치와 이에 부응하는 규제 패러다임과 정책방향을 제시한다.

강형철(숙명여대) 지음 | 신국판 | 514면 | 28,000원

커뮤니케이션학의 확장
경계에서 미디어 읽기

최근 국내외 커뮤니케이션학의 가장 커다란 화두는 '융합'이다. 학계 내로는 각종 미디어 간 융합에 대한 논의가 계속되며, 학계 외로도 다른 학문의 이론과 접근방법을 차용하는 융합적 방식을 통한 커뮤니케이션학의 외연 확장이 계속된다. 현재로서는 이러한 대안적 연구들이 새로운 패러다임으로 발전할지 알 수 없으나 기존 커뮤니케이션학의 생태계를 더 역동적으로 만들 수 있을 것이다. 이 책은 이러한 문제의식을 바탕으로 아직은 생소한 13개의 대안적 연구주제를 선정, 소개하였다.

한국언론학회 기획 | 김미경(청운대) · 김병선(계명대) 외 지음 | 신국판 | 556면 | 28,000원

커뮤니케이션 과학의 지평

이 책은 우리나라 커뮤니케이션 학문의 이론적 발전과 국내외에서 진행된 연구의 체계적 정리가 필요하다는 요구를 반영해 분과별로 발전 중인 주요 이론에 대한 저자들의 연구를 정리했다. 연구에서의 제안과 과학적 학문으로서의 함의는 커뮤니케이션학의 이론 및 지식 발전에 새로운 기초가 될 것이다. 한국언론학회가 기획하고 한국언론진흥재단의 후원으로 나온 이 책은 우리나라 커뮤니케이션 학문의 현재를 정리하고 나아갈 방향을 제시하는 또 하나의 미래가 되리라.

한국언론학회 발간 | 이준웅(서울대) · 박종민(경희대) · 백혜진(한양대) 엮음
신국판 | 608면 | 28,000원

인터넷 생태계에 대한 9가지 질문

인터넷의 영향이 확대되고 관련 산업이 성장하면서 특히 인터넷 산업의 현재와 미래를 조망하는 것이 꼭 필요함에도 불구하고 이를 다학제 간 관점에서 집중적으로 분석한 시도는 거의 없었다. 이 책은 다양한 학문 분야에 속한 10명의 학자들이 우리나라 인터넷 생태계를 1년 동안 함께 고민한 결과로 인터넷 생태계와 관련된 몇 가지 중요한 질문에 대해 체계적 답변을 제공한다.

김성철(고려대) 외 지음 | 신국판 | 242면 | 14,000원

브랜디드 콘텐츠
광고 다음의 광고

기술의 진보로 광고의 패러다임이 바뀐다. 이제 소비자가 광고를 스스로 소비하는 시대가 왔다. 이런 시대의 광고는 어떤 모습이어야 하는가? 혹은 어떤 모습인가? 바로 더 개인적으로, 더 즐거운 방식으로 만나는 브랜디드 콘텐츠(branded contents)이다. 이 책은 새로운 시대의 새로운 광고를 고민하는 전공자와 실무자를 위한 이론적이고 실무적인 시사점을 모두 담았다.

김운한(선문대) 지음 | 크라운판 변형 | 412면 | 28,000원